文
化
PUHUA BOOKS

我
们
一
起
解
决
问
题

机器学习与因子投资

从基础到实践

Machine Learning for
Factor Investing: R Version

[法] 纪尧姆·科克雷（Guillaume Coqueret） [法] 托尼·吉达（Tony Guida） 著

周亮 周凡程 译

人民邮电出版社

北　京

图书在版编目（CIP）数据

机器学习与因子投资：从基础到实践 /（法）纪尧姆·科克雷（Guillaume Coqueret）著；（法）托尼·吉达（Tony Guida）著；周亮，周凡程译. -- 北京：人民邮电出版社，2023.9
ISBN 978-7-115-62177-1

Ⅰ. ①机… Ⅱ. ①纪… ②托… ③周… ④周… Ⅲ. ①机器学习－应用－股票投资 Ⅳ. ①F830.91

中国国家版本馆CIP数据核字(2023)第121618号

版权声明

内容提要

本书首先介绍了将大数据集应用于机器学习的基础知识和因子投资的基本理论；之后，本书介绍了监督学习模式下可用于预测金融变量的几个基本机器学习算法，包括惩罚性线性回归、支持向量机等；接下来，本书介绍了将这些机器学习算法应用于金融领域的实战方法和细节；最后，本书讨论了一系列与机器学习和因子投资相关的进阶话题，包括模型的黑箱问题、因果关系问题和无监督学习算法等。

本书适合金融机构从业者以及金融类专业学生系统了解因子投资的理论与方法，以及机器学习算法在因子投资领域的应用。

◆ 著　[法]纪尧姆·科克雷（Guillaume Coqueret）
　　　[法]托尼·吉达（Tony Guida）
　　译　周　亮　周凡程
　　责任编辑　王飞龙
　　责任印制　彭志环

◆ 人民邮电出版社出版发行　　北京市丰台区成寿寺路 11 号
　　邮编 100164　　电子邮件 315@ptpress.com.cn
　　网址 https://www.ptpress.com.cn
　　北京九州迅驰传媒文化有限公司印刷

◆ 开本：787×1092　1/16
　　印张：20　　　　　　　　　　　2023 年 9 月第 1 版
　　字数：400 千字　　　　　　　　2025 年 10 月北京第 5 次印刷

著作权合同登记号　图字：01-2022-2041 号

定　价：129.00 元
读者服务热线：（010）81055656　印装质量热线：（010）81055316
反盗版热线：（010）81055315

译者序

因子投资是当前投资学理论研究的重要课题，也是投资实务操作的关键方法。机构投资者，无论采用的方法是主观还是量化，都有一套自己的因子体系，唯一的区别在于，使用量化方法的机构用的因子体系往往更为庞大，并将这些因子嵌入到了数学模型及计算机编程中；而使用主观方法的机构使用的因子数量较少，有些因子甚至无法用数据或公式计算和表达出来。无论是哪类机构，有效的因子体系及其迭代与应用，都已成为他们投资制胜的法宝。

机器学习模型近些年在图像识别、自动驾驶、自然语言处理等领域取得了巨大的成功，在金融领域也得到了越来越广泛的应用。作为投资学的前沿课题，与机器学习在金融领域应用相关的论文如雨后春笋般多了起来，也有越来越多的机构投资者声称已将机器学习应用于投资实践，一方面是用机器学习模型对现有的因子体系建模，以挖掘更有效的预测信息（这也是本书的主要内容）；另一方面则是用机器学习模型来直接生成因子。但是受限于金融数据的低信噪比及数据体量的不足，机器学习在金融领域的最佳应用场景仍然存疑，且机器学习的黑箱属性一直以来为人所诟病。

本书很好地将机器学习与因子投资进行了融合和阐释。第一次拿到本书的英文版，我们就爱不释手，被书中的内容所深深折服，逐字逐句地阅读了好几遍，于是下定决心要将其翻译成中文，让更多的中文读者能够了解、学习本书的内容。正像作者自己所介绍的，本书完整地介绍了因子投资及主流机器学习算法，并给出了详细的代码，对于想了解相关理论、掌握实操方法的读者，这是一本不可多得的工具书；同时，本书还提供了大量的、最新的学术文献，对于从事学术研究的学者来说，也是一本重要的参考资料。

本书在正文中给出了 R 语言代码，虽然 R 语言在统计学领域的应用非常深入且广泛，但是在投资实务中采用 Python 的人占了绝大多数，大部分数据供应商及程序化交易软件均只提供了 Python 接口。幸运的是，本书英文版的网站提供了 Python 版的完整代码，我们也对其进行了翻译和补充，限于书籍篇幅，我们将其制作成了 PDF 文件，读者可以通过扫描本书中相应位置的二维码获取。此外，我们还将原书中详细的参考文献清单制作成了电子文件，读者也可以扫描本书中相应位置的二维码来下载，这是更进一步了解相关技术或知识的重要资料。

本书在翻译过程中获得了许多人的帮助，感谢中国科学院的汪寿阳教授、中山大学的袁先智教授、中国人民大学的张然教授、财信人寿的傅安里博士以及启林投资的王鸿勇博士，他们不仅欣然为本书撰写推荐寄语，而且给了我们莫大的鼓励；感谢我的导师李红权教授，正是他的鼓励，让我能够在金融学研究中始终保持初心、砥砺前行。

因为译者时间和能力有限，书中难免有翻译错漏之处，恳请各位读者批评指正。

周亮

2023 年 8 月 6 日

前　言

本书旨在介绍一些高级金融建模技术，并将其应用于以公司特征为基础的股票配置策略。本书主要包含以下三方面内容：第一，我们介绍了应用于股票配置决策的主流机器学习模型背后的基本思路；第二，对于希望更进一步了解相关技术或知识的读者，我们提供了大量的学术参考资料；第三，我们基于一个真实的金融数据集提供了具备实操性及可复制性的 R 语言代码，以展示如何在实际投资过程中应用因子投资概念及机器学习工具。

本书不包含的内容

本书涉及机器学习（machine learning，简称 ML）工具及其在因子投资（factor investing）中的应用。因子投资是一个涉及资产配置、量化交易及财富管理等多个学科的领域。不同于 Markowitz（1952）的经典投资组合理论或高频交易等传统分析方法（这些分析方法只依赖价格和成交量数据），因子投资认为股票收益率的差异可以由股票背后公司的特征来解释。关于机器学习在金融领域更广泛的应用，可以参考 Dixon 等（2020）的文章。

下列内容和本书所讨论的主题密切相关，但不会在本书中加以讨论。

1. 机器学习在其他金融领域的应用，如欺诈检测（fraud detection）或信用评分（credit scoring）。欺诈检测的内容可以参考 Ngai 等（2011）和 Baesens 等（2015），与信用卡有关的话题可以参考 Bhattacharyya 等（2011），财务报告欺诈的内容可以参考 Ravisankar 等（2011）和 Abbasi 等（2012）。关于信用评分，Wang 等（2011）、Brown 和 Mues（2012）提供了方法概述和一些经验结果。另外，我们并没有涉及更高频率（每日或日内）数据的机器学习算法（如微观结构模型、限价订单簿等），Kearns 和 Nevmyvaka（2013）以及 Sirignano 和 Cont（2019）对该主题进行了很详细的介绍。

2. 另类数据的应用场景，例如利用社交媒体、卫星图像或信用卡记录的文本数据来预测上市公司的销售、盈利以及未来收益情况。关于这个话题的文献不断涌现［如 Blank 等（2019）、Jha（2019）和 Ke 等（2019）］，在不久的将来会越来越多。

3. 机器学习的技术细节。虽然我们会对机器学习算法的一些特性（那些我们认为很重要的特性）进行说明和论述，但本书的目的不是作为统计专业学习的参考手册。更详细的机器学习技术细节可以参考 Hastie 等（2009）、Cornuejols 等（2018）（用法语写的）、James 等（2013）（用 R 语言编程的）和 Mohri 等（2018）。此外，Du 和 Swamy（2013）、Goodfellow 等（2016）对神经网络进行了翔实的论述，Sutton 和 Barto（2018）提供了对强化学习的深入探讨。

4. 最后，本书没有涉及自然语言处理（NLP）的内容。NLP 可以用来评估情绪，进而转化为投资决策，是近些年来的研究热点。这个领域的最新进展可以参考 Loughran 和 McDonald（2016）、Cong 等（2019a）、Cong 等（2019b）以及 Gentzkow 等（2019）。

目标读者

谁应该读这本书？

本书是为两类读者准备的：一是希望在投资和资产管理等定量金融领域进行学习和研究的学生群体；二是资产管理行业的专业人士，他们要么正在探究基于机器学习的资产配置方法，要么对新工具感兴趣，想提升自己的竞争力。对于学者或研究人员，本书至少可以作为一本关于资产定价理论新进展及将机器学习算法应用于资产管理的参考手册。虽然本书主要展示的是常见算法，但对一些非常见模型（exotic model）也有涉及，如因果图（第 14 章）、贝叶斯加性回归树（第 9 章）和自编码器（第 7 章）。

本书需要读者具备一些数学方面的基础知识，包括线性代数（矩阵运算）、数值分析（函数、微分、梯度）、优化（一阶和二阶条件、对偶形式）和统计分析［分布、矩、检验、简单估计方法（如最大似然估计）］等；以及一定的金融知识，如股票、会计指标（如账面价值）等基础概念。对于这些概念，我们在书中不会介绍相关含义。最后，本书所有的例子和插图都是用 R 语言编程实现的，只要掌握基本的编程语法即可理解书中代码，这些代码主要依赖于 tidyverse（Wickham 等，2019）和 piping（Bache 和 Wickham，2014；Mailund，2019）等软件包中的常用函数。

本书的结构

本书分为以下 4 个部分。

第一部分是基础介绍，从符号与数据开始（第 1 章），然后是介绍性说明（第 2

章）。第 3 章概述因子投资（理论和实证）等基础知识，并简要综述近些年的相关文献。第 4 章介绍数据预处理，并对一些基本技巧及关键问题进行提示。

第二部分讨论监督学习中的预测算法。这些算法是预测金融变量（收益率、波动率、夏普比率等）的常用工具，包括惩罚性线性回归和稀疏对冲最小方差组合（第 5 章）、树模型（第 6 章）、神经网络（第 7 章）、支持向量机（第 8 章）和贝叶斯方法（第 9 章）等。

第三部分介绍如何将机器学习应用于金融领域。第 10 章详细介绍如何评估和改进机器学习算法。第 11 章介绍如何对模型进行集成，但同时也解释了为什么复杂的集成模型可能不是一个好办法。最后也是最重要的一章（第 12 章）介绍了投资组合回测的关键步骤，并指出了回测阶段容易犯的错误。

第四部分涵盖一系列与机器学习有关的进阶课题。其中一个是可解释性，机器学习模型通常被认为是黑箱，这就产生了信任问题：如何以及为什么应该相信基于机器学习的预测？第 13 章旨在介绍有助于理解黑箱的方法。第 14 章探讨因果关系，因果关系是比相关性更有价值的概念，也是近些年人工智能领域讨论的核心话题之一。大多数机器学习工具都依赖于相关性模式，而重视模型中的因果关系，是有益且重要的。最后，第 15 章和第 16 章讨论了无监督学习和强化学习算法，这些算法可能是有用的，但需要谨慎对待它们在金融领域中的应用。

为什么选择 R 语言

几乎所有的深度学习算法都是基于 Python 的 TensorFlow 或 PyTorch 开发和编程的，因此在机器学习的编程语言中，Python 的应用最广泛。事实上，R 语言在机器学习领域具有独特的优势。首先，机器学习领域最有影响力的教科书之一（Hastie 等，2009）是用 R 语言进行编程的。其次，许多面向统计的算法（如 9.5 节中的 BART）是用 R 语言编程的，而不是 Python，例如在贝叶斯方法特别是贝叶斯学习方面，R 语言相对其他语言优势明显。

目前在 R 语言中，有多个机器学习框架可以使用，具体如下。

caret：该软件包汇集了超过 200 个机器学习模型。

tidymodels：近期开发的用于机器学习模型开发的软件包（由 Max Kuhn 在 RStudio 上开发）。

rtemis：一个用于机器学习及其可视化的通用包。

mlr3：一个简单的机器学习框架。

h2o：该软件包提供了大量机器学习模型（用 Java 编程）。

Open ML：机器学习实验数据库 OpenML 的 R 版本。

此外，R 语言通过 reticulate 软件包可以实现与 Python 的连接，可以将 TensorFlow 和 Keras 等 Python 库改编为 R 语言，因此 R 语言的用户可以很容易使用那些非常先进的 Python 技术。同样，R 语言的用户也可以很方便地用到其他资源，比如美国斯坦福大学的 CoreNLP 库（使用 Java 语言）是在 coreNLP 包中被改编为 R 语言的（我们在本书中不会用到）。

考虑到很多机器学习用户使用的是 Python 语言，为了方便这部分读者学习，我们提供了本书案例的 Python 代码，扫描附录 3 中的二维码，即可下载 PDF 文件。

编程说明

本书旨在提供一个应用于金融预测和投资组合选择的机器学习教程，因此可复现性尤为关键。为了复现我们的结果（甚至部分算法中所考虑的随机性），你需要在计算机上安装 RStudio。学习 R 语言的资料在网上可以免费获得，RStudio 官网提供了学习清单。

在编程方面，我们在很大程度上用到了 tidyverse 包所提供的数据处理环境。此外，我们使用最多的 3 个软件包分别是：dplyr，用于实现简单的数据操作（过滤、选择、排列）；tidyr，用于以整洁的方式格式化数据；ggplot，用于图形化输出。

表 0-1 列出了我们将使用的软件包。带 * 的软件包可以通过 bioconductor 安装，带 + 的软件包需要手动安装 [1]。

表 0-1　本书用到的软件包

软件包	作用	章
BART	构造贝叶斯加性回归树	10
broom	整理回归输出	5
CAM$^+$	构造因果加性模型	15
caTools	绘制 ROC 曲线	10
CausalImpact	结构时间序列因果推断	15
cowplot	绘制叠加图	4 和 13
breakDown	可解释性分解	14
dummies	独热编码	8

---

[1]　将软件包下载后，复制粘贴库文件夹中软件包的内容，通过 .libPaths() 命令可以获得文件夹的地址。

软件包	作用	章
e1071	支持向量机	8
factoextra	PCA 可视化	16
fastAdaboost	提升树	7
forecast	自相关函数	4
FNN	最近邻检测	16
ggpubr	组合图	11
glmnet	惩罚性线性回归	6
iml	可解释性工具	14
keras	神经网络	8
lime	可解释性	14
lmtest	Granger 因果检验	15
lubridate	时间处理	所有
naivebayes	朴素贝叶斯分类器	10
pcalg	绘制因果图	15
quadprog	二次规划	12
quantmod	数据提取	4 和 12
randomForest	随机森林	7
rBayesianOptimization	贝叶斯调参	11
ReinforcementLearning	强化学习	17
Rgraphviz*	绘制因果图	15
rpart 和 rpart.plot	简单决策树	7
spBayes	贝叶斯线性回归	10
tidyverse	数据科学、数据处理环境	所有
xgboost	提升树	7
xtable	表格格式化	4
dplyr	简单的数据操作	所有
tidyr	格式化数据	所有
ggplot	图形化输出	所有

表 0-1 中所列的软件包中，tidyverse 和 lubridate 几乎贯穿了本书所有章。要在 R 语言中安装一个新包，只需输入 "install.packages(" 包的名称 ")"。

有时，由于函数（尤其是 select 函数）名称的冲突，我们使用 package::function() 的语法来确保函数调用正确。本书所用软件包的准确版本列在本书 GitHub 网页上的 "renv.lock" 文件中。dplyr 包的函数 gather 和 spread 虽然已经被 pivot_longer 和 pivot_ wider 取代，但因为 gather 和 spread 的语法更为紧凑，我们仍然使用它们。

我们尽可能创建简短的代码块，并在我们认为有需要时对代码进行注释。注释显示在该行的末尾，用 "#" 标明。

运行结果通常在代码块下面直接呈现，可能是图形或表格，也可能是简单的数字，我们在结果前面加上两个 "#" 进行表示，如下面的示例：

```
1+2    # 示例
## [1] 3
```

本书旨在提供一个完整、系统的机器学习教程，因此大部分章节都依赖于前面章节所创建的变量。读者在复制部分代码时，请确保 R 语言环境包括所有相关变量。建议读者每次都从第 1 章的所有代码块开始运行。在章节练习中，我们的程序也经常需要借助相应章节中创建的变量。

鸣谢

本书的核心内容来自作者在 2019 年春季为法国里昂商学院和英国帝国理工学院商学院金融专业硕士研究生举办的一系列讲座。感谢这些学生为我们提出了许多颇有见地的问题，有助于本书内容的改进。

我们感谢 Bertrand Tavin 和 Gautier Marti 对本书的全面审查。我们还感谢 Eric André、Aurélie Brossard、Alban Cousin、Frédérique Girod、Philippe Huber、Jean-Michel Maeso、Javier Nogales 以及他们的中肯评论；感谢 Christophe Dervieux 对我们编写本书提供的帮助；感谢 Mislav Sagovac 和 Vu Tran 在成书早期给我们的反馈；感谢 John Kimmel 为此书的出版所做的贡献；感谢 Jonathan Regenstein 无时无刻不向我们提供帮助。最后，感谢编辑 John 帮我们收集了匿名评论。

未来的发展

机器学习和因子投资是两个广袤的研究领域，两者之间的关联之处相当多，而且它们的发展速度都很快。本书的内容会为机器学习和因子投资的融合领域的发展提供有益参考，但是它早晚会过时并被淘汰。此外，该融合领域的一些分支或重要参考文献，也会因为我们的疏忽而被遗漏。我们会逐步改进本书的内容，并根据最新研究进行更新。读者们可以直接在本书的网站上反馈你们的意见，我们感谢读者提出的任何有助于纠正或更新本书内容的观点。

目 录

※　扫二维码下载。

※※　扫二维码下载。

第 1 章

符号与数据

1.1　符号

本节介绍全书使用的数学符号及使用规范。

加粗的斜体符号表示向量和矩阵，大写字母表示矩阵，小写字母表示向量。v' 和 M' 分别表示 v 和 M 的转置。在 $M = [m]_{i,j}$ 中，i 表示行索引，j 表示列索引。

我们同时使用两套符号体系。

第一套是机器学习符号体系，其中标签（也称输出、因变量或被预测变量）$y = y_i$ 是特征 $X_i = (x_{i,1}, \cdots, x_{i,K})$ 的函数。特征矩阵 X 的维度为 $I \times K$，表示 I 个样本（或称记录、观测值等），每个样本都有 K 个特征（或称属性、输入、自变量或预测变量等）作为函数的独立变量或解释变量。为了简化，有时我们会用 x_i 表示 X 的第 i 个样本（第 i 行），x_k 表示 X 的第 k 个特征（第 k 列）。

第二套是金融符号体系。金融符号与机器学习的符号体系是直接相关的。最常使用的金融符号是根据价格（p）计算出的资产收益率 $r_{t,n} = p_{t,n} / p_{t-1,n} - 1$，其中 t 表示时间，n 表示资产。除非特别说明，收益率指的都是单期收益率，单期可以指一个月或者一年，我们会在特殊情况下使用其他符号，以防产生混淆。

依据惯例，计算收益率的时间跨度为 T、资产数量为 N。资产的特征或特性用 $x_{t,n}^{(k)}$ 表示，即资产 n 的第 k 个特征在 t 时刻的取值。加粗的 $x_{t,n}$ 表示资产 n 在 t 时刻的特征向量。r_t 表示 t 时刻的收益率向量，r_n 表示资产 n 的收益率向量。通常情况下，我们将收益率作为函数的因变量或者机器学习模型的标签。无风险资产收益率用 $r_{t,f}$ 表示。

两套符号体系间存在着紧密的联系。任意样本（或观测值）i 由一个特定日期和一个特定公司（t,n）组成（假设数据没有缺失，是完全平衡的，$I = T \times N$）。标签通常采用未来一段时期内公司的业绩指标，特征由 t 时刻的公司属性组成。因此，在因子投资中，机器学习的目标是将 t 时刻的公司特征映射到其未来的业绩表现上。

在典范矩阵（canonical matric）中，I_N 表示单位矩阵（$N \times N$）。

基于概率论文献的常用表达方式，我们采用 $E[\cdot]$ 和 $E_t[\cdot]$ 分别表示期望算子及条件期望，F_t 表示在 t 时刻能够获得的所有信息。更确切的表达式为 $E_t[\cdot] = E[\cdot | F_t]$。$V[\cdot]$ 表示方差算子。概率通常用 P 表示，有时候我们也会用 $\mathbb{P}$。概率密度函数（PDF）通常用 f 表示，F 表示累积概率分布函数（CDF）。

$X \stackrel{d}{=} Y$（其中 $\stackrel{d}{=}$ 表示分布相同，X 和 Y 表示概率分布）表示关于分布的等式，等同于某变量所有的 z 取值下 $F_X(z) = F_Y(z)$。对于随机过程 X_t，如果在任意时刻它的分布规律都是一样的，即 $X_t \stackrel{d}{=} X_s$，那么我们就说 X_t 是平稳的。

渐近性态（asymptotic behavior）将用常见的 Landau 符号 $o(\cdot)$ 和 $O(\cdot)$ 来表示。

符号 $\propto$ 表示正比于，$x \propto y$ 表示 x 正比于 y。

导数我们采用标准符号，$\dfrac{\partial}{\partial x}$ 表示对 x 求偏导，∇ 表示对所有变量分别求偏导（即梯度向量）。

方程左边和右边可以分别简写为 l.h.s. 和 r.h.s.。

以下是一些常用的函数。

- $1_{\{x\}}$：基于 x 条件的示性函数，当 x 为真时取值为 1，反之为 0。

- $\varphi(\cdot)$ 和 $\Phi(\cdot)$ 分别表示标准正态分布概率密度函数和累积概率分布函数。

- card $(\cdot) = \#(\cdot)$ 表示基数函数（cardinal function），用来计算给定集合（即函数的参数）中的元素数量。

- $\lfloor \cdot \rfloor$ 表示取整函数。

- 对于任意实数 x，$[x]^+$ 表示只取正数，即 $\max(0, x)$。

- $\tanh(\cdot)$ 表示双曲正切函数：$\tanh(x) = \dfrac{e^x - e^{-x}}{e^x + e^{-x}}$。

- ReLU $(\cdot)$ 为线性修正单元函数：ReLU $(x) = \max(0, x)$。

- $s(\cdot)$ 表示 softmax 函数：$s(x)_i = \dfrac{e^{x_i}}{\sum_{j=1}^{J} e^{x_j}}$，其中 i 表示向量的第 i 个元素。

1.2　数据集

为了保证代码的可复现性，本书中所有的案例分析均基于同一个金融数据集。该数据集可以从本书网站上下载，其包含在美国上市的 1207 只股票（这些股票对应的公司可能注册地不在美国，而在加拿大或墨西哥）自 1998 年 11 月至 2019 年 3 月的样本信息，每只股票均包含 93 个特征。这些特征主要包括以下方面：

- 估值（收益率、会计比率等）；

- 盈利能力和质量（净资产收益率等）；

- 动量和技术指标（历史收益率、相对强度指数等）；

- 风险（波动率等）；

- 预期指标（每股收益等）；

- 成交量和流动性（换手率等）。

样本并非完全均衡：没有缺失值，但股票数量以及它们的特征数量在不同时间并不完全一致。这会增加回测的难度，但是也更贴近实际情况。

```
library(tidyverse)                          # 加载数据科学包
library(lubridate)                          # 加载日期管理包
load("data_ml.RData")                       # 载入数据
data_ml <- data_ml %>%
    filter(date > "1999-12-31",             # 选定日期
           date < "2019-01-01") %>%
    arrange(stock_id, date)                 # 对数据进行排序
data_ml[1:6, 1:6]                           # 数据展示

## # A tibble: 6 × 6
##   stock_id date       Advt_12M_Usd Advt_3M_Usd Advt_6M_Usd Asset_Turnover
##      <int> <date>            <dbl>       <dbl>       <dbl>          <dbl>
## 1        1 2000-01-31         0.41        0.39        0.42           0.19
## 2        1 2000-02-29         0.41        0.39        0.4            0.19
## 3        1 2000-03-31         0.4         0.37        0.37           0.2
## 4        1 2000-04-30         0.39        0.36        0.37           0.2
## 5        1 2000-05-31         0.4         0.42        0.4            0.2
## 6        1 2000-06-30         0.41        0.47        0.42           0.21
```

该数据集共有 101 列、268336 行。前 2 列是股票标识符和日期，随后的 95 列是特征（特征的详细情况见附录 1 中的附表 1-1），最后 4 列是标签。数据频率以月为单位。与现实情况一致，资产数量随着时间推移是不断变化的，如图 1-1 所示。

```
data_ml %>%
group_by(date) %>%                                    # 按日期分组
    summarize(nb_assets = stock_id %>%                # 资产数量
                as.factor() %>% nlevels()) %>%
    ggplot(aes(x = date, y = nb_assets)) + geom_col() +  # 画图
    theme_light() + coord_fixed(3)
```

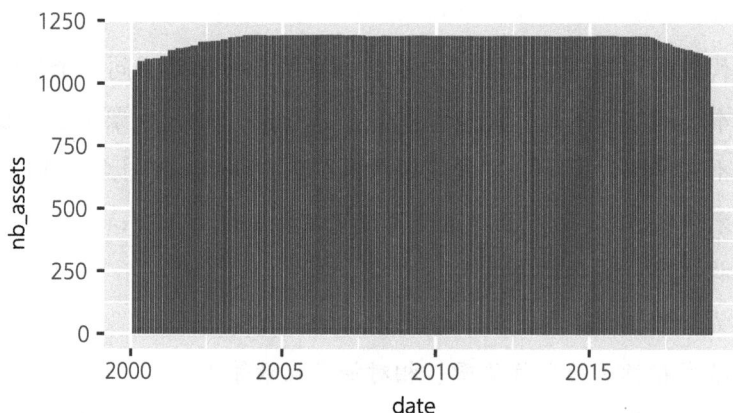

图 1-1　资产数量变化

数据集中包含 R1M_Usd、R3M_Usd、R6M_Usd 和 R12M_Usd 这 4 个标签，分别对应股票未来 1 个月、3 个月、6 个月和 12 个月的收益率。这些收益率是总收益率，包含未来潜在的股息支付。根据 Hartzmark 和 Solomon（2019）对股息与收益率关系的研究，相对于完全基于价格计算的收益率，总收益率可以更准确地反映出投资者的实际收益。这 4 个标签对应数据集的最后 4 列，下面展示了它们的摘要统计量。

```
## # A tibble: 4 × 5
##   Label       mean     sd    min    max
##   <chr>      <dbl>  <dbl>  <dbl>  <dbl>
## 1 R12M_Usd  0.137  0.738 -0.991   96.0
## 2 R1M_Usd  0.0127  0.176 -0.922   30.2
## 3 R3M_Usd  0.0369  0.328 -0.929   39.4
## 4 R6M_Usd  0.0723  0.527  -0.98   107.
```

为方便后续模型的训练，我们将预测变量的名称保存到内存中。此外，我们还保存了一个更短的预测变量列表。

```
features <- colnames(data_ml[3:95])      # 保留特征的列名称
features_short <- c("Div_Yld", "Eps", "Mkt_Cap_12M_Usd", "Mom_11M_Usd",
                    "Ocf", "Pb", "Vol1Y_Usd")
```

预测变量已经被归一化，即对于任何给定的特征和时间点，均服从均匀分布。图 1-2 展示了特定时间点的股息率分布情况，同时也可以看到我们的数据并非完全均衡。

```
data_ml %>%
    filter(date == "2000-02-29" ) %>%
    ggplot(aes(x = Div_Yld)) + geom_histogram(bins = 100) + theme_light() +
    coord_fixed(0.03)
```

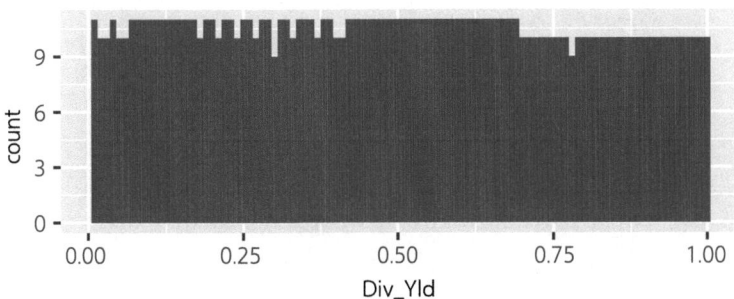

图 1-2　2000 年 2 月 29 日股息率的特征分布

收益率的原始标签是数值型的，可以直接用于回归模型训练，即预测目标是一个实数。预测目标有时候也可能是类别（也称为类），如"买入""持有"或"卖出"。为了训练分类模型，我们创建了额外的类别标签。

```
data_ml <- data_ml %>%
```

```
group_by(date) %>%                                    # 按日期分组
mutate(R1M_Usd_C = R1M_Usd > median(R1M_Usd),          # 创建类别标签
       R12M_Usd_C = R12M_Usd > median(R12M_Usd)) %>%
ungroup() %>%
mutate_if(is.logical, as.factor)
```

类别标签是二进制的：如果原始收益率高于样本期收益率的中位数，那么标签就为 1（真）；反之标签为 0（假）。因此，在任意时间点，一半样本的标签为 0，另一半样本的标签为 1，表示一半股票表现较好，另一半股票表现较差。

机器学习模型往往在一部分数据（训练集）上进行估计，然后在另一部分数据（测试集）上测试以评估其质量。我们对样本进行了分割。

```
separation_date <- as.Date("2014-01-15")
training_sample <- filter(data_ml, date < separation_date)
testing_sample <- filter(data_ml, date >= separation_date)
```

我们还在内存中保留了一些关键变量，如股票标识列表和均衡样本。在构建均衡样本时，我们对样本进行了缩减，仅保留那些在样本期从头至尾存续的股票。

```
stock_ids <- levels(as.factor(data_ml$stock_id))   # 股票 ID 列表
stock_days <- data_ml %>%                           # 计算每只股票的时间跨度
    group_by(stock_id) %>% summarize(nb = n())
stock_ids_short <- stock_ids[which(stock_days$nb == max(stock_days$nb))]# 一直存续的股票
returns <- data_ml %>%                              # 通过 3 个步骤计算收益率矩阵
    filter(stock_id %in% stock_ids_short) %>%       # 1. 筛选数据
    dplyr::select(date, stock_id, R1M_Usd) %>%      # 2. 根据日期和股票名称选择收益率
    pivot_wider(names_from = "stock_id",
                values_from = "R1M_Usd")            # 3. 构建矩阵
```

第 2 章

简介

本章实际上是在写完其他章之后才完成的。与后续章节侧重于技术细节相比，本章阐释的基本原则和理念更有价值和意义。当你对程序运行结果感到困惑时，我们建议你先从算法中跳出来，回看本章的内容，你可以获得一些新的思路和更深层次的理解。

2.1 背景

得益于数据可得性、计算能力以及经济学理论的迅猛发展，机器学习在因子投资领域中发展迅速。

首先是数据方面的变化。如今，专业细分数据服务商及集成平台挑战着彭博社（Bloomberg）和路透社（Reuters）等传统数据供应商的地位[1]。除此之外，高频数据及衍生数据已经成为主流。因此公司特征数据很容易获取，并且获取价格低廉。这就意味着式（2.1）中机器学习算法输入数据集 X 的规模足够庞大。2019 年，算法就可以达到以下数量级：对几千只股票每月进行几百次测试，每只股票涵盖几百个属性，这使得数据集包含几千万个节点。虽然这样的数据量足够庞大，但是因为财务数据只按季度公布，所以金融数据序列面临着时间跨度较短的问题，并且这个问题在未来几十年会一直存在。不过高频策略不存在这个问题。

其次是软硬件升级带来的计算能力指数级增长。硬件方面，得益于主要的托管服务商（如亚马逊、微软、IBM 和谷歌等）和小型服务商（如 Rackspace、Techila 等）的技术进步，存储和处理速度提升在技术上不再有障碍，算法模型甚至可以在云端运行。软件方面，由于公司（如谷歌发布的 TensorFlow 和 Keras、微软发布的 PyTorch、h2o 等）、大学（如法国国家信息与自动化研究所发布的 scikit-learn、美国斯坦福大学发布的 CoreNLP、美国宾夕法尼亚大学发布的 NLTK 等）和小型研究团体（如 caret、xgboost、tidymodels 等）的资助，开源已经成为常态。因此，机器学习算法不再是少数计算机专家的私人领域，任何人都可以学习和使用机器学习算法。

最后是经济学理论方面。机器学习在金融领域的应用最初是由计算机科学家

---

[1] 金融数据供应商 Quandl 在 2018 年 12 月被纳斯达克收购。随着大型企业不断收购新企业，金融数据服务领域可能会重新整合。

（Braun 和 Chandler，1987）和信息系统专家（White，1988）提出的，随后被金融学者（Bansal 和 Viswanathan，1993）和对冲基金经理（Zuckerman，2019）加以应用。在这之后，非线性关系成为资产定价模型的主流（Freeman 和 Tse，1992；Bansal 等，1993）。这些研究为 2010 年以来机器学习算法研究的繁荣奠定了基础。

Arnott 等（2019b）提出，模型必须具有经济学意义。我们支持该观点并在本书中做了唯一假设：股票未来的收益率取决于公司特征。这些特征和股票表现间的关系在很大程度上是未知的，而且很可能是时变的。这也是机器学习算法能够大展拳脚的原因所在，因为它可以识别出股票未来收益率与资产定价因子或异象间的隐藏模式，而且可以通过动态训练样本适应不断变化的市场。

2.2　投资组合构建流程

建立成功的投资组合步骤繁多。本书聚焦于预测部分，同时涵盖其他方面的内容。事实上，在大多数情况下，如何进行资产分配存在不确定性，因此需要提前预测哪些资产在未来会表现得更好。本书主要采用监督学习方法来预测横截面上资产的收益率。监督学习的基本公式是：

$$y = f(x) + \varepsilon \tag{2.1}$$

其金融符号表达式为：

$$r_{t+1,n} = f(x_{t,n}) + \varepsilon_{t+1,n} \tag{2.2}$$

其中，$f(x_{t,n})$ 可以看作在 t 时刻计算的 $t+1$ 时刻的预期收益率，也就是 $E_t\lfloor r_{t+1,n} \rfloor$。该模型适用于所有资产，因此它与面板方法有相似之处。

要想建立准确的预测模型，需要关注上述公式中的所有内容。首先是收集和处理数据（见第 4 章）。学术界目前的共识是，预测特征 x 应包括文献中的经典指标，如市值、会计比率、风险指标、动量指标等（见第 3 章）。学术界和业界一般采用月度收益率作为因变量，但采用其他周期计算的收益率很可能在样本外表现更好。

虽然函数 f 的选择（非常复杂及计算量非常大的步骤）至关重要，但是我们认为，特征选择及特征工程的重要性丝毫不亚于函数选择。常用的函数（模型）我们会在第 5 章～第 9 章进行详细介绍。最后，误差项 $\varepsilon_{t+1,n}$ 常常被忽视。人们普遍认为凸优化是最佳的（也是最常用的）解决方案，因此主流的损失函数均是最小均方误差函数，但是实际上关于损失函数，或许存在一些更有效的选择方案（在 7.4.3 小节会有介绍）。

如图 2-1 所示，投资组合构建看起来步骤繁多，但是实际上更应该将它看成一个整体。所有步骤都是相互影响的，与其他步骤密不可分[1]。因此在构建投资组合时，从预测变量的选择，到算法，再到组合加权方案，都需要一种全局的框架和思维（详见第 12 章）。

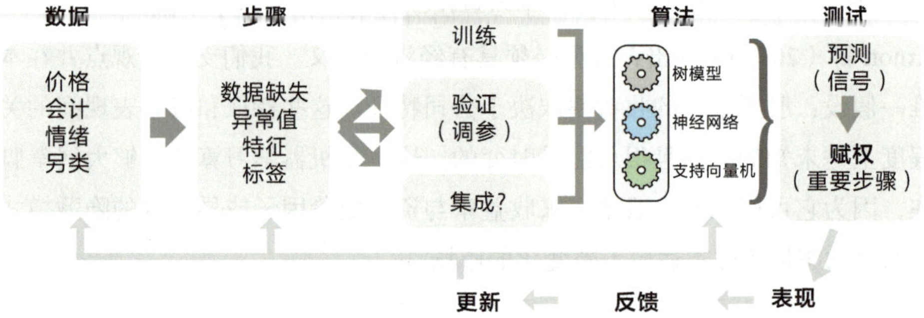

图 2-1　基于机器学习的投资组合构建流程

2.3　机器学习不是"魔杖"

预测算法的弊端在于其对未来变动模式的推断过于依赖历史数据。预测者都希望和假定过去的历史规律在未来可以复现。但是理想很丰满，现实很骨感，预测效果往往不佳，即使采用更复杂和先进的计量经济学工具也不能改善预测效果。事实上，启发式的猜测（heuristic guess）反而效果更好。在第 5 章至第 7 章中，我们可以看到，一些基线算法（baseline algorithm）所得到的预测效果往往极其普通。我们希望读者们能够明白，盲目地往模型中添加数据和参数，很少能取得令人满意的样本外预测准确性。

以下是我们总结的金融与机器学习算法结合的关键点。

- 因果关系尤为重要。假定 y 是预期收益率，为了识别因果关系，我们需要证明 $X \to y$。但是很不幸，因果关系非常难以揭示和验证。
- 研究人员在大部分时间里只能使用简单的相关性分析，但是相关性分析的信息量和稳定性相比因果推断要差得多。
- 同时，金融数据包含大量噪声，想要从中提取有用的信号无比困难。而且无套利定价理论指出，如果一个简单的模式可以产生可观的利润，套利者的出现会让它迅速消失。

---

[1]　根据 de Prado 和 Fabozzi（2020），也可以采用其他方法。

- Wolpert（1992a）提出"没有免费的午餐"定理[1]，因此要想实现更强的预测能力，分析师需要对模型提供自己的观点。这也是经济学或计量经济学理论框架至关重要的原因所在。模型的输入比模型本身的选择要重要得多，因此因变量和解释特征的假设和选择是决定性的，同时数据也是关键所在。

- 套用 Jeff Bezos 的话，为了提高模型在样本外的预测精度，应该问的问题是：什么不会改变？只有平稳的时间序列才可以揭示出持续的规律和模式。

- 每个人都会犯错误。循环或变量索引中的错误本来就是整个工作的一部分，重要的是从这些错误中不断学习。

最后，我们要提醒读者：没有什么可以取代实践。收集和清理数据、代码回测、机器学习模型调参、测试加权方案、调试，甚至重新开始，这些都是不可缺少的步骤和任务，必须无限地重复。经验是无可替代的。

---

[1]　该定理是指，不存在一种算法，能够在解决所有类型的问题时普遍优于其他算法。——译者注

## 第 3 章

因子投资与
资产定价异象

资产定价异象是因子投资的基础。本章的主要目的有两个：

一是简要介绍基本的因子模型和实证结论（如收益和风险溢价的时变特征）；

二是提供文献清单，以激发和满足读者的好奇心。

本章不是要对因子投资相关主题进行全面介绍，而是提供涵盖基本主题的概述，以便引导读者找到相关参考资料。因此，本章可以作为简短的、非详尽的文献综述。因子投资涉及的主题非常广泛，相关文献汗牛充栋，而且还在迅速增加。

金融期刊大致可以分为两种。第一种是学术期刊，所刊载的论文大多由教授撰写，读者也大多是学者。这些期刊所刊载的文章很长，而且往往具有较强的技术性，如 *Journal of Finance*、*Review of Financial Studies* 和 *Journal of Financial Economics* 等。第二种期刊更侧重于实践，所刊载的文章比较短，容易阅读，主要针对金融业界人士，如 *Journal of Portfolio Management* 和 *Financial Analysts Journal*。本章综述的主要是发表在第一种期刊上的论文。

除了学术论文外，一些专著也聚焦于风格配置［因子投资的同义词，如 Barberis 和 Shleifer（2003）和 Clifford Asness 等（2015）在其文章中使用风格配置代替因子投资］相关主题，例如以下文献。

- Ilmanen（2011）：对许多资产类别的风险溢价进行了详尽的探讨，并提供了大量的摘要统计量（跨因子和跨时期）。
- Ang（2014）：重点关注资金管理行业的因子投资。
- Bali 等（2016）：关于截面信号全面的统计分析（单变量、相关性、持续性等）。
- Jurczenko（2017）：由各领域专家给出的关于各种主题（因子纯度、可预测性、选择与加权、因子择时等）的详细介绍。

最后，读者可以关注几篇覆盖主题较广的论文，包括 Goyal（2012）、Cazalet 和 Roncalli（2014）、Baz 等（2015）等。

3.1 简介

因子投资是一个有着几十年历史的学术主题，但是直到交易所交易基金（ETF）这种投资载体崛起，因子投资才引起了极大关注。两者都在 2010 年后获得了巨大的发展。金融工程实务和学术研究之间的相互反馈以一种互利的方式激励着对方，实务从业者依赖关键的学术研究结果（如资产定价异象），而研究人员则深入挖掘实务的主题（如因子暴露或交易成本）。最近，研究人员试图量化和定性因子指数对金融市场的影响。例如，Krkoska 和 Schenk-Hoppé（2019）分析了金融市场的羊群行为；Cong 和 Xu（2019）的研究表明，复合证券的引入增加了波动性和跨资产的相关性。

因子模型的核心目的是了解资产价格的驱动因素。广义上讲，因子投资背后的原理是：企业的财务业绩取决于各种因素，无论这些因素是潜在的、不可观察的，还是与内在特征相关的（例如会计比率）。正如 Cochrane（2011）所描述的，首要问题是：哪些特征真正提供了有关平均收益率的独立信息？回答这个问题有助于理解收益的横截面差异，并使得对它们的预测成为可能。

从理论上讲，线性因子模型可以被看作 Ross（1976）套利定价理论（APT）的特例，它假定资产 n 的收益率可以被视为基础因子的线性组合：

$$r_{t,n} = \alpha_n + \sum_{k=1}^{K} \beta_{n,k} f_{t,k} + \epsilon_{t,n} \tag{3.1}$$

常用的约束条件为：$E\left[\epsilon_{t,n}\right] = 0$，$\text{Cov}(\epsilon_{t,n}, \epsilon_{t,m}) = 0 \ (n \neq m)$，$\text{Cov}(f_{n,\epsilon_n}) = 0$。

如果这些因子确实存在，那么它们与资产定价的基石模型——Sharpe（1964）、Lintner（1965）和 Mossin（1966）所提出的资本资产定价模型（CAPM）——相矛盾。根据 CAPM，收益的唯一驱动力是市场组合。这解释了为什么因子也被称为"异象"。在 Pesaran 和 Smith（2021）的论著中，作者用 $\beta_{n,k}$（跨公司）的平方和来定义因子的强度。

自 Fama 和 French（1992）以及 Fama 和 French（1993）发表相关研究以来，资产定价异象的实证证据逐步积累起来。这项开创性的工作为百花齐放的文献研究铺平了道路，包括 Green 等（2013）、Harvey 等（2016）、McLean 和 Pontiff（2016）的基础性研究。我们可以使用全部数据对回归方程（3.1）进行一次估计（非条件的），也可以使用不同的时间区间进行连续的估计。在后一种情况下，参数（系数估计值）会发生变化，因此模型被称为条件模型。[可以参考 Ang 和 Kristensen（2012）以及 Cooper 和 Maio（2019）关于这一主题的最新研究成果以及对相关研究的详细回顾。] 条件模型更加灵活，因为它们承认资产价格的驱动因素可能不是恒定的，这是一个合理的假设。

3.2　异象检验

3.2.1　挑战

异象的识别是关键的一步，这项工作具有较强的复杂性。鉴于对正面结果的发表偏见（Harvey，2017），研究人员有足够的动因只报告部分结果，这些结果有时会被进一步的研究所否定。因此，对结果进行复现的需求强烈，特别是考虑了交易成本之后（Patton 和 Weller，2020；Chen 和 Velikov，2020），许多研究结论被推翻了（Linnainmaa 和 Roberts，2018；Johannesson 等，2020；Cakici 和 Zaremba，2021）。

尽管如此，正如 Chen（2019）所证明的，p 值挖掘（p-hacking）并不能解释文献中记录的所有异象。降低虚假检测风险的一个方法是提高统计阈值（通常是 T 统计量），但仍然存在很多争论（Harvey 等，2016；Chen，2020a；Harvey 和 Liu，2021），或者采用多重检验方法（Harvey 等，2020；Vincent 等，2020）。尽管如此，金融学中使用的大样本量仍然可能内在地带来非常低的 p 值，关于这个问题的讨论，可以参考 Michaelides（2020）。

一些学者研究了由于公开而逐渐消失的异象：一旦异象被公开，投资者就会对其进行投资，从而推高价格，异象也随之消失。McLean 和 Pontiff（2016）以及 Shanaev 和 Ghimire（2020）展示了美国的这种异象消失效应，但 Jacobs 和 Müller（2020）发现，其他国家在异象公开发表后仍然可以获得持续的收益（Zaremba 等，2020）。Chen 和 Zimmermann（2020）采用不同方法用公开报告偏差对收益进行调整，作者指出，这种（负）调整程度实际上相当小。同样，Chen（2020b）发现 p 值挖掘不能对文献中报告的所有异象进行解释。Penasse（2022）建议用阿尔法衰变来研究异象的持续或衰减 [也见 Falck 等（2021）关于这个问题的分析]。Horenstein（2020）甚至建立了一个模型，分析投资者根据学术研究中的异象进行投资的行为。

因子溢价的衰减可能是由于羊群效应（Krkoska 和 Schenk-Hoppé，2019；Volpati 等，2020），并可能因 smart beta 产品（主要是 ETF）的流行而加速，这些产品允许投资者直接投资于特定风格（如价值、低波动性等）的证券或组合，相关结论可以参考 Huang 等（2020）。关于因子投资吸引力的理论观点，可以参考 Jin（2019）；关于它对主动型基金行业的影响，可以参考 Densmore（2021）。关于将拥挤度与因子收益率联系起来的实证研究，可以参考 Kang 等（2021）。Bailey 和 Lopez de Prado（2021），以及 Brightman 等（2015）的研究指出，在因子投资策略推出之前，ETF 可以获得 5% 的超额收益，但是在它们推出之后，超额收益下降到了 0。

另外，DeMiguel 等（2019）认为，因为外部机构（例如，通过订单簿算法投注的高频交易商）交易策略的多样化，smart beta 产品的集中推出对价格的影响有所缓解。

本小节的其余部分借鉴了 Baker 等（2017）以及 Harvey 和 Liu（2019）的研究。

3.2.2　简单组合排序

简单组合排序是最常见的方法，也是 Fama 和 French（1992）所使用的方法。这个方法很简单，即在某个日期：

1. 根据一个特定的标准（例如，规模、账面 - 市值比）对公司进行排序；
2. 根据排序由相同数量的股票组成 $J \geqslant 2$（通常 $J=2$、3、5 或 10）个投资组合（投资组合是根据标准的中位数、三分位数、五分位数或十分位数建立的，即同质组）；
3. 投资组合内股票的权重是相同的（等权），或与市值成正比；
4. 在未来某个日期（通常是一个月后），报告投资组合的收益。

然后，迭代上述流程，直到达到样本的时间终点。

这样得到的结果是每个分组投资组合 j 的收益率时间序列 r_t^j。

如果 t 检验显示第一组（$j=1$）和最后一组（$j=J$）的平均收益率存在显著差异，则异象可以被确认。更多的稳健性测试可以参考 Cattaneo 等（2020）。这种方法的一个显著局限之处是，排序标准可能会对收益率产生非单调的影响，而基于两个极端投资组合的检验将无法发现它。有几篇文章探讨了该问题，如 Patton 和 Timmermann（2010）以及 Romano 和 Wolf（2013）等。另一个局限之处是，这些组合可能不仅捕捉到与特征相关的已定价风险，而且捕捉到一些未定价风险。Daniel 等（2020）的研究表明，充分利用改变后的排序组合，有可能将已定价风险和未定价风险分开。

除了单变量排序分组外，还可以根据更多的特征来对资产进行分组。Fama 和 French（1992）的原始论文将市值与账面 - 市值比相结合，每个特征被分为 10 个组，总共得到 100 个组合。除了对数据可得性的考量之外，在排序过程中可以包含的特征数量没有上限。事实上，一些作者研究了更复杂的排序算法，可以处理潜在的大量特征（Feng 等，2019；Bryzgalova 等，2019）。

最后，我们参考 Olivier Ledoit 等（2020）的研究，考虑资产收益协方差结构的改进，并参考 Cattaneo 等（2020）对排序流程统计特性的理论研究（包括与回归方法的理论联系）。值得注意的是，后一篇论文讨论了投资组合的最佳数量，并提出它可能大于文献中经常使用的 10 个。

在下面的代码和图 3-1 中，我们计算并展示了以市值为标准而构造的投资组合（根据市值高于与低于中位数，构建等权组合）。根据规模异象，市值低于中位数的公司应该获得更高的平均收益率。只要图中的橙色柱子高于蓝色柱子，这一点就可得到验证（大部分时间都是这样）。

```
data_ml %>%
    group_by(date) %>%
    mutate(large = Mkt_Cap_12M_Usd > median(Mkt_Cap_12M_Usd)) %>% # 创建市值排序
    ungroup() %>%
    mutate(year = lubridate::year(date)) %>%          # 创建年度变量
    group_by(year, large) %>%                         # 基于年度及市值的分析
    summarize(avg_return = mean(R1M_Usd)) %>%         # 计算平均收益
    ggplot(aes(x = year, y = avg_return, fill = large)) +    # 画图
    geom_col(position = "dodge") + theme_light() +    # 柱状图
    theme(legend.position = c(0.8, 0.2)) +            # 画面宽度
    coord_fixed(124) + theme(legend.title=element_blank()) +  # x/y 轴
    scale_fill_manual(values=c("#F87E1F", "#0570EA"), name = "",  # 颜色
                    labels=c("Small", "Large")) +
    ylab("Average returns") + theme(legend.text=element_text(size=9))
```

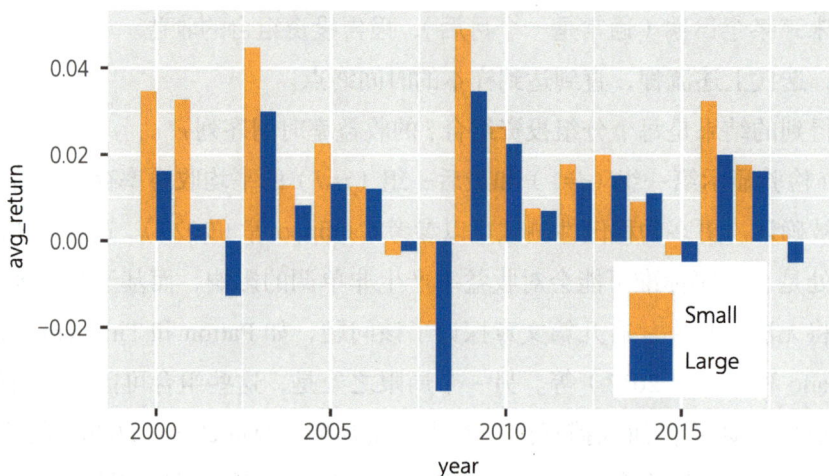

图 3-1 规模因子：小公司与大公司的平均收益

3.2.3 因子

因子的构建思路与上述思路相同。投资组合是通过将股票基于单一特征排序构建的，而因子是利用排序后两个极端投资组合构建的多空对冲组合（对于规模因子来说是小的减大的，对于价值因子来说是高账面 - 市值比减低账面 - 市值比）。有时也会采用双变量排序，并将几个组合聚集在一起，正如 Fama 和 French（1993）所采用的方法。下面列出了最常见的因子，以及一些参考资料。关于因子特异性的更详细说明，请参考本章开篇所列的参考文献。对于大多数异象，我们已经提出了理论上的依据，无论是基于风险的还是行为的。下面列出最常见的因子。

- 规模（SMB= 小公司减大公司）。相关文献包括：Banz（1981）、Fama 和 French（1992）、Fama 和 French（1993）、Van Dijk（2011）、Asness 等（2018）、Astakhov 等（2019）。

- 价值（HML= 高减低，即被低估的公司减被高估的公司）。相关文献包括：

Fama 和 French（1992）、Fama 和 French（1993）、Asness 等（2013）。最近的讨论见 Israel 等（2020）和 Roca（2021）。

- 动量（WML= 赢家减输家）。相关文献包括：Jegadeesh 和 Titman（1993）、Carhart（1997）、Asness 等（2013）。赢家是指过去一年中收益率最高（有时收益率的计算会跳过最近的一个月）的资产。横截面动量与时间序列动量（趋势跟踪）有关联，但并不等同，见 Moskowitz 等（2012）和 Lempérière 等（2014）。动量也与更高或更低频率的逆向运动（短期和长期反转）有关，见 Luo 等（2020）。

- 盈利（RMW= 高利润减低利润）。相关文献包括：Fama 和 French（2015）、Bouchaud 等（2019）。在 Fama 和 French（2015）中，盈利能力可以用［收入 − （成本＋费用）］÷权益来衡量。

- 投资（CMA＝保守型减激进型）。相关文献包括：Fama 和 French（2015）、Hou 等（2015）。投资是通过总资产的增长（除以总资产）来衡量的。激进的公司是那些经历了最大的资产增长的公司。

- 低"风险"［有时被称为 BAB（Betting Against Beta）］。相关文献包括：Ang 等（2006）、Baker 等（2011）、Frazzini 和 Pedersen（2014）、Boloorforoosh 等（2020）、Baker 等（2020）和 Cliff Asness 等（2020）。风险的计量方法在不同的论文中有所差异（包括简单波动率、市场 β、特质波动率等）。

除了低风险溢价外，Ken French 的数据库对以上其他主流的因子进行了保存和更新。这些因子的计算遵循一套特定的规则，它们在学术领域被普遍接受。另一个数据源是 AQR 的资料库。

本书所使用的数据集中，对于价值异象，我们不是用账面价值与市值的比率来衡量，而是用价格与每股账面价值（账面价值位于分母中）的比率来衡量。正如 Asness 和 Frazzini（2013）所述，价值变量的选择可以产生相当大的影响。

下面，我们从 Ken French 的数据库中导入数据（见表 3-1）。需要注意的是：该数据库经常更新，有时还会有收集方法上的变化。我们参考 Akey 等（2021）对 Fama-French 因子变化的研究，并将在本章后面使用相应数据。

```
library(quantmod)                                        # 用于数据提取的软件包
library(xtable)                                          # 用于 LaTeX 输出的软件包
min_date <- "1963-07-31"                                 # 开始时间
max_date <- "2020-03-28"                                 # 结束时间
temp <- tempfile()
KF_website <- "http://mba.tuck.dartmouth.edu/pages/faculty/ken.french/"
KF_file <- "ftp/F-F_Research_Data_5_Factors_2x3_CSV.zip"
```

```
link <- paste0(KF_website, KF_file)        # 文件链接
download.file(link, temp, quiet = TRUE)    # 下载
FF_factors <- read_csv(unz(temp, "F-F_Research_Data_5_Factors_2x3.csv"),
                       skip = 3) %>%        # 检查要跳过的行数！
    rename(date = `x1`, MKT_RF = `Mkt-RF`) %>%   # 改变第一列的名称
    mutate_at(vars(-date), as.numeric) %>%       # 将值转换为数字
    mutate(date = ymd(parse_date_time(date, "%Y%m"))) %>%  # 日期的正确格式
    mutate(date = rollback(date + months(1)))    # 月末日期
FF_factors <- FF_factors %>% mutate(MKT_RF = MKT_RF / 100,  # 标准化收益率
                    SMB = SMB / 100,
                    HML = HML / 100,
                    RMW = RMW / 100,
                    CMA = CMA / 100,
                    RF = RF/100) %>%
    filter(date >= min_date, date <= max_date)   # 最后，保留最近的数据
knitr::kable(head(FF_factors), booktabs = TRUE,
             caption = "Sample of monthly factor returns.") # 看一下数据（见表3-1）
```

表 3-1　月度因子收益率

日期	MKT_RF	SMB	HML	RMW	CMA	RF
1963-07-31	−0.0039	−0.0044	−0.0089	0.0068	−0.0123	0.0027
1963-08-31	0.0507	−0.0075	0.0168	0.0036	−0.0034	0.0025
1963-09-30	−0.0157	−0.0055	0.0008	−0.0071	0.0029	0.0027
1963-10-31	0.0253	−0.0137	−0.0014	0.0280	−0.0202	0.0029
1963-11-30	−0.0085	−0.0089	0.0181	−0.0051	0.0231	0.0027
1963-12-31	0.0183	−0.0207	−0.0008	0.0003	−0.0004	0.0029

一些文献致力于构建因子的理论模型，例如：

- 关于规模和价值的文献包括 Berk 等（1999）、Daniel 等（2001）、Barberis 和 Shleifer（2003）、Gomes 等（2003）、Carlson 等（2004）、Arnott 等（2014）；
- 关于动量的文献包括 Johnson（2002）、Grinblatt 和 Han（2005）、Vayanos 和 Woolley（2013）、Choi 和 Kim（2014）。

此外，最近很多文献在风险因子与行为金融学理论间架起了桥梁，重点可以参考 Barberis 等（2016）和 Daniel 等（2020）以及其中的参考文献。

虽然这些因子（即多空组合）表现出时变的风险溢价，并被公司新闻和公告所放大（Engelberg 等，2018），但它们在长期内是可以带来正收益的。我们可以参考 Gagliardini 等（2016）和 Gagliardini 等（2019）的研究以及相关参考文献，以了解关于风险溢价估算程序的技术细节，以及相应的经验结果。Ilmanen 等（2019）、Smith 和 Timmermann（2021）以及 Chib 等（2021）也进行了大样本研究，记录了因子溢价的结构性变化。此外，收益的可预测性也是随时间变化的（Farmer 等，2019；Tsiakas

等，2020；Liu 等，2020），估算方法也是与时俱进的（Johnson，2019）。

在图 3-2 中，我们绘制了 5 个因子在每个自然年的平均月度收益率曲线。无风险利率（它本身不是一个因子）最稳定，而市场因子（市场收益减无风险利率）最不稳定，这是因为它是唯一的纯多头因子。

```
FF_factors %>%
mutate(date = year(date)) %>%              # 将日期转换为年
gather(key = factor, value = value, - date) %>%   # 设置整齐的形状
group_by(date, factor) %>%                 # 根据年份和因子分组
summarise(value = mean(value)) %>%         # 计算平均收益率
ggplot(aes(x = date, y = value, color = factor)) +   # 画图
geom_line() + coord_fixed(500) + theme_light()       # 修改 x/y 轴和图例
```

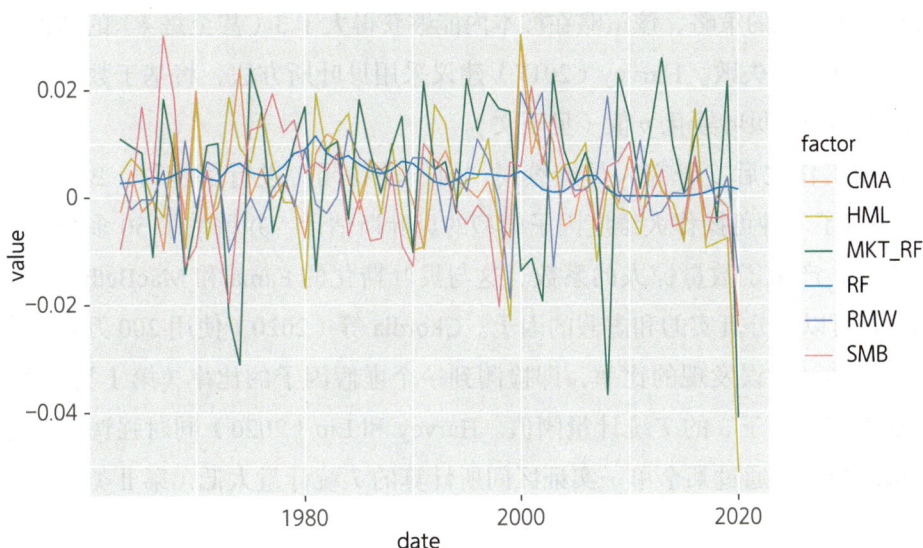

数据来源：Ken French 网站。

图 3-2　常见异象的平均月度收益率（1963—2020 年）

投资者自身的属性如何影响他们对特定因子的配置是一个热点话题。我们在下面列出了一些参考资料，尽管它们在某种程度上超出了本书的范围。Betermier 等（2017）表明，与成长型投资者相比，价值型投资者年龄更大，更富有，面临的收入风险更低，而成长型投资者是那些最适合承担金融风险的人。Cronqvist 等（2015）的研究得出了不同结论，他们发现投资于价值型资产与成长型资产的倾向来源于遗传学和生活事件［后者的影响在 Cocco 等（2020）中得到了证实，而前者在 Cronqvist 等（2015）中有进一步详细说明］。心理特征也可以解释一些因子：当投资者基于历史数据外推时，他们很可能会推升动量［这个话题在 Barberis（2018）中得到了详细研究］。这些心理特征带来的微观和宏观经济影响详见 Bhamra 和 Uppal（2019）。也有人提出

了理论模型，将投资者的偏好和信念（通过前景理论）与市场异象联系起来（Barberis 等，2020）。

最后，我们要强调一下因子溢价可复制性的必要性，并呼应 Harvey（2020）近期 的研究结论。正如 Linnainmaa 和 Roberts（2018）以及 Hou 等（2020）所展示的那样， 许多因子实际上非常依赖于数据，当投资范围改变或变量的定义改变时，往往无法持 续获得超额收益（Asness 和 Frazzini，2013）。

Campbell Harvery 和他的合著者在一系列论文中（如 Harvey 等，2016；Harvey 和 Liu，2019）试图整合对因子的研究。他们的工作强调，需要为异象设定高标准，才能 称之为"真正的"因子。提高 p 值的阈值只起到部分作用，因为总是有可能通过数据 窥探找到一个优化的策略，该策略在样本内能够获得大于 3（甚至是 4）的 T 值，但是 在样本外却注定会失败。Harvey（2017）建议采用贝叶斯方法，将基于数据的显著性 与先验假设融合为贝叶斯化 p 值（见下文）。

在这项工作之后，研究人员继续对"因子动物园"进行了探讨。Bryzgalova 等 （2019）提出了一种可操作大维度因子模型的贝叶斯估计，并评估了 50 多个因子的所 有可能组合，产生了数量惊人的系数。这与贝叶斯化的 Fama 和 MacBeth（1973）回 归相结合，可以区分真实的和虚假的因子。Chordia 等（2020）使用 200 万个交易策略 的模拟值来估计错误发现的比率，即检测到一个虚假因子的比率（第 I 类错误），他 们还建议使用远高于 3 的 T 统计量阈值。Harvey 和 Liu（2020）同时强调，有时真正 的异象可能会因为通过某个单一实证区间所计算的 T 统计量太低（第 II 类错误）而被 错过。

学术期刊更愿意发表正面结果的倾向促使研究人员报告的估计收益率和真实收 益率之间存在差异。Chen 和 Zimmermann（2020）称这种差异为出版偏差，并估计 它大约为 12%。也就是说，如果公布的平均收益率是 8%，实际值可能更接近于 $(1-12\%) \times 8\% \approx 7\%$。定性来看，这个 12% 的估计值比 McLean 和 Pontiff（2016）发现的样本 外收益的减少量要小。

3.2.4 预测性回归、排序和 p 值问题

为了便于理解，我们假设一个简单的形式：

$$r = a + bx + e \qquad (3.2)$$

其中，向量 r 由所有股票的收益构成，x 是滞后变量，因此回归具有预测性。如 果在给定的阈值下，估计值 $\hat{b}$ 是显著的，那么就可以得出结论，x 在预测收益方面有效。

因此，可以预期通过 x 的极端值所构造的多空组合（注意 $\hat{b}$ 的正负）能够产生利润。不幸的是，这往往是错误的，$\hat{b}$ 提供了关于过往预测能力的信息，但是用它来预测未来收益，结果可能是另一回事。

统计检验也被用于对投资组合进行分析。假设两个极端的投资组合（比如小规模股票与大规模股票，或者赢家组合与输家组合）预计会产生非常不同的平均收益。投资组合的收益率可以分别写为 $r_{t,+}$ 和 $r_{t,-}$，最简单的检验是采用 t 检验，$t=\sqrt{T}\,\dfrac{m_{r_+}-m_{r_-}}{\sigma_{r_+-r_-}}$，其中 T 是观测值的数量，而 $m_{r_\pm}$ 表示收益率的平均值，$\sigma_{r_+-r_-}$ 是两个收益序列差值的标准差，即多空组合的波动率。简言之，这个统计数字可以被看作缩放的夏普比率（尽管这些比率通常针对多头投资组合），并可以反过来用来计算 p 值以评估异象的稳健性。正如 Linnainmaa 和 Roberts（2018）以及 Hou 等（2020）所示，研究人员发现的许多因子在样本外测试中失效了。

人们对自己发现的异象过于乐观的一个原因是普遍存在的对 p 值的误解。通常，它被理解为在给定数据的前提下假设为真（例如异象存在）的概率。但事实上却恰恰相反，它的意思是在假设为真的前提下观察到数据的条件概率。

$$p\ 值 = P[D|H]$$
$$目标概率 = P[H|D] = \frac{P[D|H]}{P[D]} \times P[H]$$

其中，H 代表假设，D 代表数据。第二行的等式是贝叶斯定理的简单应用：人们关心的概率实际上是原始 p 值的一种变换。

（至少）有两篇文章讨论了 Harvey（2017）介绍的贝叶斯化 p 值（Bayesianized p-value）：

$$\text{Bayesianized } p-\text{value} = \text{Bpv} = e^{-t^2/2} \times \frac{\text{prior}}{1+e^{-t^2/2}\times \text{prior}} \tag{3.3}$$

其中 t 是回归得到的 t 统计量（即定义 p 值的统计量），先验（prior）是分析师对假设（异象）为真的先验机会比。先验的估计流程如下：假设有 p 的机会使原假设成立 [即 $(1-p)$ 的机会异象为真]，此时先验机会比为 $p/(1-p)$。因此，如果 t 统计量等于 2（大约对应于 5% 的 p 值），先验机会比等于 6，那么 Bpv 等于 $e^{-2}\times 6\times\left(1+e^{-2}\times 6\right)^{-1}\approx 0.448$，即原假设为真的可能性为 44.8%。这种解释与原来的 p 值形成了鲜明的对比，后者不能被看作原假设成立的概率。另外，该方法的缺点是先验机会比的选择对于计算至关重要，但它却完全由使用者的经验决定。

Chinco 等（2020）的研究虽然和前述研究有很大差异，但在一些关键的概念上是一致的，例如如何将贝叶斯先验融入回归系数的估计之中。他们表明，用 L^2 正则项来约束回归（见第 5 章中的岭回归），相当于引入了对 b 真实分布的看法。约束越强，估计值 $\hat{b}$ 就越向 0 收缩。他们论文中的一个关键想法是对诸多异象的回归系数 b 的联合分布的假设，它被假定为高斯分布和中心分布。在这个分布中，最重要的参数是标准差：标准差越大，发现重大异象的频率就越高。值得注意的是，作者表明这个参数会随着时间的推移而变化。关于这个问题的更多细节，请参考原始论文。

3.2.5　Fama-MacBeth 回归法

通过对风险溢价进行两步回归法估计，Fama 和 MacBeth（1973）提出了另一种检验异象的方法。第一步是对模型（3.1）的简单估计：在时间序列上，对所有股票逐个进行回归。第二步，将得出的估计值 $\hat{\beta}_{n,k}$ 代入第二步回归中：

$$r_{t,n} = \gamma_{t,0} + \sum_{k=1}^{K} \gamma_{t,k} \hat{\beta}_{n,k} + \varepsilon_{t,n} \tag{3.4}$$

这是对资产在不同时间节点上进行横截面回归。理论上，β 应是已知的，回归应该对 $\beta_{n,k}$ 进行，而不是它们的估计值。$\hat{\gamma}_{t,k}$ 是因子 k 在 t 时刻溢价的估计值。在对 $\varepsilon_{t,n}$ 的分布的合理假设下，可以进行统计检验来确定这些溢价是否显著。通常情况下，时间加权（平均）溢价 $\hat{\gamma}_k = \frac{1}{T}\sum_{t=1}^{T}\hat{\gamma}_{t,k}$ 的统计量为：

$$t_k = \frac{\hat{\gamma}_k}{\hat{\sigma}_k / \sqrt{T}}$$

该统计指标用来在纯高斯假设下评估因子是否显著（$\hat{\sigma}_k$ 是 $\hat{\gamma}_{t,k}$ 的标准差）。

关于普通最小二乘法（OLS）估计可能引起的偏差和准确性损失，可以参考 Jagannathan 和 Wang（1998）以及 Petersen（2009）。此外，由于在第二步回归中 $\hat{\beta}_{i,k}$ 是估计值，第 II 类错误（所谓的变量误差）出现的概率会增加。有兴趣的读者可以在 Shanken（1992）、Ang 等（2018）和 Jegadeesh 等（2019）的文章中找到一些拓展和解决方案。

下面，我们对样本进行 Fama-MacBeth 回归（Fama 和 MacBeth，1973）。我们从第一步估计个股的 β 值开始（见表 3-2）。我们建立了一个专门的函数，并使用一些函数式编程来自动完成这个过程。我们遵循 Fama 和 MacBeth（1973）原文的估计方法进行同步回归：

```
nb_factors <- 5                    # 限定因子数量
```

```
data_FM <- left_join(data_ml %>%                                    # 加入数据
              dplyr::select(date, stock_id, R1M_Usd) %>%            # 加入部分股票的收益率
              filter(stock_id %in% stock_ids_short),
              FF_factors,
              by = "date") %>%
        group_by(stock_id) %>%                                      # 分组
    mutate(R1M_Usd = lag(R1M_Usd)) %>%                              # 处理滞后收益率
    ungroup() %>%
    na.omit() %>%                                                  # 去除空值
    pivot_wider(names_from = "stock_id", values_from = "R1M_Usd")
models <- lapply(paste0("`", stock_ids_short,
                  '` ~  MKT_RF + SMB + HML + RMW + CMA'),           # 模型设定
        function(f){ lm(as.formula(f), data = data_FM,             # 运用线性回归
                        na.action="na.exclude") %>%
            summary() %>%                                          # 输出
            "$"(coef) %>%                                          # 只保留系数
            data.frame() %>%                                       # 转换为数据框
            dplyr::select(Estimate)}                               # 保留预测值
        )
betas <- matrix(unlist(models), ncol = nb_factors + 1, byrow = T) %>%   # 提取 β 值
    data.frame(row.names = stock_ids_short)                        # 修改行名
colnames(betas) <- c("Constant", "MKT_RF", "SMB", "HML", "RMW", "CMA")  # 修改列名
```

表 3-2　样本 β 值（行号为股票 ID）

	Constant	MKT_RF	SMB	HML	RMW	CMA
1	0.008	1.425	0.540	0.609	1.007	−0.391
3	−0.002	0.819	1.117	0.876	0.318	−0.557
4	0.004	0.367	0.314	−0.058	0.611	0.195
7	0.005	0.431	0.673	0.230	0.315	0.173
9	0.004	0.841	0.680	1.053	0.081	0.063
11	−0.001	0.990	0.131	0.484	−0.107	0.014

在表 3-2 中，MKT_RF 等于市场收益率减无风险利率，其回归系数通常被称为 β（尤其是回归方程只有 MKT_RF 这一单个预测变量时）。随后我们整理表 3-2 中得到的 β 值，以进行第二步回归（见表 3-3）。每一行对应一个资产，前 5 列是估计的因子暴露，最后 1 列是资产的日收益。

```
loadings <- betas %>%                                              # 从加载 β 值开始
    dplyr::select(-Constant) %>%                                   # 删除常数
    data.frame()                                                  # 转换为数据框
ret <- returns %>%                                                 # 从收益率开始
    dplyr::select(-date) %>%                                       # 只保留收益率
    data.frame(row.names = returns$date) %>%                       # 设置行名
    t()                                                           # 转置
FM_data <- cbind(loadings, ret)                                    # 将两者合并
```

表 3-3　整理后的样本 β 值（用于第二步回归）

	MKT_RF	SMB	HML	RMW	CMA	2000-01-31	2000-02-29	2000-03-31
1	1.4171996	0.5289508	0.6209521	0.9795405	−0.3790706	−0.036	0.263	0.031
3	0.8121420	1.1083543	0.8823397	0.3004057	−0.5520209	0.077	−0.024	0.018
4	0.3629112	0.3062513	−0.0503257	0.5953988	0.2002769	−0.016	0.000	0.153
7	0.4314491	0.6748763	0.2303413	0.3220975	0.1773935	−0.009	0.027	0.000
9	0.8381363	0.6775089	1.0572587	0.0776364	0.0621315	0.032	0.076	−0.025
11	0.9856210	0.1203915	0.4840227	−0.1249400	0.0167235	0.144	0.258	0.049

从表 3-3 中可以看到，第一列的数值（市值因子的 β）始终在 1 上下，这正是我们所期望的。最后，我们准备进行第二步回归（见表 3-4）：

```
models <- lapply(paste("`", returns$date, "`", ' ~  MKT_RF + SMB + HML + RMW + CMA', sep = ""),
function(f){ lm(as.formula(f), data = FM_data) %>%        # OLS 回归
            summary() %>%                                  # 输出
            "$"(coef) %>%                                   # 只保留系数
            data.frame() %>%                                # 转换为数据框
            dplyr::select(Estimate)}                        # 保留预测值
        )
gammas <- matrix(unlist(models), ncol = nb_factors + 1, byrow = T) %>%   # 转换为数据框
    data.frame(row.names = returns$date)                    # 设置行名
colnames(gammas) <- c("Constant", "MKT_RF", "SMB", "HML", "RMW", "CMA")  # 设置列名
```

表 3-4　样本风险溢价

	Constant	MKT_RF	SMB	HML	RMW	CMA
2000-01-31	−0.012	0.041	0.223	−0.145	−0.272	0.035
2000-02-29	0.014	0.075	−0.133	0.052	0.085	−0.035
2000-03-31	0.004	−0.010	−0.013	0.050	0.040	0.050
2000-04-30	0.125	−0.147	−0.096	0.156	0.078	−0.019
2000-05-31	0.052	−0.011	0.073	−0.096	−0.094	−0.055
2000-06-30	0.027	−0.030	−0.018	0.054	0.044	0.016

随着时间变化，因子溢价是非常不稳定的。我们为 MKT_RF、SMB 和 HML 因子溢价的估计值绘制了它们的变化曲线（见图 3-3）：

```
gammas[2:nrow(gammas),] %>%                    # 获取系数
# 第一行被跳过，因为第一行的收益率无法定义
dplyr::select(MKT_RF, SMB, HML) %>%            # 选择 3 个因子
bind_cols(date = data_FM$date) %>%             # 增加日期
gather(key = factor, value = gamma, -date) %>% # 整理形状
ggplot(aes(x = date, y = gamma, color = factor)) +  # 画图
```

```
geom_line() + facet_grid( factor~. ) +          # 设定线和画布
scale_color_manual(values=c("#F87E1F", "#0570EA", "#F81F40")) +   # 设定颜色
coord_fixed(980) + theme_light()                # 设定 x/y 轴
```

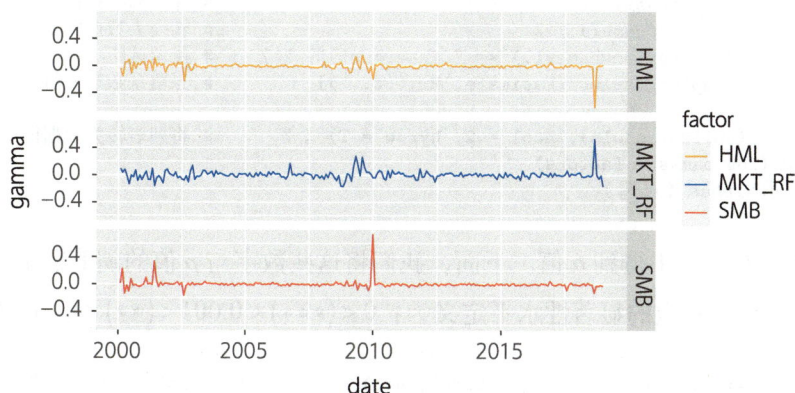

图 3-3　Fama-MacBeth 回归中因子溢价时间序列

样本末尾的两个峰值预示着潜在的共线性问题，两个因子在总体效应中相互补偿，这说明了惩罚性估计的有用性（见第 5 章）。

3.2.6　因子竞争

因子主要用于解释股票收益率的截面差异。出于理论和实际的原因，我们最好能避免冗余的因子。事实上，冗余意味着共线性（高绝对相关性），会对估计结果产生干扰（Belsley 等，2005）。此外，当资产管理人将其收益分解到各因子上时，因子间共线性所导致的风险暴露回归结果是难以解释的，因为收益率对高度共线性因子的正向和负向的高暴露值以一种虚假的方式相互补偿。

一个简单的方式是将每个因子与所有其他因子进行回归，以识别冗余的因子：

$$f_{t,k} = a_k + \sum_{j \neq k} \delta_{k,j} f_{t,j} + \epsilon_{t,k} \tag{3.5}$$

a_k 估计值的统计量是一个有意义的指标。如果 a_k 显著不等于 0，那么（其他）因子就不能完全解释该因子的收益。否则，该因子就可以被其他因子解释，因此是冗余的。

Fama 和 French（2015）对这一检验进行了详细说明和应用，他们在论文中指出，当考虑到其他 4 个因子（MKT_RF、SMB、RMW 和 CMA）时，HML 因子是冗余的。下面，我们在一个更新的样本上重现他们的分析。我们直接用 Ken French 维护的数据库进行分析。

我们可以通过式（3.5）进行回归以确定冗余因子：

```
factors <- c("MKT_RF", "SMB", "HML", "RMW", "CMA")
models <- lapply(paste(factors, ' ~  MKT_RF + SMB + HML + RMW + CMA-',factors),
function(f){ lm(as.formula(f), data = FF_factors) %>%        # 线性回归
                summary() %>%                                 # 输出
                "$"(coef) %>%                                 # 保留回归系数
                data.frame() %>%                             # 转换为数据框
                filter(rownames(.) == "(Intercept)") %>%     # 保留截距项
                dplyr::select(Estimate,`Pr...t..`)}           # 保留系数和 p 值
            )
alphas <- matrix(unlist(models), ncol = 2, byrow = T) %>%    # 将列表转为数据框
    data.frame(row.names = factors)
# alphas # 展示 alphas （可选）
```

我们从式（3.5）中得到 α 值。下面，我们将这些数字与 p 值的阈值输出到一个汇总表中（见表 3-5）。系数的显著性水平定义为：$0 < (***) < 0.001 < (**) < 0.01 < (*) < 0.05$。

```
results <- matrix(NA, nrow = length(factors), ncol = length(factors) + 1) # 系数
signif  <- matrix(NA, nrow = length(factors), ncol = length(factors) + 1) # p 值
for(j in 1:length(factors)){
    form <- paste(factors[j],
                ' ~  MKT_RF + SMB + HML + RMW + CMA-',factors[j])  # 建模
    fit <- lm(form, data = FF_factors) %>% summary()             # 预测
    coef <- fit$coefficients[,1]                                 # 保留系数
    p_val <- fit$coefficients[,4]                                # 保留 p 值
    results[j,-(j+1)] <- coef                                    # 矩阵填充
    signif[j,-(j+1)] <- p_val
}
signif[is.na(signif)] <- 1                                       # 去除缺失值
results <- results %>% round(3)  %>% data.frame()                # 基本形式
results[signif<0.001] <- paste(results[signif<0.001]," (***)")   # 标 3 颗星
results[signif>0.001&signif<0.01] <-                            # 标 2 颗星
    paste(results[signif>0.001&signif<0.01]," (**)")
results[signif>0.01&signif<0.05] <-                             # 标 1 颗星
    paste(results[signif>0.01&signif<0.05]," (*)")
results <- cbind(as.character(factors), results)                # 增加变量名
colnames(results) <- c("Dep. Variable","Intercept", factors)    # 增加列名
```

表 3-5　Fama 和 French（2015）提出的 5 因子模型中的因子竞争

Dep. Variable	Intercept	MKT_RF	SMB	HML	RMW	CMA
MKT_RF	0.008 (***)	NA	0.258 (***)	0.121	−0.359 (***)	−0.945 (***)
SMB	0.003 (*)	0.131 (***)	NA	0.081	−0.434 (***)	−0.133
HML	−0.001	0.033	0.043	NA	0.171 (***)	1.026 (***)
RMW	0.004 (***)	−0.095 (***)	−0.225 (***)	0.168 (***)	NA	−0.315 (***)
CMA	0.002 (***)	−0.112 (***)	−0.031	0.451 (***)	−0.141 (***)	NA

从表 3-5 中可以看到，当其他 4 个因子存在于资产定价模型中时，HML 因子是冗余的。我们得到的数值与原始论文（Fama 和 French，2015）中的数值非常接近，这符

合常识，因为我们只是在他们的初始样本中增加了 5 年的数据。

在更宏观的层面上，研究人员还试图找出，基于实证观察到的数据（可能还有计量经济学家设定的先验假设），哪些模型（即因子组合）是最有效的。例如，这类文献试图量化 Fama 和 French（1993）的三因子模型在多大程度上优于 Fama 和 French（2015）的五因子模型。在这个方向上，De Moor 等（2015）引入了一种新的 p 值计算方法，比较两个模型通过 0-α 检验的相对可能性。另外，Barillas 和 Shanken（2018）的贝叶斯方法随后被 Chib 等（2020）改进，也可以参考 Chib 和 Zeng（2020）以及 Chib 等（2020）（前者建立了一个 R 包：czfactor）。关于从交易成本角度进行模型比较的讨论，可以参考 Li 等（2020）。

最后，因子的最优数量也是在新近的研究中充满争议的一个主题。虽然传统文献关注有限数量（3 ~ 5 个）的因子（Hwang 和 Rubesam，2021），但 DeMiguel 等（2020）、He 等（2020）、Kozak 等（2019）以及 Freyberger 等（2020）的最新研究主张需要使用至少 15 个或更多因子。相反，Kelly 等（2019）认为，少量的隐性因子就足够了。Green 等（2017）甚至发现，有助于解释收益率截面数据的特征数量是随时间变化的。

3.2.7　高级技术

如今，被发现的因子越来越多，它们在资产管理领域也变得越来越重要，这促使研究人员精心设计更精妙的方法，以管理所谓的"因子动物园"，更重要的是，以检测虚假的异象和比较不同的资产定价模型。我们在下面列出了其中的几篇经典文献。

- Feng 等（2020）将 LASSO 模型与 Fama-MacBeth 回归结合起来，测试新的因子模型是否有价值。他们量化了在一组预设因子中增加一个新因子的收益，发现 2010 年后发表的论文中报告的许多因子并没有多少增量价值。
- Harvey 和 Liu（2019）在正交的因子上使用自助法（bootstrap）。他们认为预测变量之间的相关性是一个主要问题，为了解决这个问题，他们设计了一个流程来测试一个候选因子的最大额外贡献是否显著。
- Fama 和 French（2018）通过最大化夏普比率的平方来比较不同的资产定价模型。
- Giglio 和 Xiu（2019）使用基于主成分分析的三步法来估计因子风险溢价。
- Pukthuanthong 等（2018）通过主成分分析和 Fama-MacBeth 回归来拆分定价和非定价因子。
- Gospodinov 等（2019）告诫投资者要当心模型设定偏误（当假的因子被包括在

回归方程的解释变量中时）。交易因子（相对于宏观经济因子）更有可能产生稳健的收益（Bryzgalova，2019）。

显然，不存在完美无缺的方法，但该领域的研究突出了对稳健性的要求。在根据对因子的直觉判断制定投资决策时，稳健性显然是一个重要问题。短期策略的一个主要障碍是因子可能具有时变性。可以参考 Ang 和 Kristensen（2012）、Cooper 和 Maio（2019）及 Briere 和 Szafarz（2021）的实证结果，以及 Gagliardini 等（2016）和 Ma 等（2020）的理论阐释（以及额外的实证结果）。

3.3 因子还是特征

将收益分解成线性因子模型很方便，它的解释也很简单。然而，在学术文献中，对于公司收益是由宏观经济因子来解释，还是仅仅由公司核心特征来解释，存在着争议。在早期研究中，Lakonishok 等（1994）认为，价值溢价的一种解释来自对过去盈利成长率的错误推断。投资者对近期盈利能力好的公司过于乐观。因此，未来收益（也）是由公司的核心（会计）特征驱动的。那么问题来了，在解释收益时，公司的核心特征与宏观经济因子暴露哪种影响更明显？

Daniel 和 Titman（1997）在他们关于这个话题的开创性研究中，提供了有利于前者的证据［两篇后续论文是 Daniel 等（2001）、Daniel 和 Titman（2012）］。他们的研究表明，账面 - 市值比高或规模小的公司表现出更高的平均收益率，即使它们在 HML 或 SMB 因子上的暴露为负。因此，公司的内在特征，而非对因子的暴露，看上去确实更加重要一些。关于公司核心特征在收益解释或预测中的作用的进一步资料，可以参考以下文献。

- Haugen 和 Baker（1996）根据公司核心特征构建了预测性回归模型，并表明可以根据所产生的预测结果建立盈利的投资组合。该方法随后被 Guo（2020）用自适应 LASSO 所改进。
- Goyal（2012）的 2.5.2 小节综述了 2010 年以前关于这个主题的研究结果。
- Chordia 等（2019）发现，与因子暴露相比，公司核心特征对预期收益的解释能力更强。
- Kozak 等（2018）将基于因子的溢价解释与理论模型相结合，在该理论模型中，一些经济主体的需求是由情绪驱动的。
- Han 等（2019）用惩罚性回归表明，20～30 个公司核心特征（选自 94 个特征）对预测美国股票的月度收益率是有用的。他们的方法很有意思：他们将收益率与这些特征进行回归以建立预测模型，然后将收益率对预测值进行回归以评估其是否可靠。第二步回归使用了 LASSO 惩罚（见第 5 章），因此无用的特征被排除在模型之外。在 Rapach 和 Zhou（2019）中，该惩罚措施被扩展到弹性网络。

- Kelly 等（2019）和 Kim 等（2019）都建立了隐性因子模型，但因子暴露（β）和可能的 α 都是公司核心特征的函数。Kirby（2020）通过引入区制转换扩展了上述方法。相反，Lettau 和 Pelger（2020a）、Lettau 和 Pelger（2020b）在不假设因子和公司核心特征有任何联系的前提下估计了隐性因子（并提供了他们方法的大样本渐近性质）。

- 与 Hoechle 等（2018）一脉相承，Gospodinov 等（2019）和 Bryzgalova（2019）讨论了在多空收益组合排序时可能出现的错误。作者表明，在某些情况下，基于这种方法得到的结果可能是虚假的。当用来排序的特征与外部（不可观察）因子相关时，就会出现这种情况。为了避免这个问题出现，他们提出了一种新的基于回归的方法。

最近，Koijen 和 Yogo（2019）引入了一个需求模型，投资者根据他们对特定公司核心特征的偏好形成投资组合。其研究表明，这使他们能够模拟大型机构投资者的投资组合。在他们的模型中，总需求（以及因此产生的价格）与特征直接相关，而不是与因子相关。在后续论文中，Koijen 等（2019）表明，几组特征足以预测未来收益。他们还表明，根据英国和美国的机构投资者占比，最大的投资者是那些对价格形成影响的人。在类似的情况下，Betermier 等（2019）推导出一个优雅的（理论上的）一般均衡模型，在该模型下可以产生一些有据可查的异象（规模、账面价值）。Arnott 等（2014）、Alti 和 Titman（2019）的模型也能够在理论上产生已知的异象。最后，Martin 和 Nagel（2019）的论文表明，公司核心特征对股息增长率具有预测能力，并会因此影响收益。这篇论文讨论了资产数量和公司核心特征数量同比增加直至无穷大时的渐近情况。

3.4　热门话题：动量、择时和 ESG

3.4.1　因子动量

最近的文献揭示了因子收益率在时序上存在动量效应。例如，Gupta 和 Kelly（2019）研究发现，因子收益率的自相关模式在统计上是显著的。同样，Arnott 等

（2021）认为，Moskowitz 和 Grinblatt（1999）发现的行业动量事实上可以用因子动量来解释。更进一步，Ehsani 和 Linnainmaa（2022）得出结论，原始动量因子实际上是所有其他因子自相关性的聚合作用的体现。最近，Fan 等（2021）研究了因子动量的强度，作者发现，它只对少数因子具有稳健性。

意识到因子动量的盈利能力，Yang（2020b）试图了解其来源，并将股票因子动量组合分解为因子择时组合和静态组合两个部分，前者试图从因子收益的序列相关性中获利，而后者试图捕获因子溢价。作者表明，静态组合解释了因子动量收益率的较大部分。在 Yang（2020a）中，作者提出了一个新的衡量因子动量可预测性的指标。Leippold 和 Yang（2021）提示了因子动量要注意的事项。最后，Garcia 等（2021）报告了日频的因子动量。

通过在 Ken French 的网站上获得的数据，我们计算了因子的自相关函数（ACF），计算公式如下式，因子投资组合的自回归图如图 3-4 所示。

$$\text{ACF}_k(\boldsymbol{x}_t) = E\left[(\boldsymbol{x}_t - \overline{\boldsymbol{x}})(\boldsymbol{x}_{t+k} - \overline{\boldsymbol{x}})\right]$$

```
library(cowplot)                          # 堆叠图
library(forecast)                         # 自相关函数
acf_SMB <- ggAcf(FF_factors$SMB, lag.max = 10) + labs(title = "")  # SMB 自相关图
acf_HML <- ggAcf(FF_factors$HML, lag.max = 10) + labs(title = "")  # HML 自相关图
acf_RMW <- ggAcf(FF_factors$RMW, lag.max = 10) + labs(title = "")  # RMW 自相关图
acf_CMA <- ggAcf(FF_factors$CMA, lag.max = 10) + labs(title = "")  # CMA 自相关图
plot_grid(acf_SMB, acf_HML, acf_RMW, acf_CMA,  # 画图
          labels = c('SMB', 'HML', 'RMW', 'CMA'))
```

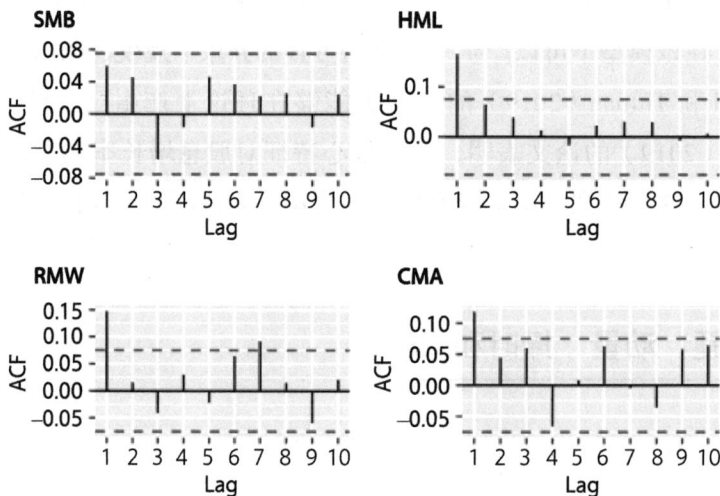

图 3-4　因子投资组合的自回归图

所选的 4 个因子中，只有规模因子的一阶自相关系数是不显著的。

3.4.2　因子择时

鉴于有大量的证据表明因子溢价的时变性，我们有理由猜测是否可以预测因子何时表现良好或糟糕。关于择时有效性的证据是充满分歧的：Greenwood 和 Hanson（2012）、Hodges 等（2017）、Hasler 等（2019）、Haddad 等（2020）、Lioui 和 Tarelli（2020）的结论是积极的，Asness 等（2017）的结论是消极的，而 Dichtl 等（2019）的结论是混合的。对于使用哪些预测变量，业界并没有达成共识 [Hodges 等（2017）采用一般宏观经济指标，Greenwood 和 Hanson（2012）采用股票发行与回购量，Dichtl 等（2019）采用总体基本面数据]。Leippold 和 Rüegg（2020）阐述了为长期投资组合建立择时策略的方法。Kagkadis 等（2021）将横截面特征用于因子择时。在基于机器学习的因子投资中，有可能通过将公司的特定属性与大规模的经济数据结合，以得到更准确的结果，我们在 4.7.2 小节中将进行阐释。

3.4.3　ESG

在 21 世纪的第二个 10 年里，人们对道德金融产品的需求急剧上升，催生了专门用于社会责任投资 [SRI，见 Camilleri（2020）] 的基金。虽然这种现象并不是真正的新现象（Schueth，2003；Hill 等，2007），但它的加速发展促使人们去研究与 ESG（环境、社会、治理）标准有关的公司特征是否可以被定价。已经有几十甚至上百篇论文专门讨论了这个话题，但没有达成共识。越来越多的学者开始研究气候变化对财务的影响（Bernstein 等，2019；Hong 等，2019；Hong 等，2020）和社会对负责任企业行为的推动（Fabozzi，2020；Kurtz，2020）。我们在下面列举了一份非常简短的论文清单，它们的研究结论是相冲突的。

- 有利的。ESG 投资是有效的（Kempf 和 Osthoff，2007；Cheema-Fox 等，2020），可以发挥作用（Nagy 等，2016；Alessandrini 和 Jondeau，2020），或者至少可以提高效率（Branch 和 Cai，2012）。一项混合研究报告阐释了压倒性的有利结果（Friede 等，2015），当然，它们也有可能源于对积极结果的出版偏见。
- 不利的。根据 Adler 和 Kritzman（2008）以及 Blitz 和 Swinkels（2020）的研究，道德投资是不赚钱的。ESG 因子策略应该做多不道德的公司、做空道德的公司（Lioui，2018）。
- 混合。ESG 投资可能对全球有利，但对本地不利（Chakrabarti 和 Sen，2020）。依靠 ESG 筛选的投资组合的表现并不明显优于没有筛选的投资组合，但其波动率较低（Gibson 等，2020；Gougler 和 Utz，2020）。正如通常情况一样，细节决定成败，结果取决于如何使用 E、S 或 G（Bruder 等，2019）。

在这些相互矛盾的结论中，有几篇论文指出了衡量 ESG 的复杂性。根据所选择的标准和数据，结果可能会发生巨大变化（Galema 等，2008；Berg 等，2020；Atta-Darkua 等，2020）。

在本小节的最后，我们要指出，ESG 标准可以直接整合到机器学习模型中，例如 Franco 等（2020）就对其进行了相关探讨。

3.5 与机器学习的联系

鉴于可用数据的指数级增长，基金经理总是试图从公司的大量特征中推断公司未来收益。我们指的特征不仅包括会计比率等经典数据，还包括情绪等另类数据。机器学习正好契合此项任务。给出一大组预测变量（X），我们的目标是通过一个形如式（2.1）的模型来预测未来业绩 y。

如果基本面数据（会计比率、收益、相对估值等）有助于预测收益，那么一个细化的方法就是先预测这些基本面数据，这需要预测其变化或获得信息优势。这个方向的最新研究可以参考 Cao 和 You（2020）以及 Huang 等（2020）。

早期已经有一些研究，旨在用公司特征来解释和预测收益（Brandt 等，2009；Hjalmarsson 和 Manchev，2012；Ammann 等，2016；DeMiguel 等，2020；McGee 和 Olmo，2020），但没有结合机器学习模型。回过头来看，这些方法其实与机器学习模型存在着一定联系。一般的表达式如下，在时间 T 时，投资者的目标优化函数为：

$$\max_{\boldsymbol{\theta}_T} E_T\left[u\left(r_{p,T+1}\right)\right]=\max_{\boldsymbol{\theta}_T} E_T\left[u\left(\left(\overline{w}_T+x_T\boldsymbol{\theta}_T\right)'r_{T+1}\right)\right]$$

其中 u 是某种效用函数，$r_{p,T+1}=\left(\overline{w}_T+x_T\boldsymbol{\theta}_T\right)'r_{T+1}$ 是投资组合的收益率，其定义为基准 $\overline{w}_T$ 加上相对该基准的一些偏离，这些偏离由特征的线性函数 $x_T\boldsymbol{\theta}_T$ 所决定。此外，还可以在上述问题中增加一些外部条件（如限制杠杆等）。

在实践中，向量 $\boldsymbol{\theta}_T$ 必须使用过去的数据来估计（$T-\tau \sim T\text{-}1$），投资者的目标函数为：

$$\max_{\boldsymbol{\theta}_T} \frac{1}{\tau}\sum_{t=T-\tau}^{T-1}u\left(\sum_{i=1}^{N_T}\left(\overline{w}_{i,t}+\boldsymbol{\theta}_T'\boldsymbol{x}_{i,t}\right)r_{i,t+1}\right) \tag{3.6}$$

对一个大小为 τ 的样本，N_T 表示资产数量。上述方程可以被看作一项学习任务，其参数选择的依据是为了使收益率（平均收益率）最大化。

3.5.1　参考文献清单

机器学习在金融领域的应用已经遍地开花，最初只使用价格数据，后来整合了公司特征作为预测因素。我们在下面引用了一些参考文献，并按研究方法进行分组。

- 惩罚性二次规划：Goto 和 Xu（2015）、Ban 等（2016）以及 Perrin 和 Roncalli（2019）。
- 正则化（regularization）预测性回归：Rapach 等（2013）以及 Chinco 等（2019）。
- 支持向量机：Cao 和 Tay（2003），以及其中的参考文献。
- 模型比较和 / 或整合。Kim（2003）、Huang 等（2005）、Matías 和 Reboredo（2012）、Reboredo 等（2012）、Dunis 等（2013）、Gu 等（2020b）、Guida 和 Coqueret（2018b）以及 Tobek 和 Hronec（2021），后面两篇较新的文献对很多横截面特征进行了研究。

我们在本书的第 6 章、第 7 章和第 16 章分别为树模型、神经网络和强化学习技术提供了更详细的文献清单。此外，可以参考 Ballings 等（2015）对分类器的比较，以及 Henrique 等（2019）、Bustos 和 Pomares-Quimbaya（2020）对机器学习预测技术的分析。

3.5.2　与资产定价模型的联系

因子投资和资产定价模型之间的第一个明显联系是（平均）收益预测，主要的经典文献是 Gu 等（2020b）。一般方程式如下：

$$r_{t+1,n} = g\left(x_{t,n}\right) + \epsilon_{t+1} \tag{3.7}$$

我们看一下上述模型与式（3.1）的区别。第一个明显的区别是引入了非线性函数 g，我们没有理由（除了简单性和可解释性）将模型限制在线性关系上。关于非线性资产定价模型的早期研究，可以参考 Bansal 和 Viswanathan（1993）。

式（3.7）和式（3.1）的第二个区别是时间指数的转变。从投资者的角度来看，人们的兴趣在于能够预测一些关于资产截面的信息。用同期因子来解释资产收益是没有用的，因为因子溢价事先是不知道的。因此，如果要从模型中获取价值，在观察状态空间（我们称之为 $x_{t,n}$）和实际收益之间需要有一个时间间隔。一旦模型 $\hat{g}$ 被估计出来，时间 t（可测量的）上的 $g\left(x_{t,n}\right)$ 将给出未来（平均）收益的预测。然后，这些预测可以作为设定投资组合权重的信号（关于该主题的更多内容，见第 12 章）。

虽然大多数研究都以式（3.7）左侧的收益率为基础，但同样可以使用其他指标。

收益率的计算直接而简单，但它们很可能被更复杂的指标所取代，如夏普比率等。然后，公司的特征将被用来预测风险调整后的业绩，而不是简单的收益率。

除了式（3.7）的明确形式，其他机器学习工具也可以用来估计资产定价模型。这可以通过几种方法实现，我们在下面列出其中的一些方法。

在第一种方法中，资产定价的一个重要问题是确定随机贴现因子（SDF）M_t，对于任何资产 n，它满足 $E_t\left[M_{t+1}\left(r_{t+1,n} - r_{t+1,f}\right)\right] = 0$（Cochrane，2009）。这个方程是广义矩估计（Hansen，1982）的应用，M_t 必须满足以下条件：

$$E\left[M_{t+1}R_{t+1,n}g\left(V_t\right)\right] = 0 \tag{3.8}$$

其中工具变量 V_t 在 F_t 可测量（即在时间 t 已知），$R_{t+1,n}$ 表示资产 n 的超额收益。为了减少和简化估计问题，人们习惯于将 SDF 定义为资产组合 [见 Back（2010）的第 3 章]。在 Chen 等（2020）的研究中，作者使用生成对抗网络（GAN，见 7.6.1 小节）来估计强惩罚形式下最接近式（3.7）的投资组合的权重。

第二种方法是尝试将资产收益率建模为各因子的线性组合，像式（3.1）中那样。简单表达式为：

$$r_{t,n} = \alpha_n + \beta'_{t,n}f_t + \epsilon_{t,n}$$

我们允许因子暴露 $\beta_{t,n}$ 是时变的，然后在上述方程中引入公司特征。这些特征存在于因子的定义中，如 Fama 和 French（1993）的开创性定义。收益的分解是根据公司收益对这些根据市场规模、会计比率、过去业绩等特征构建的因子暴露进行的。通过这些因子暴露，股票的表现被归结为特定的风格特征（如小盘股或价值股等）。

习惯上，这些因子是由简单的规则（如阈值）构建的简单组合。例如，低于账面市值 1/3 分位数的公司是成长型公司，高于账面市值 2/3 分位数的公司是价值型公司。一个价值因子可以由这两组多空组合来定义，权重相等。请注意，Fama 和 French（1993）使用了一种更复杂的方法，在加权方案和投资组合的构造中也考虑了市值的影响。

机器学习带来的进步之一是自动构建因子。如 Feng 等（2019），作者没有使用简单的因子构建方法，而是对构建流程进行了优化，以最大限度地适应股票收益横截面差异。优化是通过一个相对较深的前馈神经网络进行的，特征空间是滞后的，所以关系是预测性质的，如式（3.6）所示。从理论上讲，这样所产生的因子有助于解释收益率的大部分样本内方差。该模型的预测能力取决于它对样本外的泛化能力。

第三种方法由 Kelly 等（2019）提出（尽管统计处理本身不是机器学习）。他们假定因子是隐性的（未观察到的），且 β（因子暴露）是公司特征的函数。该方法允许有多个自由度，因为在 $r_{t,n} = \alpha_n + \left[\beta_{t,n}\left(x_{t-1,n}\right)\right]'f_t + \epsilon_{t,n}$ 中，只有特征 $x_{t-1,n}$ 是已知的，因子 f_t

和函数形式 $\beta_{t,n}(\cdot)$ 都必须被估计。他们采用线性方式建模，相对更容易操作。

最后，第四种方法［在 Gu 等（2020a）中介绍］更进一步，结合了两个神经网络架构。第一个神经网络将特征 x_{t-1} 作为输入，并生成因子暴露 $\beta_{t-1}(x_{t-1})$。第二个神经网络将收益 r_t 转化为因子值 $f_t(r_t)$（Feng 等，2019）。然后，总体模型可以写成：

$$r_t = \beta_{t-1}(x_{t-1})' f_t(r_t) + \epsilon_t \qquad (3.9)$$

上述设定非常特殊，因为输出（在方程左边）也作为输入（在方程右边）出现。在机器学习中，自编码器（见 7.6.2 小节）具有相同的属性。它们的目的就像主成分分析一样，是为数据集（在这种情况下，是收益率）找到一个可解析的非线性表示形式。在式（3.9）中，输入是 r_t，输出函数是 $\beta_{t-1}(x_{t-1})' f_t(r_t)$，其目的是使两者之间的差异最小化，像任何类似回归的模型一样。

自编码器是一种神经网络，其会使输出尽可能接近输入，目的是降维。Gu 等（2020a）的创新之处在于，纯自编码器部分与用于对因子暴露建模的普通多层感知机合并，该神经网络的总体结构如下：

$$\begin{aligned}收益\,(r_t) &\xrightarrow{NN_1} 因子\,(f_t=NN_1(r_t)) \\ 特征\,(x_{t-1}) &\xrightarrow{NN_2} 载荷\,(\beta_{t-1}=NN_2(x_{t-1}))\end{aligned}\Bigg\} \longrightarrow 收益\,(r_t)$$

一个简单的自编码器将只包括上述模型的第一行，这种设定将在 7.6.2 小节详细讨论。

不可否认的是，资产定价和机器学习这两个领域的交叉技术具有丰富的应用场景。关于这个话题已经有了很多文献，但是我们往往很难将噪声和真正有益的想法区分开来。实践和实施是将价值从炒作中分离出来的唯一途径。这一点尤其正确，因为理论模型中的经济主体往往倾向于高估因子在现实世界投资者进行资产配置决策时所起的作用（Chinco 等，2019；Castaneda 和 Sabat，2019）。

3.6　代码练习

1. 计算成长型投资组合与价值型投资组合的年度收益，即市净率高于中位数的公司的平均收益（该变量在数据集中被称为"PB"）。

2. 计算月度收益率，并绘制相应投资组合的净值曲线。

3. 不使用唯一的标准，而是根据市值的四分位数计算简单排序的投资组合，计算它们的年度收益率并画图。

第4章

数据预处理

本章中描述的方法主要应用于金融领域。对于非金融数据处理的介绍，我们推荐两份参考资料：Boehmke 和 Greenwell（2019）所著的《通用机器学习》一书的第 3 章以及 Kuhn 和 Johnson（2019）关于这个主题的著作。

4.1 认识你的数据

第一步，和所有的定量研究一样，就是要保证数据是值得依赖的，即数据（至少）来自一个可靠的数据供应商。市面上有一些成熟的供应商，比如彭博社、路透社、数据流（Datastream）、证券价格研究中心（CRSP）、晨星（Morningstar）等；有一些新兴的供应商，如标普智汇（Capital IQ）、RavenPack 等；还有一些供应商专注于提供另类数据。可惜还没有任何一份研究报告对这些供应商的数据的可靠性进行大范围的评估。

第二步，查看一下摘要统计量：取值范围（最小值和最大值）、均值和中位数。直方图和时间序列图包含更多的信息，但很难在高维空间下进行分析。对跟踪给定股票与/或特定特征的局部模式或误差，它们有时仍然有用。除了一阶矩之外，二阶矩（方差和协方差、相关性）也很重要，因为其有助于发现共线性。当两个公司特征高度相关时，在一些模型中可能会出现问题（变量如简单回归模型，见 15.1 节）。

通常情况下，预测变量的数量如此之多，以至于一个个查看这些简单的指标并不现实。为了进一步简化分析工作，建议进行以下最低限度的验证。

第一，关注预测变量的子集。例如，与最常见的因子 [市值、市盈率或市净率、动量（过往收益）、盈利能力、净资产增长率、波动率] 相关的预测变量。

第二，追踪摘要统计量中的异常值。（当最大值和中位数之比或中位数和最小值之比看起来很可疑的时候。）

图 4-1 展示了一个箱形图，说明了公司特征和未来一个月收益率之间相关系数的分布。相关系数是逐期在整个股票截面上计算出来的。它们大多位于 0 附近，但在有些日期发生了极端变化（黑点显示的是离群值）。其中，市值和未来收益率相关系数的中位数是负值中最小的，而波动率是唯一一个和收益率相关系数的中位数大于 0 的变量（这个特例似乎反驳了低风险异象）。

```
data_ml %>%
    dplyr::select(c(features_short, "R1M_Usd", "date")) %>%   # 保留少部分特征、标签和日期
    group_by(date) %>%                                        # 根据日期分组
    summarise_all(funs(cor(.,R1M_Usd))) %>%                   # 计算相关系数
    dplyr::select(-R1M_Usd) %>%                               # 移除标签
    gather(key = Predictor, value = value, -date) %>%         # 整理格式
    ggplot(aes(x = Predictor, y = value, color = Predictor)) + # 画图
    geom_boxplot(outlier.colour = "black") + coord_flip() +
    theme(aspect.ratio = 0.6) + xlab(element_blank()) + theme_light()
```

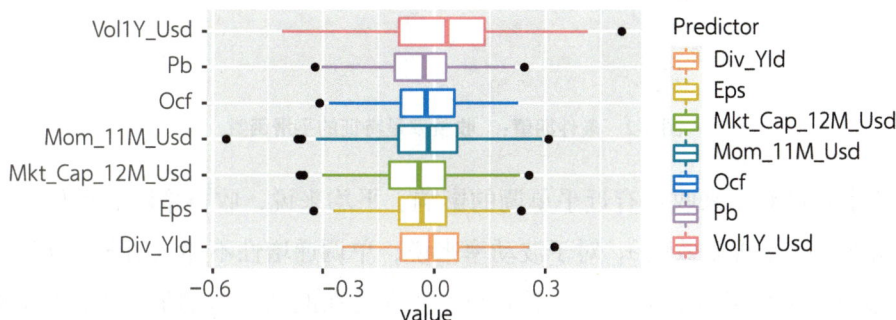

图 4-1　公司特征与月收益率（标签）的相关系数箱形图

更重要的是，当进行监督学习时（正如我们大多数时候会做的那样），某些特征与因变量的联系可以通过平滑的条件均值来进一步描述，因为它显示了特征是如何影响标签的。条件均值的使用有深厚的理论基础。假设只有一个特征 X ，而我们寻求一个模型 $Y = f(x)$ +error，其中变量都是实数。使得均方差 $E\left[(Y - f(X))^2\right]$ 最小化的函数 f，就是所谓的回归函数［见 Hastie 等（2009）的 2.4 节］。

$$f(x) = E[Y \mid X = x] \tag{4.1}$$

在图 4-2 中，设定因变量是未来一个月的收益，我们绘制了两个回归函数。第一个预测变量是过去一年的市值平均值，第二个预测变量是过去一年的波动率。两个预测变量都被均匀化（uniformization）处理过（见 4.4.2 小节），因此它们的值在任意给定时间段的资产横截面上都是均匀分布的。它们的取值范围为 [0, 1]，如图 4-2 的 x 轴所示。线条周围的灰色部分表示平均值 95% 的置信区间。基本上，当满足条件，即（1）有许多数据点可用，（2）数据点不是太分散时，灰色部分会比较狭窄。

```
data_ml %>%                                                  # 导入数据
  ggplot(aes(y = R1M_Usd)) +                                 # 画图
  geom_smooth(aes(x = Mkt_Cap_12M_Usd, color = "Market Cap")) + # 市值
  geom_smooth(aes(x = Vol1Y_Usd, color = "Volatility")) +    # 波动率
  scale_color_manual(values=c("#F87E1F", "#0570EA")) +       # 改变颜色
  coord_fixed(10) + theme_light() +                          # 改变x/y轴
  labs(color = "Predictor") + xlab(element_blank())
```

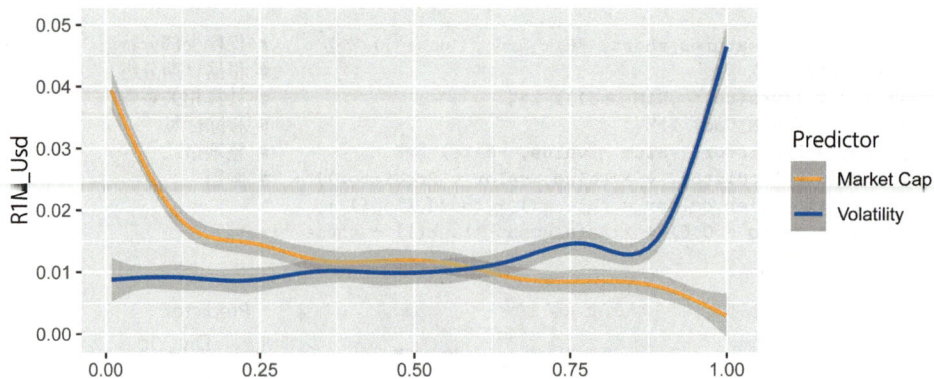

图 4-2　条件期望：收益率是特征的平滑函数

这两个变量对未来收益有近乎单调的影响。平均来说，收益率随着市值的增加而减少（从而证实了规模效应）。对于波动率来说，单调递增性不那么明显：在波动率值的前半部分，曲线相当平坦，并逐渐上升，特别是在波动率值的最后 1/5 处（从而与低波动率异象相矛盾）。

公司特征的一个重要经验属性是自相关（或不自相关）。如果一个预测变量的自相关程度很高，那么在一些数据点缺失的情况下，使用简单的插补技术来填补缺失值是合理的。当转向预测任务时，自相关也很重要，我们会在 4.6 节中讨论这个问题。在图 4-3 中，我们对每一只股票的每一个特征计算了自相关系数，并绘制了相应的直方图。

```
autocorrs <- data_ml %>%                                        # 导入数据
  dplyr::select(c("stock_id", features)) %>%                    # 保留 ID 和特征
  gather(key = feature, value = value, -stock_id) %>%           # 整理格式
  group_by(stock_id, feature) %>%                               # 分组
  summarize(acf = acf(value, lag.max = 1, plot = FALSE)$acf[2]) # 计算自相关系数
autocorrs %>% ggplot(aes(x = acf)) + xlim(-0.1,1) +            # 画图
  geom_histogram(bins = 60) + theme_light()
```

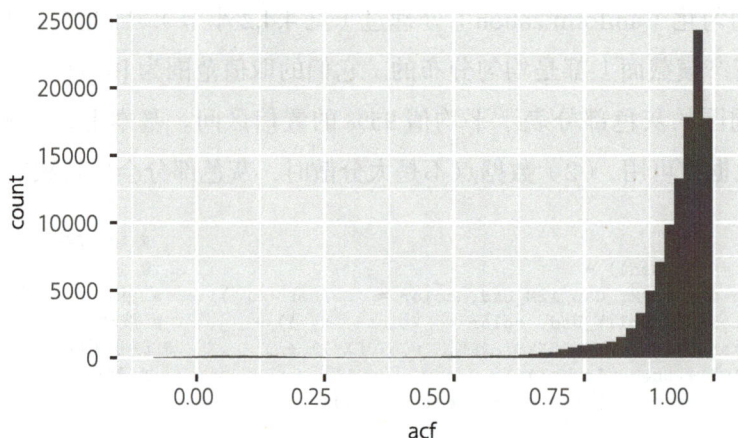

图 4-3　特征自相关性直方图

鉴于要评估的数值很多，上述计算相当耗时。输出结果显示，预测变量都是高度自相关的：大多数预测变量的一阶自相关系数高于 0.80。

4.2　缺失值

与任何经验性学科类似，投资组合管理也必然会面临数据缺失问题。有几部文献详细介绍了这个常见问题的解决方案，如 Allison（2001）、Enders（2010）、Little 和 Rubin（2014）以及 Van Buuren（2018）。虽然研究人员不断提出应对缺失值的新方法 [Honaker 和 King（2010）或 Che 等（2018）]，但我们认为，在谨慎地执行一些基本保障措施的前提下，简单的启发式处理方法通常就足够了。

首先，主要有两种处理缺失值的方法：移除法和插补法。移除法的后果尚不清晰且成本很高，尤其是当整个观测值因为只有一个特征值缺失而被剔除的时候。插补法通常是首选的方法，但会依赖于一些潜在的、可能是错误的假设。

插补法有以下几种简单的方法。

- 股票过去可用值的特征中位数（或均值）是一个常见的插补值。如果时间序列中存在着趋势，这个方法会改变趋势。与此相关，该方法还可能用到未来数据，除非训练集和测试集被分开处理。

- 在时间序列背景下，考虑到回测，最简单的插补值来自历史数据：如果 x_t 缺失，用 x_{t-1} 替换它。大多数情况下，这是有道理的，因为历史数据是可用的，而且由定义可知，它是从后往前看的数据。然而，在某些特殊情况下，这可能是一个非常糟糕的选择（见下面的注意事项）。

- 用资产横截面上计算出来的中位数和均值来当作插补值，这意味着缺失的特征值被重新定位到观测值的分布中最聚集的部分。当存在许多缺失值时，在特征分布中就会产生新数据，并改变原来的分布。该方法的一个优点是，它不会用到未来数据。

- 许多技术依赖于数据生成过程的一些建模假设。我们指的是非参数方法 [Stekhoven 和 Bühlmann（2011）以及 Shah 等（2014），它们依赖于随机森林，见第 6 章]、贝叶斯插补法（Schafer，1999）、最大似然法（Enders，2001；Enders，2010）、内插法或外推法、最邻近算法（García-Laencina 等，2009）。本节开头介绍的几部文献详细介绍了许多这样的估算过程。更高级的技术对计算的要求更高。

注意事项

- 无论如何都不能使用插值法（interpolation）[1]，对于每季度公布的会计数据或财务比率决不能使用线性插值法，原因很简单，这要用到未来数据。如果数据是在 1 月和 4 月披露的，那么估计 2 月和 3 月的数据就需要知道 4 月的数据，而在实际交易中这是不可能的。用历史数据填充缺失值是一个更好的方法。

- 然而，有一些类型的特征应该避免使用历史数据。首先，收益率不应该被简单地复制。默认情况下，一个更好的选择是将缺失的收益指标设置为 0（这通常接近于平均值或中位数）。一个可以帮助决策的依据是特征在时间上的持续性。如果一个特征是高度自相关的（且时间序列图呈现为一条平滑的曲线，比如市值），那么利用历史数据来填充缺失值就有意义；否则，就应该避免。

有一些情况可能需要更多的关注。让我们考虑下面这个虚构的股息率样本（见表 4-1）。

表 4-1　按时间顺序插值的挑战

日期	原始股息率	替换值
2015 年 2 月	NA	过去的值（如果存在的话）
2015 年 3 月	2%	2%（不做任何改变）
2015 年 4 月	NA	2%（之前的值）
2015 年 5 月	NA	2%（之前的值）
2015 年 6 月	NA	缺失

在这个例子中，股息率是按季度发布的，在 3 月、6 月、9 月等。但是在 6 月，这个数值却不见了。问题是，我们无法知道它的缺失是因为真正的数据故障，还是因为该公司在 6 月根本没有支付任何股息。因此，根据过去的数值进行归纳在这里可能是错误的。没有完美的解决方案，但还是必须做出决策。对于股息率数据，有以下 3 种选择。

1. 保持之前的值。在 R 语言中，zoo 包中的函数 na.locf() 对这项任务来说是非常有效的。

2. 对以前的观察结果进行外推（这与内插法有很大不同）。例如，从过去的数据中总结出一个趋势，并延续这个趋势。

---

[1]　插值又称内插（Interpolation），有别于前述的插补（Imputation），这里的插值法是从两个已知值中估计中间某个值的过程。——译者注

3. 将数值设为 0。这个方法看起来不错，但考虑到公司管理层往往会平滑股息，因此它有可能是次优的选择［见 Leary 和 Michaely（2011）、Da 和 Priestley（2012）关于这个问题的细节］，所以对于持续的时间序列，前两种选择可能更好。

可以通过测试来评估每种选择的相对表现。还要记录这些选择，这很重要。因为可行的选择有很多，很容易被遗漏，所以在测试中追踪每种选择的结果非常必要。在机器学习中，与数据准备有关的代码脚本往往是模型的关键，因为它们会被调用很多次。

R 语言中存在许多处理数据插补的软件包，比如 Amelia、imputeTS、mice、mtsdi、simputation 和 VIM。有兴趣的读者可以深入研究。

4.3　异常值检测

有很多以异常值检测为主题的论文，也有相关的综述报告，如 Hodge 和 Austin（2004），Chandola 等（2009），Gupta 等（2014）；还有一些专著，如 Aggarwal（2013）、Rousseeuw 和 Leroy（2005），后者主要专注于回归分析。

有些复杂的检测方法用起来比较费力，而且收益有限。简单的启发式处理方法（只要在使用流程中做好记录）往往就足够了，但这些方法的使用通常有比较"硬"的条件，具体如下。

- 给定一个特征（可能在时间上进行了过滤），区间 $[\mu - m\sigma, \mu + m\sigma]$ 外的任何值都可被认为是异常值。这里 μ 是样本的均值，σ 是样本的标准差。m 的取值通常是 3、5、10，它们是因人而异的。
- 如果最大值高于第二大值 m 倍，那么它也可被归类为异常值（同样的推理可以应用于尾部一侧）。
- 最后，给定一个很小的阈值 q，任何位于分位数区间 $[q, 1-q]$ 以外的值都可被认定为异常值。

最后的这个方法被称为缩尾化（winsorization）。缩尾化等同于将所有小于 $x^{(q)}$ 的值设定为 $x^{(q)}$，将所有大于 $x^{(1-q)}$ 的值设定为 $x^{(1-q)}$。被缩尾化后的变量 $\tilde{x}_i$ 如下：

$$\tilde{x}_i = \begin{cases} x_i & \text{如果 } x_i \in \left[x^{(q)}, x^{(1-q)}\right] \quad (\text{不变}) \\ x^{(q)} & \text{如果 } x_i < x^{(q)} \\ x^{(1-q)} & \text{如果 } x_i > x^{(1-q)} \end{cases}$$

q 通常在区间 (0.5%, 5%) 中取值，其中 1% 和 2% 是最常用的数值。

缩尾化必须逐个特征和逐个日期进行。然而，保持一个时间序列的整体视角也是必要的。例如，8000 亿美元的市值似乎超出了合理范围，但看看苹果公司的市值历史就不一样了。

在结束本节时，我们要强调一下，真正的异常值（即不是由于数据提取错误造成的极端值）是有价值的，它们很可能携带重要的信息。

4.4 特征工程

特征工程是投资组合构建过程中的一个非常重要的步骤。计算机科学家经常提到"垃圾进，垃圾出"这句话。因此，防止将机器学习算法分配到设计不当的变量上进行训练是非常重要的。我们邀请有兴趣的读者看一下 Kuhn 和 Johnson（2019）关于这个话题的研究。学术上的参考资料可以看 Guyon 和 Elisseeff（2003）。

4.4.1 特征选择

特征工程的第一步是特征选择。要确定选择哪一组预测变量并不容易。例如，Bali 等（2020）表明，与固定收益资产相关的变量无助于预测股票收益。一个启发式的特征选择方法是选择文献（包括学术界和业界的文献）中经常提到的变量。当然，选择大多数人都在用的公司特征可能会难以获得超额收益，因为所有的交易者都会考虑到这些特征。特征选择可以源于经验研究，如 Chen 和 Zimmermann（2021），或理论模型，如 Ohlson（1995），这是众多将基本面价值作为独立变量纳入预测模型的论文之一。

第二步，给定一个大的预测变量集，过滤掉不需要的或冗余的外部变量是个不错的策略。可用的简单启发式处理方法如下。

- 计算所有特征的相关系数矩阵，并确保没有一个（绝对）值超过阈值（通常设为 0.7），这样冗余的变量就不会污染机器学习模型了。
- 进行线性回归并删除不显著的变量（如 p 值超过 0.05 的变量）。
- 对特征集进行聚类分析，每个聚类中只保留一个特征（见第 15 章）。

这些方法都有一定程度的简化，并且忽略了非线性关系。还有一种方法是拟合决策树（或随机森林），即只保留变量重要性较高的特征。这些方法将在第 6 章和第 13 章展开论述。

4.4.2 缩放预测变量

对数据进行预处理的原因是金融数据中存在大量数量级不同的数据。

- 在大多数情况下，收益率的绝对值小于 1。

- 股票波动率通常在 5% ～ 80%。
- 股票市值以某一种货币的百万或十亿级单位表示。
- 财务报表中的金额数据也以同样的单位表示。
- 会计比率可以有不同的单位。
- 类似情绪之类的合成数据有其特有的特点。

虽然人们普遍认为特征的单调变换对预测结果的影响很小，但 Galili 和 Meilijson（2016）表明，情况并非总是如此（另见 4.8.2 小节）。因此，标准化的选择可能非常重要。

将原始输入数据记作 x_i，转换后的数据记作 $\tilde{x}_i$，常见的缩放法如下。

- 标准化（standardization）：$\tilde{x}_i = \dfrac{x_i - m_x}{\sigma_x}$，这里 m_x 和 σ_x 分别是 x 的均值和标准差。
- 在 [0, 1] 区间上进行线性函数归一化（min-max 归一化）：$\tilde{x}_i = \dfrac{x_i - \min(\boldsymbol{x})}{\max(\boldsymbol{x}) - \min(\boldsymbol{x})}$。
- 在 [–1, 1] 区间上进行线性函数归一化：$\tilde{x}_i = 2\dfrac{x_i - \min(\boldsymbol{x})}{\max(\boldsymbol{x}) - \min(\boldsymbol{x})} - 1$。
- 均匀化：$\tilde{x}_i = F_x(x_i)$，这里 F_x 是 x 的经验累积概率分布函数。在这种情况下，向量 $\tilde{\boldsymbol{x}}$ 被定义为在 [0, 1] 区间内服从均匀分布。

有时，可以对既有大数值又有大离群值的变量（例如市值）进行对数转换。缩放可以在这种转换之后进行。这种技术对于具有负值的特征是不可行的。

我们通常建议在对神经网络进行训练之前，对输入的数据进行缩放，使其范围为 [0,1]。我们在本书中使用的数据集都是经过了均匀化处理的：对于每个时间点，每个特征的横截面分布在单位区间内是均匀的。在因子投资中，必须对每个日期和每个特征分别执行特征缩放。这一点很关键。它确保对于每一个再平衡的日期，预测变量将有一个类似的分布，并确实携带着股票横截面的信息。

均匀化有时以不同的方式呈现：对于一个给定的特征和时间，对原始特征取值进行排序，然后将排序除以非缺失值的数量。Freyberger 等（2020）就是这样做的。在 Kelly 等（2019）中，作者进行了这一操作，但随后对所有特征减 0.5，使其值位于 [–0.5,0.5]。

应该禁止跨日期缩放特征。以市值为例，从长远来看（尽管市场有时会暴跌），这个特征的值会随着时间的推移而增加。因此，跨日期的缩放将导致样本数据在开始时值过小和在结束时值过大。这将完全改变和稀释特征的横截面信息。

4.5 打标签

4.5.1 简单的打标签方法

在构建投资组合策略时，有几种方法来定义标签。当然，最终的方法是组合权重，但它很少被认为是标签的最佳选择。

因子投资中常用的标签有以下几种。

- 资产的原始收益率。
- 未来的相对收益率（相对基准：全市场指数，基于行业的投资组合），一个简单做法是将收益减去横截面数据的均值或中位数。
- 正收益的概率（或收益高于特定阈值的概率）。
- 超越基准的概率（在给定的时间范围内计算）。
- 上述情况的二元版本：是（超越基准）与否（跑输基准）。
- 上述情况的风险调整版本：夏普比率、信息比率、MAR、CALMAR 比率（有关风险调整的内容可参见 12.3 节）。

在创建二元变量时，往往会将收益与 0 进行比较（获利与亏损）。这并不是最佳选择，因为它在很大程度上是受时间影响的。在行情好的时候，许多资产会有正的收益率；而在市场崩溃的时候，很少有资产会有正的收益率，从而形成非常不平衡的数据。更好的方法是将收益与对应 t 时间上的收益中位数（均值）进行比较。在这种情况下，指标是相对的，正负两类数据的数量会更加平衡。

正如我们将在本章后面讨论的那样，这些选择仍然为其他自由度留下了空间。例如，标签是否应该被重新缩放——就像特征处理一样？计算性能指标的最佳时间跨度是什么？

4.5.2 类别标签

在一个典型的机器学习分析中，y 是未来表现的指标，机器学习算法将试图最小化预测值和现实值之间的距离。为了数学上的方便，距离用平方误差之和（L^2 范数）表示，因为它的导数极其简单，使得梯度下降变得容易计算。

有时，不仅要关注原始的业绩指标，如收益率或夏普比率，还要关注可以从这些指标中得出的离散投资决策。一个简单的例子（决策规则）如下：

$$y_{t,i} = \begin{cases} -1 & \text{如果 } \hat{r}_{t,i} < r_- \\ 0 & \text{如果 } \hat{r}_{t,i} \in [r_-, r_+] \\ +1 & \text{如果 } \hat{r}_{t,i} > r_+ \end{cases} \quad (4.2)$$

这里 $r_{t,i}$ 是业绩指标（如收益率或夏普比率），$r_\pm$ 是决策阈值。当预测的表现低于 r_- 时，决策就为 –1（也就是卖出）；当它高于 r_+ 时，决策就为 +1（也就是买入）；当它居于中间（模型预测既不非常乐观，也不非常悲观）时，决策就是 0（也就是持有）。当然，业绩指标可以是相对于一些基准的，这样，决策就与这个基准直接相关。我们通常建议，阈值 $r_\pm$ 的选择应使这 3 个类别相对平衡，也就是说，使它们最终拥有数量相当的观测值。

在这种情况下，最终的输出可以被认为是类别型或数值型的，因为它属于类别变量的一个重要子类：有序类别（序数）变量。如果 y 被当作数值型，就可使用常用的回归工具。

当 y 被当作非有序（名义）分类变量时，就需要进行新的处理，因为机器学习工具只能处理实际的数字。因此，类别必须被重新编码为数字。最常使用的映射被称为"独热编码"（one-hot encoding）。类别向量被分割成一个稀疏的矩阵，其中每一列都专门用于一个类别。矩阵中充满了 0 和 1。一个 1 被分配到与观测值类别相对应的列中。我们在表 4-2 中提供了一个简单的说明。

表 4-2　独热编码实例

原始数据	独热编码		
持仓	卖出	持有	买入
买入	0	0	1
买入	0	0	1
持有	0	1	0
卖出	1	0	0
买入	0	0	1

在分类任务中，输出有一个较大的维度。对于每个观测值，它给出了模型预测每个类别的概率。我们将在第 6 章和第 7 章中看到，这一点很容易通过 softmax 函数来处理。

从分配的角度看，处理分类预测不一定容易。对于多空投资组合，+1 或者 –1 的信号可以提供仓位的符号。对于多头投资组合，有两种可能的解决方案：（1）使用二分类（投资组合内与投资组合外）；（2）根据预测调整权重，–1 的预测权重为 0，0

的预测权重为 0.5，+1 的预测权重为 1。当然，权重会被归一化，以符合预算约束的要求。

4.5.3 三栅栏法

我们介绍 De Prado（2018）提到的一种高阶的打标签方法。该方法考虑了交易策略的动态表现，而不是一个简单的业绩指标。这种扩展的理由是，通常基金经理在实施交易时，会在收益达到预期时止盈，或在行情不利时选择退出止损。在最开始制定交易策略时，他们就确立了"3 个栅栏"（见图 4-4）。

- 一个是高于资产当前价格水平的预期值（品红线），衡量合理的预期利润。
- 一个是低于资产当前价格水平的预期值（青色线），作为止损信号，以防止出现大量的亏损。
- 一个是策略的固定持有期（黑线），持仓超过这段时间后，交易将被终止。

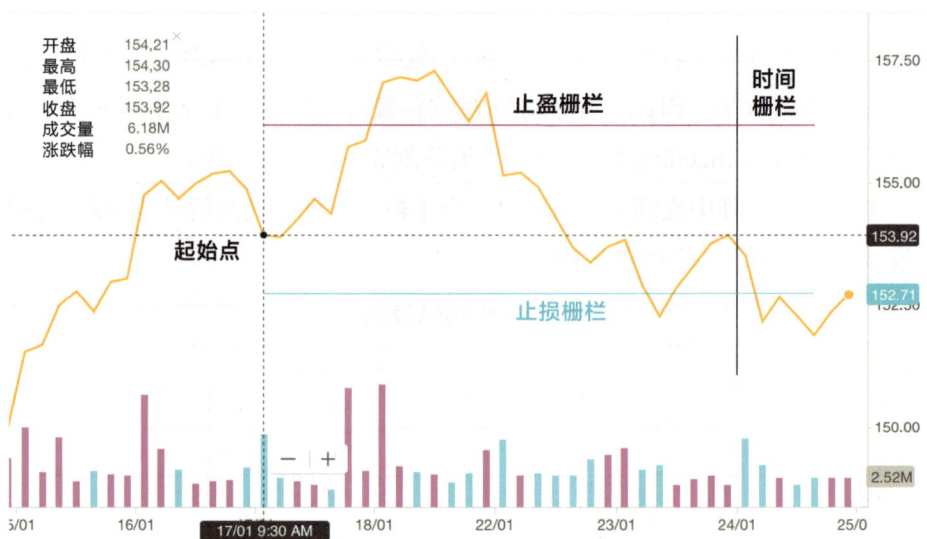

图 4-4　三栅栏法

如果观测值遇到第一个（或第二个）栅栏，输出为 +1（或 –1），如果遇到最后一个栅栏，输出为 0 或一些线性插值（在 –1 和 +1 之间），代表终值相对于前两个水平栅栏的位置。在计算上，这种方法要求更高，因为它对每个观测值都评估整个轨迹。同样，它也被认为是更现实的，因为交易策略往往伴随着例如止损这样的自动触发机制。

4.5.4 过滤样本

机器学习的主要挑战之一是如何尽可能多地识别信号。所谓信号，我们指的是在样本外也能成立的模式。直观的想法是，我们收集的数据越多，可以提取的信号就越多，这似乎是合理的，但实际上是错误的，因为更多的数据也意味着更多的噪声。对训练样本进行过滤可以提高机器学习模型的性能，Fu 等（2018）、Guida 和 Coqueret（2018a）以及 Guida 和 Coqueret（2018b）成功地实现了上述想法。

Coqueret 和 Guida（2020）研究了为什么较小的样本可能会导致一类特殊的机器学习算法，即决策树（见第 6 章），在样本外准确性更高。在该研究中，作者专注于一种特殊的过滤器：排除非极端的标签（如收益率），保留最小的 20% 的值和最大的 20% 的值（处于分布中央的大部分样本被移除）。这种处理方法以以下两种方式改变了决策树的结构：

- 当划分点被改变时，它们总是更接近划分变量的分布中心（也就是说，所产生的聚类更平衡，可能更稳健）；
- 划分变量的选择（有时）更倾向于那些对标签有单调影响的特征。

这两种方式是有益的，一是降低了对小群虚假观测值的拟合风险，二是更重视那些在解释收益方面似乎更相关的特征。然而，过滤的程度应该适当，不应太极端。如果我们不保留预测值上下 20% 的数据，而只保留 10% 的数据，那么信号的损失就会变得过于严重，模型的性能就会下降。

4.5.5　收益率的时间尺度

本小节涉及基于因子的机器学习模型中争论最少的问题之一：收益率的时间尺度（return horizon）。在整个基于机器学习的投资组合构建流程中，有几个时间尺度会发挥作用：标签的区间、估计窗口（训练样本的时间深度）和持有期。关注这些方面的一个早期参考文献是 Jegadeesh 和 Titman（1993）关于动量的基础性学术论文。作者根据 J=3、6、9、12 个月的累计收益率构造动量组合并计算了投资组合的盈利能力，测试了 4 个持有期：K=3、6、9、12 个月。他们的结论是，最成功的零成本（多空）策略是根据过去 12 个月的收益率选择股票，然后持有 3 个月的组合。虽然该研究中没有涉及机器学习，但他们的结论，即"时间尺度很重要"，可能也适用于更复杂的方法。这个话题其实已经被讨论得很多了，关于动量盈利能力中时间尺度影响的持续辩论就说明了这一点，见 Novy-Marx（2012）、Gong 等（2015）以及 Goyal 和 Wahal（2015）。

在使用机器学习算法时，也应考虑上述问题（Geertsema 和 Lu，2020）。估计窗口滚动训练样本和持仓时间的问题将在第 12 章中提到。在本章中，标签的时间尺度（或计算周期）也很重要。从启发式的角度看，如果我们为了简单，只考虑一个特征，有

4种可能的组合：

- 振荡的标签和特征；
- 振荡的标签和平滑的特征（高度自相关）；
- 平滑的标签和振荡的特征；
- 平滑的标签和特征。

在所有这些组合中，最后一种可能更可取，因为在所有条件相同的情况下，它更稳健。所谓所有条件相同，我们的意思是，在每一种情况下，模型都能够提取一些相关的模式。在两个缓慢移动的序列之间成立的模式更有可能在时间上持续下去。因此，由于特征往往是高度自相关的（如图4-3所示），将它们与平滑标签结合起来可能更好。为了说明这一点，我们将在本书的大多数例子中使用1个月的收益率，并表明相应的结果往往令人失望。这些收益率的自相关性非常弱，而6个月或12个月收益率的持续性要强得多，是标签的更好选择。

从理论上，我们有可能理解为什么会出现这种情况。为便于理解，让我们假设有一个单一的特征 x，它可以解释收益率 r：$r_{t+1} = f(x_t) + e_{t+1}$。如果 x_t 是高度自相关的，且 e_{t+1} 中包含的噪声不是太大，那么未来两期的累计收益 $(1+r_{t+1})(1+r_{t+2})-1$ 可能会比 r_{t+1} 承载更多的信号，因为它与 x_t 的关系已经通过时间得到扩散和累积。因此，将特征对收益率可预测性的持续性直接加入建模函数中可能是有益的，Dixon（2020）就是这样做的。我们在4.6节将讨论一些与自相关有关的实际应用。

4.6 处理持续性问题

我们在4.4节和4.5节中分别阐述了特征工程和打标签，但把它们放在一起考虑可能更明智。由机器学习算法处理的数据集的一个重要属性应该是特征和标签两者在持续性上的一致性。直观地说，标签 $y_{t,n}$（未来表现）和特征 $x_{t,n}^{(k)}$ 之间的自相关模式不应相差过大。

一个有问题的例子是，当数据集以月度频率取样时（这在资金管理行业并不罕见），标签是月度收益率，而特征是风险或基本面指标。在这种情况下，标签的自相关性非常弱，而特征往往是高度自相关的。这样，大多数复杂的预测模型会在特征之间进行套利，这可能会导致大量的噪声。在线性模型中，这种技术会产生估计偏差，见Stambaugh（1999）的研究以及Gonzalo和Pitarakis（2018）的评论。

在面对这个问题时有两个简单的解决方案：要么在标签中引入自相关性，要么从特征中移除自相关性。对于线性模型的统计推断，不建议采用第一种方案。从计量经济学角度来说，实现上述两种方案都十分容易。

- 为了增加标签的自相关性，可以在更长的时间尺度上计算收益表现。例如，在处理月度收益率数据时，可以考虑年度或两年期的收益率。
- 为了移除自相关性，最简单的方法是使用差分 / 变分：$\Delta x_{t,n}^{k} = x_{t,n}^{k} - x_{t-1,n}^{k}$。这个方法的一个优点是，从经济上讲，它是有意义的：与特征取值的原始高低水平相比，取值的变化可能是收益率背后更好的驱动因素。

当然，在符合经济学逻辑的前提下，在特征空间中将平滑变量和振荡变量加以混合也是可以的。

4.7　扩展

4.7.1　特征变换

特征空间可以很容易地通过简单的操作得到拓展。方法之一是时滞法，即考虑特征的旧值，并假设它们对标签的影响有一定的记忆效应。如果特征是振荡的，这自然是有用的（在持续的特征上增加一层记忆可能有点多余），新变量可被定义为 $\tilde{x}_{t,n}^{(k)} = x_{t-1,n}^{(k)}$。

在某些情况下（如特征的数量不足），可以考虑加入特征之间的比率或乘积。像账面 - 价格比、账面 - 市值比、债务股本比这样的会计比率是原始特征的函数，将其加入特征空间是有意义的。更多的特征给模型所带来的好处也并非显而易见，因为过拟合的风险会增加，就像在一个简单的线性回归中，增加变量只会机械地增大 R^2。所以，特征的选择必须在经济上有意义。

另一种拓展特征空间的方法（如上所述）是考虑差分。情绪的差分、账面 - 市值比的差分等，都可以成为相关的预测变量，因为有时候，变化比水平更重要。在这种情况下，一个新的预测变量可以表示为 $\breve{x}_{t,n}^{(k)} = x_{t,n}^{(k)} - x_{t-1,n}^{(k)}$。

4.7.2　宏观经济指标

在本小节，我们讨论一个非常重要的话题——数据永远不应该与它所处的背景（环境）分开。在传统的金融语境中，这意味着一个特定模型的性能很可能取决于总体经济情况，而总体经济情况往往是由宏观经济指标来体现的。在数据层面上考虑这一点的一种方法是，简单地将特征乘一个外部指标 z_t，在这种情况下，新的预测变量为：

$$\breve{x}_{t,n}^{(k)} = z_t \times x_{t,n}^{(k)} \tag{4.3}$$

Gu 等（2020b）使用了这种技术，他们使用了 8 个宏观经济指标，加上原始的预测变量（$z_t = 1$），使特征空间增加了 9 倍。

另一种整合经济环境变化的方法是有条件的特征工程。假设标签通过式（4.2）进行计算。阈值可以取决于一些外部指标，在市场动荡时，同时增加 r_+（买入阈值）和 r_-（卖出阈值）使标签变得更加保守，效果可能更好：需要更高的收益率才能使得该资产进入买入类别，空头也同样如此。一个这样的动态阈值例子如下：

$$r_{t,\pm} = r_\pm \times e^{\pm\delta(\text{VIX}_t - \overline{\text{VIX}})} \tag{4.4}$$

这里 VIX_t 是 VIX 在 t 时间的值，$\overline{\text{VIX}}$ 是其均值或中位数。当 VIX 大于其均值时，风险看起来在增加，但同时阈值也在增加。参数 δ 用于调整校正的幅度。在上面的例子中，我们假设 $r_- < 0 < r_+$。

4.7.3 主动学习

据我们所知，主动学习（active learning）并没有在量化投资中被广泛使用，但其基本概念是有启发性的。因此，为了本书的完整性，我们专门用一小节来介绍这个概念。

在一般的监督学习中，收集特征与标签的能力有时是不对称的。例如，获得图像是免费的，但给图像内容（例如，"一条狗""一辆卡车""一个比萨饼"等）打标签的花费是昂贵的，因为它们需要人类的标记。用正式的术语来说，X 很便宜，但相应的 y 是昂贵的。

正如在面临成本约束时经常出现的情况，关于这个问题的一个解决方案是贪婪算法。在通常的学习过程之前，一个过滤器（通常称为查询）被用来决定哪些数据需要标记和训练（可能与机器学习算法有关）。打标签是由一个所谓的"先知"（oracle，知道正确标签的她或他）执行的，通常是人类。这种专注于包含最大信息量的观测值的技术被称为主动学习。我们可以参考 Settles（2009）和 Settles（2012）的综述论文，来了解这个领域的详细情况（我们在下面简要地总结一下）。"主动"一词来自这样一个事实：学习器不是被动地接收数据样本，而是主动参与它所学习内容的选择。

在主动学习中，基于要过滤的数据源，存在两种截然不同的情况。第一种情况是，原始样本 X 非常大，而且没有标签，学习器要求对这个样本中的特定观测值进行标记。第二种情况是，学习器有能力模拟 / 生成自己的值 x_i。如果先知不能识别机器生成的数据，有时就会出现问题。例如，如果目的是标记字母和数字的图像，学习器可能会产生不对应于任何字母或数字的形状：先知无法标记它。

在主动学习中，一个关键问题是，学习器如何选择要被标记的观测值？从启发式的角度看，答案是挑选那些能使学习效率最大化的观测值。在二元分类中，一个简单的标准是观测值属于某个特定类别的概率。如果这个概率离 0.5 很远，那么算法就不难挑选出一个类别（即使它可能是错误的）。当概率接近 0.5 时，学习器可能会对这个特定的观测值犹豫不决。因此，在这种情况下，让先知给它打上标签是很有用的，这可以帮助学习器做决策。

其他方法则试图估计训练集中包括特定（新）观测值时可以获得的拟合度，然后优化这种拟合度。参考 Geman 等（1992）文章的 3.1 节，关于方差 - 偏差的权衡，对于一个训练集 D 和一个观测值 x，我们有：

$$E\left[(y-\hat{f}(x;D))^2 \mid \{D,x\}\right] = E\left[\underbrace{(y-E[y\mid x])^2}_{\text{独立于} D \text{和} \hat{f}} \mid \{D,x\}\right] + (\hat{f}(x;D)-E[y\mid x])^2$$

其中，$\hat{f}(x;D)$ 用来强调模型 $\hat{f}$ 与数据集 D 之间的依赖性：模型 $\hat{f}$ 是在 D 上训练的。等式右侧第一项是不能简化的，因为它不依赖于 $\hat{f}$，因此只有第二项是我们感兴趣的。我们取 D 中所有可能的值计算，并求均值：

$$E_D\left[(\hat{f}(x;D)-E[y\mid x])^2\right] = \underbrace{\left(E_D\left[\hat{f}(x;D)\right]-E[y\mid x]\right)^2}_{\text{偏差的平方}} + \underbrace{E_D\left[(\hat{f}(x,D)-E_D\left[\hat{f}(x;D)\right])^2\right]}_{\text{方差}}$$

如果这个表达式的计算不是太复杂，学习器可以以最小化上述误差为目标来寻找 x。因此，平均而言，这个新观测值将是产生最佳学习角度的观测值（用 L^2 误差来衡量）。除了这种方法（这种方法是有局限性的，因为它要求先知给可能不相关的观测值打标签），还有许多其他的查询方法，我们可以参考 Settles（2009）的第 3 节，以了解更多。

最后一个问题：主动学习是否适用于因子投资？一个直截了当的答案是：数据不能被人类干预和注释。因此，学习器不能模拟人类自己的观测值并提供相应的标签。一个可能的选择是向学习器提供 X 但不提供 y，只保留一个带有相应标签的被查询的观测值子集。这与 Coqueret 和 Guida（2020）体现的精神很接近，只是查询不是由机器而是由人类用户执行。事实上，并非所有的观测值都带有相同数量的信号。与那些具有极端标签值的观测值相比，具有"平均"标签值的观测值平均来说包含的信息量较少。

4.8 代码和结果

4.8.1 缩放的影响：图形表示

我们先用一个简单的例子来说明不同的缩放法。我们先生成一个任意序列（见图 4-5），然后重新缩放它。这个序列不是随机的，所以每次执行代码块的时候，输出都是一样的。

```
Length <- 100                                    # 序列长度
x <- exp(sin(1:Length))                          # 原始数据
data <- data.frame(index = 1:Length, x = x)      # 数据转化为数据框
ggplot(data, aes(x = index, y = x)) +
    theme_light() + geom_col()                   # 画图
```

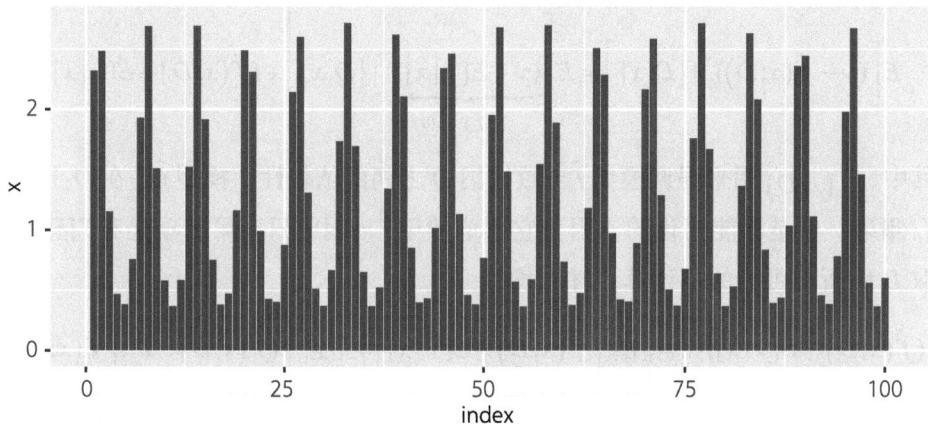

图 4-5　任意序列绘制

如下所示，我们定义并绘制出被缩放的变量（见图 4-6）：

```
norm_unif <- function(v){                        # 向量均匀化的函数
    v <- v %>% as.matrix()
    return(ecdf(v)(v))
}
norm_0_1 <- function(v){                         # 向量归一化函数
    return((v-min(v))/(max(v)-min(v)))}

data_norm <- data.frame(                         # 整理数据
    index = 1:Length,                            # 观测值序号
    standard = (x - mean(x)) / sd(x),            # 标准化
    norm_0_1 = norm_0_1(x),                      # [0,1] 缩放
    unif = norm_unif(x)) %>%                      # 均匀化
    gather(key = Type, value = value, -index)    # 保存为 tidy 格式
ggplot(data_norm, aes(x = index, y = value, fill = Type)) +   # 画图
    geom_col() + theme_light() +
    facet_grid(Type~.)                           # 该选项创建了 3 个串联的图形，以方便比较
```

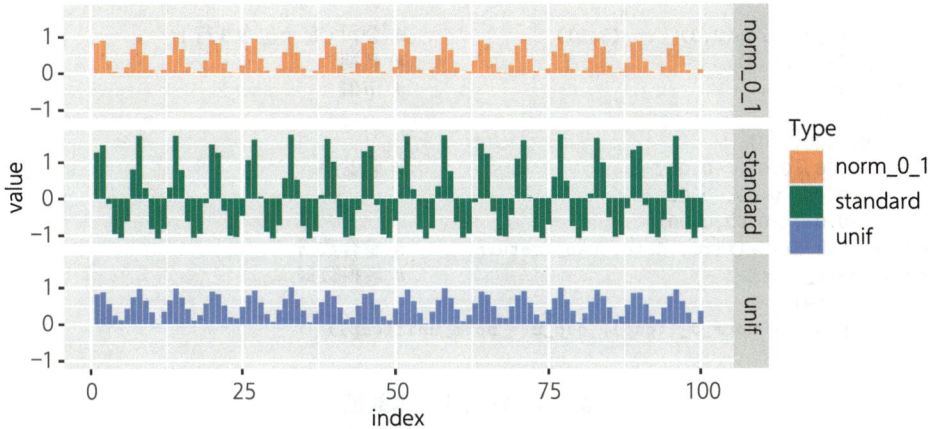

图 4-6　缩放后的序列绘制

最后，我们看一下新创建的变量的柱状图（见图 4-7）：

```
ggplot(data_norm, aes(x = value, fill = Type)) + geom_histogram(position = "dodge")
```

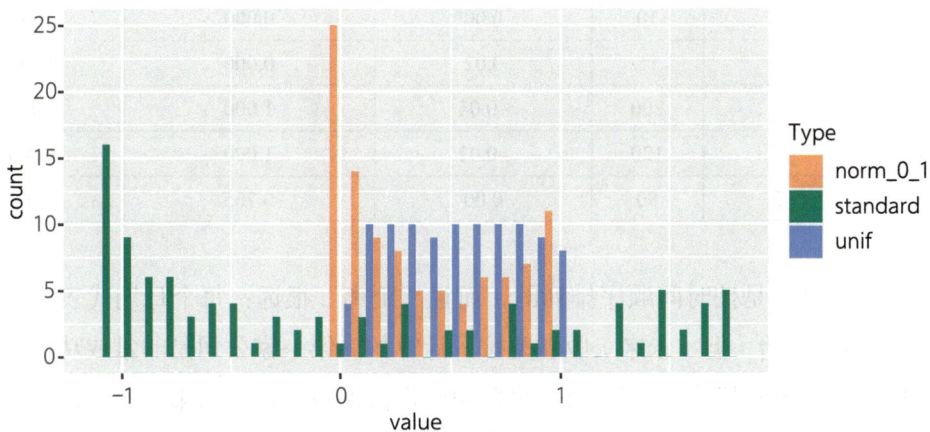

图 4-7　新创建的变量的柱状图

就形状而言，绿色和橙色的分布接近于原始分布，只是数字范围发生了变化：最小 / 最大的缩放法确保了所有的值都位于 [0, 1] 范围。在这两种情况下，最小的值（在左边）显示了一个尖峰的分布。这个尖峰在均匀化下消失了：各点均匀地分布在单位区间内。

4.8.2　缩放的影响：样例

为了说明选择一种特定的缩放法的影响，我们建立了一个简单的数据集，包括 3 家公司和 3 个日期（见表 4-3）。

```
firm <- c(rep(1,3), rep(2,3), rep(3,3))        # 公司（每个包含 3 行）
date <- rep(c(1,2,3),3)                        # 日期
cap <- c(10, 50, 100,                          # 市值
         15, 10, 15,
         200, 120, 80)
return <- c(0.06, 0.01, -0.06,                 # 收益率
            -0.03, 0.00, 0.02,
            -0.04, -0.02,0.00)
data_toy <- data.frame(firm, date, cap, return)    # 整合数据
data_toy <- data_toy %>%                           # 转换数据
    group_by(date) %>%
    mutate(cap_0_1 = norm_0_1(cap), cap_u = norm_unif(cap))
```

表 4-3　样例的样本数据

firm	date	cap	return	cap_0_1	cap_u
1	1	10	0.06	0.000	0.333
1	2	50	0.01	0.364	0.667
1	3	100	−0.06	1.000	1.000
2	1	15	−0.03	0.026	0.667
2	2	10	0.00	0.000	0.333
2	3	15	0.02	0.000	0.333
3	1	200	−0.04	1.000	1.000
3	2	120	−0.02	1.000	1.000
3	3	80	0.00	0.765	0.667

我们假设日期是按时间顺序排列的，而且"距离"很远：每个日期代表一个 1 年或 10 年周期的开始，但（未来）收益是按月计算的。第一家公司是非常成功的，在这段时间里，它的市值翻了 10 倍；第二家公司的市值保持稳定；而第三家公司的市值则一落千丈。如果我们看一下"近期"的未来收益，对于第一家和第三家公司来说，它们与规模有着强烈的负相关。对于第二家公司，没有明确的模式。

各个日期的分析结果相似，尽管有细微差别。

1. 在日期 1，最小的公司有最大的收益率，其他两家公司有负的收益率。

2. 在日期 2，最大的公司有一个负的收益率，而两家较小的公司没有出现负的收益率。

3. 在日期 3，收益率随着公司规模的增加而减少。

虽然这种关系并不总是完全单调的，但在规模和收益之间似乎确实存在着一种联系。通常来说，在这个样本中，投资规模小的公司将是一个非常好的策略。

现在让我们看一下简单回归的输出结果。软件包 broom 是 tidyverse 的一部分，它

在回归输出的格式化方面非常好用。

```
lm(return ~ cap_0_1, data = data_toy) %>% # 第一个回归（min-max 缩放）
    broom::tidy() %>%
    knitr::kable(caption = 'Regression output when the independent var. comes
                from min-max rescaling', booktabs = T)
lm(return ~ cap_u, data = data_toy) %>%   # 第二个回归（均匀化特征）
    broom::tidy() %>%
    knitr::kable(caption = 'Regression output when the indep. var. comes from
uniformization', booktabs = T)
```

在 p 值方面（最后一列），对市值变量系数的第一次估计高于 5%（如表 4-4 所示），而第二次估计则低于 1%（如表 4-5 所示）。对这种差异的一个可能解释是变量的标准偏差。cap_0_1 和 cap_u 的偏差分别等于 0.47 和 0.29。市值的数值范围非常大，因此会有很大的偏差（即使在缩放之后）。使用标准化变量可以减小差异性（离散性），有助于解决这个问题。

表 4-4　对独立变量做 min–max 缩放后的回归输出

term	estimate	std.error	statistic	p.value
(Intercept)	0.0162778	0.0137351	1.185121	0.2746390
cap_0_1	−0.0497032	0.0213706	−2.325777	0.0529421

表 4-5　对独立变量做均匀化后的回归输出

term	estimate	std.error	statistic	p.value
(Intercept)	0.06	0.0198139	3.028170	0.0191640
cap_u	−0.10	0.0275162	−3.634219	0.0083509

注意，这是一把双刃剑：它在帮助避免假阴性的同时，也能导致假阳性。

4.9　代码练习

1. 美国圣路易斯联邦储备银行的网站上提供了数以千计的经济指标时间序列，这些都可以作为条件变量，大家可以挑选一个并应用式（4.3）来扩大预测变量的数量。可以直接使用前面定义的函数。

2. 根据式（4.4）和式（4.2）创建一个新的分类标签。VIX 的时间序列可以从美国联邦储备系统的网站上检索到。

3. 绘制 R12M_Usd 变量的柱状图，其中会存在一些异常值。找出该变量最高数值对应的股票，并确定该数值是否正确。

## 第 5 章

惩罚性线性回归和稀疏对冲最小方差组合

在本章中，我们将介绍线性模型的正则化。这些模型有几种应用方式：第一种应用是直接借助罚项来提高因子预测性回归的稳健性，再根据预测结果进行资产配置，例如，Han 等（2019）、Rapach 和 Zhou（2019）使用惩罚性回归改善了基于公司特征的股票收益预测，Uematsu 和 Tanaka（2019）将类似的思路应用于宏观经济预测；第二种应用源于 Stevens（1998）的一个尚未广泛流传的研究成果，它将最优均值 - 方差投资组合的权重与特定的截面回归联系起来，目的是提高均值 - 方差投资组合权重的质量。在介绍了线性模型的正则化技术之后，我们将在后面介绍这两种方式。

惩罚性回归在金融领域应用的其他例子可以参考 Aspremont（2011）、Ban 等（2016）和 Kremer 等（2019）等。这些论文的思路与 Tibshirani（1996）的开创性论文的思路一致：标准（无约束）优化程序可能会导致估计结果受干扰，添加结构化约束有助于消除一些噪声（以可能存在的偏见为代价）。例如，Kremer 等（2019）利用这一概念建立更稳健的均值 - 方差（Markowitz，1952）投资组合，Freyberger 等（2020）利用它挑选出真正有助于解释股票收益截面差异的特征。

5.1 惩罚性线性回归

5.1.1 简单线性回归

线性模型背后的理论思想至少已有两个世纪的发展历史，Legendre（1805）是关于 OLS 优化的早期文献。给定一个预测变量矩阵 X，我们试图将输出向量 y 分解为 X（写成 $X\beta$）加误差项 ϵ 的线性函数：$y = X\beta + \epsilon$。

β 的最佳选择是使误差最小化的那一个。为了便于分析，要最小化的是误差平方的和：$L = \epsilon'\epsilon = \sum_{i=1}^{I} \epsilon_i^2$。损失 L 被称为残差平方和（SSR）。为了找到最佳的 β，必须根据 β 对 L 进行分解，此时一阶导数等于 0：

$$\nabla_\beta L = \frac{\partial}{\partial \beta}(y - X\beta)'(y - X\beta) = \frac{\partial}{\partial \beta} \beta'X'X\beta - 2y'X\beta = 2X'X\beta - 2X'y$$

一阶导数为 0，即 $\nabla_\beta = 0$，求解得到：

$$\beta^* = (X'X)^{-1} X'y \tag{5.1}$$

这被称为线性模型的标准普通 OLS 解。设矩阵 X 的维数为 $I \times K$，只有在行数 I 严格优于列数 K 时，$X'X$ 才能被转置。如果预测变量比观测值多，这就可能不成立，此时，使得损失函数取最小值的 β 不唯一。如果 $X'X$ 是非奇异的（或正定的），那么二阶条件可以保证 β^* 产生一个全局最小化损失函数 L［L 相对 β 的二阶导数，即黑塞（Hessian）矩阵，正好是 $X'X$］。

到目前为止，我们没有对上述变量的分布做任何假设，标准的假设有以下几种。

- $E[y|X] = X\beta$：回归函数的线性形式。
- $E[\epsilon|X] = 0$：误差与预测变量无关。
- $E[\epsilon\epsilon'|X] = \sigma^2 I$：同方差性——误差间不相关，但是方差相同。
- ϵ_i 服从正态分布。

在这些假设下，对回归系数 $\hat{\beta}$ 可以进行统计检验。关于线性模型的详尽处理，可以参考 Greene（2018）的第 2 章至第 4 章，统计检验细节可以参考该书的第 5 章。

5.1.2 罚项的形式

自 Tibshirani（1996）的开创性工作以来，惩罚性回归得到了普及。其思想是对回归系数施加一个总体幅度的约束。Tibshirani（1996）的原始论文提出了 LASSO 模型，其中 δ 是正常数：

$$y_i = \sum_{j=1}^{J} \beta_j x_{i,j} + \epsilon_i, \quad i=1,\cdots,I, \quad \text{s.t.} \quad \sum_{j=1}^{J} |\beta_j| < \delta \tag{5.2}$$

求最小化的误差相当于对拉格朗日公式求解：

$$\min_{\beta} \left\{ \sum_{i=1}^{I} \left(y_i - \sum_{j=1}^{J} \beta_j x_{i,j} \right)^2 + \lambda \sum_{j=1}^{J} |\beta_j| \right\} \tag{5.3}$$

其中 $\lambda > 0$，具体数值取决于 δ，δ 越低，λ 就应该越高，给系数的约束越大。这种模型设定形式与岭回归（L^2 正则化）相似，实际上岭回归比 LASSO 回归应用得更早：

$$\min_{\beta} \left\{ \sum_{i=1}^{I} \left(y_i - \sum_{j=1}^{J} \beta_j x_{i,j} \right)^2 + \lambda \sum_{j=1}^{J} \beta_j^2 \right\} \tag{5.4}$$

相当于对以下模型求解：

$$y_i = \sum_{j=1}^{J} \beta_j x_{i,j} + \epsilon_i, \quad i=1,\cdots,I, \quad \text{s.t.} \quad \sum_{j=1}^{J} \beta_j^2 < \delta \tag{5.5}$$

LASSO 回归和岭回归看起来很像，但是结果实际上是完全不同的。从机制上讲，随着惩罚强度 λ 的增大［或者随着式（5.5）中 δ 的减小］，岭回归的系数都在缓慢地向 0 收敛；在 LASSO 回归中，收敛的过程更加迅速，一些系数很快就收敛到 0。在 λ

足够大的情况下，LASSO 模型中只有一个系数会保持不为 0，而在岭回归中，所有系数只会渐近地收敛到 0。有兴趣的读者可以看一下 Hastie（2020）的研究，作者详述了岭回归在数据科学中的所有应用，以及其与交叉验证、dropout 正则化等其他主题的联系。

为了说明 LASSO 回归和岭回归的区别，我们考虑 $K=2$ 个预测变量的情形，如图 5-1 所示。最佳的无约束解决方案 β^* 在空间的中间以红色显示，它不满足所施加的约束条件。这些约束条件以浅灰色显示：在 LASSO 回归下，它是一个正方形，$|\beta_1| + |\beta_2| \leq \delta$；在岭回归下，它是一个圆形，$\beta_1^2 + \beta_2^2 \leq \delta$。为了满足这些约束条件，需要在允许更大误差水平的前提下，在 β^* 附近寻找最优解。这些误差水平在图中用橙色的椭圆表示。当对误差的要求足够宽松时，椭圆会触及可接受的边界（灰色），这就是在给定约束条件下的最优解。

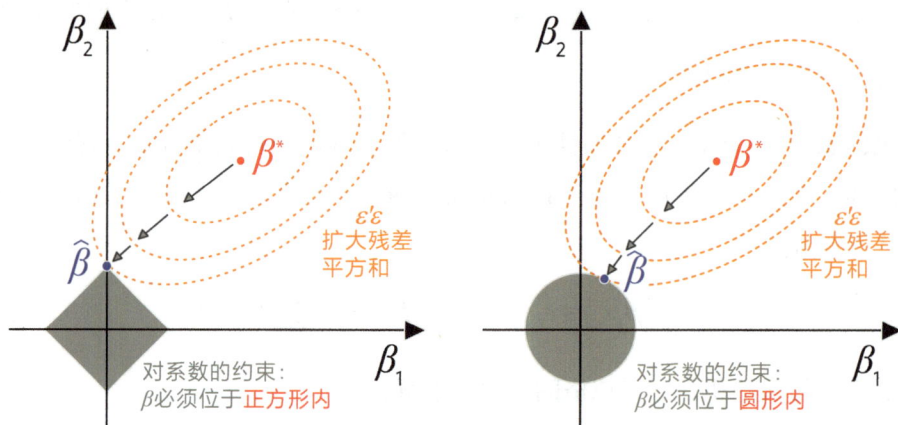

图 5-1　LASSO 回归（左）与岭回归（右）示意

当外生变量的数量超过观测值的数量时，即在经典回归无唯一解的情况下，这两种方法都能发挥作用。这在岭回归中很容易看到，此时 OLS 估计量变为：

$$\hat{\boldsymbol{\beta}} = \left(\boldsymbol{X}'\boldsymbol{X} + \lambda \boldsymbol{I}_N \right)^{-1} \boldsymbol{X}'\boldsymbol{y}$$

与式（5.1）相比，额外的项 $\lambda \boldsymbol{I}_N$ 确保了在 $\lambda > 0$ 的情况下，矩阵是可逆的。随着 λ 的增加，β 会减少，这也说明了为什么惩罚性方法有时被称为收缩法（系数的估计值在减小）。

Zou 和 Hastie（2005）提出，当以凸方式结合两种惩罚性方法时，可以从这两种方法中获益，他们称之为弹性网络：

$$y_i = \sum_{j=1}^{J} \beta_j x_{i,j} + \epsilon_i, \quad \text{s.t.} \quad \alpha \sum_{j=1}^{J} |\beta_j| + (1-\alpha) \sum_{j=1}^{J} \beta_j^2 < \delta, \quad i = 1, \cdots, N \qquad (5.6)$$

等价于下列式子的优化问题：

$$\min_{\beta}\left\{\sum_{i=1}^{I}\left(y_i-\sum_{j=1}^{J}\beta_j x_{i,j}\right)^2+\lambda\left(\alpha\sum_{j=1}^{J}\left|\beta_j\right|+(1-\alpha)\sum_{j=1}^{J}\beta_j^2\right)\right\} \tag{5.7}$$

与岭回归相比，LASSO 回归的主要优势在于其选择能力。事实上，给定大量的变量（或预测变量），LASSO 模型将逐步排除那些最不相关的变量。弹性网络保留了这种选择能力，Zou 和 Hastie（2005）认为，在某些情况下，它甚至比 LASSO 模型更有效。参数 $\alpha\in[0,1]$ 调节了系数向 0 收敛的平滑性，α 越接近于 0，收敛就越平滑。

5.1.3　示例

我们从惩罚性回归的简单示例开始。我们首先介绍 LASSO 模型，代码使用 R 语言在整个数据集上运行。与通常的线性模型相比，其语法略有不同。首先，我们估计系数。默认情况下，这个模型选择的惩罚值跨度较大，不同惩罚强度（λ）的结果可以立即显示出来。

```
library(glmnet)
y_penalized <- data_ml$R1M_Usd                          # 被解释变量
x_penalized <- data_ml %>%                              # 解释变量
    dplyr::select(all_of(features)) %>% as.matrix()
fit_lasso <- glmnet(x_penalized, y_penalized, alpha = 1)  # alpha = 1 为 LASSO 模型
```

一旦系数被计算出来，在绘制之前需要对它们进行一些处理。因为它们的数量太多，所以我们只选择其中的一个子集进行绘制（见图 5-2）。

```
lasso_res <- summary(fit_lasso$beta)                     # 提取 LASSO 系数
lambda <- fit_lasso$lambda                               # 惩罚系数
lasso_res$Lambda <- lambda[lasso_res$j]                  # 设定标签
lasso_res$Feature <- features[lasso_res$i] %>% as.factor()  # 添加变量名称
lasso_res[1:120,] %>%                                    # 提取前 120 个估计值
    ggplot(aes(x = Lambda, y = x, color = Feature)) +    # 画图
    geom_line() + coord_fixed(0.25) + ylab("beta") +     # 改变图表的长宽比
    theme(legend.text = element_text(size = 7))           # 缩小图例字号
```

图 5-2 显示了系数 β 随惩罚强度 λ 增加的变化情况。某些特征，如 Ebit_Ta（橙色），迅速收敛到 0。其他变量对惩罚的反应时间则更长，如 Mkt_Cap_3M_Usd，它是最后一个消失的变量，意味着这个变量是样本中未来 1 个月收益的重要驱动因素。此外，其系数的负号证实了样本中的规模异象，即与大公司相比，小公司的未来收益率更高。

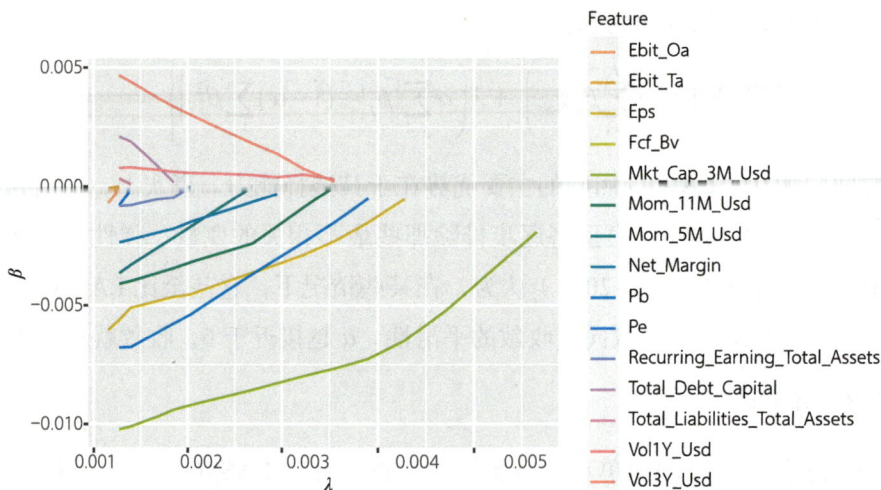

图 5-2　LASSO 回归 （因变量是未来 1 个月的收益）

接下来，我们再来看看岭回归（见图 5-3）：

```
fit_ridge <- glmnet(x_penalized, y_penalized, alpha = 0)       # alpha = 0 表示岭回归
ridge_res <- summary(fit_ridge$beta)                           # 提取回归系数
lambda <- fit_ridge$lambda                                     # 惩罚系数
ridge_res$Feature <- features[ridge_res$i] %>% as.factor()
ridge_res$Lambda <- lambda[ridge_res$j]                        # 设置标签
ridge_res %>%
    filter(Feature %in% levels(droplevels(lasso_res$Feature[1:120]))) %>% # 采用同样的特征
    ggplot(aes(x = Lambda, y = x, color = Feature)) + ylab("beta") +      # 画图
    geom_line() + scale_x_log10() + coord_fixed(45) +                     # 长宽比
    theme(legend.text = element_text(size = 7))
```

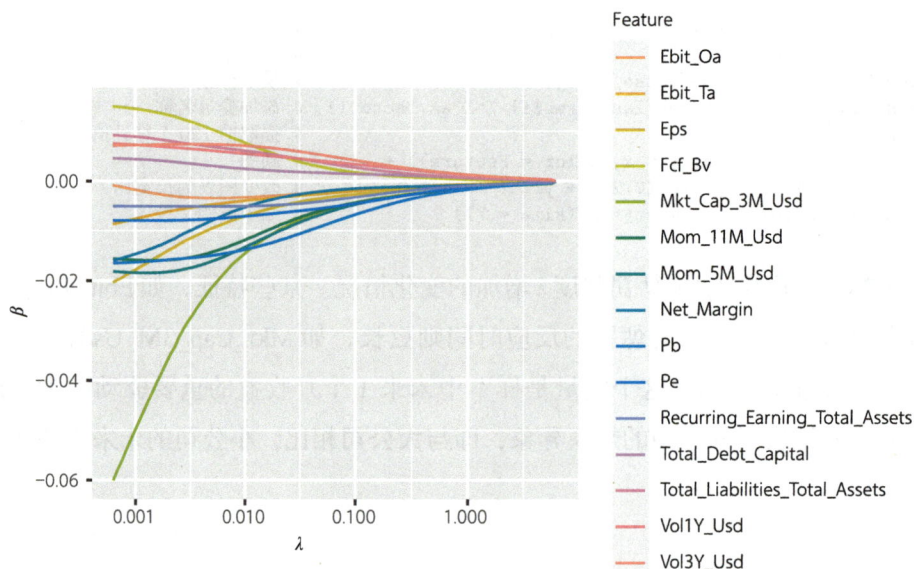

图 5-3　岭回归 （因变量是未来 1 个月的收益）

在图 5-3 中，收敛到 0 的过程更加平滑。注意 x 轴（惩罚强度）是对数尺度，方便我们更好地看清当惩罚强度较小时系数如何变化（在左边接近 0 的位置）。和图 5-2 一样，Mkt_Cap_3M_Usd 占主导地位，同样系数为负，且绝对值很大。但随着 λ 的增加，它对其他预测变量的支配地位逐渐消失。

根据定义，弹性网络将产生类似上述两种方法的混合曲线。尽管如此，只要 $\alpha > 0$，LASSO 模型的选择属性就会被保留下来，即一些特征的系数会迅速收敛到 0。事实上，LASSO 模型的强度更大：两种惩罚效果的平衡组合并不能在 $\alpha = 1/2$ 时达到，而是在一个更小的值（可能低于 0.1）时才能达到。

5.2　稀疏对冲最小方差组合

5.2.1　简介和推导

构建稀疏对冲投资组合的想法并不新鲜［见 Brodie 等（2009）、Fastrich 等（2015）］，通过经典的二次规划程序，它具有与 LASSO 相似的选择性属性。需要注意的是，L^1 正则项是必需的，因为当执行一个简单的 L^2 正则化时，投资组合的多样化会增加（Coqueret，2015）。

本节的思想源于 Goto 和 Xu（2015），但最早由 Stevens（1998）发表，我们将在下文进行详细介绍。由于该方法的模型推导在其他文献中不常见，因此本节提供了很多技术细节。

在通常的均值 - 方差配置中，一个核心输入是资产协方差矩阵的逆矩阵 Σ^{-1}。最大夏普比率（MSR）投资组合由以下公式给出：

$$w^{MSR} = \frac{\Sigma^{-1}\mu}{1'\Sigma^{1-\mu}} \tag{5.8}$$

其中 μ 是预期（超额）收益向量。在预期收益的一阶矩不可知时，取 $\mu=1$，得到的是最小方差投资组合（通常情况下更稳健，因为对 μ 的估计往往会失败）。

传统的方法是估计 Σ 并取逆以得到 MSR 的权重。有些方法直接估计 Σ^{-1}，下面我们介绍其中一种。对矩阵 Σ 进行分解：我们每次对一个资产进行估计，也就是每次估计 Σ^{-1} 的一行。

$$\Sigma = \begin{bmatrix} \sigma^2 & c' \\ c & C \end{bmatrix}$$

经典的分割理论［如舒尔补（Schur complements）理论］表明：

$$\boldsymbol{\Sigma}^{-1}=\begin{bmatrix} (\sigma^2-\boldsymbol{c}'\boldsymbol{C}^{-1}\boldsymbol{c})^{-1} & -(\sigma^2-\boldsymbol{c}'\boldsymbol{C}^{-1}\boldsymbol{c})^{-1}\boldsymbol{c}'\boldsymbol{C}^{-1} \\ -(\sigma^2-\boldsymbol{c}'\boldsymbol{C}^{-1}\boldsymbol{c})^{-1}\boldsymbol{C}^{-1}\boldsymbol{c} & \boldsymbol{C}^{-1}+(\sigma^2-\boldsymbol{c}'\boldsymbol{C}^{-1}\boldsymbol{c})^{-1}\boldsymbol{C}^{-1}\boldsymbol{c}\boldsymbol{c}'\boldsymbol{C}^{-1} \end{bmatrix}$$

我们感兴趣的是第一行，它有两个组成部分：标量 $(\sigma^2-\boldsymbol{c}'\boldsymbol{C}^{-1}\boldsymbol{c})^{-1}$ 和行向量 $\boldsymbol{c}'\boldsymbol{C}^{-1}$。其中 $\boldsymbol{C}$ 是第 2 至第 N 个资产的协方差矩阵，$\boldsymbol{c}$ 是第一个资产与其他资产间的协方差。$\boldsymbol{\Sigma}^{-1}$ 的第一行是：

$$\left(\sigma^2-\boldsymbol{c}'\boldsymbol{C}^{-1}\boldsymbol{c}\right)^{-1}\begin{bmatrix} 1 & \underbrace{-\boldsymbol{c}'\boldsymbol{C}^{-1}}_{N-1\text{项}} \end{bmatrix} \tag{5.9}$$

我们现在考虑另一种形式。我们将第一个资产收益对所有其他资产的收益进行回归：

$$r_{1,t}=a_1+\sum_{n=2}^{N}\beta_{1/n}r_{n,t}+\epsilon_t, \quad \text{i.e.,} \quad \boldsymbol{r}_1=a_1\boldsymbol{1}_T+\boldsymbol{R}_{-1}\boldsymbol{\beta}_1+\boldsymbol{\epsilon}_1 \tag{5.10}$$

其中 $\boldsymbol{R}_{-1}$ 是除了第一个资产外其他所有资产的收益率。$\boldsymbol{\beta}_1$ 的 OLS 估计量为：

$$\hat{\boldsymbol{\beta}}_1=\boldsymbol{C}^{-1}\boldsymbol{c} \tag{5.11}$$

其源于弗里希 - 沃夫 - 洛弗尔（Frisch-Waugh-Lovell）定理的分割形式（当回归中包含一个常数时）[见 Greene（2018）的第 3 章]。此外：

$$\left(l-R^2\right)\sigma_{r_1}^2=\sigma_{r_1}^2-\boldsymbol{c}'\boldsymbol{C}^{-1}\boldsymbol{c}=\sigma_{\epsilon_1}^2 \tag{5.12}$$

最后一个结论的证明在下面给出。

由于 $\boldsymbol{X}$ 是 $\boldsymbol{1}_T$ 与收益率向量 $\boldsymbol{R}_{-1}$ 的拼接，且 $\boldsymbol{y}=\boldsymbol{r}_1$，$R^2$ 的经典表达式为：

$$R^2=1-\frac{\boldsymbol{\epsilon}'\boldsymbol{\epsilon}}{T\sigma_Y^2}=1-\frac{\boldsymbol{y}'\boldsymbol{y}-\hat{\boldsymbol{\beta}}'\boldsymbol{X}'\boldsymbol{X}\hat{\boldsymbol{\beta}}}{T\sigma_Y^2}=1-\frac{\boldsymbol{y}'\boldsymbol{y}-\boldsymbol{y}'\boldsymbol{X}\hat{\boldsymbol{\beta}}}{T\sigma_Y^2}$$

拟合值为 $\boldsymbol{X}\hat{\boldsymbol{\beta}}=\hat{a}_1\boldsymbol{1}_T+\boldsymbol{R}_{-1}\boldsymbol{C}^{-1}\boldsymbol{c}$，因此有：

$$T\sigma_{r_1}^2R^2=T\sigma_{r_1}^2-\boldsymbol{r}_1'\boldsymbol{r}_1+\hat{a}_1\boldsymbol{1}'_T\boldsymbol{r}_1+\boldsymbol{r}_1'\boldsymbol{R}_{-1}\boldsymbol{C}^{-1}\boldsymbol{c}$$

$$T\left(l-R^2\right)\sigma_{r_1}^2=\boldsymbol{r}_1'\boldsymbol{r}_1-\hat{a}_1\boldsymbol{1}'_T\boldsymbol{r}_1-\left(\tilde{\boldsymbol{r}}_1+\frac{\boldsymbol{1}_T\boldsymbol{1}'_T}{T}\boldsymbol{r}_1\right)'\left(\tilde{\boldsymbol{R}}_{-1}+\frac{\boldsymbol{1}_T\boldsymbol{1}'_T}{T}\boldsymbol{R}_{-1}\right)\boldsymbol{C}^{-1}\boldsymbol{c}$$

$$T\left(l-R^2\right)\sigma_{r_1}^2=\boldsymbol{r}_1'\boldsymbol{r}_1-\hat{a}_1\boldsymbol{1}'_T\boldsymbol{r}_1-T\boldsymbol{c}'\boldsymbol{C}^{-1}\boldsymbol{c}-\boldsymbol{r}_1'\frac{\boldsymbol{1}_T\boldsymbol{1}'_T}{T}\boldsymbol{R}_{-1}\boldsymbol{C}^{-1}\boldsymbol{c}$$

$$T\left(l-R^2\right)\sigma_{r_1}^2=\boldsymbol{r}_1'\boldsymbol{r}_1-\frac{\left(\boldsymbol{1}'_T\boldsymbol{r}_1\right)^2}{T}-T\boldsymbol{c}'\boldsymbol{C}^{-1}\boldsymbol{c}$$

$$\left(l-R^2\right)\sigma_{r_1}^2=\sigma_{r_1}^2-\boldsymbol{c}'\boldsymbol{C}^{-1}\boldsymbol{c}$$

在第 4 个等式中，我们代入了 $\hat{a}_1=\frac{\boldsymbol{1}'_T}{T}\left(\boldsymbol{r}_1-\boldsymbol{R}_{-1}\boldsymbol{C}^{-1}\boldsymbol{c}\right)$。这在 Greene（2018）的 3.5 节中有更简单的证明。

结合式（5.9）、式（5.11）和式（5.12），我们得到 $\boldsymbol{\Sigma}^{-1}$ 的第一行等于：

$$\frac{l}{\sigma_{\epsilon_1}^2} \times \begin{bmatrix} 1 & -\hat{\beta}_1' \end{bmatrix} \tag{5.13}$$

只要知道了 $\boldsymbol{\Sigma}^{-1}$ 的第一行，将其乘 $\boldsymbol{\mu}$ 就可以得到资产 1 在投资组合中的权重（最后可能会整体再乘一个缩放系数）。

上述结果的背后有一个很好的经济解释，表明了"稀疏对冲"一词的合理性。我们以最小方差投资组合为例，其 $\boldsymbol{\mu}$=1。在式（5.10）中，我们试图用所有其他资产的收益来解释资产 1 的收益。上述方程中，如不考虑缩放系数，投资组合在资产 1 中有一单位头寸，在所有其他资产中有 $-\hat{\beta}_1$ 头寸。因此，所有其他资产的权重是为了对冲资产 1 的收益。事实上，这些头寸的目的是使围绕资产 1 构造的对冲投资组合的平方误差最小化（这些误差正好为 ϵ_1）。此外，缩放系数 $\sigma_{\epsilon_1}^{-2}$ 也很容易解释：我们越相信回归输出结果（此时 $\sigma_{\epsilon_1}^2$ 比较小），我们就越是投资于该资产的对冲组合。

上述推理对于 $\boldsymbol{\Sigma}^{-1}$ 的任何一行都适用，可以通过将资产 i 的收益率对所有其他资产的收益率进行回归得到。如果对于给定的 $\boldsymbol{\mu}$ 值，资产配置具有式（5.8）的形式，那么稀疏对冲投资组合策略的伪编码如下。

在每个日期（为便于记述，我们省略了这个日期），对于所有的资产 i：

1. 在 $t=1,\cdots,T$ 的样本上进行弹性网络回归，得到 $\hat{\boldsymbol{\Sigma}}^{-1}$ 的第 i 行。

$$\left[\hat{\boldsymbol{\Sigma}}^{-1}\right]_i = \underset{\boldsymbol{\beta}_{i|}}{\operatorname{argmin}} \left\{ \sum_{t=1}^{T} \left(r_{i,t} - a_i + \sum_{n \neq i}^{N} \beta_{i|n} r_{n,t} \right)^2 + \lambda\alpha\|\boldsymbol{\beta}_{i|}\|_1 + \lambda(1-\alpha)\|\boldsymbol{\beta}_{i|}\|_2^2 \right\}$$

2. 为了获得资产 i 的权重，我们计算出基于 $\boldsymbol{\mu}$ 加权的权重和。

$$w_i = \sigma_{\epsilon_i}^{-2} \left(\mu_i - \sum_{j \neq i} \beta_{i|j} \mu_j \right)$$

其中，向量 $\boldsymbol{\beta}_{i|}=[\beta_{i|1},\cdots,\beta_{i|i-1},\beta_{i|i+1},\cdots,\beta_{i|N}]$ 是其他资产收益对资产 i 收益回归的系数。

与 Stevens（1998）的初始方法相比，该方法引入了罚项。其好处有两个：第一，引入约束产生的权重更加稳健，受 $\boldsymbol{\mu}$ 估计误差的影响更小；第二，由于稀疏性，权重更稳定，杠杆作用更小，因此策略受交易成本的影响更小。在进行数据应用之前，图形化 LASSO（GLASSO）是一个更直接的途径，用来估计稳健的逆协方差矩阵（精度矩阵）。GLASSO 通过最大似然法估计逆协方差矩阵，同时对矩阵的权重施加约束 / 惩罚。当惩罚足够强时，将产生一个稀疏矩阵，即部分甚至许多系数为 0 的矩阵。关于这个问题的更多细节，可以参考 Friedman 等（2008）的原文。

5.2.2 案例

稀疏对冲投资组合提出了一种估计最小方差组合的稳健方法。事实上，由于预期收益向量 μ 通常包含大量噪声，一个简单的解决方案是采用不可知的观点 $\mu=1$。为了衡量稀疏性约束带来的增量价值，我们需要做完整回测，这将用到第 12 章的内容。

我们首先需要准备好变量。稀疏对冲投资组合只基于收益，因此，我们的分析基于第 1 章创建的矩阵 / 矩形格式（收益率）变量。

然后，我们初始化输出变量：组合权重和组合收益。我们想比较 3 种策略：所有股票的等权（EW）基准、经典的全局最小方差（GMV）组合和稀疏对冲最小方差组合。

```
t_oos <- returns$date[returns$date > separation_date] %>%   # 样本外日期
    unique() %>%                                             # 去除重复值
    as.Date(origin = "1970-01-01")                          # 转为日期格式
Tt <- length(t_oos)                                         # 日期数量
nb_port <- 3                                                # 组合 / 策略数量
portf_weights <- array(0, dim = c(Tt, nb_port, ncol(returns) - 1))# 初始化组合权重
portf_returns <- matrix(0, nrow = Tt, ncol = nb_port)       # 初始化组合收益
```

接下来，我们把稀疏对冲投资组合权重的计算过程单独写出来。在最小方差组合的情况下，$\mu=1$，资产 1 的权重将是式（5.13）中所有项的总和，其他权重也采用类似方式计算。

```
weights_sparsehedge <- function(returns, alpha, lambda){  # 函数用到的参数
    w <- 0                                                # 初始化权重
    for(i in 1:ncol(returns)){                            # 对资产进行循环
        y <- returns[,i]                                  # 被解释变量
        x <- returns[,-i]                                 # 解释变量
        fit <- glmnet(x,y, family = "gaussian", alpha = alpha, lambda = lambda)
        err <- y-predict(fit, x)                          # 预测误差
        w[i] <- (1-sum(fit$beta))/var(err)                # 输出：资产 i 的权重
    }
    return(w / sum(w))                                    # 归一化权重
}
```

为了衡量策略有效性，我们定义了如下函数以同时包含 3 种资产配置方法：（1）等权基准；（2）经典的 GMV 组合；（3）稀疏对冲最小方差组合。对于经典的 GMV 组合，由于资产比日期多得多，协方差矩阵是奇异的，因此我们加入了一个收缩项。对于这种技术更严格的处理，可以参考 Olivier Ledoit 和 Wolf（2004）的原文，以及 Olivier Ledoit 和 Wolf（2017）中提到的改进方法。简言之，我们使用 $\hat{\Sigma}=\Sigma_S+\delta I$，其中 δ 是一个小常数（在下面的代码中等于 0.01）。

```
weights_multi <- function(returns,j, alpha, lambda){
    N <- ncol(returns)
    if(j == 1){                                          # j 为 1 表示等权基准
```

```
        return(rep(1/N,N))
    }
    if(j == 2){                                    # j 为 2，表示最小方差组合
        sigma <- cov(returns) + 0.01 * diag(N)      # 协方差矩阵 + 正则化项
        w <- solve(sigma) %*% rep(1,N)              # 求逆和相乘
        return(w / sum(w))                          # 归一化
    }
    if(j == 3){                                    # j 为 3，表示罚项 / 弹性网络
        w <- weights_sparsehedge(returns, alpha, lambda)
    }
}
```

最后，我们进入回测。考虑到资产的数量，计算机执行循环需要几分钟。在循环结束时，我们计算投资组合收益率的标准差（月波动率）。这个指标很关键，因为最小方差组合的目标是最小化这一特定指标。

```
for(t in 1:length(t_oos)){                         # 循环日期
    temp_data <- returns %>%                        # 权重数据
        filter(date < t_oos[t]) %>%                 # 扩展窗口
        dplyr::select(-date) %>%
        as.matrix()
    realised_returns <- returns %>%                 # 样本外收益
        filter(date ==  t_oos[t]) %>%
        dplyr::select(-date)
    for(j in 1:nb_port){                            # 循环策略
        portf_weights[t,j,] <- weights_multi(temp_data, j, 0.1, 0.1)     # 参数硬编码！
        portf_returns[t,j] <- sum(portf_weights[t,j,] * realised_returns) # 投资组合收益率
    }
}
colnames(portf_returns) <- c("EW", "MV", "Sparse") # 列名
apply(portf_returns, 2, sd)                         # 组合波动率（月度）

##          EW         MV       Sparse
## 0.04180422 0.03350424 0.02672169
```

稀疏对冲的目的是更好地估计资产的协方差结构，以便对最小方差组合权重估计更加准确。从上面的练习中我们看到，在建立基于稀疏对冲关系的协方差矩阵时，月波动率确实有所下降。如果我们使用收缩的样本协方差矩阵，情况就不一样了，因为对资产之间相关性的估计可能存在太多噪声。使用每日收益率可能会改善估计质量。上面的回测表明，即使观测值（日期）的数量与资产的数量相比很小，惩罚性方法也表现良好。

5.3　预测性回归

5.3.1　文献回顾和原理

一系列论文讨论了预测性回归。比较有影响力的是 Stambaugh（1999），作者展示

了在自变量自相关性较强时回归过程的危险性。在这种情况下，OLS 估计通常是有偏差的，因此必须加以纠正。此后，这些结果在许多方向上得到了拓展，如 Campbell 和 Yogo（2006）、Hjalmarsson（2011）、Gonzalo 和 Pitarakis（2018）的研究，以及最近 Xu（2020）关于可预测性的研究。

另一个重要的话题涉及预测性回归中系数的时间依赖性。这方面的一篇重要文献来自 Dangl 和 Halling（2012），该论文中的系数是通过贝叶斯方法估计的。最近，Kelly 等（2019）使用时变的因子暴露来模拟股票的横截面收益。Henkel 等（2011）进一步记录了预测性回归系数的时变性，并将其用于短期收益预测。最后，Farmer 等（2019）引入了可预测性窗口（pocket）的概念：资产或市场经历了不同的阶段，在某些阶段，它们是可预测的，而在另一些阶段，它们不是。窗口是由 t 统计量高于特定阈值的天数和 R^2 的大小来衡量的。Demetrescu 等（2020）则给出了正式的统计检验。

在预测性回归中引入罚项至少可以追溯到 Rapach 等（2013），他们用其评估美国证券市场和其他国际市场之间的领先 - 滞后关系。最近，Chinco 等（2019）使用 LASSO 回归，根据过去的收益（横截面）预测不同时间段的高频收益，获得了统计上的显著结果。Han 等（2019）、Rapach 和 Zhou（2019）使用 LASSO 回归和弹性网络回归（分别）来改善预测，并在解释股票收益率时识别出了重要特征。

这些研究强调了预测性回归和惩罚性回归之间的相关性。在基于机器学习的资产定价中，我们经常寻求建立式（3.6）那样的模型。如果我们坚持使用线性关系并增加罚项，那么模型就变成了：

$$r_{t+1,n} = \alpha_n + \sum_{k=1}^{K} \beta_n^k f_{t,n}^k + \epsilon_{t+1,n}, \quad \text{s.t.} \quad (1-\alpha)\sum_{j=1}^{J}\left|\beta_j\right| + \alpha\sum_{j=1}^{J}\beta_j^2 < \theta$$

其中，我们交替使用 $f_{t,n}^k$ 和 $x_{t,n}^k$ 来表示自变量，θ 是惩罚强度。正则化的目的是产生更稳健的估计。如果提取的模式在样本外保持不变，那么下式将是未来收益的一个相对可靠的估计：

$$\hat{r}_{t+1,n} = \hat{\alpha}_n + \sum_{k=1}^{K} \hat{\beta}_n^k f_{t,n}^k$$

5.3.2 代码和结果

在我们的数据集上实施惩罚性预测性回归是很容易的：

```
y_penalized_train <- training_sample$R1M_Usd                    # 解释变量
x_penalized_train <- training_sample %>%                        # 预测变量
dplyr::select(all_of(features)) %>% as.matrix()
fit_pen_pred <- glmnet(x_penalized_train, y_penalized_train,    # 模型
```

```
                                    alpha = 0.1, lambda = 0.1)
```

随后用均方误差（MSE）和命中率（方向预测正确的次数比例）两个关键的性能指标评估模型。本书第 12 章将对衡量标准进行详细说明。

```
x_penalized_test <- testing_sample %>%                              # 预测变量
dplyr::select(all_of(features)) %>% as.matrix()
mean((predict(fit_pen_pred, x_penalized_test) - testing_sample$R1M_Usd)^2) # MSE

## [1] 0.03699696

mean(predict(fit_pen_pred, x_penalized_test) * testing_sample$R1M_Usd > 0) # 命中率

## [1] 0.5460346
```

从投资者的角度来看，MSE（也可以是平均绝对误差）是很难解释的，因为把它们映射到一些直观的金融绩效指标上是很复杂的。命中率指标则更为直观，它可以告诉人们预测取得正确信号的比例。如果投资者在正的信号时做多、在负的信号时做空，那么命中率表明了"正确"投注（即持仓头寸和预期的方向一致）的比例。自然阈值是 50%，但由于交易成本的原因，51% 的准确预测都可能不会获利。在上面的结果中，0.546 虽然并不惊人，但可以认为是一个相对较好的命中率。

5.4　代码练习

在测试样本上，评估两个弹性网络参数对样本外准确性的影响。

第 6 章

树模型

分类树和回归树是简单而强大的聚类算法，因 Breiman 等（1984）的专著而广为人知。在处理表格数据时，树模型和它们的衍生方法是相当有效的预测工具。在机器学习竞赛（尤其是 Kaggle 网站主办的竞赛）中，很大一部分获胜的解决方案都源于对简单树模型的改进。例如，Olson 等（2018）在生物信息学方面的元研究发现，提升树和随机森林在 13 种算法（不包括神经网络）中排前两名。

最近，随着机器学习在金融领域的应用激增，出现了很多将树模型应用于投资组合配置方面的学术论文。一份长长的但并非详尽的文献清单如下：Ballings 等（2015），Patel 等（2015a），Patel 等（2015b），Moritz 和 Zimmermann（2016），Krauss 等（2017），Gu 等（2020b），Guida 和 Coqueret（2018a），Coqueret 和 Guida（2020）以及 Simonian 等（2019）。值得注意的是 Bryzgalova 等（2019）的文章，作者通过简单的决策树实现了投资组合排序并以此构造了因子，他们称之为资产定价树。另一篇最近的文章（He 等，2021）试图创建基于资产定价目标的全局配置标准。

在本章中，我们回顾了与树模型相关的方法以及它们在投资组合选择中的应用。

6.1　简单决策树

6.1.1　原理

决策树寻求将数据集划分为同质化的簇。给定一个外生变量 Y 和特征 X，决策树迭代地将样本划分成若干簇（通常一次划分成两簇），这些簇尽可能在 Y 上保证同质性。每次划分是根据特征集中的一个变量进行的。关于命名的简短说明：当 Y 由实数组成时，我们谈论的是回归树；当 Y 是分类变量时，我们就使用分类树这个术语。

在正式确定决策树的概念之前，我们先在图 6-1 中说明划分过程。我们用 12 颗"星星"来说明 3 个特征：颜色、大小和复杂性（分支数量）。

因变量是星星颜色。第一次划分是根据大小或复杂性进行的。显然，复杂性是更好的选择：复杂星星是蓝色和绿色的，而简单星星是黄色、橙色和红色的。根据大小进行划分会使蓝色和黄色的星星（小的）与绿色和橙色、红色的星星（大的）混合在一起。

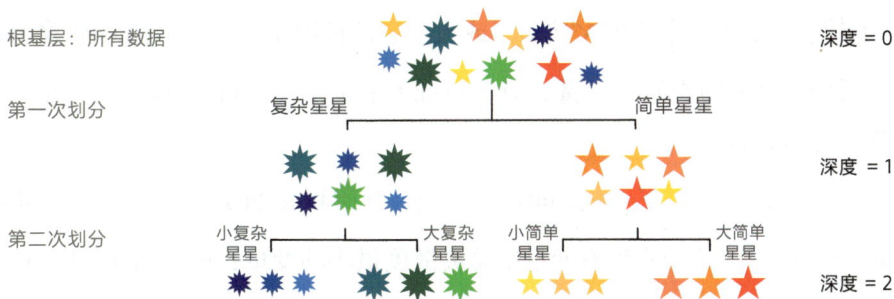

图 6-1　简单决策树：划分过程的可视化

　　然后将这两个簇再划分。由于只有一个变量（大小）是相关的，所以第二次划分很直接。最后，我们的树有 4 个颜色一致的簇。将其类比于因子投资，颜色代表收益率：红色代表收益率较高，蓝色代表收益率较低。其他特征（星星的大小和复杂性）被公司的具体属性所取代，如市值、会计比率等。因此，这项工作的目的是找到一些特征，能够将公司分成收益率较高和收益率较低的两类。

　　现在我们来谈谈回归树的技术构造（划分过程）。我们遵循 Breiman 等（1984）或 Hastie 等（2009）第 9 章所阐述的标准。给定一个样本（y_i，$\boldsymbol{x}_i$）大小为 I 的数据集，我们通过回归树寻求一个划分点，使得在两个子簇中 y_i 的差异性之和最小，这两个子簇并不需要有相同的大小。为了做到这一点，我们可以分两步进行：首先，为每个特征 $x_i^{(k)}$ 找到一个最佳的划分点（这样子簇们在 Y 上是同质的）；然后，在所有特征中选择令 y 的同质化水平最高的那个。

　　回归树的同质性与方差密切相关。由于我们希望 y_i 在每个簇中都是相似的，所以我们要设法使它在每个簇中的差异性最小，然后将这两个子簇的差异性相加。我们不能将方差相加，因为这未考虑簇的相对大小。因此，我们使用总差异性，即每个簇中的方差乘其元素数。

　　由于我们使用了上标 k（特征的索引），所以公式有点复杂，但为了便于理解，基本上可以忽略这些上标。先为每个特征找到最佳划分点，即解决 $\underset{c^{(k)}}{\mathrm{argmin}}\, V_I^{(k)}\left(c^{(k)}\right)$，其中：

$$V_I^{(k)}\left(c^{(k)}\right)=\underbrace{\sum_{x_i^{(k)}<c^{(k)}}\left(y_i-m_I^{k,-}\left(c^{(k)}\right)\right)^2}_{\text{第一个子簇的离散度}}+\underbrace{\sum_{x_i^{(k)}>c^{(k)}}\left(y_i-m_I^{k,+}\left(c^{(k)}\right)\right)^2}_{\text{第二个子簇的离散度}} \tag{6.1}$$

这里

$$m_I^{k,-}\left(c^{(k)}\right)=\frac{1}{\#\{i,x_i^{(k)}<c^{(k)}\}}\sum_{x_i^{(k)}<c^{(k)}}y_i\,且$$

$$m_I^{k,+}\left(c^{(k)}\right)=\frac{1}{\#\{i,x_i^{(k)}>c^{(k)}\}}\sum_{x_i^{(k)}>c^{(k)}}y_i$$

$m_l^{k,-}\left(c^{(k)}\right)$ 和 $m_l^{k,+}\left(c^{(k)}\right)$ 是在 $X^{(k)}$ 小于或大于 c 的情况下，Y 的均值。基数函数 $\#\{.\}$ 用于计算两种情况下的观测值数量。对于特征 k 来说，最佳划分点 $c^{k,*}$ 是使得两个子簇的总离散度最小的那个。

最佳划分点满足条件 $c^{k,*} = \underset{c^{(k)}}{\arg\min} V_l^{(k)}\left(c^{(k)}\right)$。在所有可能的划分变量中，树将选择一个不仅在所有划分中，而且在所有变量中总离散度最小的变量：$k^* = \underset{k}{\arg\min} V_l^{(k)}\left(c^{k,*}\right)$。

在进行一次划分后，上述过程在两个新形成的簇上继续进行。有几个标准可以决定何时停止划分（见 6.1.3 小节）。一个简单的标准是为树固定一个最大的层次数（深度）。一个通常的条件是对每次划分施加一个预期的最小增益。如果划分后的离散度降低非常有限，并且低于指定的阈值，那么划分就不会被执行。关于决策树的进一步技术讨论，可以参考 Hastie 等（2009）的 9.2.4 小节。

当树被建立（训练）后，对新观测值的预测很容易进行。给定其特征值，观测值最终会出现在树的一个叶节点（终结点）里。每个叶节点都有一个标签的平均值，这就是预测的结果。当然，这仅适用于数值型标签的情况。我们下面讨论当它是分类的时候所发生的变化。

6.1.2 关于分类的进一步细节

分类任务比回归任务要复杂一些，最明显的区别是对离散度或异质性的衡量。损失函数必须考虑到最终的输出不是一个简单的数字，而是一个向量。输出 $\tilde{y}_i$ 有多少个元素，标签中就有多少个类别，每个元素代表观测值属于相应类别的概率。

例如，如果有 3 个类别——买入、持有和卖出，那么每个观测值将有一个标签，其列数与类别的数量相同。按照我们的例子，一个标签将是 (1,0,0)，代表买入。关于这个话题的介绍，我们可以参考本书的 4.5.2 小节。

在一棵树内，标签在每一个簇层面上都被汇总。一个典型的输出看起来像 (0.6,0.1,0.3)：它们是簇中每个类别所占的比例。在这种情况下，该簇有 60% 的买入、10% 的持有和 30% 的卖出。

损失函数必须考虑到标签的多维性。在建立树的时候，由于目的是追求同质性，损失会惩罚那些不集中于一个类别的输出。事实上，(0.3,0.4,0.3) 这样多样化的情况要比 (0.8,0.1,0.1) 这样的集中情况更难处理。

因此，该算法是在寻求纯洁性：它寻找一种划分标准，使所有簇尽可能纯洁，即有一个非常占优势的类别，或至少只有几个占优势的类别。一些文献提出了几个指标，都是基于输出所产生的比例。如果有 J 类，我们用 p_j 表示比例。对于每一个叶节点，通常的损失函数如下。

- 基尼不纯度系数（Gini impurity index）：$1 - \sum_{j=1}^{J} p_j^2$。

- 错误分类误差（misclassification error）：$1 - \max_j p_j$。

- 熵：$-\sum_{j=1}^{J} \log(p_j) p_j$。

基尼不纯度系数等于 1 减去衡量投资组合多样化的赫芬达尔指数（Herfindahl index）。树模型会寻求分散程度最低的分区。当某个 $p_j = 1$，而其他都等于 0 时，基尼系数达到最小值 0。当所有的 $p_j = 1/J$ 时，基尼系数达到最大值 $1 - 1/J$。其他两种损失函数也有类似的关系。错误分类误差的一个缺点是它不可导，因此通常情况下另外两个损失函数是更好的选择。

一旦树模型长成，新的观测值就会被自动划分到某个叶节点。该叶节点的类别由其所含的类别决定。通常，为了进行预测，当一个新的观测值被划分到某个叶节点时，该叶节点中占比最高的类别将会作为对于该观测值的分类预测。

6.1.3　剪枝标准

在构建一棵树时，划分过程可以一直持续到全树长成，这时：

- 所有的观测值都属于不同的叶节点；
- 所有的叶节点都包括不能根据当前特征集进一步分离的观测值。

在这个阶段，不能继续进行划分过程。

显然，当预测变量和被预测量密切相关、为数众多且是数值型的时候，完全成长的树经常导致几乎完美的拟合。然而，对于样本外预测而言，训练样本的细枝末节并不重要。例如，能够完全匹配 2000—2006 年样本的模式，2007—2009 年可能不会有很大的意义。树模型中最可靠的部分是最接近根的部分，因为它们包含大量的数据：早期簇中的平均值是值得信赖的，因为它们是在大量的观测值上计算的。最初的划分是最重要的，因为它们决定了最普遍的模式。最深处的划分只处理样本的特殊性。

因此，限制树的大小以避免过拟合非常必要。有几种修剪树的方法，它们都取决于一些特定的限制条件。我们在下面列出了其中的几种。

- 对每个叶节点的观测值施加最低数量约束。这确保了每个叶节点是由足够数量的观测值组成的。因此，标签的平均值将是可靠的，因为它是在大量的数据上计算的。

- 在考虑进一步划分之前，也可以强行规定一个簇具有最小的规模。这个标准当然与上面的标准有关。

- 要求在拟合上有一定程度的改进。如果划分不能充分降低损失函数值，那么就可以认为没有必要。用户指定一个很小的参数 $\epsilon > 0$，只有在划分后获得的损失小于划分前的损失乘 $1 - \epsilon$ 时，划分才会被确认。
- 限制树的深度。深度被定义为树的根和任何叶节点之间的总体最大分叉数。

在下面的例子中，我们同时实现所有这些限制条件。但通常情况下，最多实现其中的两个就足够了。

6.1.4　代码和解释

我们从一个简单的树模型和它的解释开始。我们使用软件包 rpart 和它的绘图引擎 rpart.plot。标签是未来 1 个月的收益率，特征是样本中的所有预测变量。该树模型是在完整的样本上训练的。

```
## 加载包：rpart
library(rpart)                        # 树包
library(rpart.plot)                   # 树绘图引擎
formula <- paste("R1M_Usd ~", paste(features, collapse = " + "))  # 定义模型
formula <- as.formula(formula)                        # 公式格式
fit_tree <- rpart(formula,
           data = data_ml,        # 数据来源：所有样本
           minbucket = 3500,      # 每个叶节点所需的最小观测值数量 nb
           minsplit = 8000,       # 继续划分所需的最小观测值数量
           cp = 0.0001,           # 精度：数值越小意味着叶节点越多
           maxdepth = 3           # 最大深度（如树的层次）
           )
rpart.plot(fit_tree)              # 画图
```

在树模型的图形中通常存在一个惯例。在每个节点上，一个条件用布尔表达式来描述划分依据。如果该表达式为真，那么对应观测值就会进入左边簇；如果为假，则会进入右边簇。考虑到整个样本，该树模型（见图 6-2）中的初始划分是根据市净率进行的。如果观测值的 Pb 得分（或值）大于等于 0.025，那么该观测值就会被放进左边簇；否则，它就会被放进右边簇。

在每个节点中，有两个重要指标：第一个是簇中标签的平均值，第二个是簇中观测值的比例。树模型的顶端包含所有观测值（100%），未来 1 个月的平均收益率为 1.3%。在下面一层，左边簇涵盖了绝大多数样本，大约有 98% 的观测值平均可以获得 1.2% 的收益率。右边簇要小得多（2% 的观测值），但集中了平均收益率高得多（5.9%）的观测值。这可能是样本的一个异质性。

划分过程在每个节点上以类似的方式继续进行，直到满足某些条件（这里通常是达到最大深度）终止。在图 6-2 中，不同颜色代表了不同的平均收益率：从灰色（低收益率）到蓝色（高收益率）。平均收益率最低的最左边簇由满足以下所有条件的公司

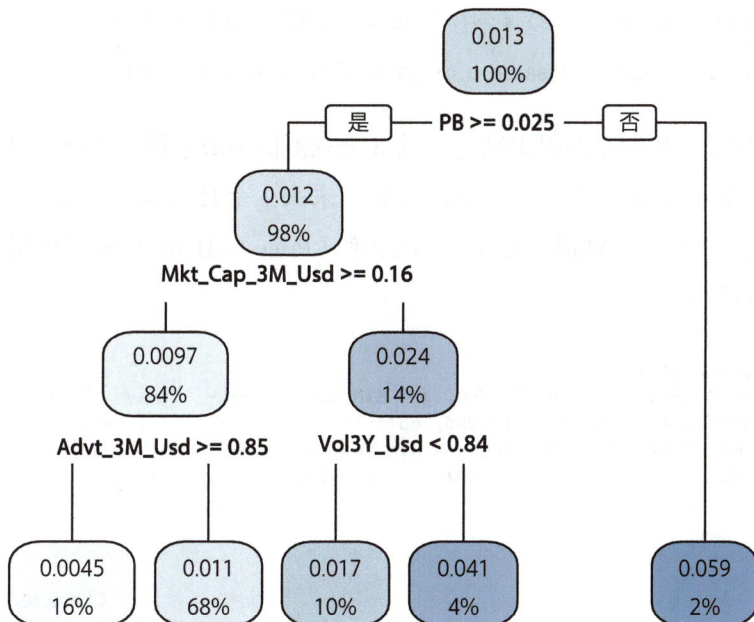

图 6-2　基于特征的简单树模型　（因变量是未来 1 个月的收益率）

组成：

- PB 得分大于等于 0.025；
- 3 个月市值得分大于等于 0.16；
- 过去 3 个月平均日成交量得分大于等于 0.85。

请注意，树的一个特点是它们在簇大小上可能存在异质性。有时，几个大簇几乎聚集了所有的观测值，而几个小簇则嵌入了一些异常值。这不是树的一个好属性，因为小簇更可能是侥幸得出的结果，而在样本外不具备泛化能力。

这就是我们在构建树的过程中要施加限制的原因。第一个限制（代码中的 minbucket = 3500）是每个簇至少由 3500 个观测值组成。第二个限制（minsplit=8000）进一步要求，只有当一个簇包含至少 8000 个观测值时，才允许对其进行进一步的划分。这些值在逻辑上取决于训练样本的大小。代码中的参数 cp=0.0001 要求任何划分都要将损失降低到划分前原始值的万分之一以下。最后，最大深度为 3，意味着在树的根和任何叶节点之间最多只有 3 次划分。

树的复杂性（以叶节点的数量衡量）随 minbucket、minsplit 和 cp 的增加递减，但是随最大深度的增加递增。

一旦模型被训练出来（即树完全生长出来），对任何观测值的预测结果都是该观测值所属簇中标签的平均值。

```
predict(fit_tree, data_ml[1:6,]) # 对样本的前 6 个观测值进行测试（预测）
##          1          2          3          4          5          6
## 0.01088066 0.01088066 0.01088066 0.01088066 0.01088066 0.01088066
```

根据图 6-2，我们立即得出结论，前 6 个观测值都属于第二个簇（从左边开始数）。

作为对第一次划分的验证，我们绘制了未来 1 个月收益率的平滑平均值（R1M_Usd）曲线，以市值（Market Cap）、市净率（Price-to-Book）和交易量（Volume）为条件（见图 6-3）。

```
data_ml %>% ggplot() +
    stat_smooth(aes(x = Mkt_Cap_3M_Usd, y = R1M_Usd, color = "Market Cap"), se = FALSE) +
    stat_smooth(aes(x = Pb, y = R1M_Usd, color = "Price-to-Book"), se = FALSE) +
    stat_smooth(aes(x = Advt_3M_Usd, y = R1M_Usd, color = "Volume"), se = FALSE) +
    xlab("Predictor") + coord_fixed(11) + labs(color = "Characteristic")
```

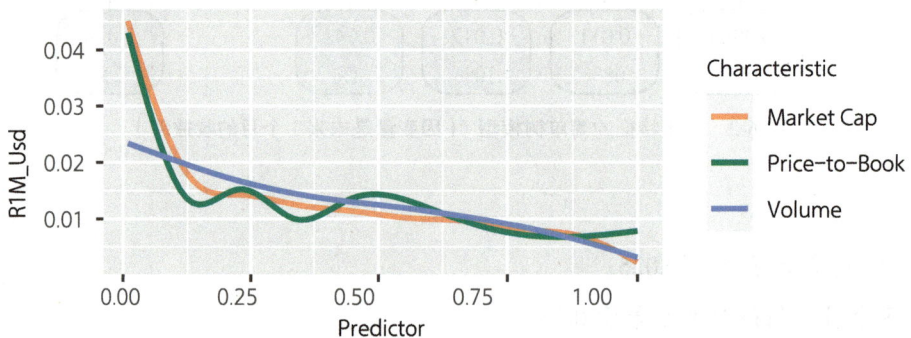

图 6-3　未来 1 个月收益率的平滑平均值（以市值、市净率和交易量为条件）

图 6-3 显示了基于市值和市净率的簇的关联性。与这两个特征的低分值相对应的平均收益率很高（在曲线的左边接近每月 +4% 的水平）。与交易量相比，这种模式更为明显。

最后，我们在测试集上评估了一棵树（该树是在训练集上生长的）的预测质量。我们使用了一棵更深的树，最大深度为 5。

```
fit_tree2 <- rpart(formula,
        data = training_sample,    # 数据来源：训练样本
        minbucket = 1500,          # 每个叶节点所需的最小观测值数量 nb
        minsplit = 4000,           # 继续划分所需的最小观测值数量
        cp = 0.0001,               # 精度：更小 = 更多的叶节点
        maxdepth = 5               # 最大深度（如树的层次）
        )
mean((predict(fit_tree2, testing_sample) - testing_sample$R1M_Usd)^2) # MSE
## [1] 0.03700039
mean(predict(fit_tree2, testing_sample) * testing_sample$R1M_Usd > 0) # 命中率
## [1] 0.5416619
```

MSE 通常很难解释，很难用它对收益的预测误差结果来影响投资决策。命中率是

一个更直观的指标，因为它评估了正确预测的比例（即有利可图的投资）。显然，它并不完美：55% 的小额收益可能被 45% 的大额亏损所抵消。尽管如此，它仍是一个受欢迎的指标，而且它与二元分类练习中经常计算的命中率指标一致。在这里，约 0.542 的准确性是令人满意的。即使任何高于 50% 的数字看起来都是有价值的，但考虑到交易成本会抵消一部分收益，因此基准阈值可能至少是 52%。

6.2　随机森林

虽然决策树给出了 **Y** 和 **X** 之间关系的直观表示，但它们可以通过将多个预测模型组合到一起的集成学习加以改进（本书第 11 章将更广泛地讨论集成模型这一主题，并提供更多细节）。

6.2.1　原理

大多数时候，当手头有多个模型选项时，哪一个单独的模型是最好的并不明显。因此，将多个模型（当它们不是太相关时）组合到一起似乎是实现预测误差分散化的合理途径。Schapire（1990）阐述了模型多样化的一些理论基础。

后来，Ho（1995）和更重要的 Breiman（2001）考虑了更多的实际情况，后者还是随机森林的重要参考文献。装袋法（bagging）在 Yin（2020）中被成功地用于汇总股票预测。有两种方法可以从简单的树中创建多个预测变量，而随机森林将两者结合起来。

- 第一，随机森林可以在类似但不同的数据集上进行训练。实现这一目标的方法之一是使用自举法：对观测值进行重新抽样，无论有无替换（针对每棵树），每次建立新的树都会产生新的训练数据。
- 第二，可以通过减少预测变量的数量来改变数据。替代模型是基于不同的特征集而建立的。用户选择要保留多少特征，然后算法在每次尝试时随机选择这些特征。

因此，训练许多不同的树变得很简单，而集成模型只是所有树的一个加权组合。通常情况下，使用的是等权重，这是一个稳健的选择。我们在图 6-4 中说明了简单组合（也被称为装袋法）的思路。最终预测只是所有中间预测的平均值。

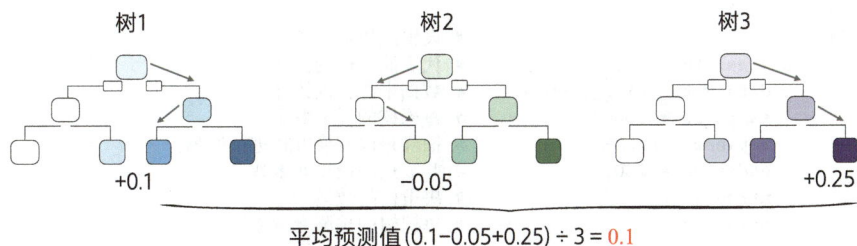

平均预测值 (0.1−0.05+0.25) ÷ 3 = 0.1

图 6-4　随机森林的组合输出

随机森林建立在自举法的基础上，比简单的树更有效。Ballings 等（2015）、Patel 等（2015a）、Krauss 等（2017）以及 Huck（2019）都使用了随机森林，随机森林在这些论文中表现得非常好。随机森林最初的理论特性在 Breiman（2001）的分类树中得到了证明。在分类任务中，决策是通过投票做出的：每棵树都为某个特定的类别投票，得票最多的类别获胜（在平局的情况下可能会随机选取类别）。Breiman（2001）将余量函数定义为：

$$mg = M^{-1} \sum_{m=1}^{M} l_{\{h_m(x)=y\}} - \max_{j \neq y} \left(M^{-1} \sum_{m=1}^{M} l_{\{h_m(x)=j\}} \right)$$

其中，左边部分是基于 M 棵树 h_m 中正确类别的平均票数（模型 h_m 是基于与 X 匹配的数据值 y 训练的）。右边部分是任何其他类别的最大平均值。间隔值反映了随机森林正确分类的信心。泛化误差是指 mg 严格为负的概率。Breiman（2001）的研究表明，集成的不准确性（以泛化误差衡量）被约束为 $\frac{\overline{\rho}(1-s^2)}{s^2}$，其中：

——s 是单个分类器的强度（平均质量）；

——$\overline{\rho}$ 是分类器之间的平均相关系数。

值得注意的是，Breiman（2001）还表明，随着树的数量增长到无穷大，错误率会收敛到某个有限的数字。这就能解释随机森林不容易出现过拟合现象。

虽然 Breiman（2001）的原始论文致力于分类模型，但此后许多文章讨论了回归树的问题。感兴趣的读者可参考 Biau（2012）和 Scornet 等（2015）。最后，在 Biau 等（2008）中可以得到关于分类模型集成的进一步结果，Denil 等（2014）的简短综述总结了该领域的最新成果。

6.2.2 代码与结果

随机森林有多种实现方式。为了简便，我们选择使用原始的 R 库，另外选择 h2o，它是一个高效的（用 Java 编码的）机器学习元环境。

randomForest 的语法与许多机器学习库的相同。一些随机森林实现的全部选项列表十分冗长。下面，我们训练一个模型并展示测试样本前 5 个观测值的预测结果。

```
library(randomForest)
set.seed(42)                                    # 设置随机数种子
fit_RF <- randomForest(formula,                 # 代表简单树的公式
            data = training_sample,             # 数据来源：训练样本
            sampsize = 10000,                   # 每棵树的样本数量
            replace = FALSE,                    # 抽样是以替换方式进行的吗？
            nodesize = 250,                     # 叶节点的最小元素数量
            ntree = 40,                         # 决策树的数量
            mtry = 30                           # 每棵树的预测变量数量
)
```

```
predict(fit_RF, testing_sample[1:5,])          # 对前 5 个观测值进行预测

##            1          2          3          4           5
## 0.009787728  0.012507087  0.008722386  0.009398814 -0.011511758
```

首先值得注意的是，这 5 个测试观测值的预测均不相同，这和前文决策树例子中测试集中前 6 个样本的预测值完全相同的情况截然不同。将多个树模型的预测结果组合在一起，可以得到受样本影响更大的预测结果。请注意，代码第二行固定了随机数的生成。事实上，随机森林在构造上是学习器的任意组合，这里的任意性体现在观测值与特征的选择上。

在上面的例子中，每个学习器（树）建立在 10000 个随机选择（随机抽取时使用了没有放回的抽取）的观测值上，每个叶节点（簇）必须包括至少 250 个元素（观测值）。总共有 40 棵树被聚集起来，每棵树都是基于 30 个随机选择的预测变量（在整个特征集中）构建的。

与简单的树不同，我们很难简单、直观地呈现随机森林学习过程的结果（尽管存在解决方案，见 13.1.1 小节）。我们可以提取所有 40 棵树各自学习过程的结果，但很难使集成模型可视化。通过分析特征重要性可以得到一个简化的说明，参见 13.1.2 小节的讨论。

最后，我们可以评估模型的命中率。

```
mean((predict(fit_RF, testing_sample) - testing_sample$R1M_Usd)^2) # MSE

## [1] 0.03698197

mean(predict(fit_RF, testing_sample) * testing_sample$R1M_Usd > 0) # 命中率

## [1] 0.5370186
```

MSE 小于 4%，命中率接近 54%，明显高于 50% 和 52% 的阈值。

让我们看看我们是否可以通过分类任务来提高命中率。我们通过将标签改为 R1M_Usd_C 来重新训练模型。

```
formula_C <- paste("R1M_Usd_C ~", paste(features, collapse = " + ")) # 定义模型
formula_C <- as.formula(formula_C)                    # 转换为公式对象
fit_RF_C <- randomForest(formula_C,                   # 新公式
                data = training_sample,               # 数据来源: 训练样本
                sampsize = 20000,                     # 每棵树的样本数量
                replace = FALSE,                      # 抽样是以替换方式进行的吗
                nodesize = 250,                       # 叶节点的最小元素数量
                ntree = 40,                           # 决策树的数量
                mtry = 30                             # 每棵树的预测变量数量
    )
```

进而，我们可以评估预测正确的百分比。

```
mean(predict(fit_RF_C, testing_sample) == testing_sample$R1M_Usd_C) # 命中率
## [1] 0.4971371
```

这个命中率结果令人失望。除了训练集和测试集可能存在非常不同的模式之外，上述结果背后还有两种可能的解释。

第一个是样本量可能太小了。原始训练集有 20 多万个观测值，我们在上述训练过程中只保留了十分之一。因此，我们很可能将相关的信息搁置一边，从而付出了代价。

第二个是预测变量的数量，我们将其设置为 30 个，即占我们所掌握的总数的三分之一。不幸的是，这给算法留下了挑选不太相关的预测变量的空间。通常来说，在分类任务和回归任务里，默认选择的预测变量数量分别为 $\sqrt{p}$ 和 $\dfrac{p}{3}$。其中，p 是特征的数量。

6.3　提升树：Adaboost

与不可知的集成相比，提升（boosting）的想法稍微高级一些。在随机森林中，我们希望通过多棵树的多样化来提高模型的整体表现。在提升方法中，每当添加新树时，我们会迭代地改进模型。有很多提升学习的方法，我们介绍两种可以很容易用树来实现的方法：第一种方法是 Adaboost（指自适应提升）通过逐步关注产生最大误差的观测值来改善学习过程；第二种方法是 XGBoost，它是一种灵活的算法，其中每棵新树只专注于最小化训练样本损失。

6.3.1　方法论

Adaboost 的起源可以追溯到 Freund 和 Schapire（1996）以及 Freund 和 Schapire（1997），其他还可以参考 Schapire 和 Freund（2012）专门讨论提升方法的著作。Friedman 等（2000）（提出了所谓的真正的 Adaboost 算法）和 Drucker（1997）（将 Adaboost 用于回归分析）对这些想法进行了扩展。理论研究由 Breiman 等（2004）完成。

我们直接说明该算法的一般结构。

- 设置等权重 $w_i = I^{-1}$。
- 设置 $m = 1, \cdots, M$，循环执行以下步骤：

1. 寻找一个学习器（树）l_m 使得加权损失函数 $\sum_{i=1}^{I} w_i L\left(l_m(\boldsymbol{x}_i), \boldsymbol{y}_i\right)$ 最小化；

2. 计算学习器的权重

$$a_m = f_a\big(\boldsymbol{w}, l_m(\boldsymbol{x}), \boldsymbol{y}\big) \tag{6.2}$$

3. 更新观测值的权重

$$w_i \leftarrow w_i \mathrm{e}^{f_w(l_m(x_i), y_i)} \tag{6.3}$$

4. 对 w_i 进行标准化，使其和等于 1。

- 观测值 x_i 的输出是一个关于 $\sum\limits_{m=1}^{M} a_m l_m(\boldsymbol{x}_i)$ 的简单函数：

$$\tilde{y}_i = f_y\left(\sum_{m=1}^{M} a_m l_m(\boldsymbol{x}_i)\right) \tag{6.4}$$

让我们来讨论一下该算法的步骤。式（6.4）对 Adaboost 的许多变化都是适用的，我们将按如下说明来指定函数 f_a 和 f_w。

1. 第一步是寻找一个学习器 l_m，使得加权损失函数最小化。这里的损失函数 L 取决于任务（回归任务还是分类任务）。

2. 第二步和第三步是 Adaboost 的核心：它们定义了算法依次自我调整的方式。因为目的是集成模型，所以为每个学习器设定各自的权重，要比设定相同的权重更复杂。一个自然的属性（对于 f_a）应该是，产生较小错误的学习器应该有较大的权重，因为它更准确。

3. 第三步是改变观测值的权重。在这种情况下，模型的目的是改善学习过程，f_w 的构造是对当前模型做得不好（即产生最大的错误）的观测值给予更大的权重。因此，下一个学习器将被激励去更多地关注这些有缺陷的案例。

4. 第四步是一个简单的缩放过程。

在表 6-1 中，我们详细列举了文献中使用的两个加权损失函数的例子。对于原始的 Adaboost［Freund 和 Schapire（1996），Freund 和 Schapire（1997）］，标签是二进制的，只有 +1 和 −1 这两个值。第二个例子源于 Drucker（1997），专门用于回归分析（数值型标签）。有兴趣的读者可以看看 Schapire（2003）和 Ridgeway 等（1999）中的其他例子。

表 6-1　类似 Adaboost 算法的函数

	分类（如 Adaboost）	回归（Drucker, 1997）
个体误差	$\epsilon_i = 1_{\{y_i \neq l_m(x_i)\}}$	$\epsilon_i = \dfrac{\left|y_i - l_m(x_i)\right|}{\max\limits_i \left|y_i - l_m(x_i)\right|}$
通过 f_a 给学习器赋权	$f_a = \log\left(\dfrac{1-\epsilon}{\epsilon}\right)$ $\epsilon = I^{-1}\sum_{i=1}^{I} w_i \epsilon_i$	$f_a = \log\left(\dfrac{1-\epsilon}{\epsilon}\right)$ $\epsilon = I^{-1}\sum_{i=1}^{I} w_i \epsilon_i$

（续表）

	分类（如 Adaboost）	回归（Drucker，1997）
通过 $f_w(i)$ 给观测值赋权	$f_w = f_a \epsilon_i$	$f_w = f_a \epsilon_i$
通过 f_y 输出	$f_y(x) = \text{sign}(x)$	预测的加权中位数

下面让我们讨论一下原始 Adaboost 的设定。基本误差项 $\epsilon_i = 1_{\{y_i \neq l_m(x_i)\}}$ 是一个哑变量，用来表示预测是否正确（只有两个可能的值，+1 和 −1）。平均误差 $\epsilon \in [0,1]$ 是个体误差的简单平均值，式（6.2）中第 m 个学习器的权重由 $a_m = \log\left(\dfrac{1-\epsilon}{\epsilon}\right)$ 给定。函数 $x \mapsto \log\left((1-x)x^{-1}\right)$ 在 $[0, 1]$ 递减，且会改变符号（在 $x = 1/2$ 处由正值变为负值）。因此，当平均误差较小时，学习器有很大的正权重，但当误差变大时，学习器的权重甚至有可能为负。事实上，阈值 $\epsilon > 1/2$ 表示这个学习器在超过 50% 的情况下是错误的。显然，这说明出现了问题，这个学习器应该被放弃。

观测值权重的改变遵循相似的逻辑。新权重正比于 $w_i\left(\dfrac{1-\epsilon}{\epsilon}\right)^{\epsilon_i}$。如果预测是正确的且 $\epsilon_i = 0$，则权重保持不变；如果预测是错误的且 $\epsilon_i = 1$，权重会根据综合误差 ϵ 进行调整。如果误差很小且学习器效率高（$\epsilon < 1/2$），有 $(1-\epsilon)/\epsilon > 1$，观测值的权重会增加。这意味着在下一轮训练中，学习器会更关注观测值 i。

最后，模型的最终预测与各个预测加权之和的符号相对应：如果和是正的，模型将预测 +1，否则将预测 −1。在数值型标签的情况下，这个过程稍微复杂一些，感兴趣的读者可以参考 Drucker（1997）的第 3 节第 8 步，以了解更多的处理细节。

关于观测值加权，有两种方法来处理：第一种是通过损失函数。对于回归树来说，我们可将式（6.1）推广为：

$$V_N^{(k)}\left(c^{(k)}, \boldsymbol{w}\right) = \sum_{x_i^{(k)} < c^{(k)}} w_i\left(y_i - m_N^{k,-}\left(c^{(k)}\right)\right)^2 + \sum_{x_i^{(k)} > c^{(k)}} w_i\left(y_i - m_N^{k,+}\left(c^{(k)}\right)\right)^2$$

因此，一个具有大权重 w_i 的观测值将对簇的离散度做出更大的贡献。对于分类任务而言，这种影响更为复杂，我们可以参考 Ting（2002）关于观测值加权的提升树算法的一个例子。其想法与通过损失矩阵降低错误分类风险的方法密切相关［见 Hastie 等（2009）的 9.2.4 小节］。

第二种方法是通过随机抽样执行观测值加权。如果观测值具有权重 w_i，那么学习器的训练可以通过随机抽取的样本进行，该样本的分布等于 w_i。在这种情况下，具有较大权重的观测值将有更多机会出现在训练集中。原始 Adaboost 算法就是使用这种方法。

6.3.2 示例

下面，我们测试一个原始 Adaboost 分类器，我们使用 R1M_Usd_C 变量并改变了模型公式。Adaboost 的计算成本在大数据集上是很高的，因此我们用较小的样本来训练，而且只进行了 3 次迭代。

```
library(fastAdaboost)                                        # Adaboost 包
subsample <- (1:52000)*4                                     # 目标小样本
fit_adaboost_C <- adaboost(formula_C,                        # 模型设定
                   data = data.frame(training_sample[subsample,]),# 数据来源
                   nIter = 3)                                # 树的数量
```

最后，我们评估了分类器的表现。

```
mean(testing_sample$R1M_Usd_C == predict(fit_adaboost_C, testing_sample)$class)
## [1] 0.5028202
```

准确率（由命中率评估）显然不能令人满意。其中一个原因可能是我们对训练的限制（较小的样本且只有 3 棵树）。

6.4 提升树：极端梯度提升（extreme gradient boosting）算法

Mason 等（2000）、Friedman（2001）和 Friedman（2002）等推广了提升树的思想。在这种情况下，学习器（预测工具）的组合不像随机森林那样不可知，而是在学习器层面进行调整（或优化）。在每一步 s 中，最后一个学习器 m_S 被精准地设计为用于减少在训练样本上的损失函数之和，$M_S = \sum_{s=1}^{S-1} m_s + m_S$。

下面，我们深入研究一下 Chen 和 Guestrin（2016）的成果，因为他们的算法产生了令人难以置信的准确预测，而且是高度可定制的。我们在实证部分使用的就是他们的代码。另一个流行的选择是 lightGBM［见 Ke 等（2017）］。XGBoost 试图最小化的目标是：

$$O = \underbrace{\sum_{i=1}^{I} \text{loss}(y_i, \tilde{y}_i)}_{\text{误差项}} + \underbrace{\sum_{j=1}^{J} \Omega(T_j)}_{\text{正则项}}$$

第一项（作用在所有观测值上）衡量真实标签和模型输出之间的距离；第二项（作用在所有树上）惩罚过于复杂的模型。

为了便于理解，我们以最简单的损失函数 $\text{loss}(y, \tilde{y}) = (y - \tilde{y})^2$ 为例进行完整的推导，于是有：

$$O = \sum_{i=1}^{I} \left(y_i - m_{J-1}(\boldsymbol{x}_i) - T_J(\boldsymbol{x}_i)\right)^2 + \sum_{j=1}^{J} \Omega(T_j)$$

6.4.1　管理损失函数

假设我们已经构造了 $J-1$ 棵树 T_j，$j=1,\cdots,J-1$，以及模型 M_{J-1}：如何最优地选择第 T_j 棵数呢？我们将损失函数改写成

$$
\begin{aligned}
O &= \sum_{i=1}^{I}\left(y_i - m_{J-1}(\boldsymbol{x}_i) - T_J(\boldsymbol{x}_i)\right)^2 + \sum_{j=1}^{J}\Omega(T_j) \\
&= \sum_{i=1}^{I}\left\{y_i^2 + m_{J-1}(\boldsymbol{x}_i)^2 + T_J(\boldsymbol{x}_i)^2\right\} + \sum_{j=1}^{J-1}\Omega(T_j) + \Omega(T_J) \quad \text{（平方项+惩罚项）} \\
&\quad -2\sum_{i=1}^{I}\left\{y_i m_{J-1}(\boldsymbol{x}_i) + y_i T_J(\boldsymbol{x}_i) - m_{J-1}(\boldsymbol{x}_i)T_J(\boldsymbol{x}_i)\right\} \quad \text{（交叉项）} \\
&= \sum_{i=1}^{I}\left\{-2y_i T_J(\boldsymbol{x}_i) + 2m_{J-1}(\boldsymbol{x}_i)T_J(\boldsymbol{x}_i)) + T_J(\boldsymbol{x}_i)^2\right\} + \Omega(T_J) + c
\end{aligned}
$$

对于步骤 J 而言，所有已知项（索引为 $J-1$ 的那些项）均对优化过程没有影响。它们被包含在常数 c 中。

对于二次损失函数，处理方法比较简单。对于更复杂的损失函数，要使用泰勒展开法来处理（见原始论文）。

6.4.2　惩罚

为了更进一步的讨论，我们需要说明惩罚的工作方式。给定一棵树 T，我们用 $T(x)=w_{q(x)}$ 表示其结构，这里 w 是一些叶节点的输出值，而 $q(\cdot)$ 是一个将输入映射到最终叶节点的函数。图 6-5 说明了这种编码方式。函数 q 表示路径，而向量 $\boldsymbol{w}=w_i$ 编码了叶节点的值。

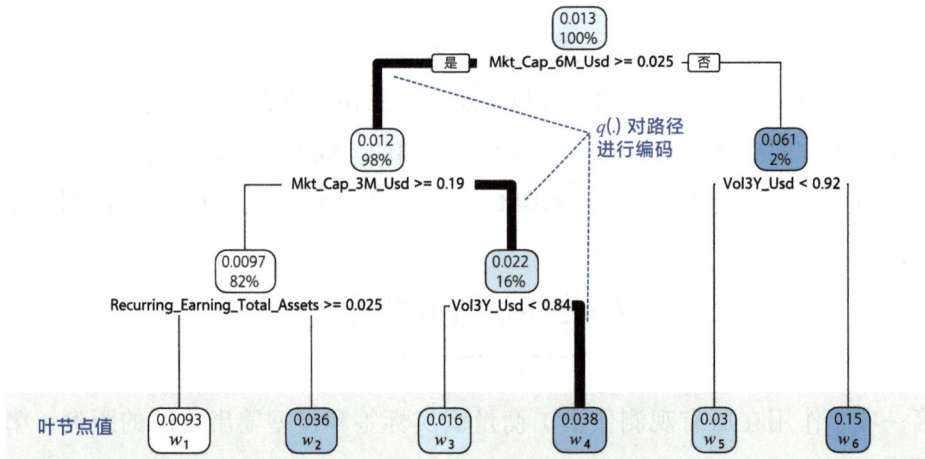

图 6-5　对决策树进行编码：结构与节点和叶节点值之间的分解

我们用 $l=1,\cdots,L$ 表示树的叶节点的索引。在 XGBoost 中，复杂度被定义为：

$$\Omega(T) = \gamma L + \frac{\lambda}{2}\sum_{l=1}^{L} w_l^2$$

这里有两个罚项：

- 第一项惩罚了叶节点的总数；
- 第二项惩罚了输出值的大小（这有利于减小方差）。

第一个罚项减小了树的深度，第二个罚项则缩小了最新树带来的调整。

6.4.3　合并

我们将目标函数的两个部分（损失和惩罚）合并在一起，用 I_l 来表示属于叶节点 l 的观测值索引的集合，于是：

$$
\begin{aligned}
O &= 2\sum_{i=1}^{I}\left\{-y_i T_J(\boldsymbol{x}_i) + m_{J-1}(\boldsymbol{x}_i)T_J(\boldsymbol{x}_i) + \frac{T_J(\boldsymbol{x}_i)^2}{2}\right\} + \gamma L + \frac{\lambda}{2}\sum_{l=1}^{L}w_l^2 \\
&= 2\sum_{i=1}^{I}\left\{-y_i w_{q(\boldsymbol{x}_i)} + m_{J-1}(\boldsymbol{x}_i)w_{q(\boldsymbol{x}_i)} + \frac{w_{q(\boldsymbol{x}_i)}^2}{2}\right\} + \gamma L + \frac{\lambda}{2}\sum_{l=1}^{L}w_l^2 \\
&= 2\sum_{i=1}^{I}\left(w_l\sum_{i\in I_l}\left(-y_i + m_{J-1}(\boldsymbol{x}_i)\right) + \frac{w_l^2}{2}\sum_{i\in I_l}\left(1+\frac{\lambda}{2}\right)\right) + \gamma L
\end{aligned}
$$

该函数的形式为 $aw_l + \frac{b}{2}w_l^2$，在点 $w_l = -\frac{a}{b}$ 处有最小值 $-\frac{a^2}{2b}$。因此，用 #{·} 来表示计算一个集合的基数函数：

$$\rightarrow \quad w_l^* = \frac{\sum_{i\in I_l}\left(y_i - m_{J-1}(\boldsymbol{x}_i)\right)}{\left(1+\frac{\lambda}{2}\right)\#\{i\in I_l\}} \tag{6.5}$$

于是：

$$O_L(q) = -\frac{1}{2}\sum_{l=1}^{L}\frac{\left(\sum_{i\in I_l}\left(y_i - m_{J-1}(\boldsymbol{x}_i)\right)\right)^2}{\left(1+\frac{\lambda}{2}\right)\#\{i\in I_l\}} + \gamma L$$

其中我们在 q（树的结构）和 L（叶节点的数量）上增加了目标的依赖性。事实上，树的元形状仍有待确定。

6.4.4　树结构

最后的问题是树的结构。在构建简单回归树时，每个节点（或簇）的输出值等于该节点内标签的平均值。当添加一棵新树以减少损失时，节点值的计算将会完全不同，这就是式（6.5）的目的。

尽管如此，迭代树的生长遵循与简单树类似的路线。必须对特征进行测试，以便挑选出对每个给定的划分来说目标最小的特征。那么最后的问题是：什么是最合适的深度，什么时候停止树生长？解决问题的方法如下。

- 逐个节点进行测试。

- 对于每个节点，都验证一个划分是否有用（就目标而言）：

$$\text{Gain} = \frac{1}{2}\left(\text{Gain}_L + \text{Gain}_R - \text{Gain}_O\right) - \gamma$$

- 每个增益都是针对每个簇中的观测值来计算的：

$$\text{Gain}_{\mathcal{X}} = \frac{\left(\sum_{i \in I_x}\left(y_i - m_{J-1}(\boldsymbol{x}_i)\right)\right)^2}{\left(1 + \frac{\lambda}{2}\right)\#\{i \in I_{\mathcal{X}}\}}$$

这里 I_x 是簇 $\mathcal{X}$ 中观测值的集合。

Gain_O 是原始的增益（没有继续划分），而 Gain_L 和 Gain_R 分别是左簇和右簇的增益。关于上述公式中的 $-\gamma$ 的调整，可以解释为：有一个单位的新叶节点（两个新叶节点减去一个旧叶节点）就造成了一个叶节点的区别，因此 $\Delta L = 1$，而每个新叶节点的惩罚强度等于 γ。

最后需要指出的是，XGBoost 也使用了学习率：每棵新树都被因子 η 缩放，其中 $\eta \in (0,1]$。每一步，新生成的提升树 T_J 的值都会通过乘以 η 来缩放。这是非常有用的，因为如未经缩放，100 棵提升树的集成必然会导致训练样本过拟合。

6.4.5 扩展

有几个额外的特性可用于进一步防止提升树的过拟合。事实上，鉴于树的数量足够多，集成能够很好地匹配训练样本，但可能无法很好地泛化到样本外。

继 Srivastava 等（2014）的开创性工作之后，Rashmi 和 Gilad-Bachrach（2015）提出了 DART（Dropout for Additive Regression Tree）模型。其思路是在训练过程中删除指定数量的树。从模型中删除的树是随机选择的。我们在下面的例子中按 10% 的比例来删除树。

单调性约束是另一个 XGBoost 和 LightGBM 均具备的要素。有时，人们期望一个特定的特征对标签有单调性影响。例如，如果人们对动量深信不疑，那么在横截面上，股票的历史收益率对其未来收益率的影响应该是递增的。

鉴于划分算法的递归性质，我们可以选择何时进行划分（根据特定变量）、何时不进行划分。在图 6-6 中，我们展示了该算法是如何进行的。所有的划分都是根据同一个特征进行的。对于第一次划分，事情很简单，因为只需验证每个簇的平均数是按正确方向排列的。对于进一步的划分，事情就比较复杂了。事实上，上述所有划分所设定的平均值很重要，因为它们为接下来划分中的未来平均值提供了可接受值的界限。如果一个划分超越了这些界限，那么它就会被忽略，模型会选择另一个变量。

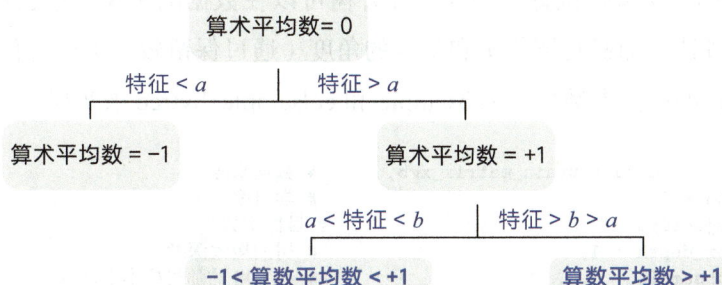

算术平均数 = 0

特征 < a　　特征 > a

算术平均数 = −1　　　　算术平均数 = +1

a < 特征 < b　　特征 > b > a

−1< 算数平均数 < +1　　　算数平均数 > +1

图 6-6　强加单调性约束　（这些约束条件在叶节点中以蓝色粗体显示）

6.4.6　代码与结果

在本小节中，我们使用 XGBoost 库训练一个模型。其他选项包括 catboost、GBM、LightGBM 和 h2o 版本的 boosted 算法。与许多其他软件包不同，XGBoost 库需要特定的语法和专用格式。因此，第一步就是要对数据进行相应的封装。

此外，由于训练时间可能很长，我们参照 Coqueret 和 Guida（2020）的方法减少了训练样本。我们只保留 40% 最极端的观测值（标签值的前 20% 和后 20%），并使用小的特征子集。本书中所有有关提升树的模型，均只用 7 个特征进行训练。

```
library(xgboost)                                          # 提升树包
train_features_xgb <- training_sample %>%
    filter(R1M_Usd < quantile(R1M_Usd, 0.2) |
              R1M_Usd > quantile(R1M_Usd, 0.8)) %>%       # 只保留极端值
dplyr::select(all_of(features_short)) %>% as.matrix()     # 自变量
train_label_xgb <- training_sample %>%
    filter(R1M_Usd < quantile(R1M_Usd, 0.2) |
              R1M_Usd > quantile(R1M_Usd, 0.8)) %>%
dplyr::select(R1M_Usd) %>% as.matrix()                    # 因变量
train_matrix_xgb <- xgb.DMatrix(data = train_features_xgb,
                                label = train_label_xgb)  # XGB 格式
```

第二步（可选）是确定我们要施加的单调性约束。为了便于理解，我们将只对以下 3 个特征施加约束。

1. 市值（负数，因为由规模异象可知，大市值公司的预期收益率更低）。

2. 市净率（负数，因为由价值异象可知，被高估的公司也有较小的收益率）。

3. 过去的年度收益率（正数，因为由动量异象可知，赢家的表现优于输家）。

```
mono_const <- rep(0, length(features))                        # 初始化向量
mono_const[which(features == "Mkt_Cap_12M_Usd")] <- (-1)  # 市值为负
mono_const[which(features == "Pb")] <- (-1)               # 市净率为负
mono_const[which(features == "Mom_11M_Usd")] <- 1         # 过去的年度收益率为正
```

第三步是在格式化的训练数据上训练模型。我们使用了单调性约束和 DART 特征（通过 rate_drop）。就像随机森林一样，提升树可以在数据的子集上生长单独的树：从行的角度（通过选择随机观测值）和从列的角度（通过保留较小部分的预测变量）。这些选项通过下面的函数参数中的 subsample 和 colsample_bytree 来实现。

```
fit_xgb <- xgb.train(data = train_matrix_xgb,        # 数据来源
                     eta = 0.3,                       # 学习率
                     objective = "reg:squarederror",  # 目标函数
                     max_depth = 4,                   # 树的最大深度
                     subsample = 0.6,                 # 在 60% 的随机样本上训练
                     colsample_bytree = 0.7,          # 在 70% 的随机预测变量上训练
                     lambda = 1,                      # 对叶节点值的惩罚
                     gamma = 0.1,                     # 对叶节点数量的惩罚
                     nrounds = 30,                    # 决策树的数量
                     monotone_constraints = mono_const,  # 单调性约束
                     rate_drop = 0.1,                 # DART 的丢弃率
                     verbose = 0                      # 不显示过程
)

## [17:02:10] WARNING: amalgamation/../src/learner.cc:576:
## Parameters: { "rate_drop" } might not be used.
##
##    This could be a false alarm, with some parameters getting used by language bindings but
##    then being mistakenly passed down to XGBoost core, or some parameter actually being used
##    but getting flagged wrongly here. Please open an issue if you find any such cases.
```

最后，我们对该模型的性能进行评估。注意，在此之前，需要对测试样本进行适当的格式化。

```
xgb_test <- testing_sample %>%                                # 测试样本
    dplyr::select(all_of(features_short)) %>%
    as.matrix()
mean((predict(fit_xgb, xgb_test) - testing_sample$R1M_Usd)^2) # MSE

## [1] 0.03908855

mean(predict(fit_xgb, xgb_test) * testing_sample$R1M_Usd > 0) # 命中率

## [1] 0.5077626
```

其性能与其他预测模型的性能观察结果相当。作为最后的练习，我们展示 XGBoost 下分类任务的一个例子，这里只有标签发生了变化。在 XGBoost 中，标签必须用整数编码，且必须从 0 开始。在 R 语言中，因子是从 1 开始以整数形式编码的，因此映射很简单。

```
train_label_C <- training_sample %>%
    filter(R1M_Usd < quantile(R1M_Usd, 0.2) |      # 最小的 20% 收益
           R1M_Usd > quantile(R1M_Usd, 0.8)) %>%   # 最大的 20% 收益
dplyr::select(R1M_Usd_C)
```

```
train_matrix_C <- xgb.DMatrix(data = train_features_xgb,
                              label = as.numeric(train_label_C == "TRUE")) # XGB 形式
```

在处理类别时，损失函数通常是 softmax 函数（见 1.1 节）。

```
fit_xgb_C <- xgb.train(data = train_matrix_C,     # 数据源
                       eta = 0.8,                  # 学习率
                       objective = "multi:softmax", # 目标函数
                       num_class = 2,              # 类别数量
                       max_depth = 4,              # 树的最大深度
                       nrounds = 10,               # 树的数量
                       verbose = 0                 # 不显示过程
                       )
```

然后我们就可以着手评估模型的质量了。我们将预测值调整为真实标签的值，并计算命中率。

```
mean(predict(fit_xgb_C, xgb_test) + 1 == as.numeric(testing_sample$R1M_Usd_C)) # 命中率
## [1] 0.495613
```

与之前的分类尝试一致，结果不尽如人意，这可能是因为切换到二进制标签会导致信息的损失。

6.4.7 观测值权重

在计算总损失时，可以通过为观测样本分配不同的权重来引入一定的灵活性。

$$O = \underbrace{\sum_{i=1}^{I} \mathcal{W}_i \times \mathrm{loss}\left(y_i, \tilde{y}_i\right)}_{\text{加权误差项}} + \underbrace{\sum_{j=1}^{J} \Omega\left(T_j\right)}_{\text{正则项（不变）}}$$

在因子投资中，这些权重可以取决于特征值（$\mathcal{W}_i = \mathcal{W}_i(\boldsymbol{x}_i)$）。例如，对于一个特定的特征 x^k，可以通过增加权重来使这个特征值高的资产得到更多的重视（例如，与成长型股票相比，价值型股票更受青睐）。另一个选择是当特征值变得更加极端时增加权重（深度价值股和深度成长股的权重较大）。如果特征在 [0, 1] 区间服从均匀分布，权重可简单地定义为 $\mathcal{W}_i(x_i^k) \propto |x_i^k - 0.5|$：特征值为中位数 0.5 的公司的权重为 0，随着特征值向 0 或 1 移动，权重也随之增加。指定观测值的权重会使学习过程出现偏差，就像引入 Black 和 Litterman（1992）的观点会影响资产配置过程一样。区别在于，赋权的执行时间远远早于组合的选择与优化。

在 XGBoost 中，实现观测值加权是在初期就完成的，在 xgb.DMatrix 的定义中：

```
inst_weights <- runif(nrow(train_features_xgb))         # 随机权重
inst_weights <- inst_weights / sum(inst_weights)        # 归一化
train_matrix_xgb <- xgb.DMatrix(data = train_features_xgb,
```

```
                                    label = train_label_xgb,
                                    weight = inst_weights)          # 赋权
```

后期的优化过程将在这些给定的权重之上进行。划分点可能会发生改变（通过簇的总加权损失），终端权重值（见 6.5 节）也会受到影响。

6.5 讨论

在本章的结尾，我们以构造投资组合为目标来讨论预测模型的选择。机器学习信号只是构建投资组合的一部分，在某些时候，这个信号必须被转化为投资组合的权重。

从这个角度来看，简单树似乎不是最优选择。树的深度通常被设定为 3 ～ 6。这意味着最多有 8 ～ 64 个叶节点，其中可能有非常不平衡的簇。很可能出现某个簇包含 20% ～ 30% 的样本点的情况。这意味着在预测时，大约有 20% ～ 30% 的观测值会被赋予相同的值。

然而另一方面，投资组合中通常包含固定数量的资产。如果很多资产都有相同的信号，那么很难再从中选出一个子集以纳入投资组合之中。例如，如果组合要求正好有 100 只股票，而 105 只股票有相同的信号，那么无法使用信号进行选择。它必须与外生信息相结合，如均值 - 方差型模型的协方差矩阵。

总体来说，这是倾向于集成模型的一个原因。当学习器的数量足够多时（5 个就差不多够了），对资产的预测值将是唯一的，并且是为这些资产量身定做的。这样就有可能通过信号对资产加以区分，从而只选择那些具有最优预测信号的资产。在实践中，随机森林和提升树可能是最好的选择。

6.6 代码练习

1. 使用本章介绍的公式，在训练样本上建立两棵简单树，只有一个参数：cp。对于第一棵树，取 cp=0.001，对于第二棵树，取 cp=0.01。评估并解释两个模型在测试样本上的表现。

2. 用较小的预测变量，在训练样本上建立随机森林。将学习限制在 30000 个观测值和 5 个以上的预测变量上。分别用 10、20、40、80 和 160 棵树构建森林，并评估它们在训练样本上的表现。在这种情况下，增加复杂性是否值得，为什么？

3. 根据 2008 年和 2009 年的数据（见 1.2 节）分别绘制一棵树，并比较一下两个树模型的表现等。

第 7 章

神经网络

神经网络（NN）是一个内容极其丰富且复杂的主题。在本章中，我们将介绍神经网络基础架构背后的基本思想和概念。关于神经网络特点的更详尽论述，可以参考Haykin（2009）、Du和Swamy（2013）以及Goodfellow等（2016）的专著。关于应用层面的介绍，我们推荐Chollet（2017）。

首先，我们简要介绍一下"神经网络"这一称谓。大多数专家都认为这个名称不太合适，因为神经网络与人脑的工作方式没有什么关系（我们对人脑知之甚少）。这就解释了为什么它经常被称为"人工神经网络"——简洁起见，本书省略了"人工"这个形容词。我们更愿意使用François Chollet对神经网络的定义："用梯度（通过链式法则获得梯度）下降法训练的、可微分的、参数化的几何函数链。"因为这个描述更加贴切。

神经网络在金融领域应用的早期参考文献包括Bansal和Viswanathan（1993），以及Eakins等（1998），两者的研究目标非常不同：在第一篇文献中，作者的目标是估计定价核的非线性形式；在第二篇文献中，作者的目的是识别和量化机构对股票的投资和公司属性之间的关系（这是对因子投资的早期贡献）。早期综述文章（Burrell和Folarin，1997）列出了20世纪90年代神经网络的金融应用。最近，Sezer等（2019）、Jiang（2020）以及Lim和Zohren（2021）尝试了用深度学习模型预测金融时间序列，这主要是由计算机科学学者完成的。

神经网络在金融市场中的预测能力是一个热门话题，可以进一步参考Kimoto等（1990）、Enke和Thawornwong（2005）、Zhang和Wu（2009）、Guresen等（2011）、Krauss等（2017）、Fischer和Krauss（2018）、Aldridge和Avellaneda（2019）、Babiak和Barunik（2020）、Ma等（2020）、Soleymani和Paquet（2020）。神经网络最近也被应用于衍生品定价和对冲领域，参见Buehler等（2019），Andersson和Oosterlee(2020)，以及Ruf和Wang（2019）。Wu等（2020）的研究发现，深度学习可以有效地选出表现优异的对冲基金。有些文章的研究发现，神经网络在表格数据上表现不佳，所以在完成股市预测之类的任务中也表现不佳。Wei(2021)认为，这是因为RMSE不适合股票收益率预测，方向才是最重要的（当然，方向也可以作为标签）。

限价订单簿也是神经网络的一个不断扩展的应用领域（Sirignano和Cont，2019；Wallbridge，2020）。

最后一篇参考文献甚至将几种类型的神经网络嵌入一个总体的强化学习模型中。我们列出的这些文献只是沧海一粟，在金融领域中，最近关于神经网络的研究还包括如下文献。

- Feng 等（2019）利用神经网络找到最能解释股票横截面收益的因子。
- Gu 等（2020b）研究了公司特征以及宏观经济变量与未来股票收益率的关系。这创造了一个强大的预测工具，能够非常准确地预测未来收益率。
- Chen 等（2020）用包括生成对抗网络在内的复杂神经网络结构估计定价核。这篇文献再次给出了关于股票预期收益结构的关键信息，并可用于投资组合的构建（通过建立最大夏普比率策略）。

7.1　原始感知机

神经网络的起源可以追溯到 Rosenblatt（1958），其目的是进行二元分类。为便于理解，让我们假设输出为 {0= 不投资 } 与 {1= 投资 }（可用收益率来决定输出。收益率为负，不投资；收益率为正则投资）。鉴于目前的命名法，感知机可以被定义为一个激活线性映射。该模型如下：

$$f(x) = \begin{cases} 1 & \text{如果} \quad x'w + b > 0 \\ 0 & \text{否则} \end{cases}$$

权重向量 w 对变量进行缩放，偏置向量 b 则改变了决策的阈值。给定 b 和 w_i 的值，误差为 $\epsilon_i = y_i - 1_{\{\sum_{j=1}^{J} x_{i,j} w_j + w_0 > 0\}}$。按照惯例，我们设定 $b = w_0$ 并给 x 添加一个初始的常数列 $x_{i,0} = 1$，于是 $\epsilon_i = y_i - 1_{\{\sum_{j=0}^{J} x_{i,j} w_j > 0\}}$。与回归不同，感知机没有解析解，最佳权重只能通过逼近得到。就像回归一样，感知机得出合理权重的一个途径是最小化误差平方和。为此，最简单的方法如下。

1. 计算当前点 x_i 的模型值：$\tilde{y}_i = 1_{\{\sum_{j=0}^{J} w_j x_{i,j} > 0\}}$；
2. 调整权重向量：$w_j \leftarrow w_j + \eta \left(y_i - \tilde{y}_i \right) x_{i,j}$。

该方法的核心是让权重朝着正确的方向改变。就像树模型一样，缩放因子 η 是学习率。η 值越大则改变越大：学习过程会很快，但收敛可能很慢，甚至可能不会发生。通常研究者倾向于使用较小的 η 值，因为它有助于降低过拟合的风险。

图 7-1 说明了这一机制。最初的模型（黑色虚线）是在 7 个点（3 个红点和 4 个蓝点）上训练得到的。这时，一个新的样本点（图中黑点）出现了。

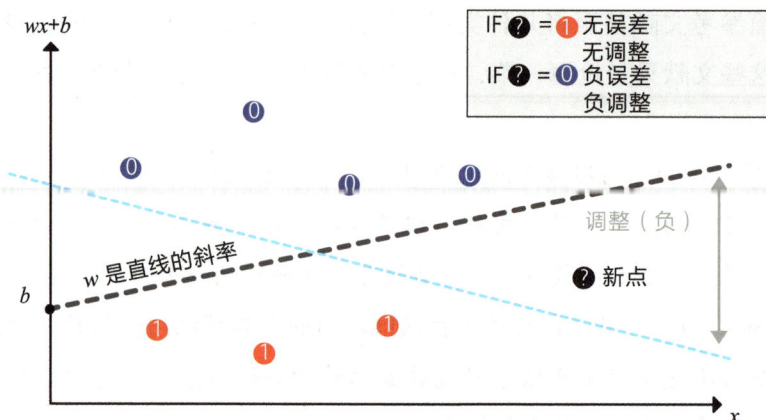

图 7-1　感知机的结构

- 如果点是红色的，就无须调整：因为它待在边界的右侧，这意味着它被正确地标记了。
- 如果点是蓝色的，则需对模型进行适当的更新：鉴于上面提到的规则，这意味着调小直线的斜率。基于 η 的大小，调整可能足以改变（也可能改变不了）新观测点的分类。

在其诞生之初，感知机是一个巨大的突破，被媒体广泛报道，见 Olazaran（1996）、Anderson 和 Rosenfeld（2000）。它原本相当简单的结构被逐渐泛化为感知机网络（组合）。每一个感知机都是一个简单的单元，而一个个单元聚集成层。7.2 节我们将描述简单的多层感知机的结构。

7.2　多层感知机

7.2.1　简介和符号

感知机可以被视为一个线性模型，该模型最后使用了一个特定的函数：阶跃函数（Heaviside 函数）。当然也可以选择其他函数。在神经网络的专业术语中，它被称为激活函数，目的是在线性模型中引入非线性。

就像随机森林的树一样，神经网络的想法是将类似感知机的构件结合起来。神经网络的简单结构如图 7-2 所示。这个示意图过于简单，它隐藏了真正发生的事情：每个绿圈中都有一个感知机，每个输出在被聚合到最终的输出之前都会被某个函数激活。这就是为什么这样的模型被称为多层感知机（MLP）。

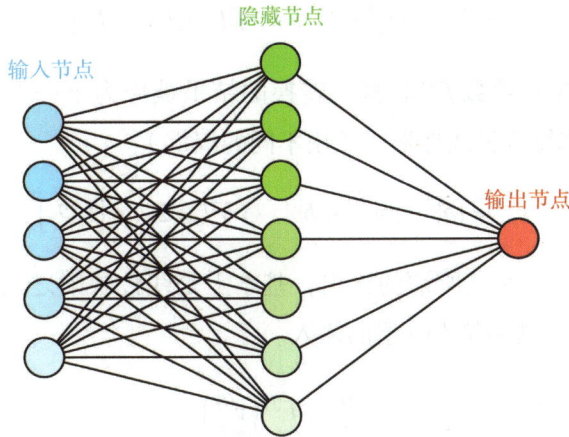

图 7-2 多层感知机的简单结构

图 7-3 对多层感知机的结构进行了更翔实的描述。

在进行讲解之前，我们先介绍一些本章将使用的符号。

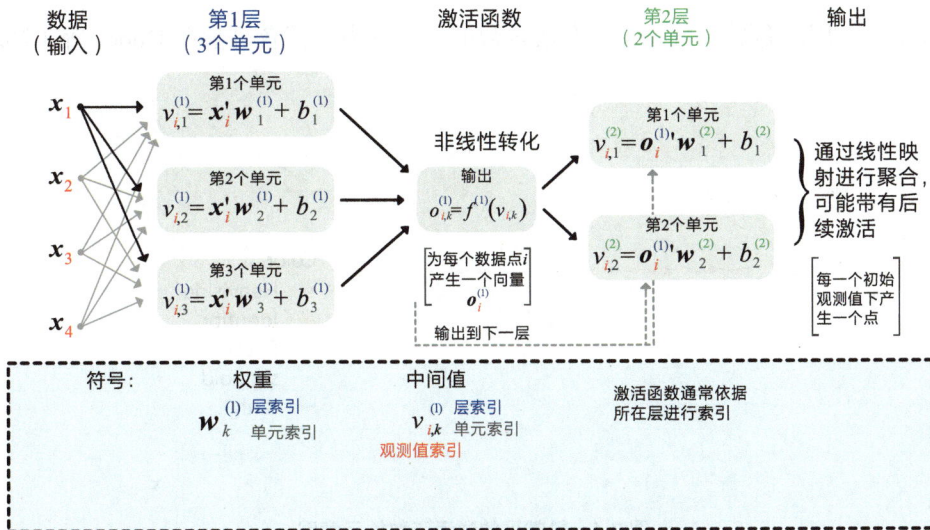

图 7-3 包含 2 个中间层的感知机的详细结构

- 数据被分成一个特征矩阵 $X = x_{i,j}$ 和一个输出向量 $y = y_i$。x 或者 x_i 表示 X 的一行。

- 一个神经网络会有 $L \geq 1$ 层，对于每一层 l，单元数量 $U_l \geq 1$。

- 第 l 层第 k 个单元的权重表示为 $w_k^{(l)} = w_{k,j}^{(l)}$，对应的偏置表示为 $b_k^{(l)}$。$w_k^{(l)}$ 的长度等于 U_{l-1}。k 表示在层 l 中单元的位置，j 表示在层 $l-1$ 中单元的位置。

- 对于观测值 i，第 l 层第 k 个单元的输出（激活后）被表示为 $o_{i,k}^{(l)}$。

其处理过程如下。当进入网络时，数据会经过初始的线性映射：

$$v_{i,k}^{(1)} = \boldsymbol{x}_i' \boldsymbol{w}_k^{(1)} + b_k^{(1)}, \text{ 对于 } l=1, k \in [1, U_1]$$

再经过一个非线性函数 $f^{(1)}$ 转换。转换的结果被作为下一层的输入，以此类推。网络的每一层都会重复这种线性形式（用不同的权重）：

$$v_{i,k}^{(l)} = (\boldsymbol{o}_i^{(l-1)})' \boldsymbol{w}_k^{(l)} + b_k^{(l)}, \text{ 对于 } l \geq 2, k \in [1, U_l]$$

各层之间的连接也就是所谓的输出，基本上是线性映射之后再应用激活函数 $f^{(1)}$ 的结果。第 l 层的输出就是第 $l+1$ 层的输入。

$$o_{i,k}^{(l)} = f^{(l)}\left(v_{i,k}^{(l)}\right)$$

最后，在结束阶段，神经网络会聚合最后一层的输出：

$$\tilde{y}_i = f^{(L+1)}\left((\boldsymbol{o}_i^{(L)})' \boldsymbol{w}^{(L+1)} + b^{(L+1)}\right)$$

在输入的正向传播中，激活函数发挥着重要的作用。在图 7-4 中，我们绘制了神经网络库中最常用的激活函数。关于激活函数的详尽列表，读者可参考 Dubey 等（2022）。

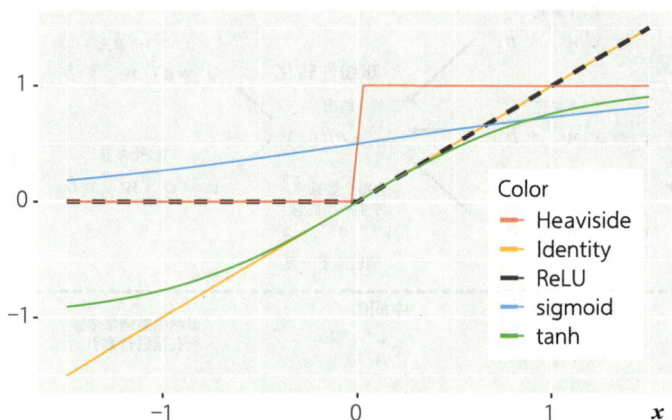

图 7-4　最常见的激活函数的示意图

让我们从因子投资的视角出发重新表述这个过程。输入 $\boldsymbol{x}$ 是公司的特征。第一步是将它们的值与权重相乘，并加上一个偏置。这一步在第一层的所有单元上进行。输出是输入的线性组合，然后通过激活函数进行转换。每个单元提供一个值，所有这些值都按照同样的过程送入第二层。如此反复进行，直到神经网络的最后一层。最后一层的目的是产生与标签相对应的输出：如果标签是数值型，那么输出为某个数值；如果标签是类别型，那么通常输出为长度等于类别数的向量，向量中的元素表示该观测值属于某个特定类别的概率。可以在最后一层输出使用激活函数，但这可能对结果有很大的影响。事实上，如果标签是收益率，在最后使用 sigmoid 函数将是一个灾难性的选择，因为 sigmoid 函数的输出值总是为正。

7.2.2　万能近似

神经网络工作良好的一个原因是它是"万能的"近似器。给定任何有界连续函数，存在一个单层神经网络，它可以在任意精度内近似这个函数 [Cybenko（1989），Du 和 Swamy（2013）的 4.2 节和 Goodfellow 等（2016）的 6.4.1 小节有更详尽的文献清单，Guliyev 和 Ismailov（2018）中有最新成果]。

单层感知机的正式定义为：

$$f_n(\boldsymbol{x}) = \sum_{l=1}^{n} c_l \phi(\boldsymbol{x} \boldsymbol{w}_l + b_l) + c_0$$

其中，ϕ 是一个（非常数）有界连续函数。对于任意的 $\epsilon > 0$，有可能找到 n，使得对任何连续函数 f 在单位超立方体 $[0,1]^d$ 上有：

$$|f(\boldsymbol{x}) - f_n(\boldsymbol{x})| < \epsilon, \forall \boldsymbol{x} \in [0,1]^d$$

这个结果是相当直观的：只需向该层添加单元就能改善拟合。这个过程或多或少类似于多项式近似，尽管根据激活函数的属性（有界性、平滑性、凸性等），会出现一些微妙的变化。可以参考 Costarelli 等（2016）关于这个主题的综述。

万能近似的原始结果意味着，只要单元的数量可以任意大，任何良态函数 f 都可以被一个简单的神经网络充分逼近。也就是说，当模型针对特定数据集进行优化时，它们与学习阶段没有直接关系。在一系列的论文中 [主要是 Barron（1993）和 Barron（1994）]，Barron 对神经网络所能实现的目标给出了更精确的描述。例如，在 Barron（1993）中，Barron 证明了一个更精确的万能近似版本：对于特定的神经网络（使用 sigmoid 激活函数），$E[(f(\boldsymbol{x}) - f_n(\boldsymbol{x}))^2] \leq c_f / n$ 给出了收敛速度与其规模的关系。在期望值中，随机项是 $\boldsymbol{x}$：这对应于数据分布固定且满足独立同分布的情况（这是机器学习中最常见的假设之一）。

下面，我们陈述一个容易解释的重要结果，它源自 Barron（1994）。

在下文中，f_n 对应于一个可能带有罚项的神经网络，它只有一个中间层，包含 n 个单元和 sigmoid 激活函数。此外，预测变量和标签都被假定为有界的（这不是一个主要的约束）。回归任务中最重要的度量标准是均方误差（MSE），而主要结果是对这个量（数量级）的约束。对于通过 N 个独立同分布随机采样的点 $y_i = f(\boldsymbol{x}_i) + \epsilon_i$ 来训练的 f_n 而言，最小经验 MSE 具有如下形式：

$$E\left[\left((\boldsymbol{x})-f_n(\boldsymbol{x})\right)^2\right] = O\left(\underbrace{\frac{c_f}{n}}_{\text{网络的大小}}\right) + O\left(\underbrace{\frac{nK\log(N)}{N}}_{\text{样本数量}}\right) \qquad (7.1)$$

其中，K 是输入的维度（列数），c_j 是一个常数，它取决于生成器函数 f。对一个样本大小为 N 的数据集而言，上述数值为最优神经网络所能达到的误差提供了一个边界。

这个边界有两个组成部分，第一个部分与网络的复杂性有关。就像在最初的万能近似定理中一样，误差随着网络中单元数量的增加而减少。但这是不够的！事实上，样本大小当然是学习质量改善的一个关键驱动因素（对独立同分布的观测值）。边界的第二个部分表明，误差随观测数据数量增强而减少的速度要稍慢一些 $\left[\log(N)/N\right]$，且误差与单元的数量以及输入特征的数量之间的关系是线性的。这清楚地强调了样本大小和模型复杂性之间的关联关系：如果样本很小，那么即使拥有一个非常复杂的模型也用处不大，就像一个简单的模型不会捕捉到大数据集中的细微关系一样。

总体来说，神经网络是一个可能非常复杂的函数，有很多的参数。在线性回归中，有可能通过虚假地添加外生变量来提高拟合度。在神经网络中，只需通过增加任意一层的单元数，就可以增加参数的数量。当然，这是一个非常糟糕的主意，因为高维网络将主要捕捉它们所训练样本的特异性。

7.2.3 反向传播

就像树模型一样，神经网络是通过最小化某个带罚项的损失函数来训练的：

$$O = \sum_{i=1}^{I} \text{loss}\left(y_i, \tilde{y}_i\right) + \text{penalization}$$

其中，$\tilde{y}_i$ 是模型得到的数值，而 y_i 是观测到的实际值，penalization 表示罚项。为了便于计算，损失函数是可微的，最常见的选择是回归任务的 MSE 和分类任务的交叉熵。我们在 7.2.4 小节讨论分类的技术细节。

神经网络训练的目标是改变所有层中所有单元的权重（和偏置），使得上述定义的 O 是最小的。为了简化符号，并考虑到 y_i 是固定的，令 $D\left(\tilde{y}_i(\boldsymbol{W})\right) = \text{loss}\left(y_i, \tilde{y}_i\right)$，其中 $\boldsymbol{W}$ 表示网络中全部的权重和偏置。权重的更新会通过梯度下降（gradient descent）法来执行，即：

$$\boldsymbol{W} \leftarrow \boldsymbol{W} - \eta \frac{\partial D\left(\tilde{y}_i\right)}{\partial \boldsymbol{W}} \qquad (7.2)$$

这是以最优化为主题的文献里最经典的一种机制，我们在图 7-5 中对其做了说明，强调了大学习率 η 可能带来的次优结果。在图 7-5 中，大学习率 η 对应的下降在最优点附近振荡，而小学习率对应的下降则会直接收敛。

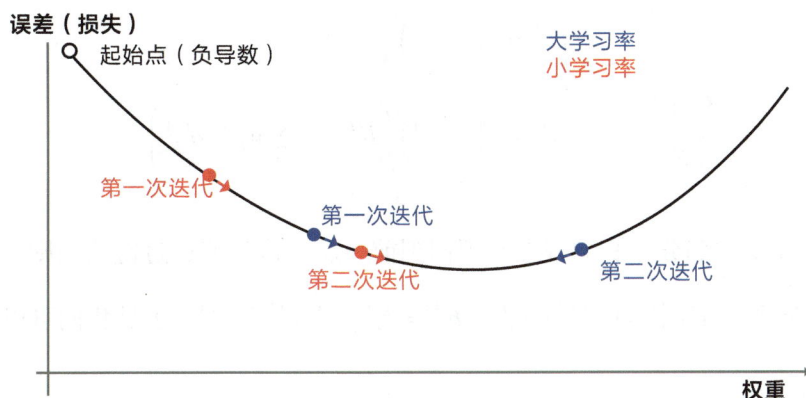

图 7-5　梯度下降展示

上述方程中的复杂任务是计算梯度（导数），梯度告诉我们应该在哪个方向上进行调整。问题是，连续的嵌套层和相关的激活需要多次迭代的链式规则来进行微分。

对导数进行估计的最常用方法之一是有限差分法。在通常的假设下（损失函数是可两次微分的），中心差分满足：

$$\frac{\partial D\left(\tilde{y}_i\left(w_k\right)\right)}{\partial w_k} = \frac{D\left(\tilde{y}_i\left(w_k+h\right)\right) - D\left(\tilde{y}_i\left(w_k-h\right)\right)}{2h} + O\left(h^2\right)$$

其中 $h > 0$，是某个任意小的数字。尽管这种方法看起来很简单，但它的计算成本很高，因为它需要进行与权重数量相当次数的操作。

幸运的是，有一个小技巧可以大大缓解计算压力和加快计算速度。这个技巧是简单地遵循链式法则，并重复利用沿途计算好的各项值。让我们首先回顾一下：

$$\tilde{y}_i = f^{(L+1)}\left(\left(o_i^{(L)}\right)' w^{(L+1)} + b^{(L+1)}\right) = f^{(L+1)}\left(b^{(L+1)} + \sum_{k=1}^{U_L} w_k^{(L+1)} o_{i,k}^{(L)}\right)$$

因此，如果我们对相邻的权重和偏置进行微分，会得到：

$$\frac{\partial D\left(\tilde{y}_i\right)}{\partial w_k^{(L+1)}} = D'\left(\tilde{y}_i\right)\left(f^{(L+1)}\right)'\left(b^{(L+1)} + \sum_{k=1}^{U_L} w_k^{(L+1)} o_{i,k}^{(L)}\right) o_{i,k}^{(L)}$$

$$= D'\left(\tilde{y}_i\right)\left(f^{(L+1)}\right)'\left(v_{i,k}^{(L+1)}\right) o_{i,k}^{(L)} \tag{7.3}$$

$$\frac{\partial D\left(\tilde{y}_i\right)}{\partial b^{(L+1)}} = D'\left(\tilde{y}_i\right)\left(f^{(L+1)}\right)'\left(b^{(L+1)} + \sum_{k=1}^{U_L} w_k^{(L+1)} o_{i,k}^{(L)}\right)$$

这是最简单的部分。我们现在必须回到前一层，这只能通过链式法则。为了计算层 L，我们回顾一下 $v_{i,k}^{(L)} = (o_i^{(L-1)})' w_k^{(L)} + b_k^{(L)} = b_k^{(L)} + \sum_{j=1}^{U_L} o_{i,j}^{(L-1)} w_{k,j}^{(L)}$。于是我们可以进行如下处理：

$$\frac{\partial D(\tilde{y}_i)}{\partial w_{k,j}^{(L)}} = \frac{\partial D(\tilde{y}_i)}{\partial v_{i,k}^{(L)}} \frac{\partial v_{i,k}^{(L)}}{\partial w_{k,j}^{(L)}} = \frac{\partial D(\tilde{y}_i)}{\partial v_{i,k}^{(L)}} o_{i,j}^{(L-1)}$$

$$= \frac{\partial D(\tilde{y}_i)}{\partial o_{i,k}^{(L)}} \frac{\partial o_{i,k}^{(L)}}{\partial v_{i,k}^{(L)}} o_{i,j}^{(L-1)} = \frac{\partial D(\tilde{y}_i)}{\partial o_{i,k}^{(L)}} (f^{(L)})'(v_{i,k}^{(L)}) o_{i,j}^{(L-1)}$$

$$= \underbrace{D'(\tilde{y}_i)\left(f^{(L+1)}\right)'\left(v_{i,k}^{(L+1)}\right)}_{\text{上面计算过了！}} w_k^{(L+1)} (f^{(L)})'(v_{i,k}^{(L)}) o_{i,j}^{(L-1)}$$

其中，正如在最后一行所显示的，导数的一部分已经在上一步 [式（7.3）] 计算过了。因此，我们可以重复利用这个结果，只关注表达式的右边部分。

反向传播的神奇之处在于，其保证了每一步微分的正确性。当计算层 l 中权重和偏置的梯度时，将有两个部分：一个是可以从以前的层中重复利用的部分；另一个是本地部分，只取决于当前层的值和激活函数。

当使用张量格式化数据时，可以采用向量化的方法，以便将调用次数限制在与网络中节点（单元）数量相同大小的数量级内。

给定一个（可能只有一个）样本点，反向传播算法可以归纳如下。

1. 如图 7-6 所示，数据从左边输入，蓝色箭头表示的是前向传递。

2. 这样就可以计算出误差或损失函数。

3. 这个函数的所有导数（权重和偏置）都被计算出来，从最后一层开始，向左扩散（因此称为反向传播）。绿色箭头表示的是反向传递。

4. 所有节点的权重和偏置量都会被更新，以便让神经网络更好地拟合所有样本数据（模型会被调整，以减少源自这些样本点的损失/误差）。

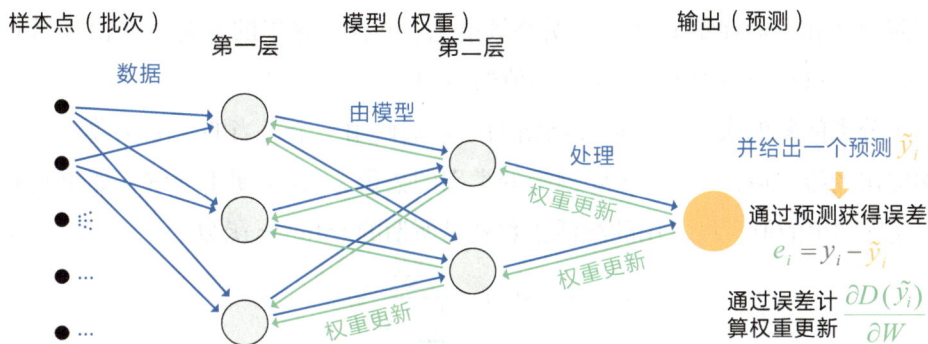

图 7-6　反向传播示意

这个操作可以在不同的样本量下执行任意次数。我们将在 7.3 节讨论这个问题。

学习率 η 可以调整。在每个训练轮次后减弱更新的强度，是一个减少过拟合的可行方法。一种可行的参数化形式为 $\eta = \alpha e^{-\beta t}$，其中 t 表示训练轮次，且 $\alpha, \beta > 0$。更复杂的表达式是借助所谓的动量［源于 Polyak（1964）的研究］：

$$W_{t+1} \leftarrow W_t - m_t$$

$$\text{其中 } m_t \leftarrow \eta \frac{\partial D\left(\tilde{y}_i\right)}{\partial W_t} + \gamma m_{t-1}$$

其中 t 是权重更新的索引。动量的思想是结合上一次调整的记忆项（m_{t-1}）来加速收敛，并在当前更新中朝同一方向前进。参数 γ 通常设定为 0.9。

更复杂和更先进的方法已经逐步被开发出来：

- Nesterov（1983）通过预测参数的未来变化来改进动量项；
- Adagrad（Duchi 等，2011）对每个参数使用不同的学习率；
- Adadelta（Zeiler，2012）和 Adam（Kingma 和 Ba，2014）结合了 Adagrad 和动量的思想。

最后，在某些情况下，一些梯度可能会"爆炸"，并使权重远离其最优值。为了避免这种现象出现，学习库会进行梯度剪裁。用户为梯度指定一个最大值，通常用范数来衡量。每当梯度超过这个值时，它就会被重新缩放以达到指定的阈值。因此，梯度方向保持不变，但变化的幅度较小。

7.2.4　关于分类的更多细节

在决策树中，我们的最终目标是创建同质化的簇，达到这一目标的过程在第 6 章中已经概述。对于神经网络，事情就变得不一样了。因为在神经网络中，我们的目标是使预测值$\tilde{\boldsymbol{y}}_i$和目标标签$\boldsymbol{y}_i$之间的误差最小化。同样，这里的$\boldsymbol{y}_i$是一个由大量0组成的向量，其中只有一项为1，表示观测值的类别。

解决分类问题的诀窍是在神经网络的最末端使用一个适当的激活函数。神经网络最末端输出的维度应该等于J（要预测的类别的数量）。为了便于理解，如果我们要用$\boldsymbol{x}_i$表示这个输出的值，最常用的激活函数就是所谓的softmax函数：

$$\tilde{\boldsymbol{y}}_i = s(\boldsymbol{x})_i = \frac{e^{x_i}}{\sum_{j=1}^{J} e^{x_j}}$$

这种选择的理由很简单：它可以接收任何数值（在实数域上）作为输入，并且它在任何（有限值）的输出上求和为1。与树的情况类似，这产生了一个关于类别的"概率"向量。通常，所选择的损失函数是对熵（用于树）的泛化。给定目标标签$\boldsymbol{y}_i = \left(y_{i,1}, \cdots, y_{i,J}\right) = (0, 0, \cdots, 0, 1, 0, \cdots, 0)$和预测值$\tilde{\boldsymbol{y}}_i = \left(\tilde{y}_{i,1}, \cdots, \tilde{y}_{i,J}\right)$，交叉熵被定义为：

$$\mathrm{CE}\left(\boldsymbol{y}_i, \tilde{\boldsymbol{y}}_i\right) = -\sum_{j=1}^{J} \log\left(\tilde{y}_{i,j}\right) y_{i,j} \tag{7.4}$$

基本上，它是两个自变量之间的不相似度的代理函数。一个简单的解释如下，对于非0的标签值，损失是$-\log\left(\tilde{y}_{i,l}\right)$，而其余项皆为0。在log函数中，当$\tilde{y}_{i,l}=1$时损失达到最小，这正是我们所追求的（也就是$y_{i,l}=\tilde{y}_{i,l}$）。在实际应用中，这种最佳情况不会发生，且当$\tilde{y}_{i,l}$远离1时损失就会增加。

7.3 其他实际问题

除了前面介绍的内容，用户在构建神经网络时还面临许多选择。我们在本节会介绍一些在构建和训练神经网络时的经典选择。

7.3.1 架构选择

第一个选择与网络的架构有关。除了前馈和循环这种架构差距巨大的选择，我们需要确定的另一个直接的选择是：网络应该有多大（或多深）。首先，让我们计算一下网络中被估计（优化）的参数（即权重加偏置）的数量。

- 对于第一层，共有$(U_0+1)U_1$个参数，其中U_0是$\boldsymbol{X}$中列的数量（也就是解释变量的数量），U_1是该层的单元的数量。
- 对于第$l \in [2, L]$层，共有$(U_{l-1}+1)U_l$个参数。

- 对于最后一层输出，共有 U_L+1 个参数。
- 加总起来，这意味着所有要被优化的参数数量为：

$$\mathcal{N} = \left(\sum_{l=1}^{L} \left(U_{l-1}+1 \right) U_l \right) + U_L + 1$$

正如在任何模型中，参数的数量应该远远小于样本的数量。虽然没有固定的比例，但样本数量最好比参数数量高 10 倍以上。如果是 5 倍以内，那么过拟合的风险就很高。考虑到现在的数据量，这个限制一般不是问题，除非人们希望训练一个非常大的神经网络。

在目前的金融应用中，隐藏层的数量很少超过 3 层或 4 层。每层的单元数量（U_k）通常是按照几何金字塔规则来选择的［例如 Masters（1993）的研究］。如果有 L 层隐藏层，其中有 I 个特征的输入和 O（对于回归任务，$O=1$）个维度的输出，那么对于第 k 层，选择单元数量的经验法则是：

$$U_k \approx \left\lfloor O \left(\frac{I}{O} \right)^{\frac{L+1-k}{L+1}} \right\rfloor$$

如果只有一个中间层，推荐的单元数量是 $\sqrt{IO}$ 的整数部分。如果不是这样，神经网络开始时会有很多单元，单元的数量随着输出数量增多呈指数级下降。通常情况下，层数是 2 的幂，因为在高维度上，神经网络是在图形处理单元（GPU）或张量处理单元（TPU）上训练的。当输入数量等于 2 的幂时，这两种硬件都可以得到最有效的利用。

一些研究表明，非常大的架构并不总是比更小的架构表现更好，例如，Gu 等（2020b）和 Orimoloye 等（2019）对高频数据（即不基于因子的数据）的研究。作为经验法则，3 层隐藏层似乎足以达到预测目的。

7.3.2　权重更新的频率和学习时长

在式（7.2）中，计算是针对一个给定的观测值进行的。如果样本量非常大（几十万或几百万个观测值），依据每个观测值进行权重更新（即训练）的计算成本太高。所以，更新是在被称为批次的观测值组上进行的。样本被（随机地）划分成固定大小的批次，每个更新都按照以下规则进行：

$$W \leftarrow W - \eta \frac{\partial \sum_{i \in \text{batch}} D\left(\tilde{y}_i \right) / \text{card}(\text{batch})}{\partial W} \tag{7.5}$$

权重的变化是根据批次中所有观测值计算的平均损失来计算的。更新涉及的术语如下。

- 训练轮次（epoch）：一个训练轮次完成的标志是样本中的所有观测值数据均已

对权重的更新（训练过程）作出了贡献。通常情况下，训练一个神经网络需要几个轮次，最多可达到几十个轮次。

- 批次大小（batch size）：批次大小是指用于一次权重更新的样本数。
- 迭代次数（iterations）：迭代次数可以是样本量与批次大小的比率，也可以是这个比率乘以轮次的数量。它既可以是完成一个训练轮次所需的权重更新次数，也可以是整个训练期间的总更新次数。

当批次大小只有一个观测值时，对应的方法被称为"随机梯度下降"（SGD）：观测值是随机选择的。当批次大小大于1、小于观测值总数时，学习是通过"迷你"批次进行的，也就是一小组观测值。批次大小也是随机选择的，但是在取样过程中是不会置回的，因为对于一个训练轮次来说，批次样本的并集必须等于全部训练样本。

我们不可能事先知道什么是好的训练轮次数量。有时，神经网络在仅仅5个训练轮次后就停止了学习（验证集上的损失函数不再减少）。在某些情况下，当验证集样本的分布与训练集样本的分布接近时，神经网络甚至在200个训练轮次后还能继续学习。这取决于用户测试不同的值来评估学习速度。在下面的例子中，为了计算的方便，我们保持了较小的训练轮次数量。

7.3.3 罚项与随机失活（dropout）

在每一层（级），神经网络都有可能对权重（和偏置）施加约束或惩罚。就像树模型一样，这有助于减缓学习速度，防止训练样本的过拟合。罚项被直接置于损失函数之中，因此目标函数的形式为：

$$O = \sum_{i=1}^{I} \text{loss}\left(y_i, \tilde{y}_i\right) + \sum_k \lambda_k \|W_k\|_1 + \sum_j \delta_j \|W_j\|_2^2$$

其中，k 和 j 分别对应应用 L^1 和 L^2 惩罚的权重。

此外，在训练过程中可以直接对权重施加特定的约束。通常有如下两种类型的约束。

- 范数约束：为权重向量或矩阵固定一个最大范数。
- 非负约束：所有权重必须大于等于零。

最后，另一种（有点奇特的）降低过拟合风险的方法是单纯地减小模型的规模（减少参数数量）。Srivastava 等（2014）提议在训练阶段随机排除掉某些单元，该方法被称为随机失活（dropout）。训练阶段，随机选择的单元的权重被设置为0。所有来自该单元的链接都被忽略，这会自动缩小网络。测试阶段则包含所有的单元，但是考虑到训练阶段随机失活的情况，所以权重应进行缩放。

有兴趣的读者可以查看 Bengio（2012）、Hanin 和 Rolnick（2018）以及 Smith

（2018）的建议，了解配置神经网络的更多技巧。Lee（2020）是一篇专门讨论股票收益预测的超参数调整的论文。

7.4　关于基础多层感知机的代码示例和注释

有几个框架和库可以用来构造强大而灵活的神经网络。在我们写这本书的时候，Keras 和 TensorFlow（由谷歌开发）可能是最常用的工具，Facebook 的 PyTorch 也是一个备选工具。为了便于理解，我们将用 Keras（这是 TensorFlow 的高级 API）来训练神经网络，我们认为这也是一个更好的选择。在开始使用之前，我们需要完整地安装这些工具。因为 TensorFlow 和 Keras 的原生版本是用 Python 编写的（R 环境中通过 reticulate 包访问），所以我们需要一个可运行的 Python 版本。

在本节中，我们将详细（但并不全面）介绍如何用 Keras 训练神经网络。为了保证完整性，我们分两个例子进行：第一个例子介绍一个非常简单的回归任务，其目的是让读者熟悉 Keras 的语法；第二个例子中，我们列出 Keras 提出的许多选项来进行分类。通过这两个例子，我们将涵盖前馈多层感知机范畴内的大部分主流话题。

7.4.1　回归任务示例

在我们进入神经网络的核心部分之前，需要先经过一个简短的数据准备阶段。就像惩罚回归（glmnet 包）和提升树（xgboost 包）一样，数据必须被分成 4 部分，这 4 部分两两组合：训练与测试，标签与特征。我们在下面定义了相应的变量。为了便于理解，第一个例子是一个回归任务。7.4.2 小节将详细介绍分类任务。

```
NN_train_features <- dplyr::select(training_sample, features) %>%    # 训练特征
  as.matrix()                                                        # 矩阵格式
NN_train_labels <- training_sample$R1M_Usd                           # 训练标签
NN_test_features <- dplyr::select(testing_sample, features) %>%      # 测试特征
  as.matrix()                                                        # 矩阵格式
NN_test_labels <- testing_sample$R1M_Usd                             # 测试标签
```

在 Keras 中，神经网络的训练是通过 3 个步骤进行的：

1. 确定网络的结构 / 架构；
2. 设置损失函数和学习过程（关于更新权重的选项）；
3. 通过指定批次大小和轮次的数量进行训练。

我们从一个非常简单的结构开始，它有两个隐藏层。

```
library(keras)
# install_keras() # 安装 Keras
model <- keras_model_sequential()
```

```
model %>%     # 定义网络结构, 如网络多少层
  layer_dense(units = 16, activation = 'relu', input_shape = ncol(NN_train_features)) %>%
  layer_dense(units = 8, activation = 'tanh') %>%
  layer_dense(units = 1) # 没有指定激活函数意味着激活函数是线性的: f(x) = x
```

该结构的定义非常直观, 并使用了顺序语法, 其中输入在每一个层被迭代地转换, 直到最后一次迭代给出输出。每一层由两个参数决定: 单元的数量和应用于该层输出的激活函数。重要的是第一层的 input_shape 参数, 它对第一层是必需的, 等于特征的数量。对于后续层, input_shape 是由前一层的单元数量决定的, 因此它不是必需的。我们在倒数第二层使用双曲正切函数, 因为它可以产生正负输出。当然, 最后一层也可以产生负值, 但最好是在最终输出的前一步满足这一特性。

```
model %>% compile(                           # 模型设定
  loss = 'mean_squared_error',               # 损失函数
  optimizer = optimizer_rmsprop(),           # 优化方法 (权重更新)
  metrics = c('mean_absolute_error')         # 输出度量
)
summary(model)                               # 模型结构

## Model: "sequential"
## _____
## Layer (type)                    Output Shape                  Param #
## =================================================================
## dense_2 (Dense)                 (None, 16)                    1504
## _____
## dense_1 (Dense)                 (None, 8)                     136
## _____
## dense (Dense)                   (None, 1)                     9
## =================================================================
## Total params: 1,649
## Trainable params: 1,649
## Non-trainable params: 0
## _____
```

该模型的摘要按照从输入到输出 (正向传递) 的顺序列出了各层的参数数量。因为我们要处理 93 个特征, 所以第一层 (16 个单元) 的参数数量为 93 加 1 (用于偏置) 乘 16, 即为 1504。对于第二层, 输入的数量等于前一层输出的大小 (16)。考虑到第二层有 8 个单元, 参数总数为 $(16+1) \times 8 = 136$。

我们将损失函数设置为 MSE。其他损失函数中某些只对回归任务有效, 如 MSE、MAE; 某些只对分类任务有效, 如分类交叉熵, 见式 (7.5)。RMS 传播优化器是经典的小批次反向传播实现方法。度量函数是用来评估模型质量的函数, 它可以与损失函数不同, 例如, 使用交叉熵作为训练函数, 而将准确性作为性能指标。

最后一步是通过模型来拟合数据, 这里需要一些额外的训练参数。

```
fit_NN <- model %>%
  fit(NN_train_features,                                    # 训练特征
```

```
        NN_train_labels,                                        # 训练标签
        epochs = 10, batch_size = 512,                          # 训练参数
        validation_data = list(NN_test_features, NN_test_labels) # 测试数据
    )
plot(fit_NN)                                                    # 画图
```

批次大小可以是任意的，但是出于在 GPU 上训练的技术原因，通常取 2 的幂。

在 Keras 中，训练好的模型显示了 4 条不同的曲线（见图 7-7）。上面的图显示了随着训练轮次的增加，损失的改善（或没有改善）。通常情况下，算法在开始时学习速度很快，然后收敛到一个点，这时任何额外的训练轮次都不会改善拟合效果。在上面的例子中，这个点出现得相当早，因为在第四个训练轮次之后很难看到任何增益。两种颜色分别对应两种样本的表现：训练样本和测试样本。损失总是会在训练样本上得到改善（即使是轻微的）。当训练轮次对测试样本的影响可以忽略不计时（曲线是平的，就像图 7-7 中上面的图一样），模型在样本外不具备泛化能力：在原始样本上训练获得的收益并不能转化为对以前未见过的数据的收益。因此，模型似乎是在学习噪声。

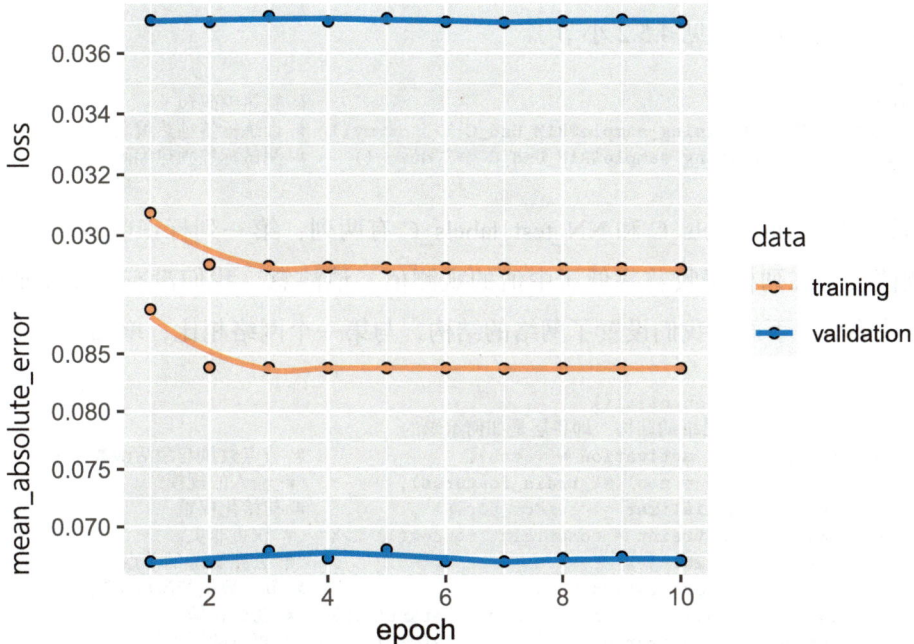

图 7-7　经过训练的神经网络输出　（回归任务）

图 7-7 中下方的图显示了同样的情形，但是是用度量函数计算的。两条曲线（损失和度量）之间的相关性（绝对值）通常很高。如果其中一条线是平的，另一条线也应该是平的。

为了获得模型的参数，用户可以调用 get_weights(model)。因为权重为数众多，输

出将会占据巨大的篇幅，所以我们选择不执行上述代码。

最后，从实用的角度来看，预测是通过常用的 predict 函数得到的。我们在下面的测试样本上使用这个函数来计算命中率。

```
mean(predict(model, NN_test_features) * NN_test_labels > 0) # 命中率
## [1] 0.5458922
```

命中率位于 50% ～ 55%，这是合理的。在大多数情况下，神经网络权重的初始化是随机的。因此，两个具有相同架构和相同训练数据的独立训练的神经网络很可能导致非常不同的预测和表现。绕过这个问题的一个方法是指定随机数生成器的种子。此外，也可以通过 set_weights 函数加载权重从而实现模型的更换。

7.4.2　分类任务示例

我们用一个更详细的例子来继续我们对神经网络的探索。我们的目的是对二进制标签 R1M_Usd_C 进行分类。在继续之前，我们需要对标签进行正确的格式化。为此，我们采用了独热编码（见 4.5.2 小节）。

```
library(dummies)                                             # 独热编码包
NN_train_labels_C <- training_sample$R1M_Usd_C %>% dummy()   # 训练标签独热编码
NN_test_labels_C <- testing_sample$R1M_Usd_C %>% dummy()     # 测试标签独热编码
```

标签 NN_train_labels_C 和 NN_test_labels_C 有两列：第一列标识收益率高于中值的观测值，第二列标识收益率低于中值的观测值。请注意，我们没有改变特征变量：它们保持不变。下面，我们设置了网络的结构，与第一个网络相比，增加了许多特征。

```
model_C <- keras_model_sequential()
model_C %>%     # 这定义了网络的结构，即各层是如何组织的
  layer_dense(units = 16, activation = 'tanh',                   # 节点数量与激活函数
              input_shape = ncol(NN_train_features),             # 输入的规模
              kernel_initializer = "random_normal",              # 初始化权重
              kernel_constraint = constraint_nonneg()) %>%       # 权重非负
  layer_dropout(rate = 0.25) %>%                                 # 丢弃 25% 的节点
  layer_dense(units = 8, activation = 'elu',                     # 节点数量与激活函数
              bias_initializer = initializer_constant(0.2),      # 初始化偏置
              kernel_regularizer = regularizer_l2(0.01)) %>%    # 权重的罚项
  layer_dense(units = 2, activation = 'softmax')                 # softmax 函数
```

在开始评论上面使用的许多选项之前，我们强调，Keras 模型与许多 R 变量不同，是可变的对象。这意味着，在调用模型后，任何管道函数都会改变它。因此，连续的训练不是从头开始，而是从之前的训练结果开始。

首先，上下文使用的选项仅作为说明性示例选择，并没有特别改善模型质量。与 7.4.1 小节相比，第一个变化是激活函数：前两个激活函数是 tanh 和 elu，这是激活函

数的新选择，而第三个激活函数 softmax（用于输出层）则是必需的。事实上，由于目标是分类，输出的维度必须与标签的类别数量相等。产生多变量的激活函数是 softmax 函数。请注意，必须指定终端层中类别的数量。

第二个变化是与参数有关的选项。其中一个选项涉及权重和偏置的初始化。在 Keras 中，权重被称为"内核"。初始化器的列表相当长，我们建议感兴趣的读者看一下 Keras 的参考资料。其中大部分是随机初始化的，但有些是常量初始化的。另一个选项是在训练过程中对权重和偏置进行的约束和范数惩罚。在上面的例子中，第一层的权重被强制为非负，而第二层的权重被以用一个系数（0.01）乘以它们的 L^2 范数的方式惩罚。

第三个变化是第一层和第二层之间的 dropout 层（见 7.3.3 小节）。根据这个层，第一层的四分之一的单元在训练中会被（随机）排除在外。

训练的具体细节概括如下。

```
model_C %>% compile(                        # 模型设定
  loss = 'binary_crossentropy',             # 损失函数
  optimizer = optimizer_adam(lr = 0.005,    # 优化方法（权重更新）
                        beta_1 = 0.9,
                        beta_2 = 0.95),
  metrics = c('categorical_accuracy')       # 输出度量
)
summary(model_C)                            # 模型结构

## Model: "sequential_1"
## _____
## Layer (type)              Output Shape                   Param #
## ====================================================================
## dense_5 (Dense)           (None, 16)                     1504
## _____
## dropout (Dropout)         (None, 16)                     0
## _____
## dense_4 (Dense)           (None, 8)                      136
## _____
## dense_3 (Dense)           (None, 2)                      18
## ====================================================================
## Total params: 1,658
## Trainable params: 1,658
## Non-trainable params: 0
```

我们在这里又做了许多修改：所有层都做了修改。现在的损失函数是交叉熵。因为我们的任务有两个类别，所以我们求助于一个特定的选项（二元交叉熵），但更普遍的是选项 categorical_crossentropy，其适用于任何数量（严格来说大于 1）的类别。优化器也与之前的不同，允许有几个参数，我们参考了 Kingma 和 Ba（2014）。简单地说，两个 β 参数控制了更新权重时使用的指数加权移动平均数的衰减率。这两个平均数是对梯度的一阶矩和二阶矩的估计，可以利用它们来提高学习速度。上述代码中的

表现变量指标是分类准确率。在多类别分类中，准确率被定义为所有类别和所有预测的平均准确率。由于对一个观测值的预测是一个权重向量，权重最高的那个类别即为最终的预测。准确率衡量的是预测值等于实际值的比例，即当模型正确猜测到类别时。

最后，我们进行模型的训练。

```
fit_NN_C <- model_C %>%
  fit(NN_train_features,                          # 训练特征
      NN_train_labels_C,                          # 训练标签
      epochs = 20, batch_size = 512,              # 训练参数
      validation_data = list(NN_test_features,
                             NN_test_labels_C),    # 测试数据
      verbose = 0,                                # 不显示过程
      callbacks = list(
        callback_early_stopping(monitor = "val_loss",   # 早停
                               min_delta = 0.001,        # 改进阈值
                               patience = 3,             # 模型没有提升时，可运行的训练轮次数量
                               verbose = 0               # 没有警告
        )
      )
  )
plot(fit_NN_C)
```

与之前的训练调用相比，这里只有一个主要区别。在 Keras 中，回调（call back）函数是可以在学习过程的特定阶段使用的函数。在上面的例子中，我们使用了一个这样的函数，当一段时间内训练没有进展时，会停止训练过程。

当数据集很大时，训练时间可能很长，特别是当批次小或训练轮次多时。训练没有达到设定的训练轮次也是有意义的，因为这表明损失函数或度量函数可能会更早地达到平稳。因此，如果在指定的时间范围内没有取得任何改进，那么就可以停止训练。我们将训练轮次的数量设置为 20，但是训练过程很可能在达到这个训练轮次数量之前就停止了。

在上面的代码中，改进的重点是验证集的准确率（"val_loss"，另一种选择是"val_acc"）。min_delta 值设定了算法继续运行所需达到的最小改进。因此，除非验证精度在每个训练轮次中获得 0.001 分，否则训练将停止。然而，通过 patience 参数，我们引入了一些灵活性，在我们的例子中，patience 参数要求只有在连续 3 个训练轮次没有改进的情况下才做出停止的决定。在选项中，verbose 参数决定了函数在执行过程中会输出多少日志或信息。

如图 7-8 所示，两张图的曲线非常不同。其中一个原因是下图的刻度范围非常窄，这个范围内的任何变化都意味着变化很小。训练样本上的模式是相对清晰的：损失减少，而准确率提高。不幸的是，这并没有转化到测试样本上，这表明该模型在样本外没有很好的泛化能力。

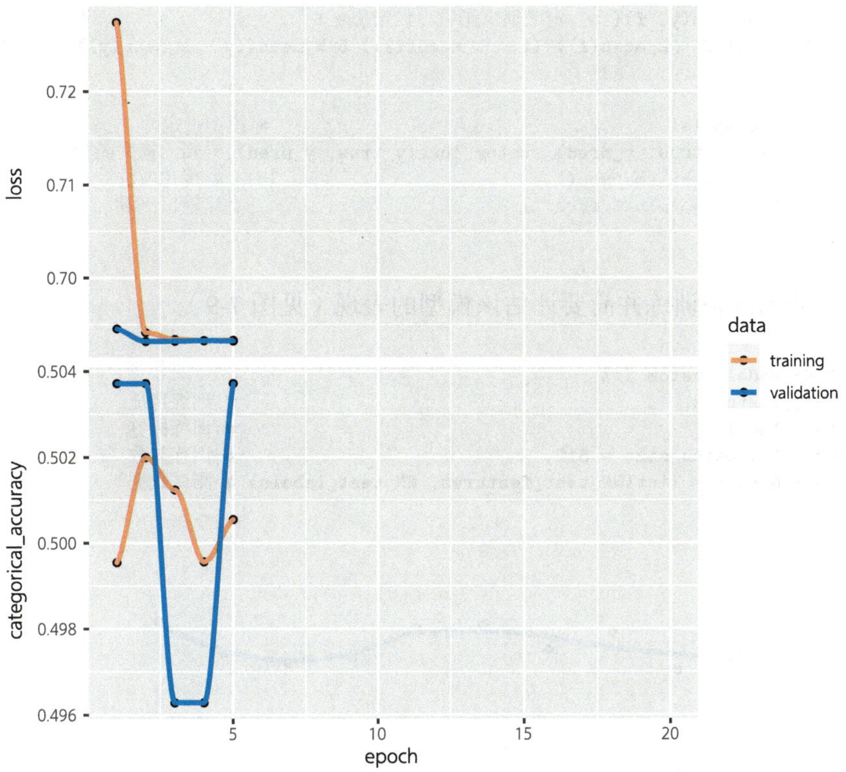

图 7-8　经过早停训练的神经网络的输出（分类任务）

7.4.3　自定义损失函数

在 Keras 中，用户也可以自定义损失函数，这在某些情况下可能会很有趣。例如，平方差公式有 3 项，即 y_i^2、$\tilde{y}_i^2$ 和 $-2y_i\tilde{y}_i$。在实践中，更多地关注最后一项是有意义的，因为它是最重要的：我们希望预测值和实际值有相同的符号，这也是我们的目标！下面我们将展示如何在 Keras 中优化一个简单的（乘积）函数——$l\left(y_i,\tilde{y}_i\right)=(\tilde{y}_i-\tilde{m})^2-\gamma(y_i-m)\left(\tilde{y}_i-\tilde{m}\right)$，其中 m 和 $\tilde{m}$ 分别是 y_i 和 $\tilde{y}_i$ 的样本均值。当 $\gamma>2$ 时，我们给交乘项更大的权重，先从一个简单的架构开始。

```
model_custom <- keras_model_sequential()
model_custom %>%     # 定义网络架构
  layer_dense(units = 16, activation = 'relu', input_shape = ncol(NN_train_features)) %>%
  layer_dense(units = 8, activation = 'sigmoid') %>%
  layer_dense(units = 1) # 默认线性激活函数：f(x) = x
```

我们对损失函数进行编码并将其整合到模型中。诀窍是利用库的特定函数（k_functions）。我们编码预测值的方差减去实际值和预测值之间的缩放协方差，设定 $\gamma=5$。

```
custom_loss <- function(y, f){ #  定义损失函数，设定 γ = 5
    return(k_mean((f - k_mean(f))*(f - k_mean(f)))-5*k_mean((y - k_mean(y))*(f - k_
mean(f))))
}
model_custom %>% compile(                                     # 模型设定
    loss = function(y_true, y_pred) custom_loss(y_true, y_pred),# 新的损失函数
    optimizer = optimizer rmsprop(),                          # 优化方法
    metrics = c('mean_absolute_error')                        # 输出度量
)
```

最后，我们准备训练并简要评估该模型的表现（见图 7-9）。

```
fit_NN_cust <- model_custom %>%
  fit(NN_train_features,                                      # 训练特征
      NN_train_labels,                                        # 训练标签
      epochs = 10, batch_size = 512,                          # 训练参数
      validation_data = list(NN_test_features, NN_test_labels) # 测试数据
  )
plot(fit_NN_cust)
```

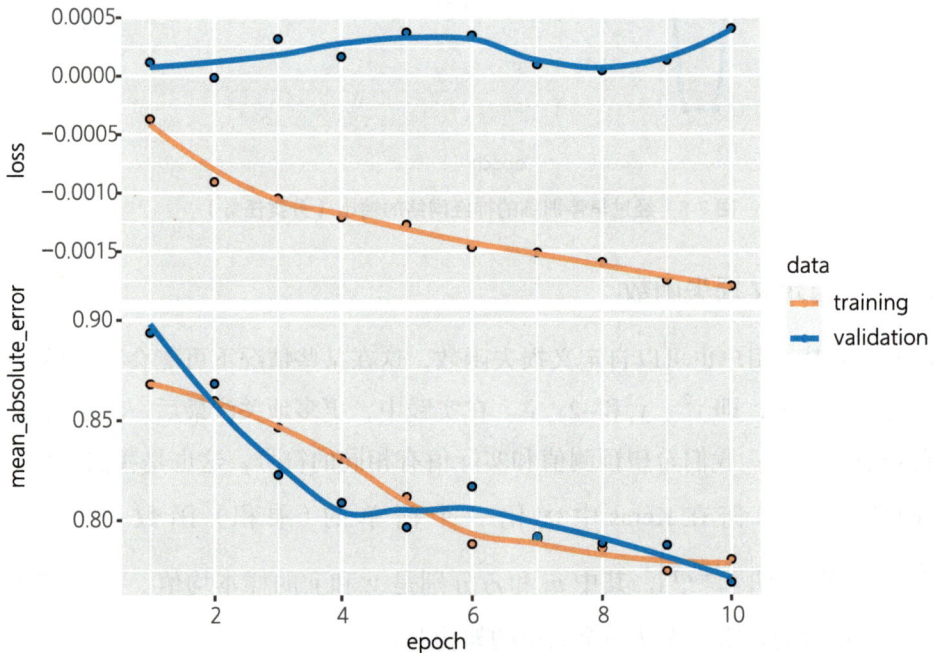

图 7-9　自定义损失函数的神经网络输出

曲线可能会向相反的方向延伸。其中一个原因是，在提高实际值和预测值间相关性的同时，我们也在提高预测收益的平方和。

```
mean(predict(model_custom, NN_test_features) * NN_test_labels > 0) # 命中率
## [1] 0.4469434
```

结果可以得到改善。有几个方向可以进行改进，其中之一是，模型应该是动态的，

而非静态的（见第 12 章）。

7.5　循环神经网络

7.5.1　简介

多层感知机是前馈神经网络，因为数据从左到右流动，中间没有循环。对于一些有顺序联系的特殊任务（如时间序列或语音识别）而言，跟踪前一个样本的情况可能是有用的（即有一个自然排序）。建立"记忆"模型的一个简单方法是考虑下面这个只有一个中间层的网络。

$$\tilde{y}_i = f^{(y)}\left(\sum_{j=1}^{U_1} h_{i,j} w_j^{(y)} + b^{(2)}\right)$$

$$\boldsymbol{h}_i = f^{(h)}\left(\sum_{k=1}^{U_0} x_{i,k} w_k^{(h,1)} + b^{(1)} + \underbrace{\sum_{k=1}^{U_1} w_k^{(h,2)} h_{i-1,k}}_{\text{记忆模块}}\right)$$

其中 $\boldsymbol{h}_0$ 习惯上被设置为 0（向量）。

这类模型通常被称为 Elman（1990）模型或 Jordan（1997）模型，如果是后者，在计算 $\boldsymbol{h}_i$ 时 $\boldsymbol{h}_{i-1}$ 会被替换成 y_{i-1}。这两种类型的模型都属于循环神经网络（RNN）的范围。

$\boldsymbol{h}_i$ 通常被称为状态层或隐藏层。循环神经网络的训练很复杂，必须通过展开网络来覆盖所有观测值，以获得一个简单的前馈神经网络，并定期训练它。我们在图 7-10 中说明了循环神经网络展开的原理，其显示了一个非常深的网络。第一个输入影响第一层，然后通过 $\boldsymbol{h}_i$ 影响第二层，并以相同的方式影响后面的所有层。同样地，第二个输入影响除第一层的所有层，并且每个观测值 $i-1$ 都将影响输出 $\tilde{y}_j$ 和所有的输出 $\tilde{y}_j$，其中 $j \geqslant i$。在图 7-10 中，训练的参数显示为蓝色。事实上，它们在展开的网络的每一层都出现过很多次。

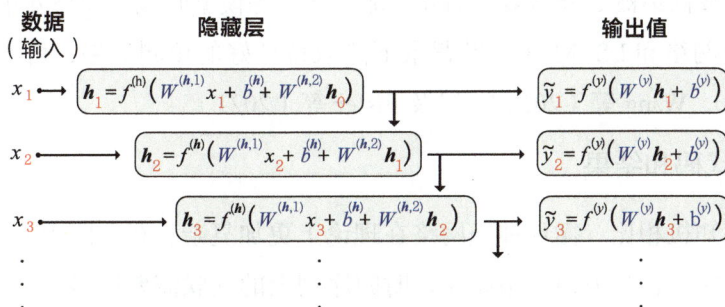

图 7-10　循环神经网络展开

上述架构的主要问题是梯度消失所引起的记忆损失。由于模型的深度，反向传播中使用的链式规则将意味着大量的激活函数导数的乘积。如图 7-4 所示，这些函数非常平滑，其导数在大多数情况下小于 1（绝对值）。因此，许多小于 1 的数字相乘会导致出现非常小的数字；由于幅度太小了，超过某些层后，学习就不会传播了。

Hochreiter 和 Schmidhuber（1997）介绍了一种防止记忆逐渐损失的方法，即长短期记忆（LSTM）模型。这个模型后来被 Chung 等（2015）简化了，我们在下面介绍这个更简明的模型。门控循环单元（GRU）是前面定义的普通递归网络的一个稍微复杂的版本。它有如下表示：

$$\tilde{y}_i = z_i\,\tilde{y}_{i-1} + (1-z_i)\tanh\left(w'_y x_i + b_y + u_y r_i\,\tilde{y}_{i-1}\right)\ \text{输出（预测值）}$$

$$z_i = \text{sig}\left(w'_z x_i + b_z + u_z\,\tilde{y}_{i-1}\right)\ \text{"更新门"} \in (0,1)$$

$$r_i = \text{sig}\left(w'_r x_i + b_r + u_r\,\tilde{y}_{i-1}\right)\ \text{"重置门"} \in (0,1)$$

紧凑的形式如下：

$$\underbrace{z_i}_{\text{权重}}\ \underbrace{\tilde{y}_{i-1}}_{\text{过去值}} + \underbrace{(1-z_i)}_{\text{权重}}\underbrace{\tanh\left(w'_y x_i + b_y + u_y r_i\,y_{i-1}\right)}_{\text{候选值（传统循环神经网络）}}$$

其中 z_i 决定了当前值和过去值的最佳组合。对于候选值，r_i 决定要保留多少过去 / 记忆。通常称 r_i 和 z_i 为"重置门"和"更新门"。

循环神经网络的训练有一些微妙之处。事实上，由于观测值之间的连锁关系，每个批次必须对应于一个连贯的时间序列。因此，一个合理的选择是为每个资产设一个批次，观测值（逻辑上）按时间顺序排列。最后，在一些框架中，有一种选择是在批次之间保留一些记忆，即传递终值 $\tilde{y}_i$ 到下一个批次（会被设置为 $\tilde{y}_0$）。这通常被称为状态模式，值得仔细考虑。在投资组合预测的设置中，如果批次大小对应于每个资产的所有观测值，那么上述做法似乎并不合理，因为资产之间没有特别的联系。如果对每个给定资产，数据集被划分为多个部分，那么在训练模型时就必须格外小心。

循环神经网络和 LSTM 在金融背景下能取得良好的预测效果，可参见 Fischer 和 Krauss（2018）、Wang 等（2020），以及 Fister 等（2021）。

7.5.2 代码和结果

与多层感知机相比，循环神经网络在理论上更加复杂。在实践中，实施它们也更具挑战性。事实上，与前馈网络相比，时间序列上的关联需要更多的关注。在资产定价框架中，我们必须将资产分开，因为股票的具体时间序列不能捆绑在一起。学习将会是按顺序进行的，每次处理一只股票。

变量的维度至关重要，在 Keras 中，它们在循环神经网络中被定义如下。

1. 批次大小：在我们的案例中，它将是资产的数量。事实上，递归关系在资产层面上是成立的，因此每个资产将代表一个新的批次，模型将在此基础上学习。

2. 训练轮次的数量：在我们的例子中，它仅仅是指日期的数量。

3. 特征的数量：就我们的问题而言，就是预测变量的数量。

为了便于理解，也为了减少计算时间，我们将使用与 5.2.2 小节中相同的股票子集。这就产生了一个矩形结构的数据集，其中所有日期都有相同数量的观测值。

首先，我们创建一些新的中间变量：

```
data_rnn <- data_ml %>%                              # 数据集
  filter(stock_id %in% stock_ids_short)
training_sample_rnn <- filter(data_rnn, date < separation_date)
testing_sample_rnn <- filter(data_rnn, date > separation_date)
nb_stocks <- length(stock_ids_short)                 # 股票的数量
nb_feats <- length(features)                         # 特征的数量
nb_dates_train <- nrow(training_sample) / nb_stocks  # 训练集日期数（样本长度）
nb_dates_test <- nrow(testing_sample) / nb_stocks    # 测试集日期数
```

然后，我们构建作为参数传递的变量。我们回顾一下，数据文件首先按股票排序，然后按日期和特征排序（见 1.2 节）。

```
train_features_rnn <- array(NN_train_features,       # 将训练数据转为数组格式
                      dim = c(nb_dates_train, nb_stocks, nb_feats)) %>% # 注意顺序
  aperm(c(2,1,3))                                    # 顺序是：股票、日期、特征
test_features_rnn <- array(NN_test_features,         # 将测试数据转为数组格式
                      dim = c(nb_dates_test, nb_stocks, nb_feats)) %>% # 注意顺序
  aperm(c(2,1,3))                                    # 顺序是：股票、日期、特征
train_labels_rnn <- as.matrix(NN_train_labels) %>%
  array(dim = c(nb_dates_train, nb_stocks, 1)) %>% aperm(c(2,1,3))
test_labels_rnn <- as.matrix(NN_test_labels) %>%
  array(dim = c(nb_dates_test, nb_stocks, 1)) %>% aperm(c(2,1,3))
```

最后，我们转向训练部分。为了便于理解，我们只考虑一个只有一层的简单循环神经网络。其结构概述如下。在循环结构方面，我们选择一个 GRU。

```
model_RNN <- keras_model_sequential() %>%
  layer_gru(units = 16,                              # 隐藏层的节点数
            batch_input_shape = c(nb_stocks,         # 维度——棘手的部分！
                                  nb_dates_train,
                                  nb_feats),
            activation = 'tanh',                     # 激活函数
            return_sequences = TRUE) %>%             # 返回所有的序列
  layer_dense(units = 1)                             # 最后的集成层
model_RNN %>% compile(
```

```
  loss = 'mean_squared_error',                    # 损失函数使用 MSE 函数
  optimizer = optimizer_rmsprop(),                # 反向传播
  metrics = c('mean_absolute_error')              # 输出指标 MAE
)
```

循环层有很多选项。对于 GRU，我们参考了 Keras 的文档。我们简单说明一下选项 return_sequences。在很多情况下，输出只是序列的终端值。由于标签是一个完整的序列，如果我们不要求返回整个序列，那么将面临维度不匹配的问题，一旦结构确定，我们就可以进入训练阶段了。

```
fit_RNN <- model_RNN %>% fit(train_features_rnn,       # 训练特征
                             train_labels_rnn,          # 训练标签
                             epochs = 10,               # 迭代次数
                             batch_size = nb_stocks,    # 序列长度
                             verbose = 0)               # 不打印算法进程
plot(fit_RNN)
```

与我们以前的模型相比，结果（如图 7-11 所示）和输入（代码）的主要区别是没有验证（或测试）数据。其中一个原因是 Keras 对循环神经网络的限制非常严格，要求训练样本和测试样本的维度相同。我们的情况显然并非如此，因此必须通过复制模型来绕过这个障碍。

```
new_model <- keras_model_sequential() %>%
  layer_gru(units = 16,
            batch_input_shape = c(nb_stocks,            # 新的维度
                                  nb_dates_test,
                                  nb_feats),
            activation = 'tanh',                        # 激活函数
            return_sequences = TRUE) %>%                # 返回所有序列
  layer_dense(units = 1)                                # 输出维度
new_model %>% keras::set_weights(keras::get_weights(model_RNN))
```

最后，一旦新的模型准备好了，并且有了匹配的维度，我们就可以对测试值进行预测了。我们借助 predict 函数计算模型得到的命中率。

```
pred_rnn <- predict(new_model, test_features_rnn, batch_size = nb_stocks) # 预测
mean(c(t(as.matrix(pred_rnn))) * test_labels_rnn > 0)              # 命中率
## [1] 0.5018916
```

命中率接近 50%，因此该模型和抛硬币没什么两样。

在结束本节关于循环神经网络的内容之前，有个新的名叫 α-RNN 的网络架构值得注意，与 LSTM 和 GRU 相比，它更简单。它由普通的循环神经网络组成，其中加入了简单的自相关性以生成长期记忆。关于这个架构的更多细节，可以参考 Dixon（2020）的论文。

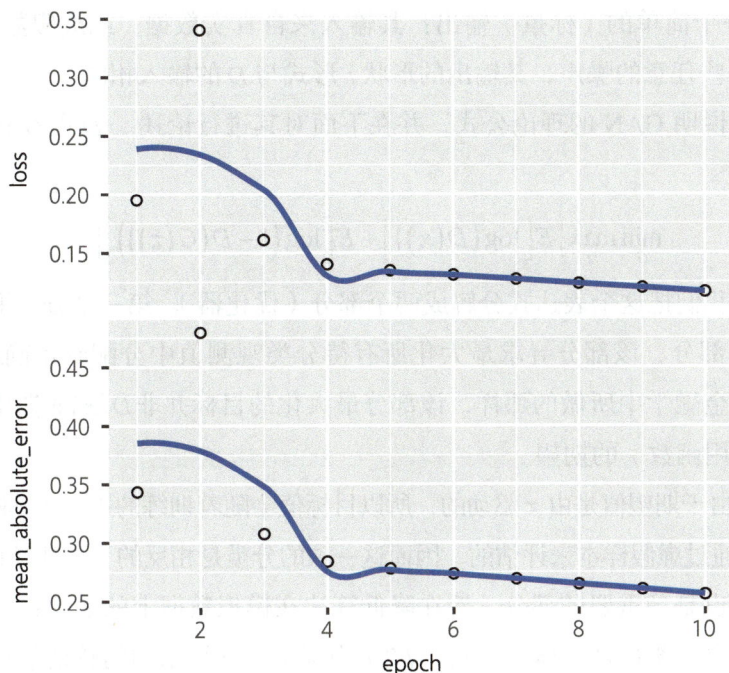

图 7-11　训练好的循环神经网络的输出 （回归任务）

7.6　其他常用架构

在本节中，我们将介绍其他网络结构。因为它们不那么主流，而且往往更难实现，所以我们不给出代码实例，仅做理论介绍。

7.6.1　生成对抗网络

生成对抗网络（GAN）的想法是通过尝试欺骗经典神经网络来提高它的准确性。这个非常流行的想法是由 Goodfellow 等（2014）提出的。想象一下，你是毕加索绘画作品方面的专家，而且你夸口说能够轻易地识别出这位画家的任何作品。提高你的技能的一个方法是与造假者进行对抗测试。一个真正的专家应该能够分辨出真正的毕加索原作和来自造假者的作品。这就是 GAN 的原理。

GAN 由两个神经网络组成：第一个神经网络试图学习，第二个神经网络试图欺骗第一个（诱导它出错）。就像上面的例子一样，有两组数据：一组（x）是真实的（或正确的），来自训练样本；另一组（z）是虚假的，由生成器网络生成。

在 GAN 中，用于学习的是判别器网络（D），因为它负责进行判别，而另一个用于欺骗的网络则被称为生成器网络（G），它负责生成错误数据。在最初的表述中，GAN 旨在进行分类。为了便于表述，我们仍将 GAN 的作用限定在这个范围内。判别

器网络 D 有一个简单的（标量）输出：其输入来自真实数据（或虚假数据）的概率。G 的输入是一些任意的噪声，其输出的形状 / 形式与 D 的输入相同。

我们直接说明 GAN 的理论公式，并在下面对其进行论述。D 和 G 进行以下极小极大博弈：

$$\min_G \max_D \Big\{ E\big[\log\big(D(x)\big)\big] + E\big[\log\big(1 - D\big(G(z)\big)\big)\big] \Big\} \tag{7.6}$$

首先，让我们把这个表达式分解成两个部分（优化器）。第一部分（即第一个最大值）是经典的部分，该部分寻求最大化所有待分类观测值中分配到正确标签的概率。正如经济学和金融学中所做的那样，该部分最大化的目标并非 $D(x)$ 的期望，而是其某个函数（如效用函数）的期望。

在左边，由于期望值是由 x 驱动的，所以目标值会随着训练的进行而不断增加。在右边，期望值是通过虚假样本来评估的，因而这一项的分类是相反的，也就是 $1 - D\big(G(z)\big)$。

第二部分也是最重要的部分，旨在降低算法在模拟数据上的表现：它的目的是减小 D 发现数据确实被破坏的概率。式（7.7）中提供了网络结构的总结版本。

$$\left.\begin{array}{l} \text{训练样本} = x = \text{真实数据} \\ \text{噪声} = z \quad \xrightarrow{G} \quad \text{假数据} \end{array}\right\} \xrightarrow{D} \text{输出} = \text{标签的概率} \tag{7.7}$$

在基于机器学习的资产定价中，GAN 最引人注目的应用是由 Chen 等（2020）介绍的。他们的目的是利用矩条件来构造资产定价方程：

$$E\Big[M_{t+1} r_{t+1,n} g\big(I_t, I_{t,n}\big) \Big] = 0$$

这是对式（3.8）的应用，其中工具变量 $I_{t,n}$ 是与公司相关的（例如，特征和属性），而 I_t 是宏观经济变量（总股息率、波动水平、信用利差、期限利差等）。函数 g 生成一个 d 维输出，因此，上述方程可以得出 d 阶矩条件，决窍是将 SDF 建模为资产的未知组合 $M_{t+1} = 1 - \sum_{n=1}^{N} w\big(I_t, I_{t,n}\big) r_{t+1,n}$。判别器网络 (D) 是通过权重来逼近 SDF，生成器网络 (G) 通过上述方程中的 $g\big(I_t, I_{t,n}\big)$ 来更新矩条件。

网络的完整形式由以下表达式给出：

$$\min_w \max_g \sum_{j=1}^{N} \| E\Big[\Big(1 - \sum_{n=1}^{N} w\big(I_t, I_{t,n}\big) r_{t+1,n}\Big) r_{t+1,j} g\big(I_t, I_{t,j}\big)\Big] \|^2$$

其中 L^2 范数应用于由 g 生成的 d 值。资产定价方程（矩条件）没有被视为等式，而被视为需要被近似的关系。由 w 所定义的网络是资产定价的建模者，并试图确定可能的最佳模型，而由 g 定义的网络则试图找出能够增大模型误差的矩条件。关于这两个网络的完整规格，我们参考了原始文章。在实证部分，Chen 等（2020）认为，与 Gu 等（2020b）中详述的那种纯预测性"普通"方法相比，采用由资产定价驱动的强结构会增加因子预测能力。十分位排序的投资组合（基于模型的预测）的样本外表现和分位数呈现出很好的单调性。

GAN 也可用于生成人工金融数据［见 Efimov 和 Xu（2019）、Marti（2019）、Wiese 等（2020）、Ni 等（2020），以及 Buehler 等（2020）］，但该话题不在本书讨论范围之内。

7.6.2　自编码器

在最近的文献中，自编码器（AE）被用于 Huck（2019）（投资组合管理）和 Gu 等（2020a）（资产定价）。

AE 是一个奇怪的神经网络家族，因为它们被归类于非监督算法。在监督的专业术语中，它们的标签等于输入。像 GAN 一样，AE 由两个网络组成，尽管结构不同：第一个网络将输入编码为一些中间输出（通常称为代码），第二个网络将代码解码为输入的修改版本（调整的输出）。

$$x \xrightarrow{E} z \xrightarrow{D} x'$$

输入　　　编码　　　代码　　　解码　　　调整的输出

由于 AE 不属于监督算法系列，我们将其推迟到 15.2.3 小节来介绍。

Gu 等（2020a）一文中提到了 AE 的概念，同时也增加了其资产定价模型的复杂性。对于简单的形式 $r_t = \beta_{t-1} f_t + e_t$（为了简化表达，我们在下标中省去了资产），他们增加了这样的假设：β 取决于公司特征，而因子可能是收益率本身的非线性函数。该模型有如下形式：

$$r_{t,i} = \text{NN}_{\text{beta}}\left(x_{t-1,i}\right) + \text{NN}_{\text{factor}}\left(r_t\right) + e_{t,i} \tag{7.8}$$

其中 NN_{beta} 和 $\text{NN}_{\text{factor}}$ 是两个神经网络。上述方程看起来像一个 AE，因为收益既是输入也是输出。然而，额外的复杂性来自第二个神经网络 NN_{beta}。现代神经网络库，如 Keras，允许定制像上面这样的模型。该结构的代码被留作练习。

7.6.3　卷积神经网络

由于在计算机视觉竞赛中取得了一系列的成功，神经网络在 2010—2019 年的十年间获得了普及。这些进展背后的算法是卷积神经网络（CNN）。虽然它们较少用于金融预测，但计算机科学领域的几个研究团队已经提出了依靠这种神经网络变体的方法（Chen 等，2016；Loreggia 等，2016；Dingli 和 Fournier，2017；Tsantekidis 等，2017；Hoseinzade 和 Haratizadeh，2019）。最近，Jiang 等（2020）提出从价格趋势的图像中提取信号。因此，我们在本小节中简要介绍这个原理。我们简单介绍二维 CNN，但它们也可以用于一维或三维。

　　CNN 之所以有用，是因为它们可以通过保留局部信息来逐步减少大数据集的维度。一个图像是一个由像素组成的矩形。每个像素通常通过 3 层编码，每种颜色代表一层编码：红、蓝、绿。为了便于理解，我们只考虑一层，例如 1000px × 1000px，每个像素有一个值。为了分析这个图像的内容，卷积层将通过使用一些卷积来减小输入的维度。在视觉上，这种简化是通过使用具有任意权重的矩形扫描和改变数值来进行的。

　　图 7-12 描述了这个过程［它受到 Hoseinzade 和 Haratizadeh（2019）的强烈启发）］。原始数据的矩阵维度为 $(I \times K)$，权重的矩阵维度为 $(J \times L)$，其中 $J < I$，$L < K$。扫描过程将每个维度为 $(J \times L)$ 的矩阵转换为一个实数值。因此，输出矩阵变小后的维度为：$(I-J+1) \times (K-L+1)$。当 $I = K = 1000$、$J = L = 201$ 时，输出维度为 800×800，明显更小。输出值由下列方程给出：

$$o_{i,k} = \sum_{j=1}^{J} \sum_{l=1}^{L} w_{j,l} x_{i+j-1,k+l-1}$$

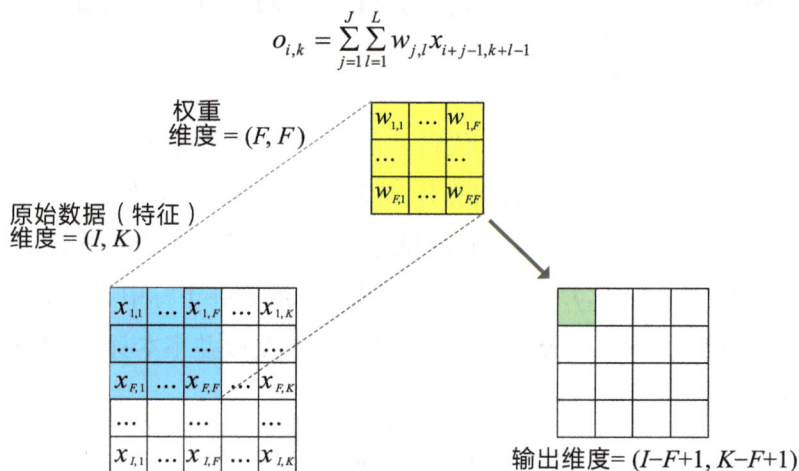

图 7-12　卷积单元示例（注意：尺寸是一般的，并不对应于方块的数量）

　　通过上面介绍的卷积单元序列迭代以减小输出的维度，计算成本会很高，而且可能会引起过拟合，因为权重的数量会大得惊人。为了有效减小输出的维度，通常使用池化层。池化单元的工作是将矩阵简化为一个简单的指标，如矩阵的最小值、最大值或平均值：

$$o_{i,k} = f\left(x_{i+j-1,k+l-1}, 1 \leq j \leq J, 1 \leq l \leq L\right)$$

　　其中 f 可以是最小化、最大化或者平均值函数。图 7-12 所示为池化单元的示例。为了提高压缩的速度，可以增加一个跨度（stride）来省略单元。在图 7-13 中，左边的两种情况并没有增加跨度，因此维度的减小正好等于池化层的大小。当跨度开始作用时（右边的情况），减小的程度更加明显。对于一个 1000 × 1000 的输入，有一个 2 × 2 的池化层，跨度为 2，将产生一个 500 × 500 的输出：维度缩小到 1/4，如图 7-12 右边的方案。

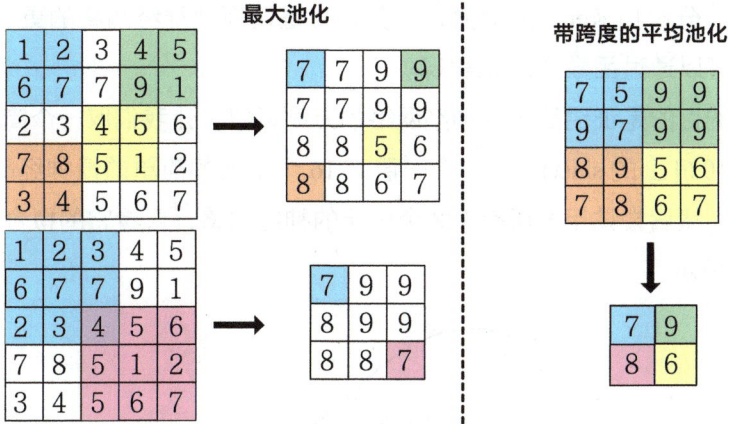

图 7-13　池化单元示例

有了这些工具，就有可能建立新的预测工具。在 Hoseinzade 和 Haratizadeh（2019）中，价格行情、技术指标和宏观经济数据等预测因素被送入一个 6 层的复杂神经网络，以预测价格变化。虽然这是一项有趣的计算机科学工作，但这种架构选择背后的深层经济动机仍不清楚。Sangadiev 等（2020）使用 CNN 来建立依靠限价订单数据的投资组合。

7.7　代码练习

1. 本练习的目的是对 Gu 等（2020a）中描述的 AE 模型进行编码（见 7.6.2 小节）。在对神经网络进行编码时，必须严格地报告维度。这就是我们在图 7-14 中展示模型，清楚地显示输入和输出以及它们的维度的原因。

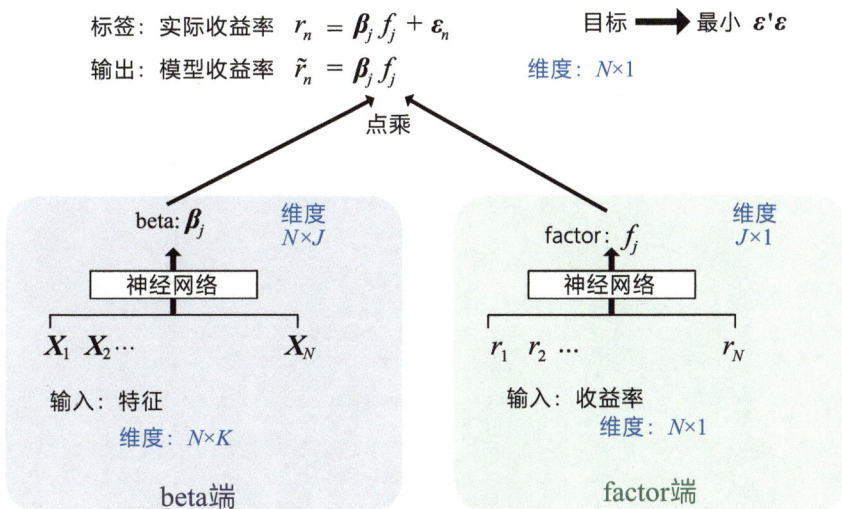

标签：实际收益率　$r_n = \boldsymbol{\beta}_j \boldsymbol{f}_j + \boldsymbol{\varepsilon}_n$　　　目标 ➡ 最小 $\boldsymbol{\varepsilon}'\boldsymbol{\varepsilon}$

输出：模型收益率　$\tilde{r}_n = \boldsymbol{\beta}_j \boldsymbol{f}_j$　　维度：$N \times 1$

点乘

beta：$\boldsymbol{\beta}_j$　维度 $N \times J$　　　　factor：f_j　维度 $J \times 1$

神经网络　　　　　　　　　　　神经网络

$\boldsymbol{X}_1\ \boldsymbol{X}_2 \cdots \qquad \boldsymbol{X}_N$　　　　$r_1\ r_2 \cdots \qquad r_N$

输入：特征　　　　　　　　　　输入：收益率

维度：$N \times K$　　　　　　　　维度：$N \times 1$

beta端　　　　　　　　　　　　factor端

图 7-14　AE 定价模型示例

为了充分利用 Keras 的潜力，当务之急是切换到神经网络的更一般的表述方式。这可以通过函数 API 来实现。

2. 这个练习的目的是证明简单的神经网络的万能近似。让我们取一个简单的函数，比如区间 [0,6] 上的 $\sin(x)$。用一个一层有 16 个单元的简单前馈神经网络来模拟这个函数。然后尝试用一层有 128 个单元的神经网络，看看它的拟合效果如何，如图 7-15 所示。

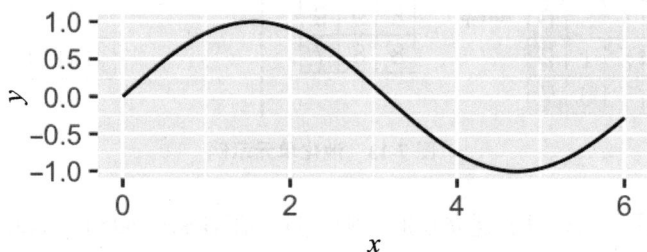

图 7-15　目标：　近似这个简单的函数

第 8 章

支持向量机

虽然支持向量机（SVM）诞生较早［可以追溯到 Vapnik 和 Lerner（1963）］，但其现代处理方法是由 Boser 等（1992）、Cortes 和 Vapnik（1995）（提出了二元分类）以及 Drucker 等（1997）（提出了回归）提出的。Kernel Machines 网站上列出了一份书单，对 SVM 的理论和经验特性提供了详尽的介绍。SVM 自诞生以来，在机器学习界一直非常受欢迎。然而近年来，其他工具（尤其是神经网络）获得了普及，并在诸如计算机视觉等许多其他应用中逐步取代了 SVM。

8.1 用 SVM 进行分类

对于机器学习而言，通过二元分类来解释一个复杂的模型十分常见。事实上，解决二元分类问题也恰恰是一些模型（例如感知机）设计的初衷。让我们考虑一个简单的平面示意，即两个特征。如图 8-1 所示，我们的目标是找到一个能将实心圆和空方块进行正确分类的模型。

由权重 $w=(w_1, w_2)$ 可以确定一个模型，该模型可在平面内形成一条线性分隔线，来区分平面上变量的类别。在图 8-1 的例子中，我们展示了 3 条分隔线。红线不是一个好的模型（或称分类器），因为它的上下都有实心圆和空方块。蓝线是一个好的模型，因为所有的实心圆都在它的左边，所有的空方块都在它的右边。同样地，绿线也取得了完美的分类效果。然而，蓝线和绿线存在着明显的区别。

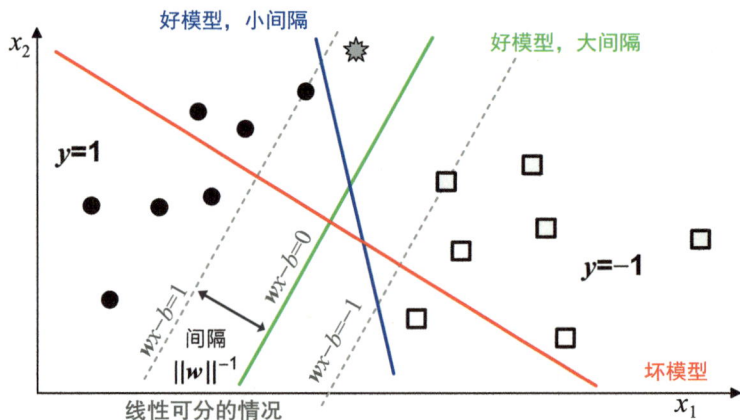

图 8-1　带支持向量的二元分类图

图中顶部的灰色星星是一个未知的点，如果分类模式成立，根据它所处的位置，它应该是一个实心圆。蓝色模型未能将其识别为实心圆，而绿色模型成功识别了。在上面的示例中，一个重要但我们尚未解释的元素是那些灰色的虚线。当使用绿线作为分类模型时，两条灰色虚线之间的区域代表了尚未出现任何观测数据的"无人区"。在这个区域，绿线以上和以下的每条虚线都可以看作模型的误差边界。通常情况下，灰色的星星位于这个区域内。

这两个边界线是通过计算模型和正确分类的最近点（双侧）之间的最大距离而得到的平行线。这些最近的点被称为支持向量，这就是 SVM 名称的由来。很明显，绿色模型比蓝色模型有更大的间隔。SVM 的核心思想是在模型不犯任何错误的约束条件下，最大限度地增大间隔。换句话说，SVM 试图在所有产生正确分类的模型中选择最稳健的模型。

更正式地说，如果我们把实心圆定义为 +1，把空方块定义为 –1，任何"好"的线性模型都应该满足：

$$\begin{cases} \sum_{k=1}^{K} w_k x_{i,k} + b \geqslant +1 & \text{当} y_i = +1 \\ \sum_{k=1}^{K} w_k x_{i,k} + b \leqslant -1 & \text{当} y_i = -1 \end{cases} \tag{8.1}$$

也可概括为紧凑的形式：$y_i \left(\sum_{k=1}^{K} w_k x_{i,k} + b \right) \geqslant 1$。这时，绿色模型和灰色虚线上的支持向量之间的间隔等于 $\|w\|^{-1} = \left(\sum_{k=1}^{K} w_k^2 \right)^{-1/2}$。这个值是通过点 (x_0, y_0) 到线 $ax + by + c = 0$ 的距离等于 $d = \dfrac{|ax_0 + by_0 + c|}{\sqrt{a^2 + b^2}}$ 这个公式计算出来的。在上面定义的式（8.1）的情况下，分子等于 1，分母是 w 的范数。因此，最终问题变成了下列形式：

$$\underset{w,b}{\operatorname{argmin}} \frac{1}{2} \|w\|^2 \text{ s.t. } y_i \left(\sum_{k=1}^{K} w_k x_{i,k} + b \right) \geqslant 1 \tag{8.2}$$

该问题的对偶形式［见 Boyd 和 Vandenberghe（2004）的第 5 章］如下：

$$L(w, b, \lambda) = \frac{1}{2} \|w\|^2 + \sum_{i=1}^{I} \lambda_i \left(y_i \left(\sum_{k=1}^{K} w_k x_{i,k} + b \right) - 1 \right) \tag{8.3}$$

其中 $\lambda_i = 0$ 或 $y_i \left(\sum_{k=1}^{K} w_k x_{i,k} + b \right) = 1$。因此，只有某些点（所谓的支持向量）影响了最后的解答。由一阶条件可知，该拉格朗日函数的导数为 0：

$$\frac{\partial L}{\partial w} L(w, b, \lambda) = 0$$

$$\frac{\partial L}{\partial b} L(w, b, \lambda) = 0$$

其中第一个条件推出：

$$w^* = \sum_{i=1}^{I} \lambda_i u_i x_i$$

该解是数据点的线性形式，但仅由部分样本数据决定，即式（8.1）中使等式成立的那些点。

当然，若分隔的条件不能满足，即无论选择什么样的系数，都无法找到一条简单的线将标签完美地分隔开来，该问题便不可解。这是常见的情况，对应的数据集被称为逻辑线性不可分（logically not linearly separable）的。这使得问题变得复杂，但可借助于一个技巧来解决。其思路是在式（8.1）中加入一个修正变量，由此引入一些灵活性，使得分隔条件被满足：

$$\begin{cases} \sum_{k=1}^{K} w_k x_{i,k} + b \geqslant +1 - \xi_i & \text{当} y_i = +1 \\ \sum_{k=1}^{K} w_k x_{i,k} + b \leqslant -1 + \xi_i & \text{当} y_i = -1 \end{cases} \tag{8.4}$$

其中的正值 ξ_i 就是所谓的"松弛"变量，它使得分隔条件可以被满足。如图 8-2 所示，在这种情况下，没有简单的模型可以完美地进行分类。

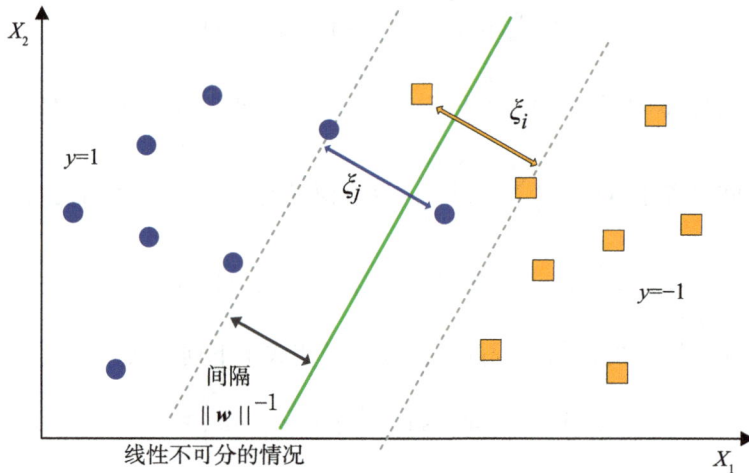

图 8-2　带支持向量的二元分类图——线性不可分数据

于是，优化问题变成了

$$\underset{w,b,\xi}{\mathrm{argmin}} \frac{1}{2} ||w||^2 + C \sum_{i=1}^{I} \xi_i \text{ s.t. } \left\{ y_i \left(\sum_{k=1}^{K} w_k \phi(x_{i,k}) + b \right) \geqslant 1 - \xi_i \text{ 且 } \xi_i \geqslant 0, \forall i \right\} \tag{8.5}$$

其中，参数 $C > 0$ 调节误分类的成本：当 C 变大时，对错误的惩罚会更严厉。

此外，还可以通过在输入 $x_{i,k}$ 时应用核函数 ϕ 的方法将问题泛化成非线性模型。非线性核可以处理比直线更复杂的情况（见图 8-3）。常见核可以是多项式核、径向核或者 sigmoid 核。这些方法都或多或少地用到了标准技术来求解带约束的二次规划问题。

只要权重 $\boldsymbol{w}$ 和偏置 b 通过训练确定，一个新向量 $\boldsymbol{x}_j$ 的预测就可以通过计算 $\sum_{k=1}^{K} w_k \phi(x_{j,k}) + b$ 得到，同时通过该结果的符号来确定类别。

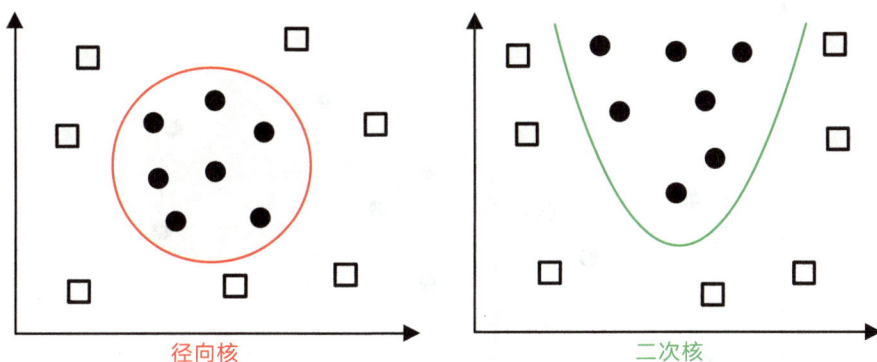

径向核　　　　　　　　　　二次核

图 8-3　非线性核

8.2　用 SVM 进行回归

SVM 分类的思想可以移植到回归问题中，但间隔的作用是不同的。一般的表述如下：

$$\underset{\boldsymbol{w},b,\boldsymbol{\xi}}{\arg\min} \quad \frac{1}{2}||\boldsymbol{w}||^2 + C\sum_{i=1}^{I}\left(\xi_i + \xi_i^*\right)$$

$$\text{s.t.} \quad \sum_{k=1}^{K} w_k \phi(x_{i,k}) + b - y_i \leqslant \epsilon + \xi_i \tag{8.6}$$

$$y_i - \sum_{k=1}^{K} w_k \phi(x_{i,k}) - b \leqslant \epsilon + \xi_i^*$$

$$\xi_i, \xi_i^* \geqslant 0, \forall i$$

SVM 回归示意如图 8-4 所示。用户指定一个间隔，而模型将试图找到标签和输入之间的线性关系（或者是核变换后的线性关系）。就像分类任务一样，如果数据点落在两条虚线之间，松弛变量 ξ_i 和 ξ_i^* 设为 0。如果数据点没落在两条虚线之间，目标函数［式（8.6）的第一行］会被惩罚。请注意，一个大的 ϵ 可以为更大的误差留有余地。一旦模型训练完成，数据 $\boldsymbol{x}_j$ 的预测可以表示为 $\sum_{k=1}^{K} w_k \phi(x_{j,k}) + b$。

此外，我们还可以对算法过程进行简化：在使得误差足够小（以松弛变量为基准）的情况下最小化权重平方之和 $||\boldsymbol{w}||^2$。这与带罚项的线性回归相反，后者寻求最小化误差，前提是权重足够小。

本节所阐述的模型只是 SVM 模型族的一个方面，其他多个模型已经被开发出来。有一个用 C 和 C++ 编码的参考库 LIBSVM，它被许多其他编程语言广泛使用。有兴趣的读者可以看看相应的文章，如 Chang 和 Lin（2011），以了解更多关于 SVM 模型族的细节（最近的 2019 年 11 月的版本也可以在网上找到）。

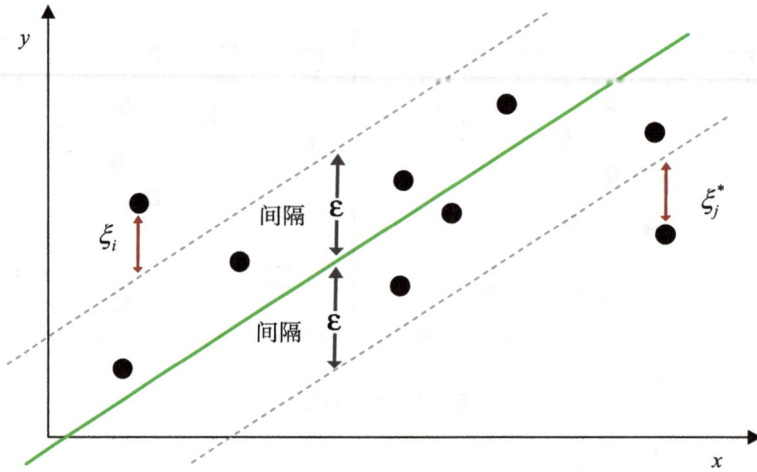

图 8-4　SVM 回归示意

8.3　实践

在 R 语言中，LIBSVM 库在几个软件包中得到了利用。其中，e1071 是一个典型的软件包，因为它还嵌套了许多其他有用的功能，特别是我们稍后将看到的朴素贝叶斯分类器。

应用 LIBSVM 时，该软件包要求分别指定标签和特征。出于这个原因，我们重新加载了提升树用过的变量。此外，由于训练速度较慢，我们在相应集合的子样本（前 1000 个观测值）上进行训练。

```
library(e1071)
fit_svm <- svm(y = train_label_xgb[1:1000],        # 训练标签
               x = train_features_xgb[1:1000,],    # 训练特征
               type = "eps-regression",            # SVM 任务类型（参见 LIBSVM 文档）
               kernel = "radial",       # SVM 核函数（选项：线性、多项式、sigmoid）
               epsilon = 0.1,                       # 误差条的宽度
               gamma = 0.5,                         # 径向内核中的常数
               cost = 0.1)                          # 松弛变量惩罚参数
test_feat_short <- dplyr::select(testing_sample,features_short)
mean((predict(fit_svm, test_feat_short) - testing_sample$R1M_Usd)^2) # MSE

## [1] 0.03839085

mean(predict(fit_svm, test_feat_short) * testing_sample$R1M_Usd > 0) # 命中率

## [1] 0.5222197
```

其结果比提升树略好。所有的参数都是完全任意的，尤其是内核的选择。我们最后来看一个分类的例子。

```
fit_svm_C <- svm(y = training_sample$R1M_Usd_C[1:1000],    # 训练标签
             x = training_sample[1:1000,] %>%
                 dplyr::select(features),              # 训练特征
             type = "C-classification",          # SVM 任务类型（参见 LIBSVM 文档）
             kernel = "sigmoid",                      # SVM 内核
             gamma = 0.5,                             # sigmoid 内核的参数
             coef0 = 0.3,                             # sigmoid 内核的参数
             cost = 0.2)                              # 松弛变量惩罚参数
mean(predict(fit_svm_C,
             dplyr::select(testing_sample,features)) == testing_sample$R1M_Usd_C) # 准确率

## [1] 0.5008973
```

训练样本小和我们对参数选择的随意性都可以解释为什么预测准确率如此之差。

8.4　代码练习

1. 从上面的简单例子中，将 SVM 模型扩展到其他内核，并讨论其对拟合的影响。

2. 训练一个普通的 SVM 模型，标签是未来 12 个月的收益率，并在测试样本上进行评估。用一个简单的随机森林做同样的事情，比较二者的结果。

第9章

第 9 章

贝叶斯方法

本章讨论依赖于参数先验假设的机器学习模型。在解释贝叶斯定理如何应用于机器学习之前，我们在 9.1 节中先介绍一些符号和概念。有一些不错的关于贝叶斯分析的参考文献，如 Gelman 等（2013）和 Kruschke（2014）。后者和本书一样，用许多行 R 代码说明了这些概念。Feng 和 He (2021) 在投资组合选择的视角下，通过贝叶斯推理来估计条件预期收益率和残差的协方差矩阵。

9.1 贝叶斯框架

到目前为止，已经提出的模型只依赖于数据。采用这种方法的学者通常被称为"频率派"。给定一个数据集，"频率派"会提取（即估计）一组独特的最优参数，并认为它是最佳模型。另外，"贝叶斯派"认为数据集是现实的快照，因此对他们来说，参数是随机的！相较于估计参数的一个值（例如，线性模型中的一个系数），他们更有雄心，试图确定参数的整个分布。

为了解释如何实现这一目标，我们介绍基本的符号和结果。贝叶斯分析的基础概念是条件概率。给定两个随机事件（或集合）A 和 B，我们定义已知 B 时 A 的概率（等价地，条件为发生 B 的情况下，发生 A 的概率）如下：

$$P[A \mid B] = \frac{P[A \cap B]}{P[B]}$$

即 A 和 B 同时发生的概率除以 B 发生的概率。同样地，两个事件同时发生的概率等于 $P[A \cap B] = P[A]P[B \mid A]$。给定 n 个不相交的事件 A_i，$i = 1, \cdots, n$，满足 $\sum_{i=1}^{n} P(A_i) = 1$，于是对于任意事件 B，概率计算如下：

$$P(B) = \sum_{i=1}^{n} P(B \cap A_i) = \sum_{i=1}^{n} P(B \mid A_i) P(A_i)$$

通过上述公式，我们可以构造一个更通用的贝叶斯定理：

$$P(A_i \mid B) = \frac{P(A_i) P(B \mid A_i)}{P(B)} = \frac{P(A_i) P(B \mid A_i)}{\sum_{i=1}^{n} P(B \mid A_i) P(A_i)} \tag{9.1}$$

有了这个结果，我们就可以进入本节的核心主题，即用给定的数据集 y 对一些参数 θ（可能是个向量）进行估计，这里使用符号 y 是为了遵循 Gelman 等（2013）的惯例。然而，在本书中，该符号并非最佳选择，因为在其他所有章节中，y 表示数据集的标签。

　　与频率派方法相比，贝叶斯分析的复杂之处在于其认为不能仅仅由数据决定一切。参数 θ 的分布将由统计学家（用户或分析师）设定的一些先验分布和来自数据的经验分布混合所得。更确切地说，简单地应用贝叶斯公式就可以得到：

$$p(\theta|y) = \frac{p(\theta)\,p(y|\theta)}{p(y)} \propto p(\theta)\,p(y|\theta) \tag{9.2}$$

　　这个公式的含义是：已知数据 y 时 θ 的分布正比于 θ 的分布乘已知 θ 时 y 的分布。$p(y)$ 项经常被省略，因为它只是一个比例数字，确保概率密度函数之和或积分为 1。

　　我们在式（9.1）和式（9.2）中使用的符号略有不同。在前者中，P 表示一个真实的概率值，即它是一个数字。在后者中，p 表示 θ 和 y 的概率密度函数。

　　贝叶斯分析的目的是通过先验分布 $p(\theta)$ 和似然函数 $p(y|\theta)$ 计算出后验分布 $p(\theta|y)$。先验概率可以被分为有信息、弱信息和无信息三类，这取决于用户对先验的相关性和稳健性的信心程度。定义无信息先验的最简单方法是在一些现实的区间内设置一个常数（均匀）分布。最具挑战性的部分通常是似然函数。应对这个挑战的最简单的方法是对数据的分布采用一个特定分布（可能是参数族），然后假定观测值是独立同分布的，就像在一个简单的最大似然推断中一样。如果我们假设分布的所有新参数都用 λ 表示，于是似然函数可以写成：

$$p(y|\theta,\lambda) = \prod_{i=1}^{I} f_\lambda(y_i;\beta) \tag{9.3}$$

　　但在这种情况下，问题会变得稍微复杂一些，因为增加新的参数会使后验分布变为 $p(\theta,\lambda|y)$。用户必须找到给定 y 时 θ 和 λ 的联合分布。由于其嵌套结构，这些模型通常被称为分层模型（hierarchical model）。

　　贝叶斯方法被广泛应用于投资组合选择。其原理是，资产收益的分布取决于一些参数，而主要问题是确定后验分布。下面我们非常简要地回顾一下文献：Lai 等（2011）（通过随机优化）、Guidolin 和 Liu（2016）以及 Dangl 和 Weissensteiner（2020）研究了贝叶斯的资产配置；Frost 和 Savarino（1986）、Kan 和 Zhou（2007）以及 DeMiguel 等（2015）检验了将收益率均值和协方差矩阵向先验收缩的作用；类似地，Tu 和 Zhou（2010）建立了与资产定价理论相一致的先验概率；最后，Bauder 等（2020）对投资组合的收益率进行了抽样，从而得出了贝叶斯最优前沿。有兴趣的读者可以研究一下文献中所引用的参考文献。

9.2 贝叶斯采样

9.2.1 吉布斯采样

模拟是贝叶斯定理的一个邻近应用领域。假设我们想模拟一个随机向量 X 的多元分布，它的密度函数为 $p = p(x_1,\cdots,x_J)$。通常情况下，联合分布是复杂的，但其边缘分布更容易获得。事实上，它们更简单，因为它们只取决于一个变量（当所有其他数值都已知时）：

$$p(X_j = x_j \mid X_1 = x_1,\cdots,X_{j-1} = x_{j-1}, X_{j+1} = x_{j+1},\cdots,X_J = x_J) = p(X_j = x_j \mid X_{-j} = x_{-j})$$

其中我们用更紧凑的符号 X_{-j} 表示除 X_j 的所有变量。下面我们介绍一种依据 p 产生样本的方法，它既依赖于对条件分布 $p(x_j|x_{-j})$ 的了解，也依赖于马尔可夫链蒙特卡罗（Markov chain Monte Carlo）方法，我们在下文中概述这个方法。这个过程是迭代的，并假设有可能抽取满足上述条件的样本。我们将第 m 个样本里的第 j 个变量 X_j 写作 x_j^m。模拟开始于一个先验的（固定或随机的）样本 $x^0 = (x_1^0,\cdots,x_J^0)$。于是，对于足够多的次数 T，新的样本根据下式采样出来：

$$\begin{aligned}
x_1^{m+1} &= p(X_1 \mid X_2 = x_2^m,\cdots,X_J = x_J^m)\\
x_2^{m+1} &= p(X_2 \mid X_1 = x_1^{m+1}, X_3 = x_3^m,\cdots,X_J = x_J^m)\\
&\cdots\\
x_J^{m+1} &= p(X_J \mid X_1 = x_1^{m+1}, X_2 = x_2^{m+1},\cdots,X_{J-1} = x_{J-1}^{m+1})
\end{aligned}$$

上述过程中最重要的一点是，在每一行后，变量的值会更新。因此，在第二行，X_2 是在已知 $X_1 = x_1^{m+1}$ 的情况下采样的，而在最后一行，除了 X_J 的所有变量均已更新到它们的第 $m+1$ 个状态。上述算法被称为吉布斯（Gibbs）采样，它与马尔可夫链有关，因为每一次新的迭代只取决于前一次。

在一些技术假设下，当 T 增长时，X_T 的分布收敛于 p。20 世纪 90 年代的一系列文章已经广泛讨论了收敛的条件。有兴趣的读者可以看看 Tierney（1994）、Roberts 和 Smith（1994），以及后来的 Gelman 等（2013）的 11.7 节。

有时，联合分布很复杂，条件概率很难确定和采样。那么，可以使用一种更通用的方法，称为米特罗波利斯 - 黑斯廷斯（Metropolis-Hastings，MH）采样，该方法依赖于拒绝采样法来模拟随机变量。

9.2.2 米特罗波利斯 - 黑斯廷斯采样

吉布斯采样可以被视为米特罗波利斯 - 黑斯廷斯采样的一个特殊案例，其最简单

的版本是在文献 Metropolis 和 Uram（1949）中提出的。这两种采样的前提是类似的：为了模拟服从 $p(x)$ 分布的随机变量，我们从更简单的形式 $p(x|y)$ 中取样，$p(x|y)$ 在给定了过去的 y 时给出了未来状态 x 的概率。

一旦 x 的一个初始值 (x_0) 被采样，模拟的每个回合 m 都会经历下面 3 个步骤：

1. 从 $p(x|x_m)$ 中生成一个候选值 x'_{m+1}；

2. 计算可接受率 $\alpha = \min\left(\dfrac{p(x'_{m+1})p(x_m|x'_{m+1})}{p(x_m)p(x'_{m+1}|x_m)}\right)$；

3. 以 α 为概率选择 $x_{m+1} = x'_{m+1}$，以 $1-\alpha$ 为概率坚持之前的值 $x_{m+1} = x_m$。

一般情况下，很难对可接受率进行直接解释。当采样生成器是对称的时，$p(x|y) = p(y|x)$，只要 $p(x'_{m+1}) \geq p(x_m)$，候选值总是会被选择。当反面条件成立时，即 $p(x'_{m+1}) < p(x_m)$，则该候选值被保留的概率等于 $p(x'_{m+1})/p(x_m)$，这就是似然比。新的候选值的似然比越大，保留它的概率就越高。

通常情况下，第一批模拟被丢弃，以便给马尔可夫链留出时间，使其收敛到一个高概率区域。这个过程［通常称为"预热"（burn-in）］确保了第一批被保留的样本位于一个可能的区域，也就是说，它们更能代表我们试图模拟的规律。

为了便于理解，我们在此仅做了简单介绍，一些额外的细节可以参考 Gelman 等（2013）的 11.2 节和 Kruschke（2014）的第 7 章。

9.3 贝叶斯线性回归

由于贝叶斯的概念相当抽象，用一个简单的例子来说明理论概念是很有用的。在一个线性模型中，$y_i = x_i b + \epsilon_i$，通常在统计学上假设 ϵ_i 是独立同分布且服从均值为 0、方差为 σ^2 的正态分布。因此，式（9.3）的似然函数可以转化成：

$$p(\epsilon|b,\sigma) = \prod_{i=1}^{I} \frac{e^{-\frac{\epsilon_i^2}{2\sigma}}}{\sigma\sqrt{2\pi}} = (\sigma\sqrt{2\pi})^{-I}e^{-\sum_{i=1}^{I}\frac{\epsilon_i^2}{2\sigma^2}}$$

在回归分析中，数据由 y 和 X 两部分组成，都需要在公式中表现出来。已知 $\epsilon = y - Xb$，于是有：

$$p(\boldsymbol{y}, \boldsymbol{X} | \boldsymbol{b}, \sigma) = \prod_{i=1}^{I} \frac{e^{-\frac{\epsilon_i^2}{2\sigma^2}}}{\sigma\sqrt{2\pi}}$$

$$= (\sigma\sqrt{2\pi})^{-I} e^{-\sum_{i=1}^{I}\frac{(y_i - x_i'\boldsymbol{b})^2}{2\sigma^2}} = (\sigma\sqrt{2\pi})^{-I} e^{-\frac{(\boldsymbol{y}-\boldsymbol{Xb})'(\boldsymbol{y}-\boldsymbol{Xb})}{2\sigma^2}} \tag{9.4}$$

$$= \underbrace{\left((\sigma\sqrt{2\pi})^{-I} e^{-\frac{(\boldsymbol{y}-\boldsymbol{Xb})'(\boldsymbol{y}-\boldsymbol{xb})}{2\sigma^2}} \right)}_{\text{取决于}\sigma\text{，而非}\boldsymbol{b}} \times \underbrace{e^{-\frac{(\boldsymbol{b}-\hat{\boldsymbol{b}})'\boldsymbol{r}'\boldsymbol{r}(\boldsymbol{b}-\hat{\boldsymbol{b}})}{2\sigma^2}}}_{\text{同时取决于}\sigma\text{和}\boldsymbol{b}}$$

在最后一行，第二项是 $\boldsymbol{b}-\hat{\boldsymbol{b}}$ 的一个函数，其中 $\hat{\boldsymbol{b}} = (\boldsymbol{X'X})^{-1}\boldsymbol{X'y}$。这并不意外：$\hat{\boldsymbol{b}}$ 是 $\boldsymbol{b}$ 的平均值的一个自然基准。此外，引入 $\hat{\boldsymbol{b}}$ 产生了一个相对简单的概率形式。上述表达式是后验概率中可被视为频率派（基于数据的）的部分，即似然函数。如果我们想得到一个可操作的后验表达式，我们需要找到一个先验成分，它的形式应能很好地与这个似然结合。这些形式被称为共轭先验。右边部分的一个自然候选者（它取决于 $\boldsymbol{b}$ 和 σ）是多元高斯密度函数：

$$p[\boldsymbol{b} | \sigma] = \sigma^{-k} e^{-\frac{(\boldsymbol{b}-\boldsymbol{b}_0)'\boldsymbol{\Lambda}_0(\boldsymbol{b}-\boldsymbol{b}_0)}{2\sigma^2}} \tag{9.5}$$

其中我们必须以 σ 为条件。该密度函数有先验均值 $\boldsymbol{b}_0$ 和先验协方差矩阵 $\boldsymbol{\Lambda}_0^{-1}$。这个先验分布让我们离后验概率更近了一步，因为：

$$\begin{aligned} p[\boldsymbol{b}, \sigma | \boldsymbol{y}, \boldsymbol{X}] &\propto p[\boldsymbol{y}, \boldsymbol{X} | \boldsymbol{b}, \sigma] p[\boldsymbol{b}, \sigma] \\ &\propto p[\boldsymbol{y}, \boldsymbol{X} | \boldsymbol{b}, \sigma] p[\boldsymbol{b} | \sigma] p[\sigma] \end{aligned} \tag{9.6}$$

为了充分说明概率的级联关系，我们需要注意 σ 并设定一个密度，其形式为：

$$p[\sigma^2] \propto (\sigma^2)^{-1-a_0} e^{-\frac{b_0}{2\sigma^2}} \tag{9.7}$$

这与式（9.4）的左边部分接近。这相当于方差的逆伽马分布（inverse gamma distribution），其先验参数为 a_0 和 b_0（这个标量符号有些欠妥，因为它可能会与先验平均值 $\boldsymbol{b}_0$ 混淆，所以我们必须特别注意）。

于是，我们可以用式（9.4）、式（9.5）和式（9.7）简化 $p[\boldsymbol{b}, \sigma | \boldsymbol{y}, \boldsymbol{X}]$：

$$p[\boldsymbol{b}, \sigma | \boldsymbol{y}, \boldsymbol{X}] \propto (\sigma\sqrt{2\pi})^{-I} \sigma^{-2(1+a_0)} e^{-\frac{(\boldsymbol{y}-\boldsymbol{X}\hat{\boldsymbol{b}})'(\boldsymbol{y}-\boldsymbol{X}\hat{\boldsymbol{b}})}{2\sigma^2}}$$

$$\times e^{-\frac{(\boldsymbol{b}-\hat{\boldsymbol{b}})'\boldsymbol{X'X}(\boldsymbol{b}-\hat{\boldsymbol{b}})}{2\sigma^2}} \sigma^{-k} e^{-\frac{(\boldsymbol{b}-\boldsymbol{b}_0)'\boldsymbol{\Lambda}_0(\boldsymbol{b}-\boldsymbol{b}_0)}{2\sigma^2}} e^{-\frac{b_0}{2\sigma^2}}$$

也可改写成：

$$p[\boldsymbol{b}, \sigma \mid \boldsymbol{y}, \boldsymbol{X}] \propto \sigma^{-I-k-2(1+a_0)}$$

$$\times \exp\left(-\frac{\left(\boldsymbol{y}-\boldsymbol{X}\hat{\boldsymbol{b}}\right)'\left(\boldsymbol{y}-\boldsymbol{X}\hat{\boldsymbol{b}}\right)+(\boldsymbol{b}-\hat{\boldsymbol{b}})'\boldsymbol{X}'\boldsymbol{X}\left(\boldsymbol{b}-\hat{\boldsymbol{b}}\right)+(\boldsymbol{b}-\boldsymbol{b}_0)'\boldsymbol{\Lambda}_0\left(\boldsymbol{b}-\boldsymbol{b}_0\right)+b_0}{2\sigma^2}\right)$$

以上表达式只是 $\boldsymbol{b}$ 的一种二次形式，可以在烦琐的代数计算后，以更紧凑的形式重写它：

$$p\left(\boldsymbol{b}\mid \boldsymbol{y}, \boldsymbol{X}, \sigma\right) \propto \left[\sigma^{-k}\mathrm{e}^{-\frac{(b-b_*)'\boldsymbol{\Lambda}_*(b-b_*)}{2\sigma^2}}\right] \times \left[\left(\sigma^2\right)^{-1-a_*}\mathrm{e}^{-\frac{b_*}{2\sigma^2}}\right]$$

其中

$$\boldsymbol{\Lambda}_* = \boldsymbol{X}'\boldsymbol{X} + \boldsymbol{\Lambda}_0$$
$$\boldsymbol{b}_* = \boldsymbol{\Lambda}_*^{-1}\left(\boldsymbol{\Lambda}_0 \boldsymbol{b}_0 + \boldsymbol{X}'\boldsymbol{X}\hat{\boldsymbol{b}}\right)$$
$$a_* = a_0 + I/2$$
$$b_* = b_0 + \frac{1}{2}\left(\boldsymbol{y}'\boldsymbol{y} + \boldsymbol{b}_0'\boldsymbol{\Lambda}_0 \boldsymbol{b}_0 + \boldsymbol{b}_*'\boldsymbol{\Lambda}_* \boldsymbol{b}_*\right)$$

该表达式有两部分：高斯部分大部分与 $\boldsymbol{b}$ 相关，而逆伽马部分完全取决于 σ。先验信息和数据信息的混合很清楚。高斯部分的后验协方差矩阵（$\boldsymbol{\Lambda}_*$）是先验信息和来自数据的二次形式的和。后验均值 $\boldsymbol{b}_*$ 是先验 $\boldsymbol{b}_0$ 和样本估计值 $\hat{\boldsymbol{b}}$ 的加权平均值。这种从数据中估计的数值和用户预设数值的混合通常被称为收缩技术。例如，交叉项的原始矩阵 $\boldsymbol{X}'\boldsymbol{X}$ 缩减到先验协方差矩阵 $\boldsymbol{\Lambda}_0$。这可被视为一种正则化过程：源于数据的纯粹拟合与一些"外部"成分结合，为最终的估计提供一些结构。

感兴趣的读者也可以看看 Greene（2018）的 16.3 节，共轭先验的情况在 16.3.2 小节中处理。

上面的公式很长，而且实施起来很有风险。幸运的是，有一个 R 包（spBayes）可以使用共轭先验来执行线性回归的贝叶斯推断。下面，我们提供一个例子说明它是如何工作的。为了简化代码和减少计算时间，我们只考虑两个预测变量：市值（规模因子）和市净率（价值因子）。在统计学中，精度矩阵是协方差矩阵的逆矩阵。在参数中，前两个先验参数与高斯分布有关，后两个与逆伽马分布有关：

$$f_{\text{invgamma}}\left(x, \alpha, \beta\right) = \frac{\beta^\alpha}{\Gamma\left(\alpha\right)} x^{-1-\alpha}\mathrm{e}^{-\frac{\beta}{x}}$$

其中 α 是形状参数，β 是缩放参数。

```
prior_mean <- c(0.01,0.1,0.1)                # 参数平均值（先验）
```

```
precision_mat <- diag(prior_mean^2) %>% solve()   # 参数协方差矩阵的逆（先验）
fit_lmBayes <- bayesLMConjugate(
R1M_Usd ~ Mkt_Cap_3M_Usd + Pb,                    # 模型：规模和价值
data = testing_sample,                            # 数据源，这里是测试样本
    n.samples = 2000,                             # 使用的样本数
    beta.prior.mean = prior_mean,                 # 平均先验：规模、价值、单位 beta
    beta.prior.precision = precision_mat,         # 精确矩阵
    prior.shape = 0.5,                            # sigma 先验分布的形状参数
    prior.rate = 0.5)                             # sigma 先验分布的缩放参数
```

在上述代码中，我们还必须为常数提供一个先验值。默认情况下，我们将其平均值设置为 0.01，这相当于 1% 的月均收益率。一旦模型被估计出来，我们就可以绘制系数估计值的分布。

```
fit_lmBayes$p.beta.tauSq.samples[,1:3] %>% as_tibble() %>%
    'colnames<-'(c("Intercept", "Size", "Value")) %>%
    gather(key = coefficient, value = value) %>%
    ggplot(aes(x = value, fill = coefficient)) + geom_histogram(alpha = 0.5)
```

图 9-1 中常数的分布在右侧，方差较小，因此它是明显为正的。对于规模因子来说，情况正好相反，它是负的（小公司更有利可图）。对于价值因子，很难得出结论，其分布在 0 附近是平衡的：对于市净率这个变量没有明确的结论。

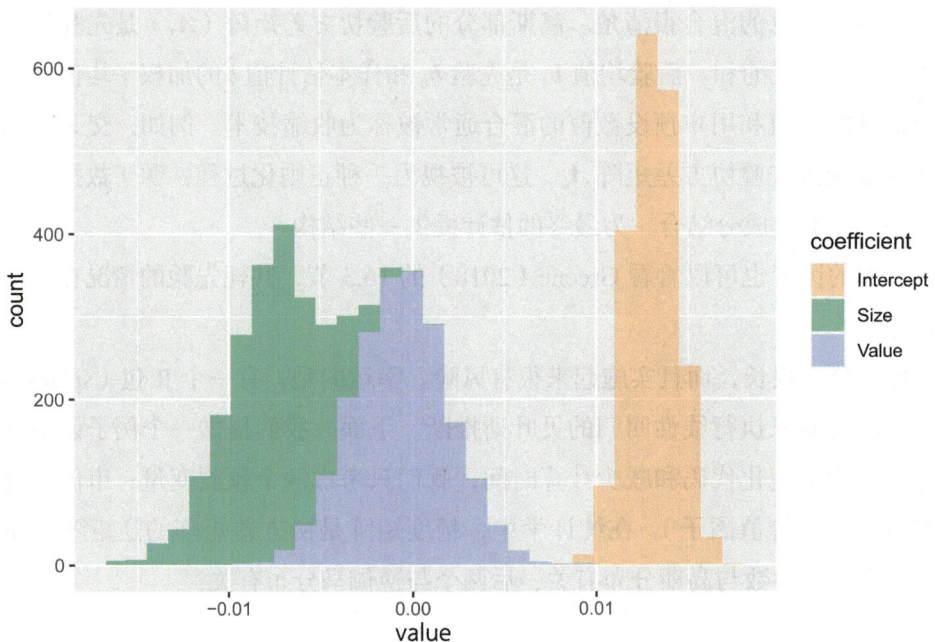

图 9-1　线性回归系数（β）的分布

9.4　朴素贝叶斯分类器

贝叶斯定理也可以很容易地应用于分类。我们把它与标签和特征联系起来，写成：

$$P\left[\boldsymbol{y}\middle|\boldsymbol{X}\right]=\frac{P[\boldsymbol{X}|\boldsymbol{y}]P[\boldsymbol{y}]}{P[\boldsymbol{X}]}\propto P[\boldsymbol{X}|\boldsymbol{y}]P[\boldsymbol{y}] \tag{9.8}$$

然后将输入矩阵按列向量表示成 $\boldsymbol{X}=(\boldsymbol{x}_1,\cdots,\boldsymbol{x}_K)$。于是有：

$$P\left[\boldsymbol{y}\middle|\boldsymbol{x}_1,\cdots,\boldsymbol{x}_K\right]\propto P\left[\boldsymbol{x}_1,\cdots,\boldsymbol{x}_K\middle|\boldsymbol{y}\right]P\left[\boldsymbol{y}\right] \tag{9.9}$$

该方法中的"朴素"来自对特征的简化假设。如果它们都是相互独立的，则上述表达式中的似然函数可被扩展成：

$$P\left[\boldsymbol{y}\middle|\boldsymbol{x}_1,\cdots,\boldsymbol{x}_K\right]\propto P\left[\boldsymbol{y}\right]\prod_{k=1}^{K}P\left[\boldsymbol{x}_k\middle|\boldsymbol{y}\right] \tag{9.10}$$

下一步是对似然函数进行更具体的分析。这可以用非参数法（通过核估计）或常用分布（连续数据用高斯分布，二元数据用伯努利分布）完成。在因子投资中，特征是连续的，因此高斯分布更合适：

$$P[x_{i,k}=z\,|\,y_i=c]=\frac{\mathrm{e}^{-\frac{(z-m_c)^2}{2\sigma_c^2}}}{\sigma_c\sqrt{2\pi}}$$

其中，c 表示 y 取的类别值，σ_c 和 m_c 表示在 y_i 等于 c 条件下 $x_{i,k}$ 的标准差和均值。在实践中，训练集会按照类别进行分类，并计算出相应的样本统计量 σ_c 和 m_c。因为特征是均匀分布的，这种高斯参数化方法可能不适合我们的数据集。即使经过调节，分布也不太可能接近高斯分布。从技术上讲，这一点可以通过双重转换方法来解决。给定一个特征向量 $\boldsymbol{x}_k$，它的经验累积密度函数为 $F_{\boldsymbol{x}_k}$，变量如下：

$$\tilde{\boldsymbol{x}}_k=\varPhi^{-1}\left(F_{\boldsymbol{x}_k}\left(\boldsymbol{x}_k\right)\right) \tag{9.11}$$

只要 $F_{\boldsymbol{x}_k}$ 不是病态的，该变量就会服从标准正态分布。非病态情况指累积分布函数是连续且严格递增的，以及观测值位于开放区间 (0, 1)。如果所有的特征都是独立的，那么转换不应该对相关结构产生任何影响。其他情况可以参考关于 NORmal-To-Anything（NORTA）方法的相关文献 [例如，见 Chen（2001）和 Coqueret（2017）]。

最后，式（9.10）中的先验 $P[\boldsymbol{y}]$ 常常被设定为均匀分布（对所有的 k 类别，概率均为 $1/K$）或者等于样本分布。

我们用一个简单的例子来说明朴素贝叶斯分类工具。虽然软件包 e1071 嵌入了这样一个分类器，但 naivebayes 库提供了更多的选择（高斯分布、伯努利分布、多项式函数和非参数似然函数）。下面，由于特征是均匀分布的，因此式（9.11）中的转换相当于应用高斯分位函数（逆高斯累积概率分布函数）。

为了看得更清楚，我们只使用一小部分特征集。

```
library(naivebayes)                          # 加载软件包
gauss_features_train <- training_sample %>%  # 构建样本
    dplyr::select(features_short) %>%
    as.matrix() %>%
    `*`(0.999) %>%                           # 特征小于 1
    + (0.0001) %>%                           # 特征大于 0
    qnorm() %>%                              # 逆高斯累积概率分布函数
    `colnames<-`(features_short)
fit_NB_gauss <- naive_bayes(x = gauss_features_train,      # 转换特征
                            y = training_sample$R1M_Usd_C) # 标签
layout(matrix(c(1,1,2,3,4,5,6,7), 4, 2, byrow = TRUE),    # 组织图
       widths=c(0.9,0.45))
par(mar=c(1, 1, 1, 1))
plot(fit_NB_gauss, prob = "conditional")
```

图 9-2 显示了以标签的类别为条件时特征的分布情况。实际上，这些分布都可以用密度函数 $P[x_k \mid y]$ 表示。对于每个特征，两个不同标签的分布都很相似。

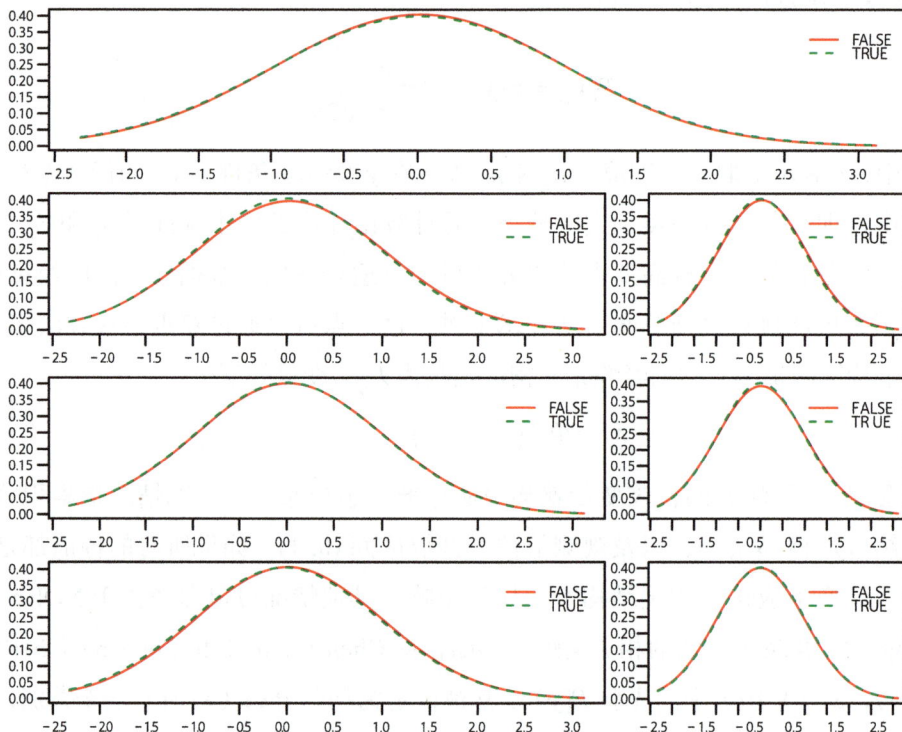

图 9-2 以标签的类别为条件的特征的分布 （TRUE 是指观测值对应于高于中位数的收益率， FALSE 是指低于中位数的收益率）

像往常一样，一旦模型被训练好，就可以评估预测的命中率了。

```
gauss_features_test <- testing_sample %>%
    dplyr::select(features_short) %>%
    as.matrix() %>%
    `*`(0.999) %>%
    + (0.0001) %>%
    qnorm() %>%
    `colnames<-`(features_short)
mean(predict(fit_NB_gauss, gauss_features_test)== testing_sample$R1M_Usd_C) # 命中率
```

```
## [1] 0.4956985
```

模型的表现竟然比随机猜测还要差，因此难以令人满意。

9.5　贝叶斯加性回归树

9.5.1　通用公式

贝叶斯加性回归树（BART）是一种混合了贝叶斯思维和回归树思维的合成技术。它近似于第 6 章中的树集成模型，但在实现上有很大的不同。在 BART 中，就像在贝叶斯回归中一样，正则化来自先验。相关原文来自 Chipman 等（2010），（在 R 中的）实现遵循 Sparapani 等（2019）的方法。BART 在 Shu 和 Tiwari（2021）中被用来识别哪些特征可以用于定价，作者认为，股票的市值是唯一重要的特征。

从形式上看，BART 模型是对 M 个模型的集成，我们可以写作：

$$y = \sum_{m=1}^{M} \mathcal{T}_m \left(q_m, \boldsymbol{w}_m, \boldsymbol{x} \right) + \epsilon \tag{9.12}$$

其中，ϵ 是方差为 σ^2 的高斯噪声，而 $\mathcal{T}_m = \mathcal{T}_m \left(q_m, \boldsymbol{w}_m, \boldsymbol{x} \right)$ 是有着结构 q_m 和特征向量 $\boldsymbol{w}_m$ 的决策树。这种树的分解，我们在增强树中使用过，如图 6-5 所示。q_m 编码了所有的分割点（用分割的变量和分割的程度来表示），而 $\boldsymbol{w}_m$ 对应于叶节点值。

在宏观层面上，BART 可被视为传统的贝叶斯对象，其中参数 $\boldsymbol{\theta}$ 可以表示所有通过 q_m、$\boldsymbol{w}_m$ 和 σ^2 编码的未知参数，这样我们的注意力可以集中在确定后验信息上：

$$\left(q_m, \boldsymbol{w}_m, \sigma^2 \right) | \left(\boldsymbol{X}, \boldsymbol{Y} \right) \tag{9.13}$$

给定先验的特定形式 $\left(q_m, \boldsymbol{w}_m, \sigma^2 \right)$，该算法使用米特罗波利斯 - 黑斯廷斯采样和吉布斯采样的组合来确定参数。

9.5.2　先验信息

树模型中的先验定义是微妙而复杂的。其中重要的假设是独立性：σ^2 和其他参数

之间的独立性，树与树之间的独立性，即对于不同的 m 和 n，(q_m, w_m) 和 (q_n, w_n) 之间的独立性。这一假设使 BART 更接近于随机森林的思想，而不是提升树。由独立性假设可推出：

$$\Gamma\big((q_1, w_1), \cdots, (q_M, w_M), \upsilon^2\big) = \Gamma(\upsilon^2) \prod_{m=1}^{M} \Gamma(q_m, w_m) \tag{9.14}$$

此外，（为了简化问题）习惯上将树结构和末端权重分开，于是由贝叶斯条件可得

$$P\big((q_1, \mathrm{w}_1), \cdots, (q_M, \mathrm{w}_M), \sigma^2\big) = \underbrace{P(\sigma^2)}_{\text{噪声项}} \prod_{m=1}^{M} \underbrace{P(\mathrm{w}_m \mid q_m)}_{\text{末端权重}} \underbrace{P(q_m)}_{\text{树结构}}$$

接下来为上述 3 项分别构造假设。

让我们从树结构 q_m 开始。树是由分割（节点处）定义的，而分割又是由分割变量和分割程度来表征的。首先，树的大小是由参数设定的，这使得节点在深度为 d 时不是叶节点的概率为：

$$\alpha(1+d)^{-\beta}, \alpha \in (0,1), \beta > 0 \tag{9.15}$$

作者推荐设定 $\alpha = 0.95$，$\beta = 2$。这使得有 5% 的概率只有一个节点，55% 的概率有 2 个节点，28% 的概率有 3 个节点，9% 的概率有 4 个节点，3% 的概率有 5 个节点。因此，目标是设定相对较浅的树结构。

其次，分割变量的选择是由广义伯努利（分类）分布驱动的，该分布定义了挑选一个特定特征的概率。在 Chipman 等（2010）的原始论文中，可行集概率向量服从均匀分布（每个预测变量被选择用于划分的概率相同）。这个向量也可以从更灵活的狄利克雷分布中随机取样。分割程度是在所选特征的可行集上均匀抽取的。

决定了树的先验结构 q_m 之后，需要固定叶节点上的终端值（$w_m \mid q_m$）。假设所有叶节点的权重值都服从高斯分布 $\mathcal{N}(\mu_\mu, \sigma_\mu^2)$，其中 $\mu_\mu = (y_{\min} + y_{\max})/2$，是标签值范围的中点。方差 σ_μ^2 要满足一定的条件，即 μ_μ 加上或减去两倍 σ_μ^2 能覆盖 95% 训练集数据。这些是默认值，用户可以更改。

最后，出于与线性回归类似的计算目的，参数 σ^2［式（9.12）中 ϵ 的方差］假设服从逆伽马分布 IG（$v/2, \lambda v/2$），类似于贝叶斯回归中使用的方法。默认情况下，参数是根据数据计算出来的，所以 σ^2 的分布是现实的，可以防止过拟合。关于这个话题的更多细节，可以参考 Chipman 等（2010）原文的 2.2.4 节。

总之，加上树的数量 M，先验仅依赖少量参数：α 和 β（用于树结构）、μ_μ 和 σ_μ^2（用于树的权重）以及 v 和 λ（用于噪声项）。

9.5.3　采样和预测

式（9.13）中的后验分布无法通过分析得到，但通过模拟方法是实现模型（9.12）的一个有效捷径。正如吉布斯采样和米特罗波利斯 - 黑斯廷斯采样一样，模拟的分布有望收敛到所寻求的后验分布。在一些预热样本（burn-in sample）后，对新观察到的数据集 $\boldsymbol{x}_*$ 的预测值，将仅仅是模拟预测的均值（或中位数）。如果我们假设预热后有 S 次模拟，那么平均值等于：

$$\tilde{y}(\boldsymbol{x}_*) := \frac{1}{S}\sum_{s=1}^{S}\sum_{m=1}^{M}\mathcal{T}_m\left(q_m^{(s)}, \boldsymbol{w}_m^{(s)}, \boldsymbol{x}_*\right)$$

生成模型过程中比较复杂的部分自然是如何生成这些模拟。每棵树都用米特罗波利斯 - 黑斯廷斯方法进行采样：首先生成一棵树，但它仅在某些（可能是随机的）标准下，才会替代现有的树。然后以类似吉布斯的方法重复该过程。

让我们从米特罗波利斯 - 黑斯廷斯的构建模块开始。我们试图模拟条件分布：

$$(q_m, \boldsymbol{w}_m) \mid (q_{-m}, \boldsymbol{w}_{-m}, \sigma^2, \boldsymbol{y}, \boldsymbol{x})$$

其中 q_{-m} 和 $\boldsymbol{w}_{-m}$ 分别表示除编号为 m 的树以外所有树的结构和权重。在 BART 中的一个步骤是将上述吉布斯采样简化为：

$$(q_m, \boldsymbol{w}_m) \mid (\boldsymbol{R}_m, \sigma^2)$$

其中，$\boldsymbol{R}_m = \boldsymbol{y} - \sum_{l \neq m}\mathcal{T}_l(q_l, \boldsymbol{w}_l, \boldsymbol{x})$ 是排除了第 m 棵树后的预测残差。

对于 q_m，新的米特罗波利斯 - 黑斯廷斯任务是基于之前的树，对该树进行 3 种可能的（也是随机的）改变：

- 增长一个叶节点（通过补充一个叶节点来增加树的复杂性）；
- 剪枝一对叶节点（反向操作，以降低复杂性）；
- 改变划分规则。

为了便于理解，第三个选项通常被排除在外。一旦树的结构被定义（即取样），终端权重就会根据高斯分布 $\mathcal{N}(\mu_\mu, \sigma_\mu^2)$ 独立抽取。

在树被取样后，米特罗波利斯 - 黑斯廷斯原则要求根据一些概率来接受或拒绝它。随着新树增加了模型似然的可能性，这个概率也会增加。模型似然概率的详细计算很烦琐，可以参考 Sparapani 等（2019）中的 2.2 节，了解相关细节。

现在，我们必须概述一下总体的吉布斯流程。首先，该算法从具有简单节点的树开始。然后，按照下列步骤执行指定数量的循环（见表 9-1）。

表 9-1　采样顺序步骤

步骤	任务
1	从 $(q_1, \boldsymbol{w}_1) \mid (\boldsymbol{R}_1, \sigma^2)$ 中采样
2	从 $(q_2, \boldsymbol{w}_2) \mid (\boldsymbol{R}_2, \sigma^2)$ 中采样
…	…
m	从 $(q_m, \boldsymbol{w}_m) \mid (\boldsymbol{R}_m, \sigma^2)$ 中采样
…	…
M	从 $(q_M, \boldsymbol{w}_M) \mid (\boldsymbol{R}_M, \sigma^2)$ 中采样（最后一棵树）
$M+1$	从全部的残差 $\boldsymbol{R} = \boldsymbol{y} - \sum\limits_{l=1}^{M} \mathcal{T}_l(q_l, \boldsymbol{w}_l, \boldsymbol{x})$ 中采样 σ^2

在第 m 步中，残差 $\boldsymbol{R}_m$ 根据第 $m-1$ 步的值进行更新。图 9-3 描述了整个过程，图例中 $M=3$。第 1 步，为树 1 提出一个简单的划分。当前情况下，该树应该被接受。为了便于理解，图例省略了终端权重。第 2 步，为树 1 提出另一个划分，但它被拒绝了。第 3 步，提出的第 3 个划分被接受了。该步之后，可以提取出 σ^2 的新值，新一轮的吉布斯抽样可以开始了。

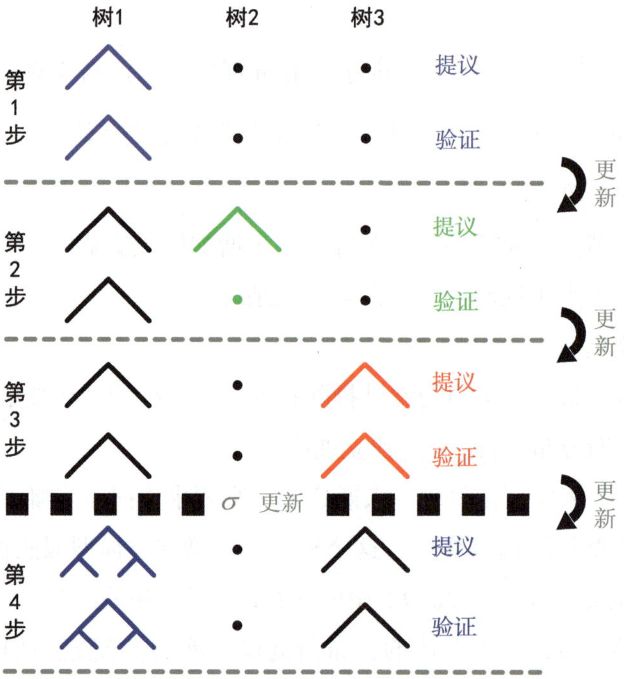

图 9-3　BART 的米特罗波利斯 - 黑斯廷斯 / 吉布斯采样　（在第 2 步，提议的树没有得到验证）

9.5.4　代码

有几个 R 包可以实现 BART 方法：BART、bartMachine 和一个较早的（最初的）BayesTree。第一个包的效率很高，因此我们使用它。我们只使用几个参数，如幂和基数，它们是式（9.15）里定义的 β 和 α。该程序有点烦琐，提供了一些参数化的细节。

```
library(BART)                                              # 加载软件包
fit_bart <- gbart(                                         # 主函数
    x.train = dplyr::select(training_sample, features_short) %>%  # 训练特征
        data.frame(),
    y.train = dplyr::select(training_sample, R1M_Usd) %>%        # 训练标签
        as.matrix() ,
    x.test = dplyr::select(testing_sample, features_short) %>%   # 测试特征
        data.frame(),
    type = "wbart",                                        # 可选项：标签是连续的
    ntree = 20,                                            # 模型中树的数量
    nskip = 100,                                           # 预热的样本大小
    ndpost = 200,                                          # 提取的后验数量
    power = 2,                                             # 先验树结构中的 β
    base = 0.95)                                           # 先验树结构中的 α

## *****Calling gbart: type=1
## *****Data:
## data:n,p,np: 198128, 7, 70208
## y1,yn: -0.049921, 0.024079
## x1,x[n*p]: 0.010000, 0.810000
## xp1,xp[np*p]: 0.270000, 0.880000
## *****Number of Trees: 20
## *****Number of Cut Points: 100 ... 100
## *****burn,nd,thin: 100,200,1
## *****Prior:beta,alpha,tau,nu,lambda,offset: 2,0.95,1.57391,3,2.84908e-31,0.0139209
## *****sigma: 0.000000
## *****w (weights): 1.000000 ... 1.000000
## *****Dirichlet:sparse,theta,omega,a,b,rho,augment: 0,0,1,0.5,1,7,0
## *****printevery: 100
##
## MCMC
## done 0 (out of 300)
## done 100 (out of 300)
## done 200 (out of 300)
## time: 67s
## trcnt,tecnt: 200,200
```

一旦模型训练好，就可以评估其表现。我们下面简单地计算一下命中率，预测结果被嵌入拟合变量中，名称为"yhat.test"。

```
mean(fit_bart$yhat.test * testing_sample$R1M_Usd > 0)

## [1] 0.5432794
```

模型的表现是合理的，但并不突出。所有抽样的树的数据都可以在 fit_bart 变量中找到。它有一个复杂的结构（正如树的情况一样），我们可以提取到的最简单的信息是

所有 300 次模拟中的 σ 值（见图 9-4）。

```
data.frame(simulation = 1:300, sigma = fit_bart$sigma) %>%
    ggplot(aes(x = simulation, y = sigma)) + geom_point(size = 0.7)
```

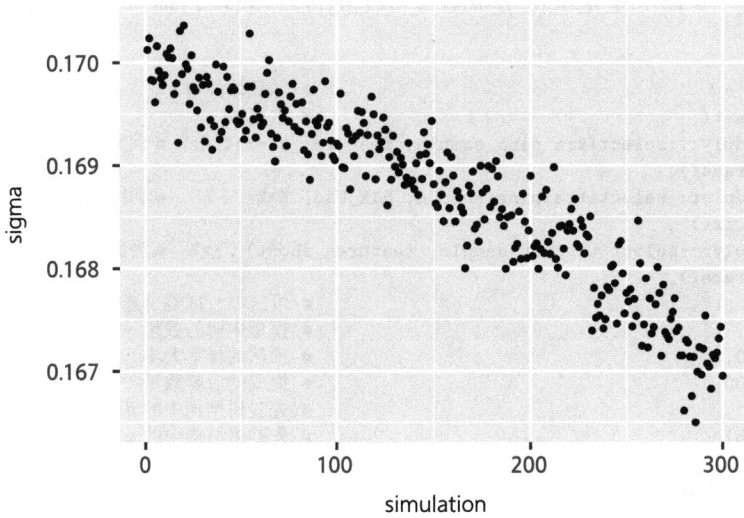

图 9-4　随着 BART 模拟次数的增多，σ 的进化

我们可以看到，随着样本数量的增加，σ 减少了。

第 10 章

验证和调参

正如第 5 章~第 9 章所示，机器学习模型在训练前需要用户进行一些设置，包括参数值（学习率、惩罚强度等）或架构选择（如神经网络的结构）。不同设置会导致预测结果差异巨大，因此选择一个好的设置至关重要。本章我们参考 Probst 等（2018）的工作，研究超参数调整对模型性能的影响。一些模型（神经网络和提升树）自由度非常大，因此找到合适的参数可能十分复杂且困难重重。本章将讨论这些问题，但读者必须意识到，建立好的模型没有捷径，调教出一个有效的模型是一项十分费时费力的工作，往往需要反复试验才能得到结果。

10.1　学习参数

训练前设置的参数被称为超参数。为了能够选择好的超参数，必须定义模型性能的评估指标。正如机器学习中经常出现的情况，数值预测模型（回归）和类别预测模型（分类）间有着天壤之别。在概述常见的评估指标之前，我们先了解一下 Liao 和 Quaedvlieg（2020）的计量经济学方法。作者建议基于一些外部变量，评估一个预测方法相对于某给定基准的表现。这有助于监控在哪些（经济）条件下，该模型能够超越基准。完整实现该测试过程非常复杂，我们建议感兴趣的读者看一下论文中的推导过程。

10.1.1　回归分析

回归分析通常以直接方式评估误差。主流算法是基于 L^1 和 L^2 范数，它们都很容易解释和计算。均方根误差（RMSE）属于第二种算法，它处处可导，但对异常值给予过大权重，比较难控制。平均绝对误差（MAE）属于第一种算法，给出了与实际值的平均距离，但在零点不可微分。计算公式分别为：

$$\mathrm{MAE}\left(y,\tilde{y}\right)=\frac{1}{I}\sum_{i=1}^{I}\left|y_i-\tilde{y}_i\right| \tag{10.1}$$

$$\mathrm{MSE}\left(y,\tilde{y}\right)=\frac{1}{I}\sum_{i=1}^{I}\left(y_i-\tilde{y}_i\right)^2 \tag{10.2}$$

RMSE 是 MSE 的平方根。可以通过改变权重 w_i 赋予不同观测值不同权重，对公式进行扩展。MSE 是到目前为止机器学习中最常见的损失函数，但它不一定是投资组合收益预测的最佳选择。损失可以分解为 3 项：已实现收益的平方和、预测收益的平方和以及两者之间的乘积（在均值为 0 的情况下，这一项等于二者的协方差）。第一项并不重要。第二项衡量预测值在零值附近的离散度。我们对第三项最感兴趣。交叉项 $-2y_i\tilde{y}_i$ 如果为负，则对投资者有利：要么两项都是正值，模型识别了一个能获利的资产；要么它们都是负值，模型识别了一个坏机会。当 y_i 和 $\tilde{y}_i$ 的符号不一样时，才会出现问题。因此，与 $\tilde{y}_i^2$ 相比，交叉项更重要。尽管如此，算法并没有针对这个指标进行优化。

这些指标（MSE 和 RMSE）同样被广泛应用于机器学习之外，以评估预测误差。下面，我们介绍其他指标，这些指标有时也被用来量化模型的质量。对于任何预测性问题，我们可以计算类似于线性回归中的 R^2。

$$R^2\left(y,\tilde{y}\right)=1-\frac{\sum_{i=1}^{I}\left(y_i-\tilde{y}_i\right)^2}{\sum_{i=1}^{I}\left(y_i-\bar{y}\right)^2} \tag{10.3}$$

其中 $\bar{y}$ 是标签的样本平均值。与经典 R^2 的一个重要区别是，上述数值可以在测试样本而不是训练样本上计算。在这种情况下，当分子中的 MSE 大于测试样本的（有偏的）方差时，R^2 可能为负。有时，分母中的平均值 $\bar{y}$ 会被省略［如 Gu 等（2020b）］。去掉平均值的好处是，它将模型的预测与零预测进行了比较。这在收益率预测时更有用，因为对收益率最简单的预测就是零值，R^2 可以衡量模型是否战胜了这个简单朴素（naive）基准。零预测总是比样本平均数要好，因为后者受训练轮次因素的影响很大。此外，在分母中去掉 $\bar{y}$ 会减小 R^2，得到的指标值更保守。

除了上述简单指标外，还有一些奇特的扩展，它们均是在求平均值之前改变误差项。两个值得注意的指标是平均绝对百分比误差（MAPE）和均方误差百分比（MSPE）。它们不是看绝对误差，而是计算相对于原始值（待预测值）的误差。因此，误差用百分比表示，计算公式为：

$$\text{MAPE}\left(y,\tilde{y}\right)=\frac{1}{I}\sum_{i=1}^{I}\left|\frac{y_i-\tilde{y}_i}{y_i}\right| \tag{10.4}$$

$$\text{MSPE}\left(y,\tilde{y}\right)=\frac{1}{I}\sum_{i=1}^{I}\left(\frac{y_i-\tilde{y}_i}{y_i}\right)^2 \tag{10.5}$$

对于后者来说，在必要时可以对指标取平方根。当标签是很大的正值时，可以对误差进行缩放，如采用均方根对数误差（RMSLE），定义如下：

$$\text{RMSLE}\left(y,\tilde{y}\right)=\sqrt{\frac{1}{I}\sum_{i=1}^{I}\log\left(\frac{1+y_i}{1+\tilde{y}_i}\right)} \tag{10.6}$$

很明显，当 $y_i = \tilde{y}_i$ 时，指标等于 0。

在我们继续讨论分类损失之前，我们简要地评论一下 MSE 的一个缺点，MSE 是迄今为止回归任务中应用最普遍的指标和目标函数。通过简单分解可以得到：

$$\mathrm{MSE}\left(y, \tilde{y}\right) = \frac{1}{I} \sum_{i=1}^{I}\left(y_i^2 + \tilde{y}_i^2 - 2 y_i\, \tilde{y}_i\right)$$

第一项是给定的，没有什么可做，因此模型的重点是其他两项的最小化。第二项是模型预测值的离散度，第三项是交乘项。虽然 $\tilde{y}_i$ 的方差很重要，但是第三项是最重要的，尤其是在横截面上通过增加 $y_i\,\tilde{y}_i$ 来减小 MSE 更有意义。当两项的符号相同时，乘积为正，这正是投资者所寻找的正确的投资方向。一些算法（如神经网络）允许自定义损失函数。最大化 $y_i\,\tilde{y}_i$ 的总和可能是原始（vanilla）二次优化的一个完美替代方案（见 7.4.3 小节中的案例）。

10.1.2　分类分析

与数值输出相比，分类结果的评估指标有很大不同。这些指标中很大一部分是专门针对二元分类的，部分指标可以很容易地被推广到多类模型。

我们按照复杂程度递增依次介绍这些指标的相关概念。首先从真与假、正与负这两个二分法开始。在二元分类中，用真与假来思考是很方便的。在投资环境中，"真"可能与正收益率有关，或者收益率高于基准，"假"则相反。

那么，一个预测有 4 种可能的结果：两种属于预测正确（预测为真，实际为真；预测为假，实际为假），两种属于预测错误（预测为真，实际为假；预测为假，实际为真）。相应的综合指标定义如下。

- 真阳性频率：$TP = I^{-1} \sum_{i=1}^{I} 1_{\{y_i = \tilde{y}_i = 1\}}$。
- 真阴性频率：$TN = I^{-1} \sum_{i=1}^{I} 1_{\{y_i = \tilde{y}_i = 0\}}$。
- 假阳性频率：$PF = I^{-1} \sum_{i=1}^{I} 1_{\{\tilde{y}_i = 1, y_i = 0\}}$。
- 假阴性频率：$FN = I^{-1} \sum_{i=1}^{I} 1_{\{\tilde{y}_i = 0, y_i = 1\}}$。

按惯例，"真"被编码为 1，"假"为 0。4 个数字之和等于 1，这 4 个数字对样本外结果有非常不同的影响，如图 10-1 所示。这个图（也叫混淆矩阵）假设模型对未来盈利能力进行了一些预测。每一行代表模型的预测，每一列代表实际的盈利情况。最重要的是最上面一行，当模型预测出一个阳性的结果时，预测盈利能力为正的资产（可能相对于一些基准）很可能最终会出现在投资组合中。如果资产表现良好（左上角的区域），这不是一个问题，但如果模型是错误的，将会受到惩罚，投资组合将受到影响。

实现的利润率 = 发生了什么

		阳性	阴性
预测的盈利能力 = 模型告诉你的情况	阳性	真阳性（TP） 你投资了一个有效策略!	假阳性=第Ⅰ类错误（FP） 你投资了一个无效策略!
	阴性	假阴性=第Ⅱ类错误（FN） 你没有投资一个有效策略	真阴性（TN） 你没有投资一个无效策略

图 10-1　混淆矩阵：二元结果汇总

在这两类错误中，第Ⅰ类错误是投资者最应该避免的，因为它对投资组合有直接影响；第Ⅱ类错误只是错过了一个机会，影响较小。最后，真阴性是那些正确地从投资组合中排除的资产。

根据这 4 个指标，可以得出其他更有价值的指标。

- 准确率（accuracy）$= \dfrac{\text{TP} + \text{TN}}{\text{TP} + \text{FN} + \text{FP} + \text{TN}}$，是正确预测的百分比。

- 召回率（recall）$= \dfrac{\text{TP}}{\text{TP} + \text{FN}}$，衡量识别获胜策略 / 资产的能力（左列分析），也被称为敏感率或真阳率（TPR）。

- 精确率（precision）$= \dfrac{\text{TP}}{\text{TP} + \text{FP}}$，衡量投资获胜的概率（顶行分析）。

- 特异率（specificity）$= \dfrac{\text{TP}}{\text{TP} + \text{FP}}$，衡量被正确识别为阴性的比例（右列分析）。

- 错检率（fallout）$= \dfrac{\text{TP}}{\text{TP} + \text{FP}} = 1 -$ 特异率，衡量假信号的概率（或假阳性率），即算法预测资产上涨、实际却下跌的概率（右列分析）。

- F-score，$F_1 = 2\dfrac{\text{recall} \times \text{precision}}{\text{recall} + \text{precision}}$，是召回率和精确率的调和平均数。

所有这些指标数值都在 1 以内，当它们的数值变大时，模型表现更好（错检率相反）。还存在许多其他的指标，如错误发现率或错误遗漏率等，但它们在机器学习领域要么不算主流指标，极少被引用；要么是上述指标的简单函数。

一个流行但更复杂的指标是 ROC 曲线下面积，通常称为 AUC。ROC 这个名字来自信号理论，表示受试者操作特征。我们在下面解释它是如何计算的。

正如第 6 章和第 7 章所介绍的，分类器产生的输出是观测值属于某个类别的概率，然后将观测值分类到具有最高概率的类别中。在二元分类中，得分高于 0.5 的类别胜出。

在实践中，0.5 的阈值可能不是最佳的。当阈值低于 0.4 时，模型很可能正确地预测出阴性观测值，却会漏掉一些阳性观测值。因此，对决策阈值进行测试是有必要的。ROC 曲线就采用这个原理，在阈值从 0 增加到 1 的过程中，绘出召回率（作为错检率的函数）的曲线。

当阈值等于 1 时，TP 等于 0，因为模型从不预测正值。因此，召回率和错检率都等于 0。当阈值等于 0 时，FP 为 0，TN 也为 0，因此召回率和错检率都等于 1。召回率和错检率在这两个极端之间的关系被称为 ROC 曲线。我们在图 10-2 中提供了一个典型案例。一个随机分类器在召回率和错检率方面的表现相同，此时 ROC 曲线将是一条从 (0,0) 到 (1,1) 的直线。为了证明这一点，设想一个真实观测值概率为 $p \in (0,1)$ 的样本和一个随机预测真实概率为 $p' \in (0,1)$ 的分类器。由于样本和预测是独立的，TP=$p'p$，FP=$p'(1-p)$，TN=$(1-p')(1-p)$，FN=$(1-p')p$。鉴于上述定义，得出召回率和错检率都等于 p'。

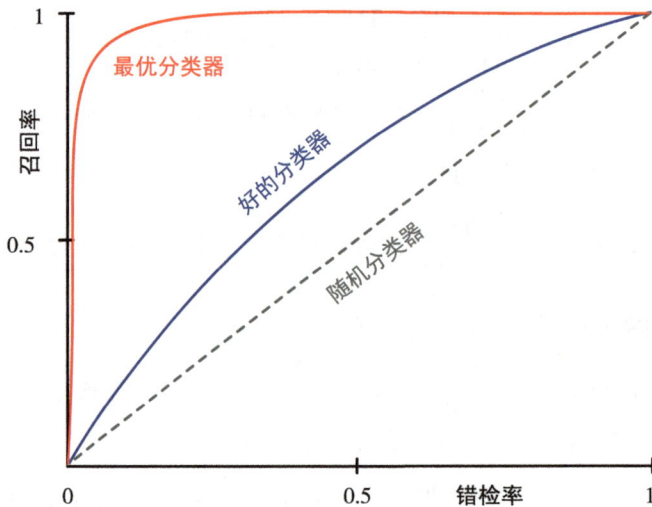

图 10-2　ROC 曲线

如果一个算法的 ROC 曲线在 45° 斜线（象限平分线）上方，那么它就比随机分类器更优。事实上，该曲线可以被看作收益（纵轴上检测到好策略的概率）减去成本（横轴上选择错误资产的概率）之后的权衡。因此，大于 45° 斜线十分重要。最优分类器的 ROC 曲线是一条从点 (0,0) 到点 (0,1) 再到点 (1,1) 的曲线。在点 (0,1) 处，错检率为 0，没有 FP，召回率等于 1，因此也没有 FN，模型总是正确的。反之，在点 (1,0) 处，模型总是错误的。

下面，我们使用一个特殊的软件包（caTools）来绘制一组测试样本上的预测 ROC 曲线。

```
if(!require(caTools)){install.packages("caTools")}
library(caTools)  # 绘制 ROC 曲线的软件包
colAUC(X = predict(fit_RF_C, testing_sample, type = "prob"),
       y = testing_sample$R1M_Usd_C,
       plotROC = TRUE)
```

在图 10-3 中，ROC 曲线与横轴的夹角非常接近 45°，该模型和随机分类器的效果差不多。

ROC曲线

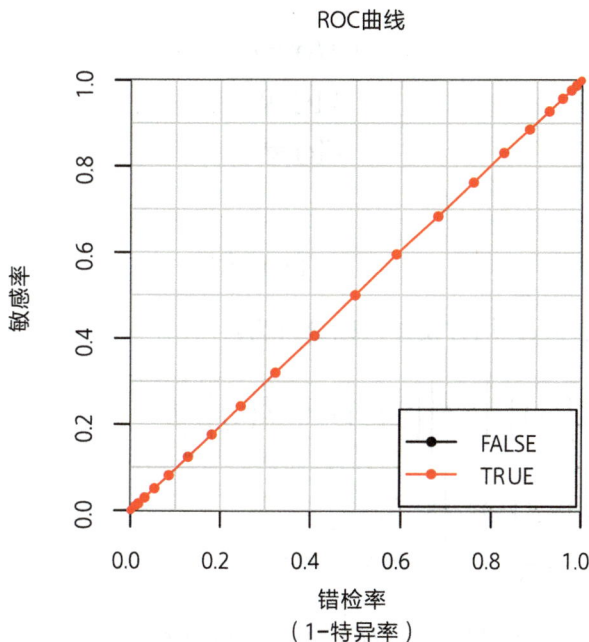

图 10-3　ROC 曲线示例

```
##                 FALSE       TRUE
## FALSE vs. TRUE 0.5003885 0.5003885
```

最后，评估一条完整的曲线是不实际的，因此整条曲线的信息被综合成 AUC，即相应函数的积分。45° 对应的斜线下的面积为 0.5（单位面积的一半）。因此，好的模型预计都会有一个高于 0.5 的 AUC，一个完美的模型的 AUC 为 1。

在本小节的最后，我们要谈谈多类数据。当输出（即标签）有两个以上的类别时，事情变得更加复杂。计算混淆矩阵仍然是可能的，但维度更大，且更难解释。像 TP、TN 等简单的指标，必须以非标准的方式进行概括。在这种情况下，最简单的指标是式（7.5）中定义的交叉熵。关于分类标签损失的更多细节，可以参考 6.1.2 小节。

10.2 验证

验证是指在模型应用于真实或实时数据（用于交易）之前，对其进行测试和调整的阶段。毋庸置疑，它是至关重要的。

10.2.1 方差 - 偏差权衡：理论

方差 - 偏差权衡是监督学习的核心概念之一。为了解释它，让我们假设数据是由简单的模型产生的：

$$y_i = f(x_i) + \epsilon_i$$
$$E[\epsilon] = 0$$
$$V[\epsilon] = \sigma^2$$

拟合模型为：

$$y_i = \hat{f}(x_i) + \hat{\epsilon}_i$$

给定一个未知样本 x，均方误差可以分解为：

$$
\begin{aligned}
E\left[\hat{\epsilon}^2\right] = E\left[\left(y - \hat{f}(x)\right)^2\right] &= E\left[\left(f(x) + \epsilon - \hat{f}(x)\right)^2\right] \\
&= \underbrace{E\left[\left(f(x) - \hat{f}(x)\right)^2\right]}_{\text{总平方误差}} + \underbrace{E\left[\epsilon^2\right]}_{\text{不可减少的误差}} \\
&= E\left[\hat{f}(x)^2\right] + E\left[f(x)^2\right] - 2E\left[f(x)\hat{f}(x)\right] + \sigma^2 \\
&= E\left[\hat{f}(x)^2\right] + f(x)^2 - 2f(x)E\left[\hat{f}(x)\right] + \sigma^2 \\
&= \left[E\left[\hat{f}(x)^2\right] - E\left[\hat{f}(x)\right]^2\right] + \left[E\left[\hat{f}(x)\right]^2 + f(x)^2 - 2f(x)E\left[\hat{f}(x)\right]\right] + \sigma^2 \\
&= \underbrace{V\left[\hat{f}(x)\right]}_{\text{模型方差}} + \underbrace{E\left[\left(f(x) - \hat{f}(x)\right)\right]^2}_{\text{偏差的平方}} + \sigma^2
\end{aligned}
$$

（10.7）

在上面的推导中，$f(x)$ 不是随机的，但 $\hat{f}(x)$ 是随机的。另外，在第二行中，我们假设 $E\left[\epsilon\left(f(x) - \hat{f}(x)\right)\right] = 0$，这并不总是成立的（尽管这是一个非常常见的假设）。因此，MSE 包含以下 3 项。

- 模型的方差（相对其预测值）。

- 模型的平方偏差。

- 一个不可约的误差（与特定模型的选择无关）。

最后一项不受模型变化的影响，所以关键是如何使前两项的总和最小。这被称为方差 - 偏差权衡，因为减少一项往往会导致另一项增加。因此，我们的目标是评估何时其中一项的小幅增加会导致另一项的大幅减少。

有几种方法来表示这种权衡，我们展示其中的两种，第一种与下面的射箭模式有关（见图 10-4）。最好的情况（左上）是所有的箭都集中射在了中间：弓箭手瞄准正确，所有的箭都非常接近靶心。最坏的情况（右下角）正好相反：箭散落在靶心以上的区域（偏差不为 0），且十分分散。

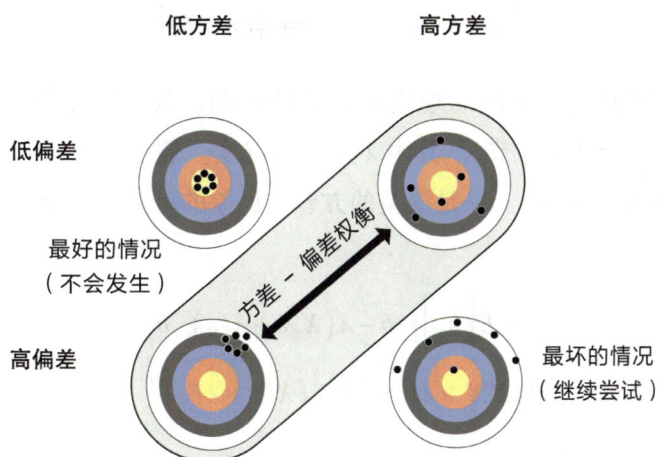

图 10-4　方差 - 偏差权衡的第一种表示

在机器学习中最常遇到的是另外两种情况：要么箭（预测）集中在周边的某个区域，但这个区域不是靶心；要么箭在靶心周围平均分布，但都远离靶心。

方差 - 偏差权衡的第二种表示通常是通过模型复杂性的概念来描述的。最简单的模型是一个恒定的模型：预测总是相同的，如等于训练集中标签的平均值。当然，这种预测往往与测试集的实际值相差甚远（其偏差会很大），但其方差为 0。而在另一个极端，一棵叶节点和观测值一样多的决策树有一个非常复杂的结构，它可能会有一个较小的偏差，模型复杂性会带来方差的增加。

图 10-5 描述了这种权衡。在图的左边，一个简单的模型有一个小的方差，但有一个大的偏差，而在右边，一个复杂的模型则相反。好的模型往往位于中间的某处，但最佳权衡很难找到。

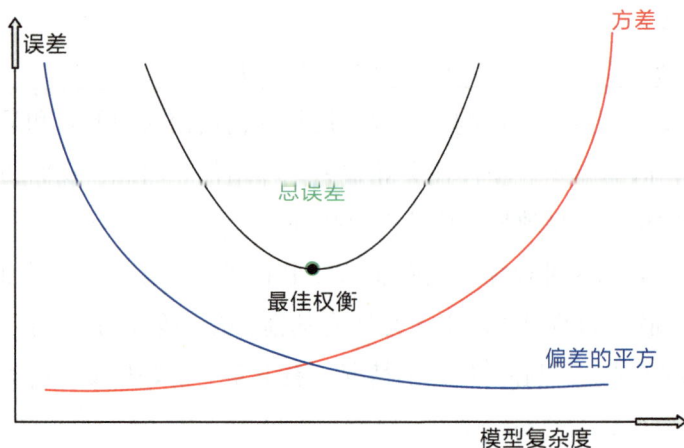

图 10-5　方差 - 偏差权衡的第二种表示

方差 - 偏差权衡最易处理的理论形式是岭回归，其回归系数估计由 $\hat{b}_\lambda = (X'X + \lambda I_N)^{-1} X'X$ 给出（见 5.1.1 小节），其中 λ 是惩罚强度。假设数据生成过程为线性形式（$y = Xb + \epsilon$，其中 b 是未知的，σ^2 是误差的方差，误差的相关系数矩阵为单位矩阵），于是有：

$$E\left[\hat{b}_\lambda\right] = b - \lambda \left(X'X + \lambda I_N\right)^{-1} b \qquad (10.8)$$

$$V\left[\hat{b}_\lambda\right] = \sigma^2 \left(X'X + \lambda I_N\right)^{-1} X'X \left(X'X + \lambda I_N\right)^{-1} \qquad (10.9)$$

这意味着估计值的偏差等于 $-\lambda \left(X'X + \lambda I_N\right)^{-1} b$，在没有惩罚的情况下为 0（经典回归）。当 $\lambda \to \infty$ 时，模型成为常数，偏差会收敛到某个有限值。请注意，如果估计值的偏差为 0，那么预测的偏差也为 0，即 $E\left[X\left(b - \hat{b}\right)\right] = 0$。

在无约束回归的情况下，（估计的）方差等于 $V\left[\hat{b}\right] = \sigma(X'X)^{-1}$。在公式（10.8）中，$\lambda$ 减小了逆矩阵中的数值。总体效果是，随着 λ 增加，方差减小，在 $\lambda \to \infty$ 时，模型为常数，方差为 0。预测的方差为：

$$\begin{aligned}
V[X\hat{b}] &= E[(X\hat{b} - E[X\hat{b}])(X\hat{b} - E[X\hat{b}])'] \\
&= XE[(\hat{b} - E[\hat{b}])(\hat{b} - E[\hat{b}])']X' \\
&= XV[\hat{b}]X
\end{aligned}$$

总而言之，岭回归非常方便，因为只要有一个参数，它们就能直接调整方差 - 偏差权衡。

用岭回归来展示权衡是很简单的，在下面的例子中，我们重新运行第 5 章中训练的岭回归模型：

```
ridge_errors <- predict(fit_ridge, x_penalized_test) -            # 所有模型的误差
    (rep(testing_sample$R1M_Usd, 100) %>%
    matrix(ncol = 100, byrow = FALSE))ridge_bias <- ridge_errors %>% apply(2, mean) # 偏差
ridge_var <- predict(fit_ridge, x_penalized_test) %>% apply(2, var)      # 误差
tibble(lambda, ridge_bias^2, ridge_var, total = ridge_bias^2+ridge_var)%>%  # 画图
    gather(key = Error_Component, value = Value, -lambda) %>%
    ggplot(aes(x = lambda, y = Value, color = Error_Component)) + geom_line()
```

图 10-6 所示的模式与图 10-5 描述的不同。在图 10-6 中，当 lambda（强度）增加时，参数的 Value（数值）缩小，模型变得更简单。因此，最简单的模型似乎是最好的选择：增加复杂度会增加方差，但并没有减少偏差！一个可能的原因是，特征实际上并没有太大的预测价值，因此一个恒定模型与基于不相关变量的复杂模型一样好。

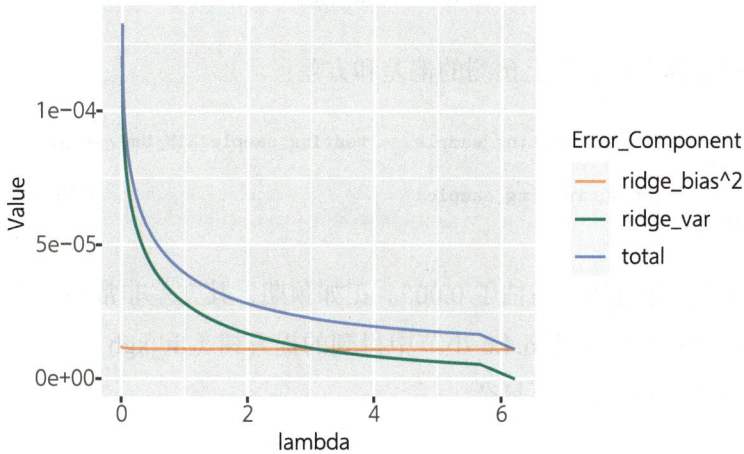

图 10-6　岭回归的误差分解

10.2.2　方差-偏差权衡：图解

方差-偏差权衡通常以理论术语的形式呈现，易于掌握。然而，展示它是如何在真实的算法选择中运作的，也是很有用的。下面，我们以树模型为例进行展示，因为它们的复杂性很容易评估，一棵有许多叶节点的树要比一棵有少量簇的树更复杂。

我们从解析模型开始，先对其进行训练：

```
fit_tree_simple <- rpart(formula,
            data = training_sample,      # 训练样本
            cp = 0.0001,                 # 更小的精度 = 更多的叶节点
            maxdepth = 2                 # 最大深度
            )
rpart.plot(fit_tree_simple)
```

图 10-7 中描述的模型只有 4 个簇，这意味着预测只能取 4 个值。最小的一个是

0.011，包含大部分的样本（85%）；最大的一个是 0.062，只包含训练样本的 4%。

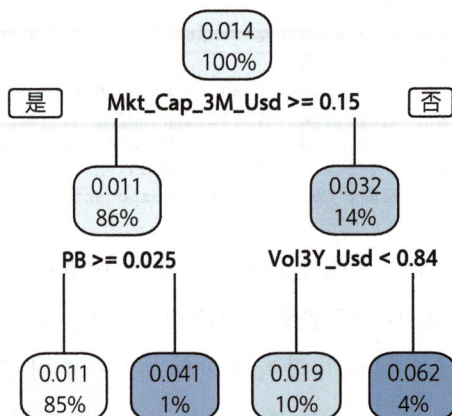

图 10-7　简单决策树

然后，我们计算出测试集上预测的偏差和方差：

```
mean(predict(fit_tree_simple, testing_sample) - testing_sample$R1M_Usd) # 偏差
## [1] 0.004973917
var(predict(fit_tree_simple, testing_sample))                           # 方差
## [1] 0.0001398003
```

误差略大于 0，即总体上高估了 0.005。正如预期，其方差非常小（10^{-4}）。

对于复杂模型，我们采用 6.4.6 小节中得到的提升树（fit_xgb）。该模型聚合了 40 棵树，最大深度为 4，因此它更复杂。

```
mean(predict(fit_xgb, xgb_test) - testing_sample$R1M_Usd) # 偏差
## [1] 0.003347682
var(predict(fit_xgb, xgb_test))                           # 方差
## [1] 0.00354207
```

与简单模型相比，偏差确实较小，但方差大大增加了。综合结果更偏好简单模型。

10.2.3　过拟合风险：原理

过拟合是机器学习中最重要的概念之一。当一个模型过拟合时，其预测的准确性将令人失望，因此这也是一些策略在样本外失败的一个主要原因。我们不仅要了解什么是过拟合，而且要了解如何减轻其影响。

关于这个话题及其对投资组合策略的影响，最近的一篇参考文献是 Hsu 等（2018），它建立在 White（2000）的工作之上。这两篇参考文献都不涉及机器学习模型，但原理是一样的。当给定一个数据集时，（由人工或机器执行的）细致分析总是能够发现一些模式，然而关键问题是这些模式是否是虚假的。

如图 10-8 所示，我们用一个简单的例子来说明过拟合。我们试图找到一个将 x 映射成 y 的模型。（训练）数据点是小黑圈。常数模型（将所有数据点都预测为某个常数值，只需一个参数）最为简单，但该模型过于简单，若使用线性回归模型，则需要两个参数（截距和斜率），拟合才可以达到不错的效果，用蓝线表示。如果有足够数量的参数，如高维多项式，就有可能构造一个经过所有点的模型，这个模型用红线表示。数据集中有一个奇异点，而这个复杂模型能完美拟合到这个点。

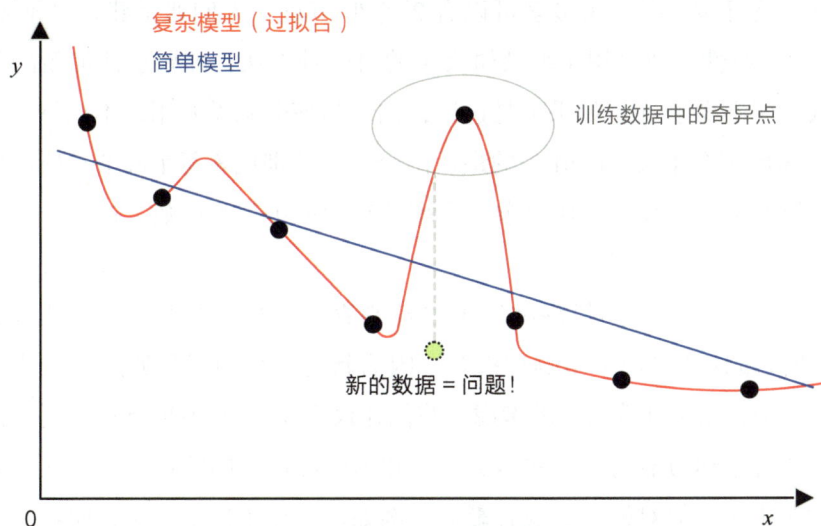

图 10-8　过拟合案例：一个与训练数据紧密融合的模型很少是一个好主意

一个新的点用浅绿色表示，它遵循了其他点的一般模式。简单模型并不完美，其误差较大。尽管如此，复杂模型的误差（用灰色虚线表示）大约是简单模型的两倍。这个简化案例表明，过度拟合训练数据的模型会捕捉到在其他数据集中不会出现的特异性。一个好的模型会忽略这些特异性，捕捉数据的稳定结构。

10.2.4　过拟合风险：一些解决方案

显然，避免过拟合最简单的方法是抵抗复杂模型（如高维神经网络或树模型）的"诱惑"。

模型的复杂性通常通过两种代理指标来表示：模型的参数数量和参数的取值大小（通常通过它们的范数来确定）。这些代理指标并不完美，因为一些复杂模型可能只需要少量参数（甚至是小的参数值），但它们至少是直接的、容易处理的。对于过拟合而言，不存在通用的应对措施，下面我们将详细介绍一些处理机器学习模型过拟合的方法。

对于回归，有两种简单的方法来处理过拟合。一是减少参数的数量，也就是预测变量的数量。有时，只选择一部分特征会更好，特别是在一些特征高度相关（通常，当特征间相关系数的绝对值超过 70% 时，就会被认为是太高了）的情况下。二是加入罚项（通过 LASSO、岭回归或弹性网络），这有助于减少参数取值的数量级，从而减小预测的方差。

对于树模型，有多种方法来处理过拟合。当处理简单树时，唯一的方法是限制叶节点的数量，即缩减树的大小，这可以通过多种方法实现。一种方法是限制最大深度。如果深度等于 d，那么树最多可以有 2^d 个叶节点。人们通常建议 d 不要超过 6。rpart(cp) 中的复杂性参数是用于缩减树大小的另一种方法，即要求任何新的分割所带来的损失减少应不少于 cp；如果不是这样，则认为该分割没有用，不执行。因此，当 cp 很大时，树就不会生长。rpart 中的最后两个参数分别代表每个叶节点所需要的最小观测值数，以及为了继续划分而要求每个簇拥有的最小观测值数。这些数字越大，树就越难生长。

除了这些选项之外，随机森林还可以控制森林中树的数量。理论上（Breiman，2001），树的数量这个参数不影响过拟合，因为新树的作用只是通过多样化来降低总误差。在实践中，出于计算时间的考虑，我们建议不要超过 1000 棵树。另外两个超参数是子样本（每个学习器的训练样本）大小和为学习保留的特征数量。它们对偏差和方差没有直接影响，但对模型表现有影响。例如，如果子样本太小，树就不能学到足够的信息。如果特征的数量太少，也面临同样的问题。另外，选择大量（即接近总数）的预测变量可能会导致每个学习器预测值之间高度相关，因为训练样本中包含的信息重叠度可能很高。

提升树还有其他选项可以帮助减轻过拟合的风险。首先是学习率，它通过 $\eta \in (0,1)$ 对每棵新树进行缩放。当学习率较高时，模型学习速度过快，容易在训练数据集上出现过拟合。当学习率较低时，模型的学习速度缓慢，如果集成模型中有足够多的树，这可能是有效的。事实上，学习率和树的数量必须同步选择：如果两者都很低，集成模型将什么都学不到；如果两者都很高，它将过拟合。提升树还有其他参数可以使用，如分数值和叶节点数量的罚项，它们是防止模型在训练样本上训练得过于特殊的工具。最后，6.4.5 小节中提到的单调性约束也是一种有效的方法，可以给模型施加一些结构约束，迫使它识别特定的模式。

最后，神经网络也有许多选项，旨在保护它们不被过拟合。就像提升树一样，其中一些是学习率以及权重和偏置的罚项（通过它们的范数计算）。当模型在理论上需要输入正数时，非负约束也会有所帮助。最后，dropout 方法是减小网络维度（参数数量）的常用方法。

10.3　寻找好的参数

10.3.1　方法

假设模型在运行前有 p 个参数需要定义。寻找参数最简单的方法是测试这些参数的不同值，并选择产生最佳结果的参数，这主要通过独立测试和顺序测试两种方法来进行。

独立测试很容易，包括网格（确定性的）搜索和随机探索两种。网格搜索的优点是它能均匀地覆盖全部参数空间并确保不遗漏任何区域，缺点是计算时间过长。对于每个参数，至少测试 5 个值是合理的，这会创造 5^p 个参数组合。如果 p 很小（小于 3），当回测时间不是太长时，组合的数量是可以接受的。当 p 很大时，组合的数量可能会令人望而却步。这时，随机探索就很有用，在这种情况下，用户预先指定测试的数量，参数是随机抽取的（通常在每个参数的给定范围内均匀抽取）。随机探索的缺点是参数空间的一些区域可能没有被覆盖，如果最佳选择正好位于这些区域，这可能是个问题。尽管如此，Bergstra 和 Bengio（2012）表明，随机探索比网格搜索要好。

网格搜索和随机探索都是次优的，因为它们很可能在参数空间的不相关区域花费时间，从而浪费了计算时间。给定一些已经测试过的参数点，最好是将搜索集中在最有可能获得最佳点的区域。这可以通过一个交互过程来实现，该过程在每个新的点被测试后调整搜索。在金融领域，Lee（2020）和 Nystrup 等（2020）等几篇论文专注于这个领域的研究。

另一种流行的方法是贝叶斯优化（BO）。其关键是学习过程的目标函数，我们称这个函数为 O，它可以被看作一个惩罚和约束相结合的损失函数。为了便于理解，我们将不提及训练 / 测试样本，它们被认为是固定的。我们感兴趣是向量 $p=(p_1, \cdots, p_l)$，它综合了对 O 有影响的超参数（学习率、惩罚强度、模型数量等）。

$$p^* = \underset{p}{\arg\min}\, O(p) \tag{10.10}$$

这种优化的主要问题是计算 $O(p)$ 的代价非常高昂。因此，明智地选择针对 p 的试验至关重要。BO 的一个关键假设是 O 服从高斯分布，并且 O 可以由 p_l 的线性组合来近似。换句话说，目的是在输入 p 和输出（因变量）O 之间建立贝叶斯线性回归。一旦模型被估计出来，就可以利用 O 的后验密度中的信息，为寻找 p 的新值提供有根据的猜测。

这种有根据的猜测是基于一个所谓的获取函数做出的。假设我们已经测试了 p 的

m 个值，我们写成 $\boldsymbol{p}^{(m)}$。当前的最佳参数为 $\boldsymbol{p}_m^* = \underset{1 \leq k \leq m}{\arg\min} \, O\left(\boldsymbol{p}^{(k)}\right)$。如果我们测试一个新的点 $\boldsymbol{p}$，那么只有在 $O(\boldsymbol{p}) < O(\boldsymbol{p}_m^*)$ 的情况下，才会出现改进。也就是说，新目标改进了我们已知的最小值。这种改进的平均值是：

$$\text{EI}_m(\boldsymbol{p}) = E_m\left[\left[O\left(\boldsymbol{p}_m^*\right) - O(\boldsymbol{p})\right]_+\right] \tag{10.11}$$

其中正数部分 $[\cdot]_+$ 强调了当 $O(\boldsymbol{p}) \geq O\left(\boldsymbol{p}_m^*\right)$ 时，增益为 0。期望值以 m 为索引，因为它是相对于基于 m 个样本 $\boldsymbol{p}^{(m)}$ 的 $O(\boldsymbol{p})$ 的后验分布计算的。那么，下一个样本 $\boldsymbol{p}^{m+1}$ 的最佳选择是：

$$\boldsymbol{p}^{m+1} = \underset{\boldsymbol{p}}{\arg\max} \, \text{EI}_m(\boldsymbol{p}) \tag{10.12}$$

也就是预期改进最大的位置。除了 EI，优化也可以在其他函数上进行，如改进的概率函数 $P_m\left[O(\boldsymbol{p}) < O\left(\boldsymbol{p}_m^*\right)\right]$。

迭代过程可以概述如下。

- 第 1 步：针对 m=1,⋯,M_0，计算 $O(\boldsymbol{p}^{(m)})$。
- 第 2a 步：依次计算所有可用点上的 O 的后验密度。
- 第 2b 步：通过式（10.12）计算 $\boldsymbol{p}^{(m+1)}$，得到新的最佳点。
- 第 2c 步：计算新的目标值 $O\left(\boldsymbol{p}^{(m+1)}\right)$。
- 第 3 步：在合理范围内重复第 2a 步～第 2c 步，并返回产生最小目标值的 $\boldsymbol{p}^{(m)}$。

有兴趣的读者可以看看 Snoek 等（2012）和 Frazier（2018），了解这个方法在数值计算上的更多细节。

为了完整，我们介绍最后一种调整超参数的方法。因为优化方案是 $\underset{\boldsymbol{p}}{\arg\min} \, O(\boldsymbol{p})$，一种自然的方法是利用 O 对 $\boldsymbol{p}$ 的敏感性。事实上，如果梯度 $\frac{\partial O}{\partial p_l}$ 是已知的，那么梯度下降将始终改进目标值。问题是很难计算出一个可靠的梯度，因为有限差分需要大量计算机资源。尽管如此，一些方法［例如 Maclaurin 等（2015）］已被成功应用于高维参数空间的优化。

最后可以关注 Bouthillier 和 Varoquaux（2020）的综述，该综述出现在 2019 年举行的两个主要的人工智能会议上。它提到，大多数论文都诉诸超参数调整，最常引用的两种方法是手动调参（手选）和网格搜索。

10.3.2 示例：网格搜索

为了说明网格搜索的过程，我们将尝试为一棵提升树寻找最佳参数，我们将对以下 3 个参数的影响进行量化。

- eta：学习率。
- nrounds：树的数量。
- lambda：权重调节器，通过权重 / 分数的总和来惩罚目标函数。

下面，我们用这些参数创建一个网格：

```
eta <- c(0.1, 0.3, 0.5, 0.7, 0.9)          # eta 的值
nrounds <- c(10, 50, 100)                   # nrounds 的值
lambda <- c(0.01, 0.1, 1, 10, 100)          # lambda 的值
pars <- expand.grid(eta, nrounds, lambda)   # 构建参数组合
head(pars)                                   # 前几行参数组合
##   Var1 Var2 Var3
## 1  0.1   10 0.01
## 2  0.3   10 0.01
## 3  0.5   10 0.01
## 4  0.7   10 0.01
## 5  0.9   10 0.01
## 6  0.1   50 0.01
eta <- pars[,1]
nrounds <- pars[,2]
lambda <- pars[,3]
```

考虑到网格搜索的计算成本，我们在具有少量特征（我们从第 6 章中读取这些特征）的数据集上进行搜索。为了减轻循环带来的负担，我们通过 purrr 包以利用 R 的函数式编程能力。这使得我们可以定义一个函数，以简化代码。该函数编码思路如下：接收数据和参数输入，并返回算法的误差指标。我们选择 MSE 来评估超参数值的影响。

```
grid_par <- function(train_matrix, test_features, test_label, eta, nrounds, lambda){
    fit <- train_matrix %>%
        xgb.train(data = .,                       # 数据源
                  eta = eta,                      # 学习率
                  objective = "reg:squarederror", # 目标函数
                  max_depth = 5,                  # 树的最大深度
                  lambda = lambda,                # 叶值的惩罚
                  gamma = 0.1,                    # 叶节点数量的惩罚
                  nrounds = nrounds,              # 树的数目
                  verbose = 0                     # 不显示过程
        )

    pred <- predict(fit, test_features)           # 预测值
    return(mean((pred-test_label)^2))             # MSE
}
```

grid_par 函数可以由函数式编程工具 pmap 来处理，该工具将自动执行参数值的循环。

```
# grid_par(train_matrix_xgb, xgb_test, testing_sample$R1M_Usd, 0.1, 3, 0.1) # 可能的测试
grd <- pmap(list(eta, nrounds, lambda),           # 网格搜索的参数
            grid_par,                             # 搜索的函数
```

```
        train_matrix = train_matrix_xgb,          # 训练数据
        test_features = xgb_test,                  # 测试特征
        test_label = testing_sample$R1M_Usd        # 测试标签
grd <- data.frame(eta, nrounds, lambda, error = unlist(grd)) # 结果转为数据框
```

一旦计算了所有 MSE，就可以绘制图形。我们选择了 3 个参数，将它们的影响绘制在同一张图上。

```
grd$eta <- as.factor(eta)                          # 作为类别的参数（用于画图）
grd %>% ggplot(aes(x = eta, y = error, fill = eta)) +       # 画图
    geom_bar(stat = "identity") +
    facet_grid(rows = vars(nrounds), cols = vars(lambda)) +
    theme(axis.text.x = element_text(size = 6))
```

如图 10-9 所示，当树的数量（nrounds=10）较少时，小的学习率（η=0.1）不利于预测质量，这意味着算法的学习不够。

网格搜索可以分为两个阶段进行：第一个阶段定位有价值（损失值 / 目标值最低）的区域，第二个阶段在上述区域对网络搜索中的参数进行优化。根据上面的结果，这意味着要考虑多个（超过 50 个，也可能超过 100 个）学习器，并避免大的学习率，如 η=0.9 或 η=0.8。

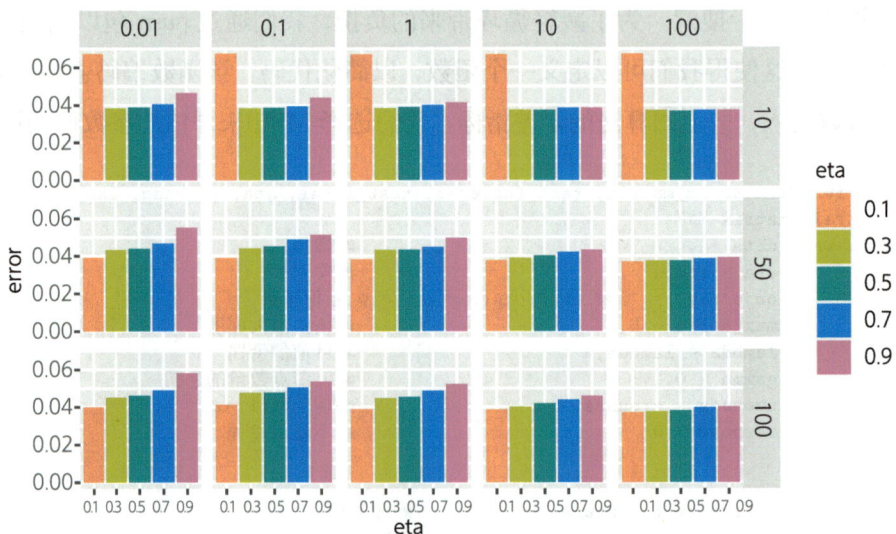

图 10-9　参数值的误差度量（SME）

注：图中的每一行对应于 nrounds，每一列对应于 lambda。

10.3.3　示例：贝叶斯优化

在 R 中，有几个与贝叶斯优化有关的包。我们使用 rBayesianOptimization，它是

通用的，但也需要写更多的代码。

就像网格搜索一样，我们需要编写目标函数，超参数将在此基础上被优化。在 rBayesianOptimization 下，输出必须有一个特定形式，包含一个分数和一个预测变量。该函数将最大化分数，我们将其定义为负的 MSE：

```
bayes_par_opt <- function(train_matrix = train_matrix_xgb,      # 训练数据
                          test_features = xgb_test,             # 测试特征
                          test_label = testing_sample$R1M_Usd,  # 测试标签
                          eta, nrounds, lambda){                # 参数
    fit <- train_matrix %>%
        xgb.train(data = .,                          # 数据
                  eta = eta,                         # 学习率
                  objective = "reg:squarederror",    # 目标函数
                  max_depth = 5,                     # 树的最大深度
                  lambda = lambda,                   # 叶值的惩罚
                  gamma = 0.1,                       # 叶节点数量的惩罚
                  nrounds = round(nrounds),          # 树的数量
                  verbose = 0                        # 不显示过程
        )

    pred <- predict(fit, test_features)              # 预测值
    list(Score = -mean((pred-test_label)^2),         # RMSE 的负值
         Pred = pred)                                # 在测试集上进行预测
}
```

一旦定义了目标函数，就可以将其插入贝叶斯优化器中。

```
library(rBayesianOptimization)
bayes_opt <- BayesianOptimization(bayes_par_opt,       # 最大化目标函数
                  bounds = list(eta = c(0.2, 0.8),      # eta 的范围
                                lambda = c(0.1, 1),     # lambda 的范围
                                nrounds = c(10, 100)),  # nrounds 的范围
                  init_points = 10,       # 第一次估计的 Nb 个初始点
                  n_iter = 24,            # Nb 优化步骤 / 试验
                  acq = "ei",             # 采样函数 = 预期改进
                  verbose = FALSE)
##
## Best Parameters Found:
## Round = 14    eta = 0.3001394 lambda = 0.4517514   nrounds = 10.0000    Value = -0.03793923

bayes_opt$Best_Par
##        eta      lambda     nrounds
##  0.3001394   0.4517514  10.0000000
```

最后的参数表明，抵制过拟合是明智之举，即小数量的学习器和大的惩罚值是最佳选择。

为了证实这些结果，我们绘制了损失和两个超参数之间的关系图。每一点都对应于优化过程中测试的数值。最佳值位于左图的左侧区域和右图的右侧区域，而且这个模式是可靠的（见图 10-10）。根据图 10-10，选择较少数量的树和较大的惩罚系数（最大限度地减少损失）更明智。

```
library("ggpubr") # 用于组合画图的包
plot_rounds <- bayes_opt$History %>%
    ggplot(aes(x = nrounds, y = Value)) + geom_point() + geom_smooth(method = "lm")plot_
lambda <- bayes_opt$History %>%
    ggplot(aes(x = lambda, y = Value)) + geom_point() + geom_smooth(method = "lm")par(mar =
c(1,1,1,1))
ggarrange(plot_rounds, plot_lambda, ncol = 2)
```

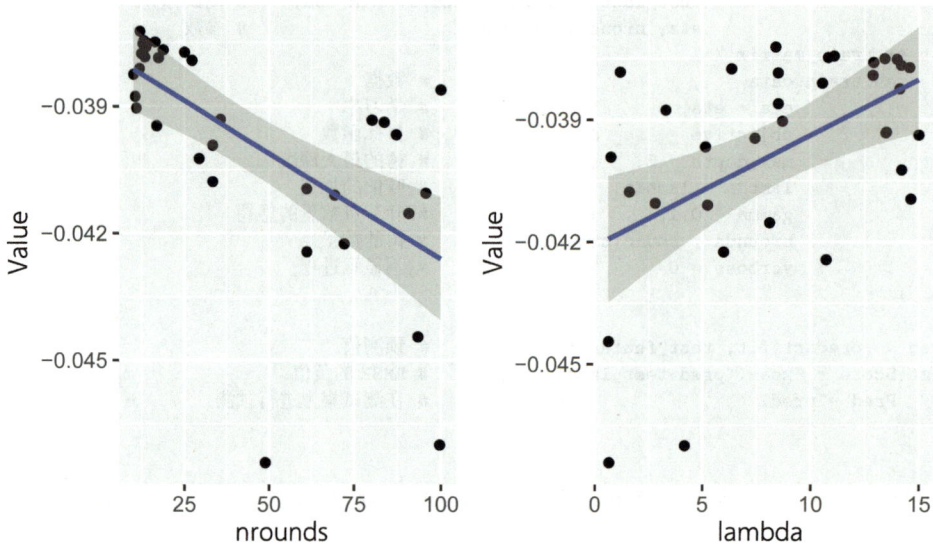

图 10-10　损失和超参数值之间的关系

10.4　关于验证的简短讨论

回测中的验证问题比看上去更复杂。事实上，根据预测模型是动态的（在每次再平衡时被更新）还是固定的，有两种选项可以选择。

让我们从第一个选项开始。在这种情况下，目的是建立一个特有的模型，并在不同的时间段验证它。关于在这种情况下验证模型的方法，目前还存在争议。通常情况下，在连续日期内测试模型是有意义的，并在训练后向前推进。这是有用的，因为它复制了在现实情况下会发生的事情。

在机器学习中，一种流行的方法是将数据分成 K 个分区，并测试 K 个不同的模型：每个模型在 K–1 个分区上训练，然后在剩余的那个分区上测试。这种交叉验证（CV）被大多数专家（和常识）所禁止，原因很简单：大多数时候，训练集使用的数据时期要晚于测试集中的数据。然而，有些人提倡一种特殊形式的 CV，旨在确保训练集和测试集之间没有信息重叠［De Prado（2018）的 7.4 节和 12.4 节］。其前提是，如果收益的横截面结构在一段时间内是恒定的，那么只要没有重叠，对未来的数据进行训练和对过去的数据进行测试就不会有问题。Schnaubelt（2019）为许多验证方案提供了全面而详尽的分析。

De Prado（2018）中引用的一个例子是模型如何应对一个对它而言从未出现过的危机。在 2008 年金融市场崩溃之后，至少有 11 年没有任何大的金融动荡。测试一个基于近期数据构造的模型如何应对危机的方法是，用最近几年（比如 2015—2019 年）的数据对其进行训练，并在 2008 年的不同点（如某个月）进行测试，看其表现如何。

固定模型的优点是验证很容易：对于一组超参数，在一组不同日期的样本上测试模型，并评估模型的表现。对其他参数重复这一过程，并选择最佳的替代方案（或使用贝叶斯优化）。

第二个选项是模型在每次再平衡时被更新（重新训练）。基本想法是，收益的结构随着时间的推移而演变，动态模型将捕捉到最新的趋势。其缺点是在每次再平衡时必须（应该）重新进行验证。

让我们回顾一下回测时需要考虑的维度。

- 策略的数量：可能是几十个或几百个，甚至更多。
- 交易日期的数量：每月再平衡的交易日期为数百个。
- 资产的数量：数百或数千。
- 特征的数量：几十个或几百个。

即使计算机算力（GPU 等）很强，在大量数据上训练大量模型也很耗时，特别是需要在很大的参数空间上调整超参数时。因此，在样本外的每个交易日期验证模型是不现实的。

一个解决方案是保留早期的一部分训练数据，并在这个子样本上进行小规模的验证。参数在有限的训练轮次内进行测试，大多数情况下，它们会表现得比较稳定：在一个训练轮次表现有效的参数，通常在下一个轮次和下下个轮次也会表现得有效。因此，在每个日期更新模型时，可以用这些值进行完整的回测。即使如此，回测仍然很耗费计算资源，因为模型必须在每个再平衡日用最新的数据重新训练。

## 第 11 章

集成模型

不同机器学习模型在不同应用场景下的表现并不完全一致，当面对一个具体的预测任务时，从惩罚性回归、树模型、神经网络、SVM 等众多机器学习模型中挑出效果最佳的那个模型是非常困难的。一个自然而然的想法是将多种算法或学习器（或由它们得出的预测值）进行集成，这样就可以从每种算法中提取出有价值的信息。这种想法并不新鲜，最早可以追溯到 Bates 和 Granger（1969）关于客流量预测的研究。

集成有许多其他名称和同义词，如预测聚合、模型平均、专家混合或预测组合等。下面列出了 6 本集成主题的图书，其中前 4 本是专著，后两本是文献汇编。

- Zhou（2012）：一本涵盖主要集成模型的教科书。
- Schapire 和 Freund（2012）：关于提升（也就是集成）的重要参考文献，书中包含很多理论结果，需要深厚的数学基础。
- Seni 和 Elder（2010）：主要是关于树模型的介绍。
- Claeskens 和 Hjort（2008）：模型选择技术的概述，其中有几章是关于模型集成的。
- Zhang 和 Ma（2012）：包含很多关于集成学习的专题章节。
- Okun 等（2011）：集成学习的应用实例。

在本章中，我们将介绍集成背后的基本思想和概念。关于这个话题的更深层次研究，可以参考上述图书。需要强调的是，一些集成模型已经在前面提到过了，特别是在第 6 章。事实上，随机森林和提升树就是集成模型。关于学习器集成的其他早期论文包括 Schapire（1990）、Jacobs 等（1991）（特别是针对神经网络）以及 Freund 和 Schapire（1997）。例如，集成可以将建立在不同数据集上的模型进行整合（Pesaran 和 Pick，2011），并且可以使其具有一定的时间依赖性（Sun 等，2020）。关于贝叶斯视角下集成的理论观点，可以参考 Razin 和 Levy（2020）。Cheng 和 Zhao（2022）研究了收益率的集成预测，Wang 等（2002）对该话题进行了深入评述，Scholz（2002）则得出了相反的结论（组合并不总是有效）。最后，Gospodinov 和 Maasoumi（2020）以及 De Nard 等（2020）提供了与资产定价和因子建模相关的观点（子采样和预测聚合）。

11.1 线性集成

11.1.1 基本理论

在本章中，我们采用以下符号：我们共使用 M 个模型进行预测，其中 $\tilde{y}_{i,m}$ 是模型 m 对样本 i 的预测值，误差项 $\epsilon_{i,m} = y_i - \tilde{y}_{i,m}$ 构成 $I \times M$ 阶矩阵 $\boldsymbol{E}$。模型线性组合的样本误差等于 $\boldsymbol{Ew}$，其中 $\boldsymbol{w} = \omega_m$ 是分配给每个模型的权重，我们假设 $\boldsymbol{w}'1_M = 1$。因此，使总（平方）误差最小化是一个简单的、具有唯一约束条件的二次规划问题。拉格朗日函数为

$$L(w) = \boldsymbol{w}'\boldsymbol{E}'\boldsymbol{Ew} - \lambda(\boldsymbol{w}'1_M - 1)$$

于是有：

$$\frac{\partial}{\partial \boldsymbol{w}}L(w) = \boldsymbol{E}'\boldsymbol{Ew} - \lambda 1_M = 0 \Leftrightarrow \boldsymbol{w} = \lambda(\boldsymbol{E}'\boldsymbol{E})^{-1}1_M$$

因此约束条件可以写成 $\boldsymbol{w}^* = \dfrac{(\boldsymbol{E}'\boldsymbol{E})^{-1}1_M}{(1'_M\boldsymbol{E}'\boldsymbol{E})^{-1}1_M}$。这种表达形式类似于最小方差投资组合中资产权重的表达式。如果误差是无偏的（函数），则 $\boldsymbol{E}'\boldsymbol{E}$ 是误差的协方差矩阵。这个表达式显示了优化后的线性集成的一个重要特征：只有当模型所阐述的内容不完全一致时，它们才能增加价值。如果有两个模型是多余的，那么 $\boldsymbol{E}'\boldsymbol{E}$ 将接近奇异矩阵，$\boldsymbol{w}^*$ 看似可以靠做空两个模型来套利。这与均值方差投资组合由高度相关的资产构成时的问题完全相同：在这种情况下，多样化失败了，因为当出现问题时，所有资产价值都会下跌。

另一个问题是，当观测值的数量与资产的数量相比太小时，协方差矩阵也将是奇异的。但是对于模型集成来说，这不是一个问题，因为观测值的数量通常比模型的数量大得多（$I >> M$）。

在相关性增加到 1 的极端情况下，上述方程将变得非常不稳定，因此模型集成的结果将不再可靠。举例来说，当 $M = 2$ 时：

$$\boldsymbol{E}'\boldsymbol{E} = \begin{bmatrix} \sigma_1^2 & \rho\sigma_1\sigma_2 \\ \rho\sigma_1\sigma_2 & \sigma_2^2 \end{bmatrix} \Leftrightarrow (\boldsymbol{E}'\boldsymbol{E})^{-1} = \frac{1}{1-\rho^2}\begin{bmatrix} \sigma_1^{-2} & -\rho(\sigma_1\sigma_2)^{-1} \\ -\rho(\sigma_1\sigma_2)^{-1} & \sigma_2^{-2} \end{bmatrix}$$

当 $\rho \to 1$ 时，具有最小误差（最小 σ_i^2）的模型，其权重将趋向于无穷大，而相对应的另一个模型将有一个无限大的负权重，也就是该模型在两个高度相关的变量之间套利，这是一个非常糟糕的想法。

还有另一个例子来说明由相关性引起的问题。假设我们有 M 个相关的误差项 ϵ_m，其两两相关系数为 ρ、均值为 0 和方差为 σ^2。则误差的方差为：

$$E\left[\frac{1}{M}\sum_{m=1}^{M}\epsilon_m^2\right]=\frac{1}{M^2}\left[\sum_{m=1}^{M}\epsilon_m^2+\sum_{m\neq n}\epsilon_n\epsilon_m\right]=\frac{\sigma^2}{M}+\frac{1}{M^2}\sum_{n\neq m}\rho\sigma^2=\rho\sigma^2+\frac{\sigma^2(1-\rho)}{M}$$

随着 M 的增加，最右边第二项将收敛至 0，第一项仅随着 ρ 线性增加。由于方差总是正的，因此 M 个变量间两两相关系数的下边界为 $-(M-1)^{-1}$。这个结果很有趣，但在教科书中很少见到。

为了规避相关性带来的麻烦，一项开创性的研究（Breiman，1996）提出了一项改进，即对权重实施正向约束并求解：

$$\underset{\boldsymbol{w}}{\text{argmin}}\ \ \boldsymbol{w}'\boldsymbol{E}'\boldsymbol{E}\boldsymbol{w},\qquad \text{s.t.}\ \begin{cases}\boldsymbol{w}'\boldsymbol{1}_M=1\\ w_m\geq 0\quad \forall m\end{cases}$$

从机制上讲，如果几个模型是高度相关的，那么约束条件将使得其中只有一个模型的权重是不为 0 的。如果有许多模型，那么最小化程序将只赋予其中少数几个的权重非零。根据 Jagannathan 和 Ma（2003）对投资组合优化的研究，在构建均值 - 方差投资组合时，提前设定好约束条件是有益的。在我们的设定中，约束条件同样有助于在"最佳"模型中进行有效判别。

在学术研究中，Von Holstein（1972）早就检验了预测组合和模型平均（它们是模型集成的同义词）在股票市场的应用。令人惊讶的是，相关文章并没有发表在金融期刊上，而是发表在管理学（Virtanen 和 Yli-Olli，1987；Wang 等，2012）、经济学和计量经济学（Donaldson 和 Kamstra，1996；Clark 和 McCracken，2009；Mascio 等，2020）、运筹学（Huang 等，2005；Leung 等，2001；Bonaccolto 和 Paterlini，2019）以及计算机科学（Harrald 和 Kamstra，1997；Hassan 等，2007）等领域的期刊上。

在一般性的预测文献中，已经有许多替代的（改进的）组合预测方法。修剪意见池库［trimmed opinion pools（Grushka-Cockayne 等，2016）］计算的是非极端预测值［或噪声较少，见 Chiang 等（2021）］的平均数。Pike 和 Vazquez-Grande（2020）开发了基于前期预测误差权重的集成模型。Gaba 等（2017）的研究提供了详尽的组合清单，并对各方法的效用进行了经验研究。最后，关于模型平均与模型选择的理论讨论，可以参考 Peng 和 Yang（2021）。总体来说，研究结论并不一致，简单平均法往往是最有效、最难以被超越的［例如 Genre 等（2013）］。

11.1.2 案例

为了建立一个集成模型，我们将预测值和对应的误差项放在矩阵 $\boldsymbol{E}$ 中。我们将使用前几章介绍的 5 个模型进行训练，包括惩罚性回归、简单树模型、随机森林、XGBoost 和前馈神经网络。训练误差的平均值为 0，因此 $\boldsymbol{E}'\boldsymbol{E}$ 是模型间误差的协方差矩阵。

```
err_pen_train <- predict(fit_pen_pred, x_penalized_train) - training_sample$R1M_Usd       # 惩罚性回归
err_tree_train <- predict(fit_tree, training_sample) - training_sample$R1M_Usd             # 简单树模型
err_RF_train <- predict(fit_RF, training_sample) - training_sample$R1M_Usd                 # 随机森林
err_XGB_train <- predict(fit_xgb, train_matrix_xgb) - training_sample$R1M_Usd              # XGBoost
err_NN_train <- predict(model, NN_train_features) - training_sample$R1M_Usd                # 前馈神经网络
E <- cbind(err_pen_train, err_tree_train, err_RF_train, err_XGB_train, err_NN_train)       # E 矩阵
colnames(E) <- c("Pen_reg", "Tree", "RF", "XGB", "NN")                                     # 命名
cor(E)                                                                                     # 相关系数矩阵
```

```
##           Pen_reg      Tree        RF       XGB        NN
## Pen_reg 1.0000000 0.9984394 0.9968224 0.9310186 0.9972011
## Tree    0.9984394 1.0000000 0.9974647 0.9296081 0.9975877
## RF      0.9968224 0.9974647 1.0000000 0.9281725 0.9970868
## XGB     0.9310186 0.9296081 0.9281725 1.0000000 0.9285790
## NN      0.9972011 0.9975877 0.9970868 0.9285790 1.0000000
```

如相关系数矩阵所示，这些模型的预测结果差异不大。相关系数最低的情况（虽然高于 95%）出现在使用提升树模型（XGBoost）的时候。下面，我们通过计算平均绝对误差来比较模型的训练精度。

```
apply(abs(E), 2, mean) # 平均绝对误差
```

```
##    Pen_reg       Tree         RF        XGB         NN
## 0.08345916 0.08362133 0.08327121 0.08986993 0.08357971
```

表现最好的机器学习模型是随机森林，而提升树模型是最差的。下面，我们计算了模型组合的最优（无约束）权重。

```
w_ensemble <- solve(t(E) %*% E) %*% rep(1,5)                    # 最佳权重
w_ensemble <- w_ensemble / sum(w_ensemble)
w_ensemble
```

```
##                  [,1]
## Pen_reg -0.658308976
## Tree    -0.096810356
## RF       1.362324092
## XGB     -0.001376569
## NN       0.394171809
```

由于各模型间的相关性很高，最佳权重间的差异较大，无法体现出多样化的优势：它们给随机森林（样本中最好的模型）赋予的权重很大，并通过"做空"（译者注：即赋予负的权重）其他几个模型来对冲随机森林模型的高权重。正如人们所预期的那样，具有最大负权重的模型（惩罚性回归）与随机森林的相关性非常高，达到了 0.997。

请注意，上述权重是基于训练集上的误差计算而来的。我们随后在测试样本上对最佳组合进行测试。下面，我们计算出样本外（测试）误差及其平均绝对值。

```
err_pen_test <- predict(fit_pen_pred, x_penalized_test) - testing_sample$R1M_Usd          # 惩罚性回归
err_tree_test <- predict(fit_tree, testing_sample) - testing_sample$R1M_Usd               # 简单树模型
err_RF_test <- predict(fit_RF, testing_sample) - testing_sample$R1M_Usd                   # 随机森林
```

```
err_XGB_test <- predict(fit_xgb, xgb_test) - testing_sample$R1M_Usd        # XGBoost
err_NN_test <- predict(model, NN_test_features) - testing_sample$R1M_Usd   # 前馈神经网络
E_test <- cbind(err_pen_test, err_tree_test, err_RF_test, err_XGB_test, err_NN_test) # E 矩阵
colnames(E_test) <- c("Pen_reg", "Tree", "RF", "XGB", "NN")apply(abs(E_test), 2, mean) # 平均绝对值

##     Pen_reg       Tree         RF        XGB         NN
## 0.06618181 0.06653527 0.06710349 0.07170801 0.06702627
```

提升树模型仍然是表现最差的算法，而简单模型（惩罚性回归和简单树模型）是表现最好的。最朴素的（简单的）组合是模型和预测值的简单平均。

```
err_EW_test <- apply(E_test, 1, mean)  # 等权组合
mean(abs(err_EW_test))

## [1] 0.06690059
```

因为误差相关性较高，等权重的预测组合产生的平均误差位于单个误差的"中间"，多样化的好处非常少。现在我们来测试一下"最佳"组合 $w^* = \dfrac{(E'E)^{-1}1_M}{(1'_M E'E)^{-1}1_M}$：

```
err_opt_test <- E_test %*% w_ensemble  # 最佳无约束组合
mean(abs(err_opt_test))

## [1] 0.06838353
```

同样，由于各模型之间缺乏多样化，结果也是令人失望的。误差之间的相关性不仅在训练样本上很高，而且在测试样本上也很高，如下所示：

```
cor(E_test)
##            Pen_reg      Tree        RF       XGB        NN
## Pen_reg  1.0000000 0.9987069 0.9968882 0.9537914 0.9967180
## Tree     0.9987069 1.0000000 0.9978366 0.9583641 0.9976389
## RF       0.9968882 0.9978366 1.0000000 0.9606570 0.9973634
## XGB      0.9537914 0.9583641 0.9606570 1.0000000 0.9600067
## NN       0.9967180 0.9976389 0.9973634 0.9600067 1.0000000
```

来自最优解的杠杆作用只会加剧问题的严重性，并使组合的表现不如简单的等权组合。我们以 Breiman（1996）使用 quadprog 软件包的约束性表述来结束本小节。

如果我们用 Σ 表示误差的协方差矩阵，目标函数为：

$$w^* = \underset{\mathbf{w}}{\arg\min}\ \mathbf{w}'\Sigma\mathbf{w},\quad \mathbf{1}'\mathbf{w}=1,\quad w_i \geq 0$$

限制条件可以写为：

$$\mathbf{Aw} = \begin{bmatrix} 1 & 1 & 1 \\ 1 & 0 & 0 \\ 0 & 1 & 0 \\ 0 & 0 & 1 \end{bmatrix}\mathbf{w} \quad 对应 \quad \mathbf{b} = \begin{bmatrix} 1 \\ 0 \\ 0 \\ 0 \end{bmatrix}$$

其中第一行是一个等式（权重之和为 1），后 3 行是不等式（权重均为正）。

```
library(quadprog)                                    # 二次规划软件包
Sigma <- t(E) %*% E                                  # 未缩放的协方差矩阵
nb_mods <- nrow(Sigma)                               # 模型数量
w_const <- solve.QP(Dmat = Sigma,                    # D 矩阵为协方差矩阵
            dvec = rep(0, nb_mods),                  # 零向量
            Amat = rbind(rep(1, nb_mods), diag(nb_mods)) %>% t(), # 约束条件 A 矩阵
            bvec = c(1,rep(0, nb_mods)),             # 约束条件 b 向量
            meq = 1                                  # 第一行为等式，其他为不等式
            )
w_const$solution %>% round(3)                        # 求解

## [1] 0 0 1 0 0
```

与无约束的权重相比，有约束的权重是稀疏的，集中在一个或两个训练样本误差
小的模型上。

11.2 堆叠集成

11.2.1 两阶段训练

堆叠集成是线性集成的一般化形式。泛化线性集成的想法至少可以追溯到 Wolpert
（1992b）。一般情况下，训练是分两个阶段进行的。第一个阶段是 M 个模型独立训练，
产生对观测值 i 和模型 m 的预测值 $\tilde{y}_{i,m}$。第二个阶段是将训练好的模型输出作为新一级
机器学习优化器的输入。第二层模型的预测值是 $\bar{y}_i = h(\tilde{y}_{i,1}, \cdots, \tilde{y}_{i,M})$，其中 h 是一个新
的学习器，如图 11-1 所示。线性集成也属于堆叠集成的一个特例，其第二层模型是线
性回归。

应用同样的技术来最小化真实值 y_i 和预测值 $\bar{y}_i$ 间的误差。

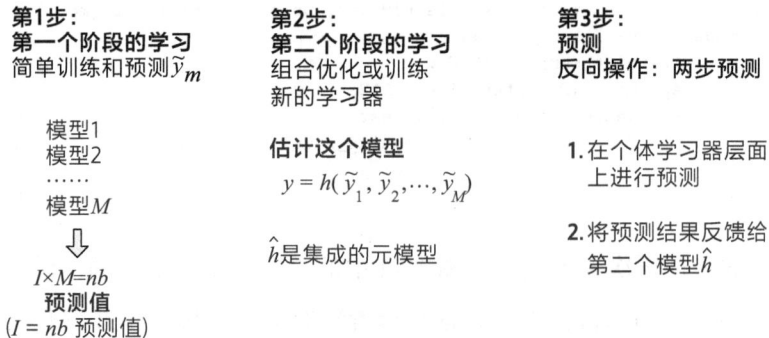

第1步：
第一个阶段的学习
简单训练和预测 $\tilde{y}_m$

模型1
模型2
……
模型 M

⬇

$I \times M = nb$
预测值
（$I = nb$ 预测值）

第2步：
第二个阶段的学习
组合优化或训练
新的学习器

估计这个模型
$$y = h(\tilde{y}_1, \tilde{y}_2, \cdots, \tilde{y}_M)$$

$\hat{h}$ 是集成的元模型

第3步：
预测
反向操作：两步预测

1. 在个体学习器层面
   上进行预测

2. 将预测结果反馈给
   第二个模型 $\hat{h}$

图 11-1 堆叠集成的流程

11.2.2　代码和结果

下面，我们创建一个低维神经网络，它集成每个模型的独立预测，并将其训练为一个集成预测值。

```
model_stack <- keras_model_sequential()
model_stack %>%        # 定义网络结构，即各层是如何组织的
layer_dense(units = 8, activation = 'relu', input_shape = nb_mods) %>%
    layer_dense(units = 4, activation = 'tanh') %>%
    layer_dense(units = 1)
```

该网络的结构非常简单，这使得模型很可能会过拟合，所以我们不包括任何可选参数。由于我们的目标是预测收益，因此损失函数采用标准的 L^2 范数。

```
model_stack %>% compile(                        # 模型设定
    loss = 'mean_squared_error',                # 损失函数
optimizer = optimizer_rmsprop(),                # 优化方法（权重更新）
metrics = c('mean_absolute_error')              # 输出矩阵
)
summary(model_stack)                            # 模型结构

## Model: "sequential_5"
## ------------------------------------------------------------------------
## Layer (type)                    Output Shape                  Param #
## ========================================================================
## dense_13 (Dense)                (None, 8)                     48
## ------------------------------------------------------------------------
## dense_12 (Dense)                (None, 4)                     36
## ------------------------------------------------------------------------
## dense_11 (Dense)                (None, 1)                     5
## ========================================================================
## Total params: 89
## Trainable params: 89
## Non-trainable params: 0
## ------------------------------------------------------------------------

y_tilde <- E + matrix(rep(training_sample$R1M_Usd, nb_mods), ncol = nb_mods)    # 训练
y_test <- E_test + matrix(rep(testing_sample$R1M_Usd, nb_mods), ncol = nb_mods) # 测试
fit_NN_stack <- model_stack %>% fit(y_tilde,                          # 训练特征
                training_sample$R1M_Usd,                              # 训练标签
                epochs = 12, batch_size = 512,                        # 训练参数
                validation_data = list(y_test,                        # 测试特征
                                testing_sample$R1M_Usd)               # 测试标签
)
plot(fit_NN_stack)                                                    # 画图
```

集成模型的表现再次令人失望：图 11-2 中的学习曲线是平坦的，说明几轮反向传播是无用的。训练增加的价值不大，这意味着新的上层结构模型并没有增强原有的预测。同样，这是因为所有的机器学习模型几乎都在捕捉相同的模式，所以它们的线性和非线性组合都不能提高其性能。

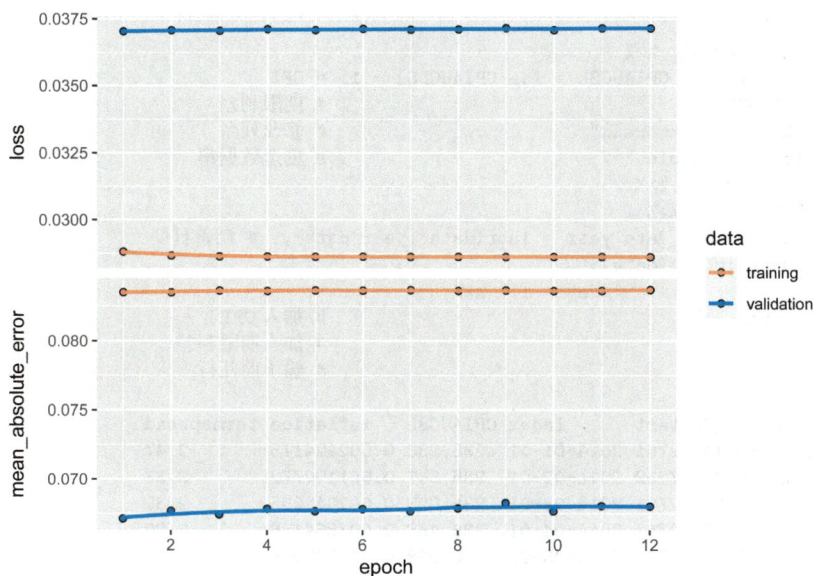

图 11-2　集成模型的训练

11.3　扩展

11.3.1　外生变量

在金融问题中，宏观经济指标可用于在预测过程中增加价值。一些模型可能在某些条件下表现得更好，因此外生预测变量可以在预测过程中引入经济条件状态，从而改善预测的效果。

将宏观经济指标添加到预测变量集中似乎是实现这一目标的方法之一，然而，这相当于将预测变量与（可能已经标准化的）经济指标混合在一起，这没有多大意义。

另一种方法是利用宏观经济指标训练简单的树模型。如果标签是原始预测值的（可能是绝对的）误差，那么树模型就会产生具有相似误差值的聚类。这将揭示哪些条件会分别导致最佳和最差的预测。我们在下面使用圣路易斯联邦储备局的汇总数据来测试这种方法。quantmod 包中提供了一个简单的下载功能，我们下载并格式化数据，其中 CPIAUCSL 是消费价格指数（CPI）的代码，T10Y2YM 是期限利差（10 年期利率减 2 年期利率）的代码。

```
library(quantmod)                        # 提取数据的包
library(lubridate)                       # 日期管理的包
getSymbols("CPIAUCSL", src = "FRED")     # 圣路易斯联邦储备局
## [1] "CPIAUCSL"
getSymbols("T10Y2YM", src = "FRED")
```

```
## [1] "T10Y2YM"
cpi <- fortify(CPIAUCSL) %>%
    mutate (inflation = CPIAUCSL / lag(CPIAUCSL) - 1) # CPI
ts <- fortify(T10Y2YM)                               # 期限利差
colnames(ts)[2] <- "termspread"                      # 修改列名
ens_data <- testing_sample %>%                       # 创造数据集
    dplyr::select(date) %>%
    cbind(err_NN_test) %>%
    mutate(Index = make_date(year = lubridate::year(date),  # 调整日期
month = lubridate::month(date),
                            day = 1)) %>%
    left_join(cpi) %>%                               # 加入 CPI
    left_join(ts)                                    # 加入期限利差
head(ens_data)                                       # 输出前几行

##          date err_NN_test      Index CPIAUCSL   inflation termspread
## 1 2014-01-31 -0.14262761 2014-01-01  235.288 0.002424175       2.47
## 2 2014-02-28  0.08037239 2014-02-01  235.547 0.001100779       2.38
## 3 2014-03-31 -0.01262761 2014-03-01  236.028 0.002042055       2.32
## 4 2014-04-30 -0.07662761 2014-04-01  236.468 0.001864186       2.29
## 5 2014-05-31 -0.08362761 2014-05-01  236.918 0.001903006       2.17
## 6 2014-06-30  0.04637239 2014-06-01  237.231 0.001321132       2.15
```

我们现在可以建立一棵树，用宏观经济指标的函数来对模型的准确性进行分析，如图 11-3 所示。

```
library(rpart.plot)     # 加载决策树画图的包
fit_ens <- rpart(abs(err_NN_test) ~ inflation + termspread, # 决策树模型
            data = ens_data,
            cp = 0.001)                            # 设定参数
rpart.plot(fit_ens)                                # 画图
```

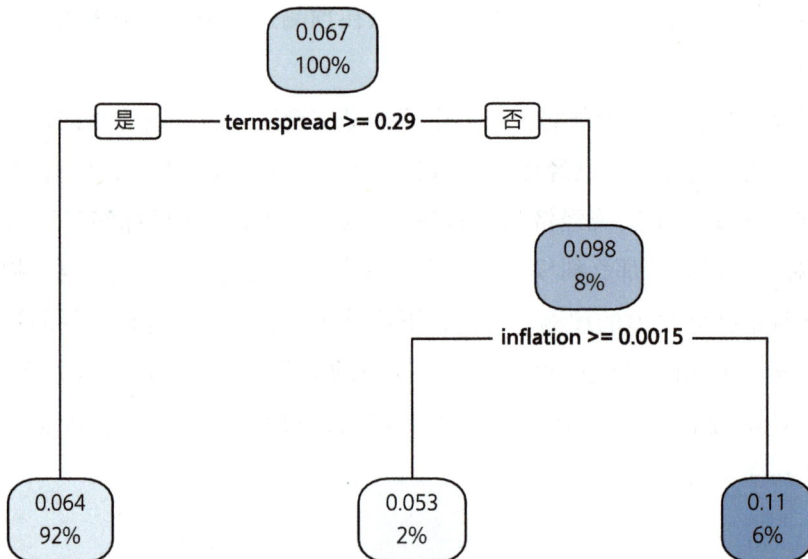

图 11-3　树模型的结构

该树产生了具有同质绝对误差值的聚类。一个大的聚类（左边那个）聚集了 92%
的预测，是平均数最小的一个。它对应的是期限利差大于等于 0.29 个百分点的时期。
其他两个聚类（当期限利差小于 0.29 个百分点时）是根据通货膨胀水平决定的。如果
通胀率是正数，那么平均绝对误差为 5.3%；如果不是，则为 11%。最后一个数字是 3
个数字中最高的，表明当期限利差较小而通货膨胀为负时，模型的预测是不可信的，
因为其误差的大小是其他时期的两倍。在这种情况下（似乎与恶劣的经济环境有关），
不使用机器学习模型进行预测可能是比较明智的。

11.3.2　缩小模型间的相关性

如本章前面所述，当第一层预测高度相关时，就会出现问题。在这种情况下，集
成几乎是无用的。有几种方法可以帮助缩小这种相关性，最简单和最好的方法是改变
训练样本。算法训练的数据不同，它们可能会推断出不同的模式。

有几种方法可以分割训练数据，以便建立不同的训练子样本，包括随机拆分和确
定拆分。随机拆分很容易，只需要固定目标样本大小。请注意，只要重叠的部分不是
太多，训练样本可以是重叠的。如果原始训练样本有 I 个样本点，而集成需要 M 个模
型，子样本大小为 $\lfloor I/M \rfloor$ 就会过于保守，特别是在训练样本不是很大的情况下。在这
种情况下，子样本的大小设定为 $\lfloor I/\sqrt{M} \rfloor$ 可能是一个更好的选择。随机森林就是建立
在随机训练样本中的集成模型。

确定拆分的一个优点是，其结果不依赖于生成随机数的种子，因而很容易被复现。
根据基于因子的训练样本的性质，确定拆分是在时间和资产之间进行分割的。资产内
部的拆分是直接的：每个模型都是在不同的股票集上训练的。请注意，股票集的选
择可以是随机的，也可以由一些基于因子的标准来决定，如规模、动量、账面 - 市值
比等。

日期的分割需要考虑其他因素。数据是否被分割成大块（如按年份），每个模型得
到一个块，它可能代表一种特定的市场条件？还是更有规律地划分训练日期？例如，
如果集成中有 12 个模型，每个模型可以在特定月份的数据上进行训练，如第一个模型
对应 1 月的数据，第二个模型对应 2 月的数据，等等。

下面，我们在 4 个不同的年份上训练 4 个模型，看看这是否有助于缩小模型间的
相关性。这个过程有点冗长，因为样本和模型都需要重新定义。我们首先创建 4 个训
练样本。第三个模型在小的特征子集上工作，因此样本比较小。

```
training_sample_2007 <- training_sample %>%
    filter(date > "2006-12-31", date < "2008-01-01")
training_sample_2009 <- training_sample %>%
```

```
    filter(date > "2008-12-31", date < "2010-01-01")
training_sample_2011 <- training_sample %>%
    dplyr::select(c("date",features_short, "R1M_Usd")) %>%
        filter(date > "2010-12-31", date < "2012-01-01")
training_sample_2013 <- training_sample %>%
    filter(date > "2012-12-31", date < "2014-01-01")
```

然后，我们开始进行模型的训练。代码跟前几章的差不多，第一个模型是惩罚性回归。在下面的所有预测中，模型都使用了原始测试样本。

```
y_ens_2007 <- training_sample_2007$R1M_Usd                      # 被解释变量
x_ens_2007 <- training_sample_2007 %>%                          # 预测变量
dplyr::select(features) %>% as.matrix()
fit_ens_2007 <- glmnet(x_ens_2007, y_ens_2007, alpha = 0.1, lambda = 0.1)   # 模型
err_ens_2007 <- predict(fit_ens_2007, x_penalized_test) - testing_sample$R1M_Usd # 预测误差
```

第二个模型是随机森林：

```
fit_ens_2009 <- randomForest(formula,                    # 公式与简单树模型的一致
        data = training_sample_2009,                     # 用 2009 年的训练样本
            sampsize = 4000,                             # 每棵树所用的样本量
            replace = FALSE,                             # 可以重抽样吗?
            nodesize = 100,                              # 叶节点的最小规模
            ntree = 40,                                  # 决策树的数量
            mtry = 30                                    # 每棵树所用的预测变量数
)
err_ens_2009 <- predict(fit_ens_2009, testing_sample) - testing_sample$R1M_Usd # 预测误差
```

第三个模型是提升树：

```
train_features_2011 <- training_sample_2011 %>%
dplyr::select(features_short) %>% as.matrix()                     # 被解释变量
train_label_2011 <- training_sample_2011 %>%
dplyr::select(R1M_Usd) %>% as.matrix()                           # 解释变量
train_matrix_2011 <- xgb.DMatrix(data = train_features_2011,
                            label = train_label_2011)            # XGB 格式！
fit_ens_2011 <- xgb.train(data = train_matrix_2011,             # 数据来源
            eta = 0.4,                                           # 学习率
            objective = "reg:linear",                            # 目标函数
            max_depth = 4,                                       # 决策树最大深度
        nrounds = 18                                             # 决策树数量
    )
## [17:05:22] WARNING: amalgamation/../src/objective/regression_obj.cu:188: reg:linear is
now deprecated in favor of reg:squarederror.
err_ens_2011 <- predict(fit_ens_2011, xgb_test) - testing_sample$R1M_Usd # 预测误差
```

最后一个模型是简单的神经网络：

```
NN_features_2013 <- dplyr::select(training_sample_2013, features) %>%
    as.matrix()        # 需要转成矩阵格式
NN_labels_2013 <- training_sample_2013$R1M_Usd
model_ens_2013 <- keras_model_sequential()
model_ens_2013 %>%    # 定义网络结构，即各层是如何组织的
```

```
layer_dense(units = 16, activation = 'relu', input_shape = ncol(NN_features_2013)) %>%
    layer_dense(units = 8, activation = 'tanh') %>%
    layer_dense(units = 1)
model_ens_2013 %>% compile(                              # 模型设定
loss = 'mean_squared_error',                             # 损失函数
optimizer = optimizer_rmsprop(),                         # 优化方法（权重更新）
metrics = c('mean_absolute_error')                       # 输出指标
)
model_ens_2013 %>% fit(NN_features_2013,                      # 训练特征
                       NN_labels_2013,                        # 训练标签
                       epochs = 9, batch_size = 128           # 训练参数
)
err_ens_2013 <- predict(model_ens_2013, NN_test_features) - testing_sample$R1M_Usd
```

有了 4 个模型的误差，我们可以计算它们的相关系数矩阵。

```
E_subtraining <- tibble(err_ens_2007,
                        err_ens_2009,
                        err_ens_2011,
                        err_ens_2013)
cor(E_subtraining)

##                 err_ens_2007 err_ens_2009 err_ens_2011 err_ens_2013
## err_ens_2007     1.0000000    0.9570006    0.6460091    0.9991217
## err_ens_2009     0.9570006    1.0000000    0.6290043    0.9593149
## err_ens_2011     0.6460091    0.6290043    1.0000000    0.6456751
## err_ens_2013     0.9991217    0.9593149    0.6456751    1.0000000
```

结果总体上是令人失望的。只有一个模型成功地提取了与其他模型不同的模式，导致整个模型的相关度为 65%。神经网络（2013 年的数据）和惩罚性回归（2007 年的数据）仍然高度相关。一个可能的解释是，这些模型主要捕获的是噪声而非信号。用长期的标签（如年度收益率）来进行分析，可能可以帮助提高各模型的多样化。

11.4　代码练习

在 Keras 训练的 3 个神经网络的基础上建立一个集成模型。每个神经网络利用三分之一的预测变量作为输入。这 3 个网络产生一个分类（是 / 否或买 / 卖）。总体网络将 3 个输出汇总成一个最终输出。评估它在测试样本上的表现。

第 12 章

投资组合回测

在本章中，我们将介绍分析和比较投资组合策略时使用的符号和框架。投资组合回测通常旨在寻找最佳策略，或者至少找到一个稳定盈利的策略。然而，如果把回测进行的过分精细，那么这项漫长的努力可能会诱使外行人将其视为稳健的策略，但实际上盈利的获得可能仅仅是依靠运气。两篇连续发表的论文警告了数据窥探的危险，这与 p 值挖掘有关。在有数据窥探和 p 值挖掘的情况下，研究者会对数据进行反复挖掘，直到得到所要的结果。

Fabozzi 和 Prado（2018）承认，只有那些有效的策略才会被发表出来，而它们背后有成千上万个曾被测试过的策略。挑选出的唯一有效策略很可能在真实交易时让人失望。与此类似，Arnott 等（2019）提供了一份所有分析师在执行回测策略时都应该遵循的原则和保障措施清单，以避免出现 I 类或 II 类错误。最糟糕的类型是假阳性，即策略被发现只是在某个特殊的市场环境下有效（通常是精心挑选出来的），但在实时交易中很可能会失败。

除了关于投资组合构建的建议外，Arnott 等（2019）还警告，不要盲目投资与学术因子有关的 smart beta 产品。期望值不应该定得太高，否则大概率会失望。他们文章的另一个启示是，经济周期对因子收益率有很大的影响：因子间的相关性变化很快，在重大衰退时期，收益率的回撤可能会被放大。

回测比它表面上看起来更复杂，而且很容易出现一些小错误，这些错误将造成投资组合策略表面上看起来很不错。本章将阐述回测的严格方法，讨论一些注意事项，并介绍相关案例。

12.1　基本设定

我们考虑一个有 3 个维度的数据集：时间 $t = 1, \cdots, T$，资产 $n = 1, \cdots, N$ 和特征 $k = 1, \cdots, K$。其中一个属性是资产 n 在时间 t 上的价格，我们将它记为 $p_{t,n}$。算术收益率的计算是直接的，其他盈利能力的计算方法类似。方便起见，我们假设时间是等距或均匀的，即 t 是一个交易日或一个月。如果每一个时间 t 都包括所有资产的数据，那么这就构成了一个包含 $I = T \times N$ 行的数据集。

数据集首先被一分为二：样本外时期和缓冲期。缓冲期数据的作用是训练用来首次构建投资组合的模型。这个时期的长度是由训练样本的大小决定的，通常有两种选择：固定的（通常是 2 ～ 10 年）和扩展的。第一种选择，训练样本将随着时间的推移而滚动，因而只考虑最近的数据。第二种选择，模型建立在所有可用的数据上，其样本量随时间而增加。后一种选择可能会产生问题，因为与回测的末期相比，回测的初期所包含的信息量要小得多。此外，包括完整的历史收益率和特征是否有益于建模一直存在争议。支持者认为，这可以让模型看到许多不同的市场条件；反对者则认为，旧的数据从定义上来说是过时的，是没有用的，而且可能有误导性，因为它不会反映当前或未来的短期波动。

因此，我们为训练样本选择了滚动窗口，如图 12-1 所示。

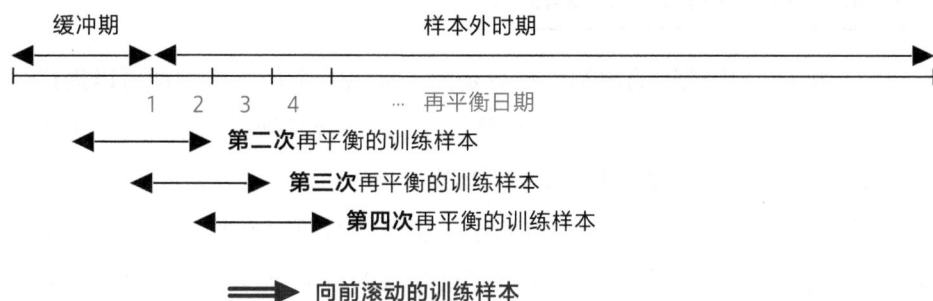

图 12-1　用滚动窗口进行回测　（第一个时期的训练集只是缓冲期）

两个关键的参数是再平衡频率和计算标签的时间尺度。一般来说二者并不需要相等，而是只要合理即可。例如，以未来 12 个月的收益率为标签（捕捉长趋势）的模型，也可以按照月频或者季频来进行再平衡。然而，如果以短期的收益率（例如月收益率）为预测目标，但是却按照更长的尺度来进行再平衡，就会显得匪夷所思。

这些选择对回测有直接影响。我们假定：

- Δ_h 表示两个再平衡日期之间的持有期（以天或月为单位），即再平衡频率；
- Δ_s 为所需训练样本的大小（以天或月为单位，不考虑资产的数量）；
- Δ_l 为计算标签的时间范围（以天或月为单位）。

那么训练样本的总长度应该是 $\Delta_s+\Delta_l$。事实上，在任意时间 t，训练样本的终止时间应为 $t-\Delta_l$，这样才能保证上述区间内最后一个样本点的收益率标记是通过截至时间 t 的数据计算而来的。在图 12-2 中，我们以红色突出显示危险区。我们称它为危险区，是因为区间 $(t-\Delta_l, t]$ 的观测点都容易产生前视偏差。事实上，如果一个特征的索引为 $s \in (t-\Delta_l, t]$，那么根据定义，与其对应的标签涵盖的时间段为 $[s, s+\Delta_l]$ 且 $s+\Delta_l > t$。在 t 时，需要用到未来的数据来计算其标签，这显然是不切实际的。

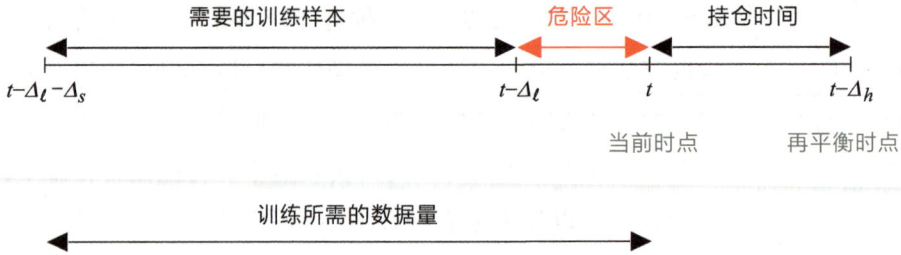

图 12-2　滚动训练样本需要关注的细节

12.2　将信号转化为投资组合的权重

第 5 章～第 11 章中概述的预测工具只是为了提供一个信号，预期可以提供一些关于资产未来收益的信息。有很多方法可以将这个信号整合到投资决策中。〔关于将机器学习整合到投资决策中的方法，见 Snow（2020）。〕

首先，投资组合构建过程中至少有两个步骤，信号可以在其中任意一个步骤中使用。如果在这两个步骤中均使用上述信号则会造成对预测结果过度依赖，因而只有在预测的置信度很高时才应考虑这种做法。

第一步是资产筛选。虽然预测工作可以在大量的资产上进行，但并不是一定要投资所有这些资产。事实上，对于多头投资组合来说，利用信号排除那些可能在未来表现不佳的资产是非常有价值的。通常情况下，投资组合对于被纳入资产的数量有固定的限制，这规定了固定的资产数量。利用信号的一个简单方法是只选择那些有最佳预测的资产，而放弃其余资产。这种简单的方法常被使用在资产定价的文献之中：根据基础特征的分位数来构造投资组合，如果相应的排序组合表现出显著不同的收益率（例如，高数值组合的平均收益率与低数值组合的平均收益率有较大差异），那么这些特征被认为是有价值的。

上述方法能够有效检验信号能否预测未来收益率。假定根据信号将资产进行排序，生成 Q（$q=1,\cdots,Q$）个投资组合，预期投资组合的样本外表现随 q 单调变化。虽然对单调性的严格检验需要考虑所有的投资组合（Romano 和 Wolf，2013），但通常只检验首尾两个极端的投资组合就足够了。如果 1 号投资组合和 Q 号投资组合间的收益率差异很大，那么这个信号就很有价值。如果投资者能够做空资产，这就相当于构造了一个中性策略。

第二步是确定资产权重。如果资产筛选过程依赖于信号，那么最好使用一个简单的确定资产权重的方案。众所周知，等权重的投资组合很难被击败（DeMiguel 等，

2009），尤其是相对市值加权这个替代方案而言（Plyakha 等，2016）。更先进的方案包括风险平价策略（Maillard 等，2010）和带约束的最小方差策略（Coqueret，2015）等，这两种方案都只依赖于资产的协方差矩阵，而不依赖对收益的预测。

为了完整，我们展示了 Coqueret（2015）的一般形式，它是一个通用的约束二次规划问题：

$$\min_{w} \frac{\lambda}{2} w'\Sigma w - w'\mu, \quad \text{s.t.} \quad \begin{array}{l} w'\mathbf{1} = 1, \\ (w-w_-)'\Lambda(w-w_-) \leq \delta_R, \\ w'w \leq \delta_D \end{array} \tag{12.1}$$

其中，左边是一个通用的均值 - 方差优化方程，在右边施加了 3 个约束。第一个是预算约束（权重之和为 1）。第二个是惩罚权重的变化约束（与当前分配的权重相比，w_-），通过一个对角线矩阵 Λ 来惩罚交易成本。这一步很关键，投资组合很少从头开始构建，大多数情况下是从现有头寸开始调整的。为了减少订单和降低相应的交易成本，有可能对现有组合的巨大变化进行惩罚。在上述方程中，当前的权重记为 w_-，目标权重记为 w，这样 $w-w_-$ 就是偏离当前头寸的向量。$(w-w_-)'\Lambda(w-w_-)$，描述了偏差的平方之和，由对角线系数 $\Lambda_{n,n}$ 加权。这可能很有帮助，因为有些资产由于流动性较差而导致交易成本较高（大盘股的流动性较高，其交易成本也较低）。当 δ_R 减少时，由于权重不允许太过偏离 w_-，交易就会减少。最后一个约束通过投资组合的赫芬达尔 - 赫希曼（Herfindhal-Hirschmann）指数来确保多样化：δ_D 越小，投资组合就越分散。

N 个资产的拉格朗日形式如式（12.2）所示：

$$L(w) = \frac{\lambda}{2} w'\Sigma w - w'\mu - \eta(w'\mathbf{1}_N - 1) + \kappa_R((w-w_-)\Lambda(w-w_-)-\delta_R) + \kappa_D(w'w-\delta_D) \tag{12.2}$$

其一阶导数为：

$$\frac{\partial}{\partial w}L(w) = \lambda\Sigma w - \mu - \eta\mathbf{1}_N + 2\kappa_R\Lambda(w-w_-) + 2\kappa_D w = 0$$

从而有：

$$w_\kappa^* = (\lambda\Sigma + 2\kappa_R\Lambda + 2\kappa_D I_N)^{-1}(\mu + \eta_{\lambda,\kappa_R,\kappa_D}\mathbf{1}_N + 2\kappa_R\Lambda w_-) \tag{12.3}$$

以及：

$$\eta_{\lambda,\kappa_R,\kappa_D} = \frac{1 - \mathbf{1}'_N(\lambda\Sigma + 2\kappa_R\Lambda + 2\kappa_D I_N)^{-1}(\mu + 2\kappa_R\Lambda w_-)}{\mathbf{1}'_N(\lambda\Sigma + 2\kappa_R\Lambda + 2\kappa_D I_N)^{-1}\mathbf{1}_N}$$

这个参数确保预算约束得到满足。式（12.3）中的最佳权重取决于 3 个调整参数

λ、κ_R、κ_D。

- 当 λ 很大时，最优化问题会更倾向减少风险而不是最大化利润（考虑到风险更容易预测，这通常是一个好主意）。
- 当 κ_R 很大时，式（12.2）中交易成本的重要性很高。因此，在 $\kappa_R \to \infty$ 时，最优权重等于旧的权重 w_-（其他参数取有限值）。
- 当 κ_D 很大时，投资组合更加多样化（所有其他条件不变），当 $\kappa_D \to \infty$ 时，权重都是相等的（即 $1/N$）。
- 当 $\kappa_R = \kappa_D = 0$ 时，最优化问题简化为经典的均值-方差模型，它的解是最大夏普比率投资组合（权重为 $(\Sigma)^{-1}\mu$）与最小方差投资组合（权重为 $(\Sigma)^{-1}1_N$）的混合。

这个看似复杂的公式［式（12.3）］实际上是非常灵活和易于理解的。它需要进行一些测试和调整，才能找到有效的数值 λ、κ_R、κ_D（见本章末的代码练习）。在 Pedersen 等（2020）的论文中，作者推荐了一个类似的形式，只是对协方差矩阵及预期收益进行了稳健处理，协方差矩阵向样本方差对角线矩阵收缩，而预期收益则由预测信号和基准组合二者共同决定。作者认为，他们的一般表达式与稳健优化（Kim 等，2014）、贝叶斯推断（Lai 等，2011）、通过随机矩阵理论进行的矩阵去噪，以及收缩技巧密切相关。事实上，对预期收益进行收缩已经存在了相当长时间（Jorion，1985；Kan 和 Zhou，2007；Bodnar 等，2013），目的是寻求多样化和降低估计误差造成的风险。

12.3 绩效评估

绩效评估是回测的一个关键阶段，本节旨在介绍投资组合绩效评估的关键指标。

12.3.1 讨论

虽然对机器学习模型预测准确性的评估（见 10.1 节）具有很高的价值（而且是必需的），但在回测中，投资组合的收益率是最终的标准。回测过程中需要选择一个基准，因为原始和绝对指标本身并没有什么意义。

不仅在投资组合层面是如此，在机器学习模型层面也是如此。在前几章的大多数试验中，测试集上的模型 MSE 在 0.037 上下。有趣的是，这个测试集上一个月的收益率方差（假定期望收益率为 0 所计算得到的误差）等于 0.037，这意味着复杂的算法并没有真正地改进朴素的启发式算法。Gu 等（2020b）在计算样本外 R^2 的时候，也使用了这一基准。

在投资组合构造中，最常用的方案是平均分配，即每项资产获得相同的权重。这个看似简单的解决方案实际上是一个难以持续超越的基准（DeMiguel 等，2009；Plyakha 等，2016）。从理论上来说，当不确定性、模糊性或估计风险较高时，等权投资组合是最优的（Pflug 等，2012；Maillet 等，2015；Zhao 和 Gao，2022）；从实证结果来看，即使在因子投资层面，等权投资组合依然是占优势的（Dichtl 等，2020）。下面，我们将挑选一个所有股票的等权组合作为我们的基准。

12.3.2 业绩和风险指标

我们接下来阐释业界和学术界常用的指标定义。我们将分别用 $r^P = \left(r_t^P \right)_{1 \leqslant t \leqslant T}$ 和 $r^B = \left(r_t^B \right)_{1 \leqslant t \leqslant T}$ 代表投资组合和基准的收益率。如果简写为 r_t，则泛指投资收益。有很多指标可以用来对投资收益进行分析，其中大部分都依赖于收益的分布。

最简单的指标是平均收益率：

$$\bar{r}_P = \mu_P = E\left[r^P \right] \approx \frac{1}{T} \sum_{t=1}^{T} r_t^P, \quad \bar{r}_B = \mu_B = E\left[r^B \right] \approx \frac{1}{T} \sum_{t=1}^{T} r_t^B$$

很明显，当 $E\left[r^P \right] > E\left[r^B \right]$ 时，该投资组合是值得关注的。我们上面使用的是算术平均数，几何平均数也是一种选择，计算公式为：

$$\tilde{\mu}_P \approx \left(\prod_{t=1}^{T} \left(1 + r_t^P \right) \right)^{1/T} - 1, \quad \tilde{\mu}_B \approx \left(\prod_{t=1}^{T} \left(1 + r_t^B \right) \right)^{1/T} - 1$$

几何平均收益率的好处是，它考虑了收益的复利，因此惩罚了收益率的波动。为了说明这一点，考虑一个非常简单的两期模型，收益率为 $-r$ 和 r。其算术平均数为 0，但几何平均数 $\sqrt{1 - r^2} - 1$ 为负。

与准确性相似，命中率评估的是持有正确头寸（当真实收益为正时做多，为负时做空）的比例，即命中率评估的是做出正确预测的比率（正确方向的头寸比例），它可以在单个资产层面或投资组合层面上进行计算。在所有情况下，计算都可以用原始收益或相对收益（例如，与基准相比）衡量。一个有意义的命中率表示一个策略战胜其基准的次数比例。这当然是不够的，因为许多小的收益可能会被一些大的损失所抵消。

最后，还有一个细节需要考虑。在所有监督学习的例子中，我们把命中率与 0.5 相比较，这实际上是错误的，因为如果一个投资者是看涨的，他或她可能总是押注于向上的方向。在这种情况下，命中率是指收益为正的时间百分比。从长期来看，这个概率是高于 0.5 的。在我们的样本中，它等于 0.556，高于 0.5。所以，0.556 才应被视为一个需要被超越的基准。

纯粹的业绩衡量几乎总是伴随着风险衡量。收益的二阶矩通常用来量化投资组合的波动幅度。大的方差意味着收益的大幅波动，并影响投资组合的价值。这就是为什么收益率的标准差被称为投资组合的波动性。

$$\sigma_P^2 = V\left[r^P\right] \approx \frac{1}{T-1}\sum_{t=1}^{T}\left(r_t^P - \mu_P\right)^2, \ \sigma_B^2 = V\left[r^B\right] \approx \frac{1}{T-1}\sum_{t=1}^{T}\left(r_t^B - \mu_B\right)^2$$

如果投资组合与基准相比风险较小，即当 $\sigma_P^2 < \sigma_B^2$ 且平均收益率相等（或相当）时，该投资组合就是值得投资的。

有时也会使用收益率的高阶矩（偏度和峰度），但它们远没有那么普遍。Harvey 等（2010）提出了一种方法，该方法在投资组合构建过程中考虑到了高阶矩的影响。

对于很多投资者来说，仅用波动率对风险进行衡量是不完全的，它应该被分解为"好的"波动率（当价格上涨时）与"坏的"波动率（当价格下跌时）。下行方差是以负收益率的方差来计算的：

$$\sigma_-^2 \approx \frac{1}{\mathrm{card}(r_t<0)}\sum_{t=1}^{T}\left(r_t - \mu_P\right)^2 1_{\{r_t<0\}}$$

平均收益率和波动率是业界常用的基于中心矩的指标。其他指标则依赖于收益分布的不同信息，部分指标重点关注尾部和极端事件，典型如在险价值（VaR）。假设 F_r 是收益的累积概率分布函数，那么在 α 置信度水平（通常为95%）下，VaR 的计算公式为：

$$\mathrm{VaR}_{\alpha}\left(r_t\right) = F_r\left(1-\alpha\right)$$

它等于在 $(1-\alpha)\%$ 最坏的情况下预期的损失。一个更保守的衡量标准是条件在险价值（CVaR），也被称为期望损失，它计算的是损失超过 $(1-\alpha)\%$ 的情况时的平均损失。它的计算公式为：

$$\mathrm{CVaR}_{\alpha}\left(r_t\right) = \frac{1}{\mathrm{card}\left(r_t<\mathrm{VaR}_{\alpha}\left(r_t\right)\right)}\sum_{r_t<\mathrm{VaR}_{\alpha}(r_t)} r_t$$

对损失最直观的评估是最大回撤，它等于策略从峰值开始所遭受的最大损失。如果我们用 P_t 表示 t 时刻投资组合的价值，回撤可以表示为：

$$D_T^P = \max_{0\leqslant t\leqslant T} P_t - P_T$$

最大回撤表示为：

$$\mathrm{MD}_T^P = \max_{0\leqslant s\leqslant T}\left(\max_{0\leqslant t\leqslant s} P_t - P_s, 0\right)$$

这个数据评估了 $[0,T]$ 时间范围内的最大损失，因此它是最保守的风险测量指标。

12.3.3 基于因子的评估

根据因子模型，也可以从风格暴露的角度来评估绩效。回顾式（3.1）：

$$r_{t,n} = \alpha_n + \sum_{k=1}^{K} \beta_{t,k,n} f_{t,k} + \epsilon_{t,n}$$

那么估计的 $\hat{\alpha}_n$ 就是不能由其他因子所解释的绩效。当收益是超额收益（相对于无风险利率）且只有一个市场因子时，这个数值被称为詹森 α（Jensen，1968），通常也被简称为 α。另一个估计值 $\hat{\beta}_{t,M,n}$（M 代表市场）是市场 β。

由于因子投资的兴起，报告更复杂定价模型的回归 α 值已成为惯例。加入规模和价值溢价（Fama 和 French，1993），甚至是动量（Carhart，1997），有助于理解一个策略是否产生了常见因子无法解释的超额收益率。

12.3.4 调整风险后的评估指标

自 Markowitz（1952）提出投资组合理论以来，平均收益率和波动率之间的权衡成为现代金融学的基石之一。综合这两个指标的最简单方法是通过信息比率：

$$IR(P,B) = \frac{\mu_{P-B}}{\sigma_{P-B}}$$

其中 $P-B$ 指平均值和标准差是根据 $P-B$ 的多空组合收益率计算的。$r_t^P - r_t^B$ 有时被称为跟踪误差。

最常用的信息比率是夏普比率（Sharpe，1966），其基准是无风险资产。相对于直接计算两个投资组合或策略之间的信息比率，人们往往习惯于比较它们的夏普比率。统计检验可以用于简单的比较（Oliver Ledoit 和 Wolf，2008）。

更极端的风险度量也可以作为风险调整指标的分母。如 MAR 比率的计算公式为：

$$MAR^p = \frac{\tilde{\mu}_P}{MD^p}$$

特雷诺（Treynor）比率的计算公式为：

$$Treynor = \frac{\mu_P}{\hat{\beta}_M}$$

即（超额）收益除以市场 β 值（Treynor，1965）。这个定义被 Hübner（2005）进行了拓展，可以称为广义特雷诺比率，适用于多因子评估：

$$GT = \mu_P = \frac{\sum_{k=1}^{K} \bar{f}_k}{\sum_{k=1}^{K} \hat{\beta}_k \bar{f}_k}$$

其中，$\bar{f}_k$ 是因子 $f_{t,k}$ 的样本平均值。关于这个比率技术特征的详细说明，请参考作者原文。

12.3.5 交易成本与换手率

调整投资组合的权重不是"免费"的。一般情况下，在时间 t 进行一次再平衡的总成本正比于 $C_t = \Sigma_{n=1}^{N} \left| \Delta w_{t,n} \right| c_{t,n}$，其中 $\Delta w_{t,n}$ 是资产 n 的头寸变化，$c_{t,n}$ 为相应的费用。最后一个参数（$c_{t,n}$）通常很难预测，因此习惯上使用一个代理变量，例如市值（大股票有更大的流动性，因此需要较少的费用）或买卖价差（较小的价差意味着较少的费用）。

作为一阶近似值，计算平均换手率 Turnover 往往是有用的：

$$\text{Turnover} = \frac{1}{T-1} \sum_{t=2}^{T} \sum_{n=1}^{N} \left| w_{t,n} - w_{t-,n} \right|$$

其中 $w_{t,n}$ 是投资组合在时间 t 的目标权重，$w_{t-,n}$ 是再平衡前的权重。按照惯例，第一期的头寸（启动权重）不在计算之列。交易成本可以用换手率的倍数（乘以横截面上股票交易成本的均值或中位数）来替代。这是实际成本的一阶估计，并没有考虑到投资组合规模的演变。尽管如此，一个粗略的数字总比没有要好得多。

年化后的交易成本（TC）可以从平均收益中被扣除，从而产生更现实的盈利能力分析。同样，一个投资组合 P 的交易成本调整后的夏普比率为：

$$\text{SR}_{\text{TC}} = \frac{\mu_P - \text{TC}}{\sigma_P} \tag{12.4}$$

交易成本在学术文献中经常被忽视，但在现实交易中会产生相当大的影响（Novy-Marx 和 Velikov，2015）。DeMiguel 等（2020）展示了如何使用因子投资（和风险敞口）来组合和抵消头寸并减少整体费用。

12.4 常见错误和问题

12.4.1 使用未来数据

投资组合回测中最常见的错误之一是使用未来数据。例如，很容易落入图 12.2 所示的危险区。在这种情况下，t 时间使用的标签在 $t+1$、$t+2$ 等时间才能计算出来。因此需要对代码中的每一步进行反复检查，以确保策略不是建立在未来数据上。

12.4.2 回测过拟合

另一个常见错误是回测过拟合，其概念与训练集过拟合的概念类似，这是一个众所周知的问题，White（2000）、Romano 和 Wolf（2005）对此进行了研究。在投资组合选择方面，可以参考 Bajgrowicz 和 Scaillet（2012）、Bailey 和 Prado（2014）、Lopez de Prado 和 Bailey（2020），以及其中的参考文献。

在任何时候，回测只取决于一个特定的数据集。通常，因为许多可能的原因，第一次回测的结果不会令人满意。因此，当改变一些参数时，再进行一次尝试是很诱人的。第二次回测可能会更好，但还不够好。因此，在第三次回测中，可以测试一个新的加权方案，以及一个新的（更复杂的）预测模型。只要有足够的时间和尝试次数，迭代之后，回测者总能得到一个表现足够好的策略。

回测过拟合会导致实盘交易中获得的夏普比率与回测中的夏普比率相差甚远。Harvey 和 Liu（2015）、Suhonen 等（2017）建议，预期夏普比率至少应在回测的基础上除以 2。如果所有测试策略的相关指标都已保存，Bailey 和 Prado（2014）提出了夏普比率的统计检验公式，用来缩放夏普比率：

$$t = \phi\left((\mathrm{SR} - \mathrm{SR}^*) \sqrt{\frac{T-1}{1 - \gamma_3\mathrm{SR} + \frac{\gamma_4-1}{4}\mathrm{SR}^2}} \right) \tag{12.5}$$

其中 SR 是所有测试中最佳策略获得的夏普比率，以及：

$$\mathrm{SR}^* = E[\mathrm{SR}] + \sqrt{V[\mathrm{SR}]}\left((1-\gamma)\phi^{-1}\left(1 - \frac{1}{N}\right) + \gamma\phi^{-1}\left(1 - \frac{1}{N\mathrm{e}}\right) \right)$$

是理论上的平均最大夏普比率。此外：

- T 是交易日的数量；
- γ_3 和 γ_4 是所选（最佳）策略收益率的偏度和峰度；
- ϕ 是标准正态分布的累积概率分布函数，$\gamma \approx 0.577$ 是欧拉常数（Euler-Mascheroni constant）；
- N 是测试策略的数量。

如果 t 低于某个阈值（如 0.95），那么夏普比率就不能被认为是显著的：最佳策略与所有已测试策略相比，并不突出。不幸的是，大多数情况下都是这样的。在式（12.5）中，已实现 SR 必须高于理论上的最大值 SR*，而且缩放因子必须足够大，这样 ϕ 内的参数才能接近于 2，t 才能超过 0.95。

在学术界，假设检验中的过拟合现象也被称为 p 值挖掘。它在金融经济学中相当常见，建议阅读 Harvey（2017）以对该现象加深理解。p 值挖掘也存在于大多数使用统计测试的领域［例如，见 Head 等（2015）］。

有几种方法来应对 p 值挖掘：

1. 不要依赖 p 值（Amrhein 等，2019）；

2. 使用检测工具（Elliott 等，2019）；

3. 使用处理统计数据的高级方法［例如，使用 Harvey（2017）提出的考虑先验评估的贝叶斯化 p 值计算方法］，或其他检验方法，如 Romano 和 Wolf（2005）、Simonsohn 等（2014）提出的方法。

第一种方法是明智的，但缺点是决策过程必须依赖于另一个标尺。

12.4.3　简单的保障措施

正如本章开头提到的，回测的两个基础参考资料是 Fabozzi 和 Prado（2018）以及 Arnott 等（2019），这两篇文章提供了明智且全面的建议。

还有一些评论涉及回测结果的讨论。一个简单、直观和广泛的指标是式（12.4）中定义的交易成本调整后夏普比率。在回测中，我们用 SR_{TC}^B 表示基准的交易成本调整后夏普比率，基准一般定义为交易范围内所有资产（在我们的数据集中，大约有 1000 只美国股票）的等权组合。如果最佳策略的 SR_{TC}^P 超过 $2 \times SR_{TC}^B$，那么回测中的某个步骤就可能出现了问题。

这个标准在以下两个假设下成立：

1. 足够长的样本外时期；

2. 纯多头投资组合。

任意可行策略的绩效都不可能在长期内以非常大的幅度超过一个可靠的基准。能够将基准的年化收益率提高 150 个基点（在同等的波动率水平下）已经是一个伟大的成就。比基准收益率高出 5% 以上的回测是令人怀疑的。

12.5　非平稳性：预测是困难的

本节分为两部分：12.5.1 小节我们讨论预测困难的原因，12.5.2 小节我们介绍一个重要的理论结果，该结果最初是针对机器学习提出的，但它可以为任何涉及样本外测试的学科提供启示。与此相关的一篇文献是 Farmer 等（2019），作者在不同时间评估线性模型的预测拟合度，他们发现拟合度是剧烈变化的，有时模型表现得非常好，有时则不那么好。没有理由认为机器学习算法能够避免这种情况出现。

12.5.1　一般性评论

细心的读者可能会注意到，第 5 章～第 11 章，机器学习算法的表现是令人失望的。我们放置这些令人失望的结果是有目的的，它们强调了一个关键事实：机器学习不是可以将数据转化为精准预测的灵丹妙药，大多数基于机器学习的预测都会失败。事实上，这不仅适用于那些先进和复杂的模型，也适用于较简单的计量经济学方法（Dichtl

等，2020），这再次强调了结果复现以证明其有效性的必要性。

其中一个重要原因是，数据集充满了噪声，提取微弱的信号是一个艰难的挑战[我们建议仔细阅读 Timmermann（2018）的介绍，以了解关于这一主题的更多细节]。在股票领域，因子分析具有时变特性，一些因子可能在某一年表现得非常好，然后在第二年表现得很差。在基于数据的全自动配置过程中，这样的反转会导致高昂的代价。

事实上，这是金融领域与机器学习已经取得巨大进步的许多领域的一个主要区别。在图像识别中，数字将永远具有相同的形状，猫、公共汽车等也是如此。同样，一个动词将永远是一个动词，语言中的语法不会改变。这种不变性，尽管有时难以理解，但却是计算机视觉和自然语言处理取得巨大进步的关键。

在因子投资中，这种不变性（Cornell，2020）似乎是不存在的。没有任何因子和（可能是非线性的）因子组合可以解释并准确预测几十年的长期收益率。学术文献还没有找到这样的模型，而且即使找到了，简单的套利也会使其在未来的数据集中失效。

12.5.2　没有免费午餐定理

我们首先要说明的是，机器学习中的"没有免费午餐"定理与资产定价中的同名约束条件之间毫无关系[例如，见 Delbaen 和 Schachermayer（1994），或者最近的 Cuchiero 等（2016）]。最初的表述是由 Wolpert（1992a）给出的，但我们也建议看一下近期的参考文献——Ho 和 Pepyne（2002）。有几个相关定理，其中两个可以在 Wolpert 和 Macready（1997）中找到。

没有免费午餐定理的陈述是非常抽象的，需要用一些符号来表示。我们假设有任意训练样本 $S = (\{x_1, y_1\}, \cdots, \{x_I, y_I\})$，存在一个先知函数（oracle function）f 能将特征完美地映射到标签上：$y_i = f(x_i)$。先知函数 f 属于一个非常大的函数集 $\mathcal{F}$。此外，我们用 $\mathcal{H}$ 表示预测者将采用的函数集，以近似于 f。比如，$\mathcal{H}$ 可以是前馈神经网络，或者是决策树，或者是两者的集合。$\mathcal{H}$ 的元素写成 h，$P[h|S]$ 代表的是 h 在已知样本 S 上的分布（大体上未知的）。类似地，$P[f|S]$ 表示在已知样本 S 上先知函数 f 的分布。最后，特征满足分布 $P[x]$。

现在让我们考虑两个模型，如 h_1 和 h_2。该定理通常是针对分类任务制定的。已知样本 S，S 以外的样本在选择 h_k 时引起的误差可以被量化为：

$$E_k(S) = \int_{f, h} \int_{x \notin S} \underbrace{(1 - \delta(f(x), h_k(x)))}_{\text{误差项}} \underbrace{P[f|S] P[h|S] P[x]}_{\text{分布项}} \tag{12.6}$$

其中，$\delta(\cdot, \cdot)$ 是克罗内克（delta Kronecker）函数：

$$\delta(x,y) = \begin{cases} 0 & \text{如果 } x \neq y \\ 1 & \text{如果 } x = y \end{cases} \quad (12.7)$$

没有免费午餐定理指出 $E_1(S) = E_2(S)$，也就是说，在只知道 S 的情况下，平均而言不可能有更优秀的算法。为了建立一个更优秀的算法，分析师或计量经济学家必须对 y 和 x 的关系结构有先验的观点，并将这些观点纳入模型的构建中。不幸的是，如果观点不正确，也会产生表现不佳的模型。

12.6 第一个例子：一个完整的回测

我们提供一个完整而详细的例子，对某个机器学习策略进行详细的回测分析。下面的内容是对 5.2.2 小节内容的概括。我们将回测分为 4 个部分：

1. 变量的创建 / 初始化；

2. 在一个主函数中定义策略；

3. 回测循环本身；

4. 业绩指标。

据此，我们先进行创建 / 初始化：

```
sep_oos <- as.Date("2007-01-01")                        # 设定回测的开始日期
ticks <- data_ml$stock_id %>%                           # 资产列表
    as.factor() %>%
    levels()
N <- length(ticks)                                      # 最大资产数量
t_oos <- returns$date[returns$date > sep_oos] %>%       # 样本外日期
    unique() %>%                                        # 去除重复值
    as.Date(origin = "1970-01-01")                      # 转换日期时间
Tt <- length(t_oos)                                     # 日期长度
nb_port <- 2                                            # 组合 / 策略数量
portf_weights <- array(0, dim = c(Tt, nb_port, N))      # 初始化组合权重
portf_returns <- matrix(0, nrow = Tt, ncol = nb_port)   # 初始化组合收益率
```

第一部分很关键，它为回测奠定了基础。我们只考虑两种策略：一种是基于机器学习的策略，另一种是等权（$1/N$）基准。主（赋权）函数将由这两种策略组成，我们在一个专门的包中定义了更复杂的策略。基于机器学习策略的权重来自 XGBoost 的预测值，有 80 棵树，学习率为 0.3，最大树深度为 4，这使模型变得复杂，但并没有过度复杂。一旦得到预测结果，赋权方案就很简单：它是在最好的一半股票（预测值高于中位数的股票）上的等权组合。

在下面的函数中，所有的参数（例如，学习率 eta 或树的数量 nrounds）都是硬编码的。它们可以很容易地接收到输入的数据。一个非常重要的细节是，与本书的其他

部分相比，这里的标签是未来 12 个月的收益率。这样做主要源于 4.6 节的讨论。另外，为了加快计算速度，我们按照 Coqueret 和 Guida（2020）的建议，删除了大部分的标签，只保留前 20% 和后 20% 的标签。筛选条件也可以作为参数进行传递。

```
weights_xgb <- function(train_data, test_data, features){
    train_features <- train_data %>% dplyr::select(features) %>% as.matrix()    # 解释变量
    train_label <- train_data$R12M_Usd / exp(train_data$Vol1Y_Usd)     # 被解释变量
    ind <- which(train_label < quantile(train_label,0.2)|     # 筛选
                 train_label > quantile(train_label, 0.8))
    train_features <- train_features[ind, ]                  # 筛选特征
    train_label <- train_label[ind]                          # 筛选标签
    train_matrix <- xgb.DMatrix(data = train_features, label = train_label)    # XGB 矩阵
    fit <- train_matrix %>%
        xgb.train(data = .,                    # 数据来源
                  eta = 0.3,                    # 学习率
                  objective = "reg:squarederror", # 目标函数
                  max_depth = 4,                # 决策树深度
                  nrounds = 80,                 # 决策树数量
                  verbose = 0                   # 不显示过程
        )
    xgb_test <- test_data %>%                  # 测试样本
        dplyr::select(features) %>%
        as.matrix() %>%
        xgb.DMatrix()
pred <- predict(fit, xgb_test)               # 预测
w <- pred > median(pred)                       # 选择前 50%
    w$weights <- w / sum(w)
    w$names <- unique(test_data$stock_id)
    return(w)                                  # 最优预测，等权组合
}
```

与 6.4.6 小节中提出的架构相比，不同之处在于标签不仅基于长期收益，而且还依赖于波动率。标签中的分母是波动率的指数，它来源于夏普比率，该模型试图解释和预测风险调整后的收益，而不是原始收益。一只波动率很低的股票在标签中的收益率将保持不变，而一只波动率很高的股票，其收益率将除以一个接近 3 的系数（$\exp(1) \approx 2.718$）。

然后将 weights_xgb 嵌入全局赋权函数中，该函数只包含两种策略：等权基准和基于机器学习的策略。

```
portf_compo <- function(train_data, test_data, features, j){
    if(j == 1){                              # 基准
        N <- test_data$stock_id %>%          # 基于测试数据决定权重
            factor() %>% nlevels()
        w <- 1/N                             # 等权组合
        w$weights <- rep(w,N)
        w$names <- unique(test_data$stock_id)  # 资产名称
        return(w)
    }
    if(j == 2){                              # 基于机器学习的策略
```

```
        return(weights_xgb(train_data, test_data, features))
    }
}
```

有了这个函数，我们可以开始回测循环。鉴于我们使用的是一个大规模的模型，循环的计算时间很长（在 CPU 性能较低的机器上可能要几个小时）。采用函数式编程可以加快循环的速度（见本章末的练习）。另外，一个简单的基准等权投资组合可以只用 tidyverse 函数进行编程。

```
m_offset <- 12                                                  # 月数
train_size <- 5                                                 # 训练样本的年数
for(t in 1:(length(t_oos)-1)){                                  # 在最后日期停止
    if(t%%12==0){print(t_oos[t])}                               # 检查日期状态
train_data <- data_ml %>% filter(date < t_oos[t] - m_offset * 30,   # 滚动窗口
                        date > t_oos[t] - m_offset * 30 - 365 * train_size)
    test_data <- data_ml %>% filter(date == t_oos[t])           # 测试样本
realized_returns <- test_data %>%                               # 计算收益率
        dplyr::select(R1M_Usd)                                  # 持仓一个月
    for(j in 1:nb_port){
        temp_weights <- portf_compo(train_data, test_data, features, j)  # 权重
        ind <- match(temp_weights$names, ticks) %>% na.omit()   # 测试 vs 全部
        portf_weights[t,j,ind] <- temp_weights$weights          # 分配权重
        portf_returns[t,j] <- sum(temp_weights$weights * realized_returns) # 计算收益率
    }
}

## [1] "2007-12-31"
## [1] "2008-12-31"
## [1] "2009-12-31"
## [1] "2010-12-31"
## [1] "2011-12-31"
## [1] "2012-12-31"
## [1] "2013-12-31"
## [1] "2014-12-31"
## [1] "2015-12-31"
## [1] "2016-12-31"
## [1] "2017-12-31"
```

对于上述代码，有两个重要问题要说明。第一个问题与第二行中定义的两个参数有关。它们指的是训练样本的大小（5 年），以及图 12-2 所示的缓冲期的长度。缓冲期是必需的，因为标签是长期收益率（12 个月）。滞后期是强制性的，以避免在回测中出现前视偏差。

下面，我们创建一个计算换手率（权重的变化）的函数。它需要所有资产的权重值和收益，因为再平衡之前的权重取决于上一期分配的权重，以及持有期的资产收益。

```
turnover <- function(weights, asset_returns, t_oos){
    turn <- 0
    for(t in 2:length(t_oos)){
        realised_returns <- returns %>% filter(date == t_oos[t]) %>% dplyr::select(-date)
```

```
    prior_weights <- weights[t-1,] * (1 + realised_returns) # 再平衡前
    turn <- turn + apply(abs(weights[t,] - prior_weights/sum(prior_weights)),1,sum)
}
return(turn/(length(t_oos)-1))}
```

一旦定义了换手率，我们将其嵌入一个计算几个关键指标的函数中：

```
perf_met <- function(portf_returns, weights, asset_returns, t_oos){
    avg_ret <- mean(portf_returns, na.rm = T)                    # 算术平均值
    vol <- sd(portf_returns, na.rm = T)                          # 波动率
    Sharpe_ratio <- avg_ret / vol                               # 夏普比率
    VaR_5 <- quantile(portf_returns, 0.05)                      # VaR
    turn <- 0                                                    # 初始化换手率
    for(t in 2:dim(weights)[1]){
        realized_returns <- asset_returns %>% filter(date == t_oos[t]) %>% dplyr::select(-
date)
        prior_weights <- weights[t-1,] * (1 + realized_returns)
        turn <- turn + apply(abs(weights[t,] - prior_weights/sum(prior_weights)),1,sum)
    }
    turn <- turn/(length(t_oos)-1)                               # 平均值
    met <- data.frame(avg_ret, vol, Sharpe_ratio, VaR_5, turn)  # 将数据汇总
    rownames(met) <- "metrics"
    return(met)
}
```

最后，我们建立一个函数，在各种策略上进行循环：

```
perf_met_multi <- function(portf_returns, weights, asset_returns, t_oos, strat_name){
    J <- dim(weights)[2]                # 策略数量
    met <- c()                          # 初始化指标
    for(j in 1:J){                      # 循环
        temp_met <- perf_met(portf_returns[, j], weights[, j, ], asset_returns, t_oos)
        met <- rbind(met, temp_met)
    }
    row.names(met) <- strat_name        # 存储名称
    return(met)}
```

获得了投资组合的权重和收益，接下来就是计算资产的收益，将其插入函数中：

```
asset_returns <- data_ml %>%                           # 计算收益率矩阵
    dplyr::select(date, stock_id, R1M_Usd) %>%         # 保留 3 个特征
    spread(key = stock_id, value = R1M_Usd)            # 规范矩阵形状
asset_returns[is.na(asset_returns)] <- 0               # 缺失值设定为 0
met <- perf_met_multi(portf_returns = portf_returns,   # 计算绩效指标
                weights = portf_weights,
                asset_returns = asset_returns,
                t_oos = t_oos,
                strat_name = c("EW", "XGB_SR"))
met                                                    # 展示绩效指标

##             avg_ret        vol Sharpe_ratio       VaR_5      turn
## EW      0.009697248 0.05642917    0.1718481 -0.07712509 0.0714512
## XGB_SR  0.012602882 0.06376845    0.1976351 -0.08335864 0.5679932
```

基于机器学习的策略最终表现良好！其平均收益率较高，但是波动率高于基准，

净效果是其夏普比率比基准有所提高。这种提高并不令人惊叹，但（因此）似乎是合理的。值得强调的是，复杂策略的换手率要高得多。去除成本［比如 0.005 倍的换手率，如 Goto 和 Xu（2015），这是一个保守的数字］，只能微弱地降低机器学习策略在夏普比率方面的优势。

最后，绘制投资组合的绩效表现曲线，如图 12-3 所示。

在回测的 12 年中，机器学习策略在其中 10 年的表现超过了基准。在发生亏损的 4 年中，有两年（2015 年和 2018 年）的亏损相对更小。考虑到等权基准很难被打败，这是一个令人满意的结果！

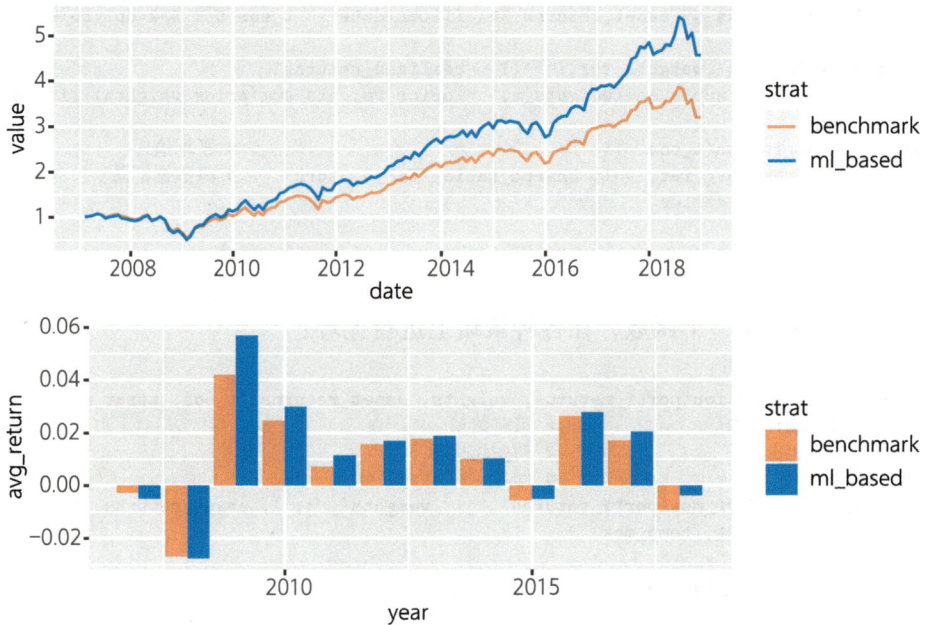

图 12-3　投资组合绩效表现

12.7　第二个例子：过拟合

在结束本章之前，我们对 12.4.2 小节的过拟合进行量化分析。首先，我们建立一个函数，其能够为简单策略生成业绩评估指标，策略可以分批评估。这些策略是纯粹的因子投资，取决于 3 个输入：所选择的特征（如市值）、阈值水平（特征的分位数）和方向（在分布的顶部或底部的多头头寸）。

```
strat <- function(data, feature, thresh, direction){
    data_tmp <- dplyr::select(data, feature, date, R1M_Usd) # 数据
    colnames(data_tmp)[1] <- "feature"                       # 列名
    data_tmp %>%
```

```
        mutate(decision = direction * feature > direction * thresh) %>% # 投资决策
        group_by(date) %>%                                  # 逐日分析
        mutate(nb = sum(decision),                          # 投资组合中的资产数目
               w = decision / nb,                           # 资产权重
               return = w * R1M_Usd) %>%                    # 资产收益
        summarise(p_return = sum(return)) %>%               # 组合收益
        summarise(avg = mean(p_return), sd = sd(p_return), SR = avg/sd) %>% # 业绩指标
        return()
}
```

然后，我们在 3 组参数上测试该函数。我们选取市净率（PB），仓位为正，阈值为 0.3，这意味着该策略买入 PB 值最高的 30% 的股票。

```
strat(data_ml, "Pb", 0.3, 1)    # 高 Pb

## # A tibble: 1 × 3
##     avg     sd    SR
##   <dbl>  <dbl> <dbl>
## 1 0.0102 0.0496 0.207
```

输出中保留了 3 个参数，这对计算统计量［见式（12.5）］很有帮助。我们现在需要为许多策略生成这些参数。首先创建参数的网格。

```
feature <- c("Div_Yld", "Ebit_Bv", "Mkt_Cap_6M_Usd", "Mom_11M_Usd", "Pb", "Vol1Y_Usd")
thresh <- seq(0.2,0.8, by = 0.1)                   # 阈值
direction <- c(1,-1)                               # 买卖方向
pars <- expand.grid(feature, thresh, direction)    # 网格
feature <- pars[,1] %>% as.character()             # 特征
thresh <- pars[,2]                                 # 阈值
direction <- pars[,3]                              # 方向
```

总共产生了 84 个策略，图 12-4 中绘制了相应的夏普比率。其中上半部分展示的是投资于特征分布底部的策略，而下图展示的是投资于特征值较高的策略。

```
grd <- pmap(list(feature, thresh, direction),       # 网格搜索的参数
            strat,                                    # 实施网格搜索的函数
            data = data_ml                            # 数据
) %>%
    unlist() %>%
    matrix(ncol = 3, byrow = T)
grd <- data.frame(feature, thresh, direction, grd)   # 汇总结果
colnames(grd)[4:6] <- c("mean", "sd", "SR")          # 更改列名
grd <- grd %>% mutate_at(vars(direction), as.factor) # 更改数据类型（用于画图）
grd %>% ggplot(aes(x = thresh, y = SR, color = feature)) +  # 画图
    geom_point() + geom_line() + facet_grid(direction~.)
```

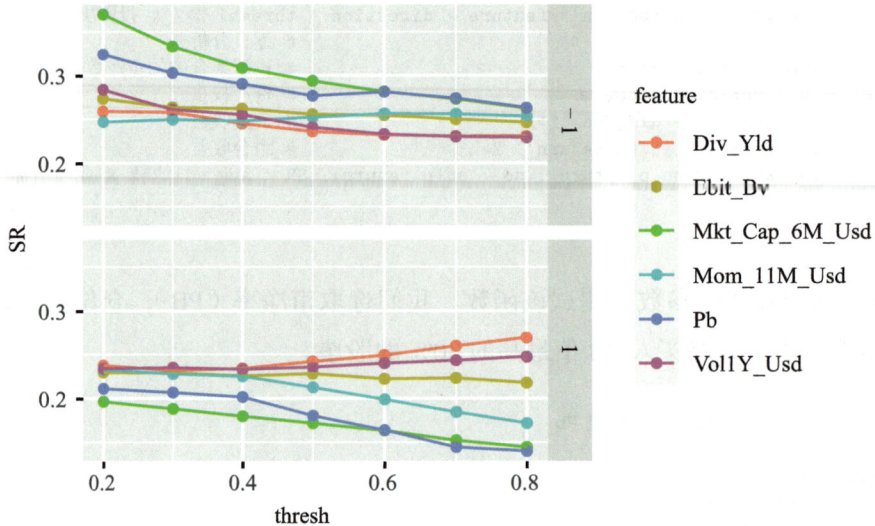

图 12-4　所有回测策略的夏普比率

最后一步是计算统计量［见式（12.5）］。执行代码：

```
DSR <- function(SR, Tt, M, g3, g4, SR_m, SR_v){ # 首先建立函数
    gamma <- -digamma(1)                         # 欧拉常数
    SR_star <- SR_m + sqrt(SR_v)*((1-gamma)*qnorm(1-1/M) + gamma*qnorm(1-1/M/exp(1))) # SR*
    num <- (SR-SR_star) * sqrt(Tt-1)             # 分子
    den <- sqrt(1 - g3*SR + (g4-1)/4*SR^2)       # 分母
    return(pnorm(num/den))
}
```

剩下要做的就是评估函数的参数。图 12-4 所示左上角的圆点是最佳策略，它是基于市值的。

```
M <- nrow(pars)              # 测试的策略数量
SR <- max(grd$SR)           # 我们要检验的夏普比率
SR_m <- mean(grd$SR)        # 所有策略的平均夏普比率
SR_v <- var(grd$SR)         # 夏普比率的标准差
# 下面，我们通过循环 strat 函数来计算策略的收益
data_tmp <- dplyr::select(data_ml, "Mkt_Cap_6M_Usd", date, R1M_Usd) # 特征 = Mkt_Cap
colnames(data_tmp)[1] <- "feature"returns_DSR <-  data_tmp %>%
        mutate(decision = feature < 0.2) %>%    # 投资决策：0.2 是最佳阈值
        group_by(date) %>%                      # 逐日计算
        mutate(nb = sum(decision),              # 投资组合中的资产数目
               w = decision / nb,               # 组合权重
               return = w * R1M_Usd) %>%        # 资产收益
        summarise(p_return = sum(return))       # 组合收益
g3 <- skewness(returns_DSR$p_return)            # e1071 包的函数计算偏度
g4 <- kurtosis(returns_DSR$p_return) + 3        # e1071 包的函数计算峰度
Tt <- nrow(returns_DSR)                          # 日期数量
DSR(SR, Tt, M, g3, g4, SR_m, SR_v)              # 最终结果

## [1] 0.6676416
```

0.6676416 这个数值不够高（没有达到 90% 或 95% 的阈值），不能说明该策略明显优于该批测试中的其他策略。

12.8　代码练习

1. 只用 tidyverse 函数对等权组合的收益进行编码（没有循环）。

2. 对式（12.3）中定义的高级加权函数进行编码。

3. 在一个小的回测中测试练习 2 中的函数，检查它对参数的敏感性。

4. 使用函数式编程包 purrr，避免在回测中出现循环。

## 第 13 章

可解释性

本章专门讨论有助于理解模型如何将输入转化为输出的技术。最近出版的两本书（Molnar，2019；Biecek 和 Burzykowski，2021）聚焦于这个领域，强烈建议读者去看一看。Belle 和 Papantonis（2020）的研究也值得读者阅读。其他更偏向理论介绍、技术性不是太强的参考书是 Hall 和 Gill（2019）。在本章中，我们将基于因子投资，讨论在金融数据集上训练的机器学习模型的可解释性。

以提供机器学习模型的可解释性为目标的定量工具需要满足两个简单的条件：

1. 它们提供关于模型的信息；

2. 它们是高度可理解的。

通常，这些工具产生的图形输出很容易阅读，并可以直接得出结论。

在试图揭开机器学习模型神秘面纱的尝试中，其中一个方法是考虑两类模型。

- **全局模型**试图在模型训练完成后确定特征在预测中的相对作用。这是在全局层面上完成的，因此解释结果在整个训练集上保持不变。

- **局部模型**的目的是通过考虑一个特定观测值的小变化来描述模型的行为方式。原始模型处理这些变化的方式允许通过线性等近似方式来进行简化。例如，这种近似可以确定原始观测值附近的每个相关特征的影响方向和大小。

Molnar（2019）为可解释性解决方案提供了另一种分类方法：依赖于特定模型（如线性回归或决策树）的解释方法与可用于任意模型的解释方法。在下文中，我们使用第一种分类方法，即全局与局部模型，来介绍不同的方法。

除了我们下面介绍的传统方法，感兴趣的读者可以了解一下 Sirus（Bénard 等，2021）和 Rulefit（Friedman 和 Popescu，2008），这两种方法都是基于 R 语言实现的。

13.1 全局模型

13.1.1 以简单模型作为替代

让我们从最简单的例子开始。对于一个线性模型：

$$y_i = \alpha + \sum_{k=1}^{K} \beta_k x_i^k + \epsilon_i$$

在估计 β_k 时，通常可以提取出以下参数。

- R^2 体现了模型的整体拟合度（可能会增加罚项，以防止过拟合）。R^2 通常是在样本内计算的。

- 估计值 $\hat{\beta}_k$，它的正负表示每个特征 x^k 对 y 的影响方向。

- t 统计量 $t_{\hat{\beta}_k}$，评估影响的显著程度；无论其方向如何，绝对值大的统计量表示变量的影响是显著的。通常情况下，t 统计量会在一些合适的分布假设下转化为 p 值。

后两个参数很有用，它们能告诉使用者哪些特征最重要，以及每个预测变量的影响方向。这有助于人们理解模型如何将特征转换成输出。大多数旨在解释黑箱的工具都遵循同样的原则。

因为决策树很容易描绘，所以它是很好的可解释性模型。由于这个优点，它是简单模型的目标基准。最近，Vidal 等（2020）提出了一种方法，将集成树简化为单一树，旨在提出一个更简单的模型，使得其结果与复杂模型的完全一样。

一般来说，借助简单的模型来代表更复杂的模型是一个直观的想法。一个简单的方法是建立所谓的替代模型。这个过程很简单：

1. 在特征 $\boldsymbol{X}$ 和标签 y 的基础上训练原始模型 f；
2. 在特征 $\boldsymbol{X}$ 和逼近训练模型预测值的简单模型 $\hat{f}$ 的基础上，训练一个更简单的模型 g：

$$\hat{f}(\boldsymbol{X}) = g(\boldsymbol{X}) + \text{error}$$

估计模型 $\hat{g}$ 解释了初始模型 $\hat{f}$ 是如何将特征映射到标签的。为了说明这一点，我们使用 iml 包（Molnar 等，2018）进行分析。更简单的模型是一棵深度为 2 的树：

```
library(iml)
mod <- Predictor$new(fit_RF,
                     data = training_sample %>% dplyr::select(features))
dt <- TreeSurrogate$new(mod, maxdepth = 2)
plot(dt)
```

与第 6 章中展示的树相比，图 13-1 中树的表示方法是不同的。事实上，4 个可能的结果（由顶行的条件决定）不再产生一个简单的值（标签的平均值），而是以箱形图的形式给出了更多信息（包括四分位数范围和离群值）。在图 13-1 中，右上角的集群似乎有最高的收益率，特别是有许多向上的离群值。这个集群由过去收益率高波动的小市值公司组成。

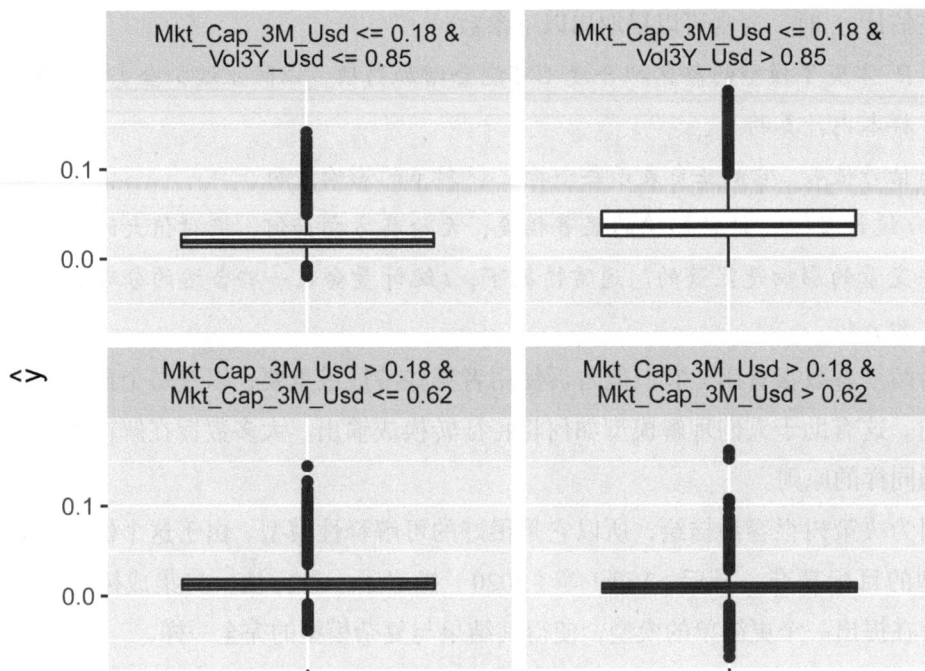

图 13-1　替代树的例子

13.1.2　特征重要性（基于树模型）

简单树模型的一个令人难以置信的优势是其可解释性。它们的视觉表现形式清晰且直接。就像回归（这是机器学习的另一个组成部分）一样，简单树模型很容易理解，不会受到黑箱问题的诟病，黑箱往往与更复杂的模型有关。

事实上，随机森林和提升树都不能对算法内部发生的事情提供完全准确的描述。然而，一旦树被训练好，就可以计算出每个特征在确定树结构中的总贡献（或重要性）。

训练后，可以在每个节点 n（如果该节点不是叶节点）上计算出其信息增益 $G(n)$，也就是通过后续的分割得到的收益，也可以很容易确定选择哪个变量来进行分割，我们用 $\mathcal{N}_k$ 表示选择特征 k 进行分割的节点集合。每个特征的全局重要性由以下公式给出：

$$I(k) = \sum_{n \in \mathcal{N}_k} G(n)$$

该公式通常会被归一化，以使所有 k 的 $I(k)$ 之和等于 1。因此，$I(k)$ 衡量了特征 k 在训练过程中对损失减少的相对贡献。重要性高的特征将对预测产生更大的影响。一般来说，这些是位于树根附近的特征。

下面，我们看一下第 6 章中训练的树模型所得到的结果。我们首先回顾使用的 3 个回归模型的输出。注意，每个拟合的输出都有自己的结构，重要性向量有不同的名称。

```
tree_VI <- fit_tree$variable.importance  %>%          # 树模型的特征重要性
    as_tibble(rownames = NA) %>%                       # 转换为 tibble
rownames_to_column("Feature")                          # 增加特征列
RF_VI <- fit_RF$importance  %>%                        # 随机森林的特征重要性
    as_tibble(rownames = NA) %>%                       # 转换为 tibble
    rownames_to_column("Feature")                      # 增加特征
XGB_VI <- xgb.importance(model = fit_xgb)[,1:2]        # 提升树的特征重要性
VI_trees <- tree_VI %>% left_join(RF_VI) %>% left_join(XGB_VI)  # 整合特征重要性
colnames(VI_trees)[2:4] <- c("Tree", "RF", "XGB")      # 更改列名
norm_1 <- function(x){return(x / sum(x))}              # 归一化函数
VI_trees %>% na.omit %>% mutate_if(is.numeric, norm_1) %>%  # 画图
gather(key = model, value = value, -Feature) %>%
    ggplot(aes(x = Feature, y = value, fill = model)) + geom_col(position = "dodge") +
    theme(axis.text.x = element_text(angle = 35, hjust = 1))
```

在上述代码中，tibbles 就像数据框（可以说是数据框的 2.0 版本）。鉴于图的表现方式，图 13-2 实际上具有误导性。事实上，简单树模型只有少量具有非零重要性的特征，在图 13-2 中只有市值、PB 和波动率 3 个。相比之下，由于随机森林和提升树要复杂得多，许多预测变量都有一定的重要性。图 13-2 只显示了与简单树模型相同的变量。出于缩放的考虑，归一化是在选择特征子集后进行的。出于可读性考虑，我们限制了图 13-2 中显示的特征数量。

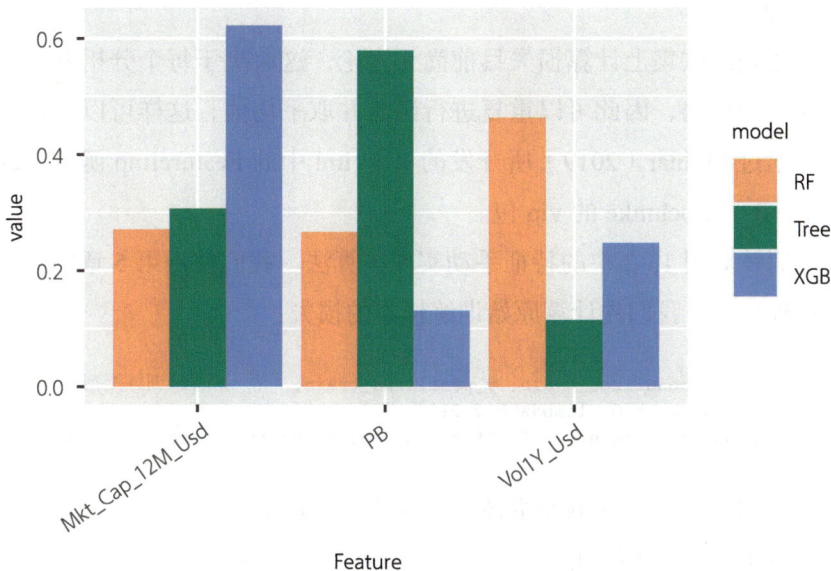

图 13-2　基于树模型的特征重要性

各模型对特征的依赖方式存在差异。例如，对于不同的模型而言，其最重视的特征往往不同：简单树模型最重视 PB，随机森林最重视波动率，提升树最重视市值。

随机森林的一个显著特性是，每个特征都有可能对预测作出贡献。事实上，通过

随机选择预测变量，每个单独的外生变量都有机会解释标签。与提升树相比，随机森林的重要性的分配在预测变量之间更加平衡，而简单树模型则将大部分鸡蛋放在几个篮子里。

13.1.3 特征重要性（不可知论）

量化建模过程中衡量每个特征重要性的想法可以扩展到非决策树模型。我们可以参考 Fisher 等（2019）研究中所综述的论文，以了解有关这一领域的更多信息。其前提与前面提到的相同：目的是量化一个特征在学习过程中的贡献程度。

一种跟踪特定特征重要性的方法是，观察该特征在训练集里面的值完全被打乱后，会发生什么。如果原始特征在预测被解释变量时发挥了重要作用，那么该特征被打乱后将增大损失函数。

一般情况下，评估特征重要性的基线方法如下。

1. 在原始数据上训练模型并计算损失函数 l^*。

2. 对于每一个特征 k，创建一个新的训练集，其中该特征的值被随机置换。然后，根据改变后的样本，评估模型的损失函数 l_k。

3. 对每个特征的变量重要性进行排序，排序依据为差值 $\text{VI}_k = l_k - l^*$ 或比率 $\text{VI}_k = l_k / l^*$。

在训练集还是测试集上计算损失目前尚无定论，这取决于每个分析者的选择。当然，上述程序是随机的，因此可以重复进行试验并取平均值，这样可以增强结果的稳健性。该算法通过 Molnar（2019）所开发的 R 包 iml 中的 FeatureImp 函数实现。我们也推荐 Greenwell 和 Boehmke 的 vip 包。

下面，我们针对图 13-2 中的特征手动实现该算法。我们使用第 5 章中的变量在岭回归上测试这种算法。我们先计算原始训练样本的损失：

```
fit_ridge_0 <- glmnet(x_penalized_train, y_penalized_train,          # 训练模型
                alpha = 0, lambda = 0.01)
l_star <- mean((y_penalized_train-predict(fit_ridge_0, x_penalized_train))^2) # 损失函数
```

接下来，我们评估每个预测变量被依次随机打乱后的损失函数。为了减少计算时间，我们只进行了一轮随机打乱。

```
l <- c()                                                             # 初始化
for(i in 1:nrow(VI_trees)){                                          # 特征循环
    feat_name <- as.character(VI_trees[i,1])
    temp_data <- training_sample %>% dplyr::select(features)         # 特征矩阵
    temp_data[, which(colnames(temp_data) == feat_name)] <-          # 随机置换
        sample(temp_data[, which(colnames(temp_data) == feat_name)]
            %>% pull(1), replace = FALSE)
```

```
    x_penalized_temp <- temp_data %>% as.matrix()                    # 预测变量矩阵
l[i] <- mean((y_penalized_train-predict(fit_ridge_0, x_penalized_temp))^2) # = 损失
}
```

最后，我们将结果展示出来（见图 13-3）。

```
data.frame(Feature = VI_trees[,1], loss = 1 - l_star) %>%
    ggplot(aes(x = Feature, y = loss)) + geom_col() +
    theme(axis.text.x = element_text(angle = 35, hjust = 1))
```

由此得出的重要性与基于树模型的重要性一致，最重要的因子依次是波动率、市值及 Pb，与图 13-2 中的变量结果相似。请注意，某些因子（如股票周转率）得分甚至是负的，这意味着当预测变量的值被随机打乱后，预测比基准模型更准确。

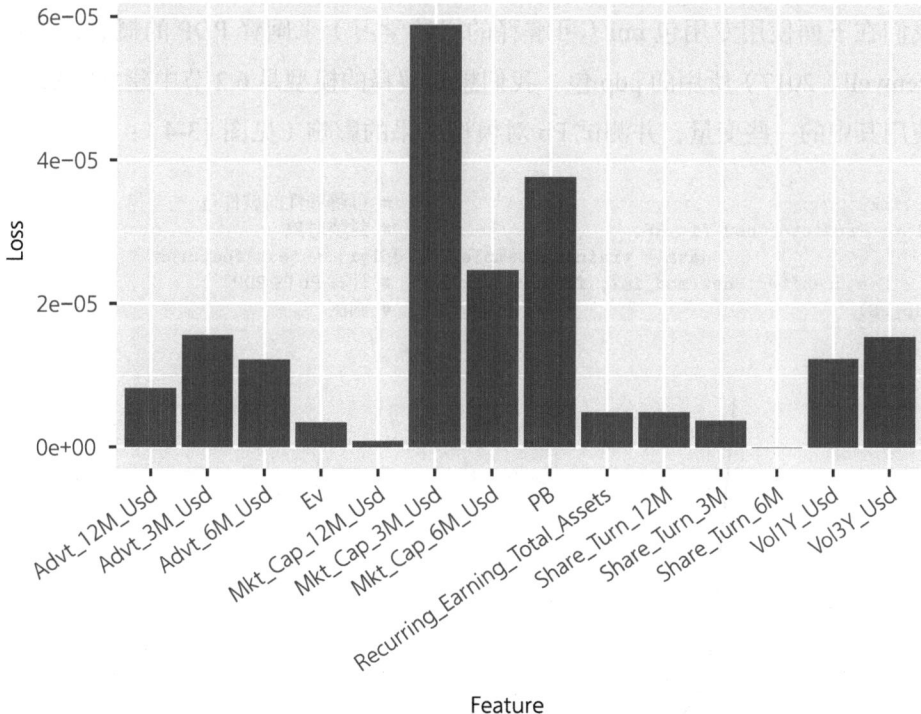

图 13-3　岭回归模型的特征重要性

13.1.4　部分依赖图

部分依赖图（PDP）旨在显示模型输出与特征间的关系［我们参考 Friedman（2001）的 8.2 节对这个问题的处理］。

让我们固定一个特征 k，我们想了解 k 对训练好的模型 $\hat{f}$ 的平均影响。为了做到这一点，我们假设特征空间是随机的，我们将其一分为二：k 和 $-k$，$-k$ 代表除了 k 以外的所有特征。PDP 被定义为：

$$\bar{f}_k(x_k) = E[\hat{f}(x_{-k}, x_k)] = \int \hat{f}(x_{-k}, x_k) \mathrm{d}P_{-k}(x_{-k}) \qquad (13.1)$$

其中$\mathrm{d}P_{-k}(\cdot)$为非k特征x_{-k}的（联合）分布。上述函数取特征值x_k作为参数，并通过其样本分布保持所有其他特征的分布不变，因此其结果代表了特征k的影响。在实践中，平均数是用蒙特卡罗模拟来评估的：

$$\bar{f}_k(x_k) \approx \frac{1}{M}\sum_{m=1}^{M}\hat{f}\left(x_k, x_{-k}^{(m)}\right) \qquad (13.2)$$

其中$x_{-k}^{(m)}$是非k特征的独立样本。

理论上 PDP 可以同时计算多个特征，实践中一般只适用于两个特征（产生一个三维曲面），而且计算量比较大。

我们在下面使用专用包 iml（可解释的机器学习）来阐释 PDP 的概念，也可以参考 Greenwell（2017）所用的 pdp 包。我们想要解释的模型是 6.2 节中建立的随机森林，我们使用其中的一些变量，并测试 Pb 对模型结果的影响（见图 13-4）：

```
library(iml)                                      # 可解释性的软件包
mod_iml <- Predictor$new(fit_RF,                  # 封装对象
                    data = training_sample %>% dplyr::select(features))
pdp_PB = FeatureEffect$new(mod_iml, feature = "Pb")  # 计算 Pb 的 PDP
plot(pdp_PB)                                       # 画图
```

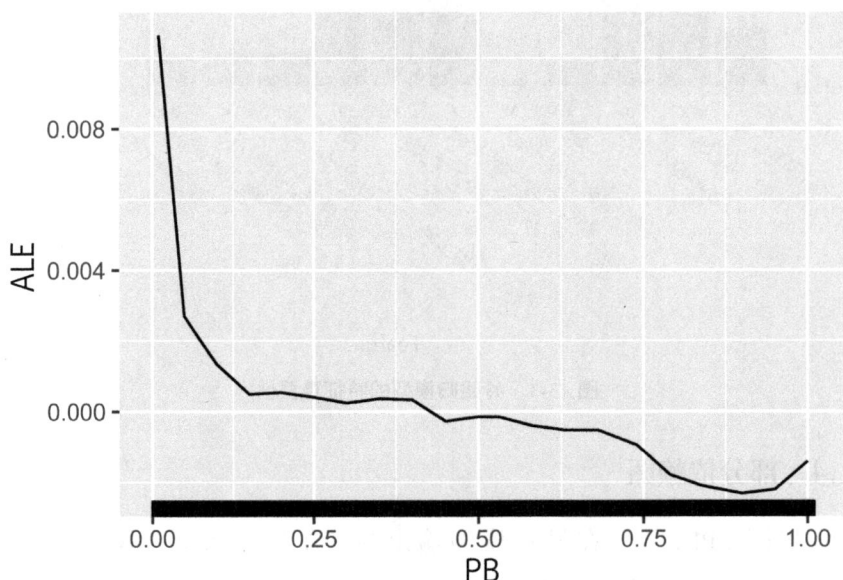

图 13-4 随机森林模型 PB 的 PDP

PB 对预测的平均影响是递减的。考虑到给定 PB 下因变量的条件平均数，这种递减影响在某种程度上在预料之中。图 6-3 描述了 PB 与收益率的关系，并显示了与图

13-4 所示曲线相似的趋势：在 PB 较小的情况下强烈下降，随后相对平稳。当 PB 较低时，企业的价值被低估了，它们的较高收益与价值溢价相一致。

关于 PDP 因果关系的理论探讨可以参考 Zhao 和 Hastie（2020）。事实上，对 PDP 构造的深入研究表明，它们可以被解释为特征对模型输出的因果关系展示。

13.2　局部模型

全局模型试图评估特征对整体输出的影响，而局部模型则试图量化模型在特定观测值或其附近的行为。局部可解释性最近得到了重视，许多关于这个主题的论文已经发表。下面，我们概述实现局部可解释性最普遍的方法。

13.2.1　LIME

LIME（Local Interpretable Model-agnostic Explanation，对不可知模型局部解释的分析）是由 Ribeiro 等（2016）最初提出的一种方法。他们的目的是在以下两个约束条件下对模型进行分析。

- 简单的可解释性：这意味着有限数量的变量具有视觉或文本表示形式。这是为了确保任何人都能轻松理解工具所得到的结果。
- 局部的忠实性：解释结果对观测值及其附近的行为是成立的。

原始（黑箱）模型是 f，假设我们要使用可解释模型 g 对它在观测值 x 附近的行为进行近似分析。这个简单函数 g 属于一个更大的集合 G。x 附近的观测值空间定义为 π_x，函数 g 的复杂性定义为 $\Omega(g)$。LIME 以下列形式呈现：

$$\xi(x) = \underset{g \in G}{\operatorname{argmin}} \; \mathcal{L}(f, g, \pi_x) + \Omega(g)$$

其中 $\mathcal{L}(f, g, \pi_x)$ 是由函数 g 在 x 附近的观测值空间 π_x 所产生的损失函数（误差）。罚项 $\Omega(g)$ 定义为树的叶节点数量或深度，或线性回归中的预测变量数量。

还需要对上述一些术语进行定义。x 附近的观测值空间被定义为 $\pi_x(z) = \mathrm{e}^{-D(x,z)^2/\sigma^2}$，其中 D 是某种距离测量，σ^2 是某种比例常数。随着 z 与 x 的距离变远，这个函数的值会减小。

棘手的部分在于如何设计损失函数。为了使其最小化，LIME 产生了 x 附近的人工观测值，并对其预测标签所产生的误差进行平均 / 求和。为了便于理解，我们假设 f 的输出为标量，损失函数可以表述如下：

$$\mathcal{L}(f, g, \pi_x) = \sum_z \pi_x(z)\big(f(z) - g(z)\big)^2$$

并根据其与初始观测值 x 的距离对误差进行加权，最接近的点得到最大的权重。在最基础的版本中，模型的集合 G 由线性模型组成。

在图 13-5 中，我们提供了 LIME 工作原理的简单解释。

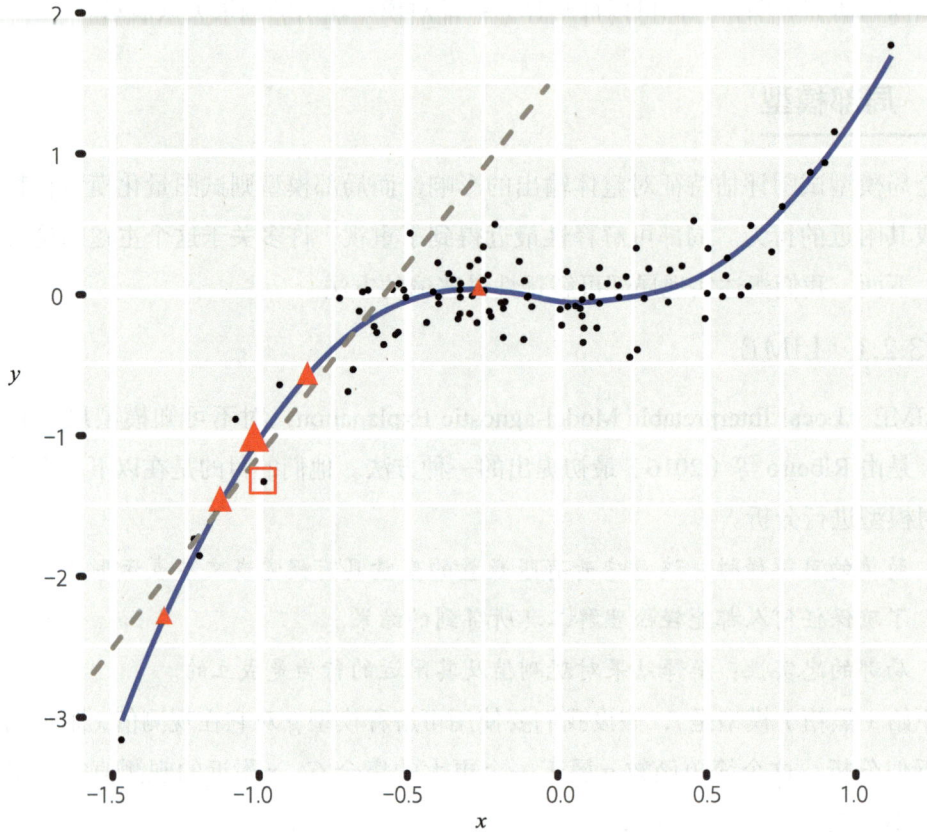

图 13-5　LIME 的简单解释：被解释的观测值被红框圈出，产生了 5 个点（红色三角形），并相应地拟合一个加权线性模型（灰色虚线）

为了说明问题，我们只选用了一个因变量。原始训练样本用黑色的点表示。拟合（训练）的模型用蓝线表示（平滑后的条件均值），我们要对模型在一个特定观测值附近的情况进行近似估计，该观测值用红框圈出。为了建立近似值，我们在该观测值周围抽取 5 个新的点（5 个红色三角形），每个三角形（它们是模型的预测值）都位于蓝线上，其权重与大小成正比：离观测值越近的三角形，其权重越大。使用加权最小二乘，我们通过这 5 个点拟合一个线性模型（灰色虚线），这就是近似的结果。它给出了模型的两个参数：截距和斜率。这两个参数可以用标准的统计检验来评估。

斜率的符号很重要。可以看到，如果该观测值接近于 $x = 0$，斜率可能为 0，因此预测变量可能被局部放弃了。另一个重要的细节是样本点的数量。在刚才的分析中，我们只取了 5 个点，但在实践中，一个稳健的估计通常需要大约 1000 个点或更多。事实上，当取样附近的观测值太少时，估计的风险很高，所得到的结果可能偏差很大。

我们接着举一个实施的例子，具体步骤如下。

1. 在一些训练数据上拟合一个模型。

2. 用 lime 函数进行分析。

3. 专注于几个预测变量，看看它们对几个特定观测值的影响（通过 explain 函数实现）。

我们从第 1 步开始，这里使用一个提升树模型：

```
library(lime)                                  # LIME 包
params_xgb <- list(                            # 提升树的参数
    max_depth = 5,                             # 每棵树的最大深度
    eta = 0.5,                                 # 学习率
    gamma = 0.1,                               # 惩罚系数
    colsample_bytree = 1,                      # 所选预测变量的比率（1 = 全部）
    min_child_weight = 10,                     # 每个节点样本的最小数量
subsample = 1)                                 # 所选样本的比率（1 = 全部）
xgb_model <- xgb.train(params_xgb,             # 训练模型
                       train_matrix_xgb,       # 训练数据
                       nrounds = 10)           # 树的数量
```

然后，进行第 2 步、第 3 步，利用 lime 和 explain 函数进行分析（见图 13-6）。

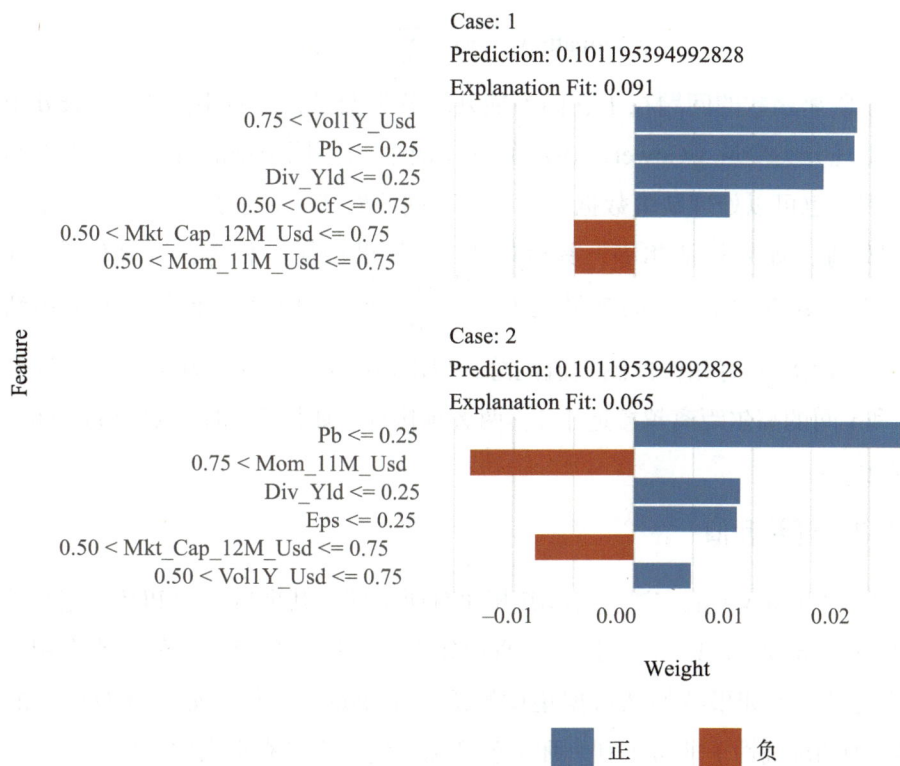

图 13-6　计算局部近似值的特征范围及图形展示

```
explainer <- lime(training_sample %>% dplyr::select(features_short), xgb_model)# 第 2 步
explanation <- explain(x = training_sample %>%                      # 第 3 步
                        dplyr::select(features_short) %>%
                        dplyr::slice(1:2),            # 训练集中的前 2 个观测值
                      explainer = explainer,          # 前文建立的解释变量
                      n_permutations = 900,           # 损失函数所需要的观测值个数
                      dist_fun = "euclidean",         # 距离函数，也可以采用"gower"
                      n_features = 6                  # 展示 Nb 个特征（重要性较高的）
)
plot_features(explanation, ncol = 1)                  # 图形展示
```

在每幅图中（一幅图对应于一个观测值附近的解释），有影响符号和影响幅度两类信息。符号用颜色显示（蓝色为正，红色为负），幅度用矩形的大小显示。

图 13-6 中左边的数值显示了计算局部近似值的特征范围。

最后，我们简要讨论一下代码中选择的距离函数，它被用来评估真实观测值和模拟观测值之间的差异，以便对采样观测值的预测给予适当的权重。我们的数据集中只包括数值数据，因此欧氏距离（Euclidean distance）是一个常见的选择：

$$\text{Euclidean}(x, y) = \sqrt{\sum_{n=1}^{N}(x_n - y_n)^2}$$

另一个可能的选择是曼哈顿距离（Manhattan distance）：

$$\text{Manhattan}(x, y) = \sum_{n=1}^{N}|x_n - y_n|$$

这两个距离函数的问题在于它们不能处理分类变量，高尔距离（Gower distance）正好用来处理分类变量（Gower，1971）。高尔距离对不同类型的特征（基本上是类别与数值，但它也可以处理缺失数据）进行了不同的处理。对于类别特征，高尔距离采用二进制处理：如果特征相等，其值等于 1；如果特征不相等，则其值等于 0（即 $1_{\{x_n=y_n\}}$）。对于数值特征，距离被量化为 $1 - \dfrac{|x_n - y_n|}{R_n}$，其中 R_n 是该特征所能达到的最大绝对值。随后将所有相似性测量值汇总，得出最终的分数。请注意，这时逻辑是相反的：x 和 y 间的高尔距离越接近于 1，两者越接近；如果高尔距离越接近于 0，则两者距离越远。

13.2.2 夏普利值

夏普利（Shapley）值方法与 LIME 相比有所不同，其更接近于 PDP。它起源于合作博弈理论（Shapley，1953）。其基本原理如下：评估一个变量价值（或有用性）的一种方法是，观察如果我们从数据集中删除这个变量会怎样。如果这对模型的质量（即对其预测的准确性）非常不利，那么就意味着这个变量有很高的价值。

夏普利值在 Shalit（2020a）、Shalit（2020b）和 Moehle 等（2021）文献中被用来

评估投资组合的风险或业绩归因。

从数学角度看，评估变量预测能力时，最简单的方法是取所有的变量，然后去掉一个变量来评估其预测能力。夏普利值的计算规模较大，因为它考虑了所有可能的变量组合，并在其中加入目标预测变量。用方程表达为：

$$\phi_k = \sum_{S \subseteq \{x_1, \cdots, x_k\} \setminus x_k} \underbrace{\frac{\text{card}(S)!(K - \text{card}(S) - 1)!}{K!}}_{\text{其他特征的影响}} \underbrace{\left(\hat{f}_{S \cup \{x_k\}} (S \cup \{x_k\}) - \hat{f}_S(S) \right)}_{\text{当加入 } x_k \text{ 时}} \quad (13.3)$$

S 是不包括特征 k 的任意子集，其大小为 card(S)。

在上面的方程中，模型 f 必须被替换，因为在特征值缺失时不可能对 f 进行评估。在这种情况下，有几种可能的选择。

如果预测变量的数量很大，计算夏普利值会花费很多时间来。Chen 等（2018）通过简化方法，对减少计算时间进行了讨论。Lundberg 和 Lee（2017）研究了夏普利值在可解释性方面的扩展。

夏普利值在 R 中也是通过 iml 包实现的。与 LIME 相比，其存在两个限制。首先，特征必须被预先过滤，因为所有的特征都会显示在图中，但超过 20 个特征时，图就会变得难以辨认。这就是为什么在下面的代码中，我们使用短预测变量列表（来自 1.2 节）。其次，观测值每次都需要分析。

我们首先拟合一个随机森林模型：

```
fit_RF_short <- randomForest(R1M_Usd ~.,          # 与简单树模型的公式相同
                  data = training_sample %>% dplyr::select(c(features_short), "R1M_Usd"),
                  sampsize = 10000,               # 每棵树的样本量
                  replace = FALSE,                # 是否重复采样
                  nodesize = 250,                 # 终端集群的最小观测值数
                  ntree = 40,                     # 树的数量
                  mtry = 4                        # 每棵树的特征数
)
```

然后我们可以分析模型在训练样本中第一个观测值附近的行为：

```
predictor <- Predictor$new(fit_RF_short,          # 包括数据和模型
                  data = training_sample %>% dplyr::select(features_short),
                  y = training_sample$R1M_Usd)
shapley <- Shapley$new(predictor,                              # 计算夏普利值
                  x.interest = training_sample %>%
                      dplyr::select(features_short) %>%
                      dplyr::slice(1))                         # 第一个观测值
plot(shapley) + coord_fixed(1500) +                           # 画图
    theme(axis.text.x = element_text(angle = 35, hjust = 1)) + coord_flip()
```

在图 13-7 所示的输出中，我们再次获得了特征影响符号和相对重要性（与其他特

征相比）两个关键结论。

Actual prediction: 0.04
Average prediction: 0.01

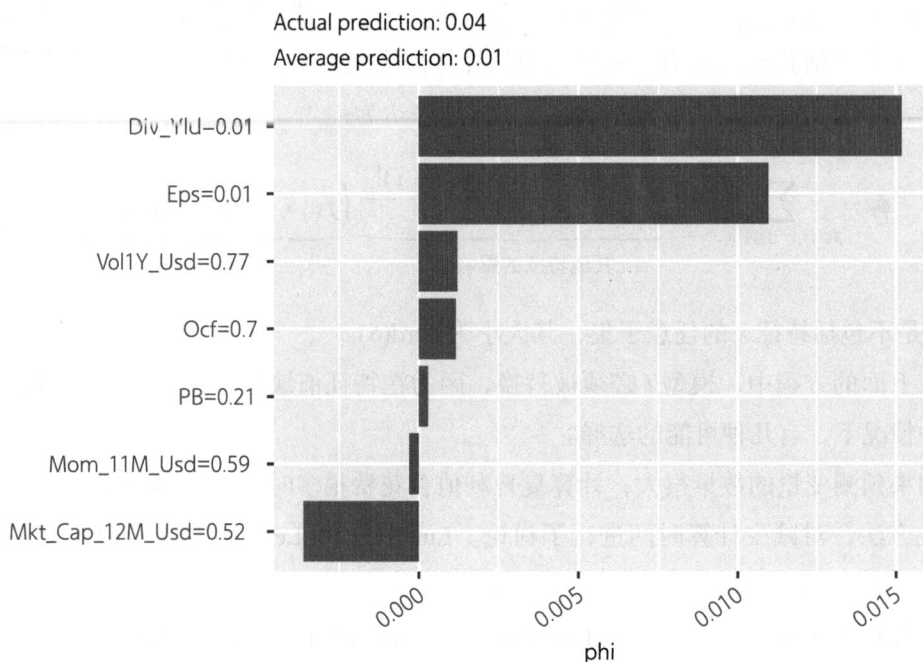

图 13-7　夏普利值方法说明

13.2.3　分解法

分解法［Breakdown，见 Staniak 和 Biecek（2018）等］是 PDP 和夏普利值的结合体。分解法的核心是式（13.4）中定义的松弛模型预测。它的思想与式（13.1）接近。不同的是，我们是在局部水平上操作，即在某一特定观测值 x^* 上来测试。我们想测量一组预测变量在 x^* 上对预测的影响，因此，我们构造两个组合 k（固定特征）和 $-k$（自由特征），在将 k 组合中预测值固定为 x_k^* 的条件下，对模型 $\hat{f}$ 的平均预测值进行评估，公式如下：

$$\tilde{f}_k(x^*) = \frac{1}{M}\sum_{m=1}^{M}\hat{f}\left(x_{-k}^{(m)}, x_k^*\right) \tag{13.4}$$

上述表达式中的 $x^{(m)}$ 要么是观测值的模拟值，要么只是数据集中的采样值。其意味着观测值中有一些值被 x^* 所取代，即那些对应于索引 k 的值。当 k 由所有特征组成时，$\tilde{f}_k(x^*)$ 等于初始模型的预测值 $\hat{f}(x^*)$；当 k 为空时，它等于标签的平均样本值（恒定预测）。

我们所关注的是相对于点 x^* 和集合 k，特征 $j \notin k$ 的贡献：

$$\phi_k^j(x^*) = \tilde{f}_{k\cup j}(x^*) - \tilde{f}_k(x^*)$$

就像夏普利值一样，上述指标计算的是将特征 j 加入预测变量集时所带来的平均影响。根据定义，该指标取决于集合 k，这是与夏普利值（横跨所有排列组合）相比的一个明显区别。在 Staniak 和 Biecek（2018）中，作者设计了一个程序，逐步增大或减小集合 k，这种贪婪算法有助于减轻计算所有可行特征组合的负担。此外，这种算法的一个非常便捷的属性是，所有贡献的总和等于预测值：

$$\sum_j \phi_k^j(x^*) = f(x^*)$$

可视化使这一点非常容易用图显示（见图 13-8）。

为了通过一个实例阐释分解法，我们在有限的特征上训练一个随机森林，如下所示，这将增强分解法的输出可读性：

```
formula_short <- paste("R1M_Usd ~", paste(features_short, collapse = " + "))  # 模型
formula_short <- as.formula(formula_short)                                     # 公式
format fit_RF_short <- randomForest(formula_short,                             # 如上公式
                data = dplyr::select(training_sample, c(features_short, "R1M_Usd")),
                sampsize = 10000,               # 每棵树的样本量
                replace = FALSE,                # 是否重采样
                nodesize = 250,                 # 终端集群的最小规模
                ntree = 12,                     # 决策树的数量
                mtry = 5                        # 每棵决策树所用的预测变量数
    )
```

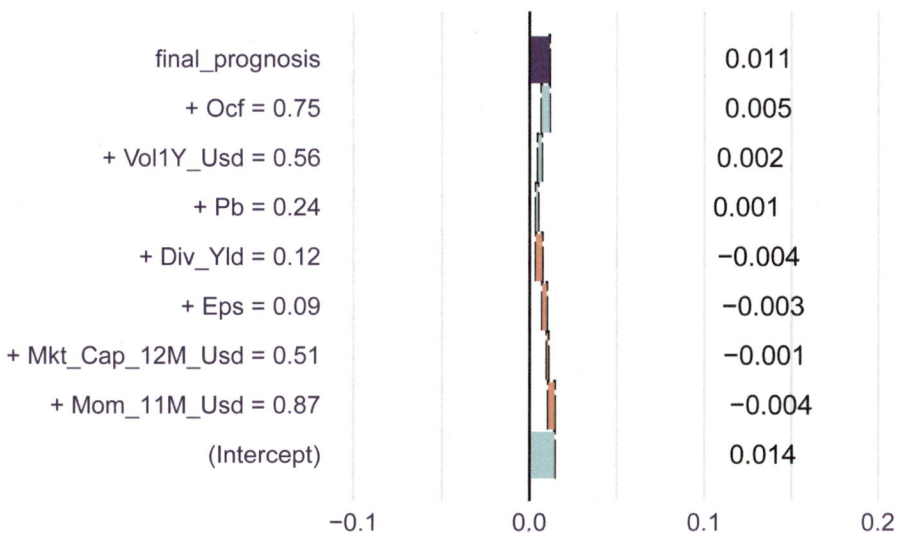

final_prognosis	0.011
+ Ocf = 0.75	0.005
+ Vol1Y_Usd = 0.56	0.002
+ Pb = 0.24	0.001
+ Div_Yld = 0.12	−0.004
+ Eps = 0.09	−0.003
+ Mkt_Cap_12M_Usd = 0.51	−0.001
+ Mom_11M_Usd = 0.87	−0.004
(Intercept)	0.014

图 13-8　分解法输出的例子

一旦模型被训练，分解法的语法就非常简单：

```
library(breakDown)
explain_break <- broken(fit_RF_short,
```

```
                    data_ml[6,] %>% dplyr::select(features_short),
                    data = data_ml %>% dplyr::select(features_short))
plot(explain_break)
```

　　图 13-8 中的输出可以直观地解释。紫色条形表示模型在所选观测值中的预测值，绿色条形表示具有积极影响的变量，橙色条形表示具有消极影响的变量。条形的相对大小表示每个特征的重要性。

第 14 章

两个关键概念：
因果关系和非平稳性

机器学习的算法大多（通过设计）专注于捕捉相关性，因此它们受到的一个主要批评是无法识别特征和标签间的因果关系。相关性比因果关系弱得多，因为相关性描述的是一种双向关系（$X \longleftrightarrow y$），而因果关系指定的是一个方向 $X \rightarrow y$ 或 $X \leftarrow y$。在这方面，一个前沿的案例是投资者情绪。许多学术文献表明，情绪（无论其定义如何）是未来收益的重要驱动因素。对某只股票的高情绪可能会增加对这只股票的需求，并推动其价格上涨（尽管反过来推理也可能适用：如果情绪高涨，就表明趋势反转可能即将发生）。对调的因果关系也是合理的：收益很可能影响情绪。如果一只股票经历了长时间的价格上涨，人们就会看涨这只股票，情绪也会更加高昂［这主要来自推断，理论模型见 Barberis 等（2015）］。在 Coqueret（2020）中，作者发现（与该领域的大多数研究结果相反），后一种因果关系（收益率→情绪）更有可能。这一结果得到了因果关系驱动检验的支持（见 14.1.1 小节）。

统计因果关系是一个很大的主题，可以参考 Pearl（2009）对这一主题的深入研究。最近，研究人员试图将因果关系与机器学习方法联系起来，如 Peters 等（2017）、Heinze-Deml 等（2018）、Arjovsky 等（2019），他们研究中的关键概念是不变性。

通常情况下，数据不是一次性收集的，而是在不同时刻从不同的来源收集的。在这些不同来源中发现的一些关系会发生变化，而其他关系可能保持不变。不随环境发生变化的关系很可能源自（或意味着）因果关系。以下是一个反例（Beery 等，2018）：训练一个计算机视觉算法来区分奶牛和骆驼，会导致该算法专注于草与沙子！这是因为大多数骆驼都是在沙漠中拍摄的，而奶牛是在绿色的草场上拍摄的。因此，草场中的骆驼将被归类为奶牛，而沙漠中的奶牛将被归类为骆驼。只有不断学习这两种动物在不同背景（环境）下的图片，学习器最终才能真正找到奶牛和骆驼的区别。骆驼无论在哪里拍摄，都是骆驼，它应该被学习器准确识别。如果是这样，骆驼的表征在所有的数据集上都是不变的，而且学习器已经发现了其中的因果关系，即骆驼的真正属性，如整体轮廓、背部形状、面部特点、颜色（可能是误导）等。

这种对不变性的探索对许多学科来说是有意义的，比如计算机视觉或自然语言处理（猫总是看起来像猫，语言也不会有太大的变化）。在金融领域，不变性可能并不明显。众所周知，市场条件是时变的，公司特征和收益之间的关系也会逐年变化。应对这些问题的一个可行办法是接受非平稳性（关于平稳性的定义，见 1.1 节）。在第 12

章中，我们主张通过尽可能频繁地使用滚动训练集来更新模型，这使得预测可以基于最新的趋势。在第 14.2 节中，我们将介绍其他的理论和实践选择。

14.1 因果关系

传统的机器学习模型旨在发现变量之间的关系，但通常不指定这些关系的方向。一个典型的例子是线性回归。如果我们有 $y = a + bx + \epsilon$，那么 $x = b^{-1}(y - a - \epsilon)$，这当然也是一种线性关系（关于 y）。这些方程没有定义因果关系，因果关系即 x 是 y 的一个决定因素（$x \rightarrow y$，但反方向可能是错误的）。

最近，D'Acunto 等（2021）研究了股票因子的因果结构，该研究通过 Hyvärinen 等（2010）的 VAR-LiNGAM 技术，发现风险因子的相互作用在不断演变。

14.1.1 格兰杰因果关系

由 Granger（1969）首次提出的因果关系检验工具简单有效。为了便于理解，我们只考虑两个静态过程，X_t 和 Y_t。因果关系的严格定义如下：如果存在某个整数 k 满足下式，则可以说 X 是导致 Y 的原因。

$$(Y_{t+1}, \cdots, Y_{t+k}) \big| (\mathcal{F}_{Y,t} \cup \mathcal{F}_{X,t}) \quad \underset{\neq}{d} \quad (Y_{t+1}, \cdots, Y_{t+k}) \big| \mathcal{F}_{Y,t}$$

也就是说，相对于只知道 $\mathcal{F}_{Y,t}$，知道两个过程对 Y_t 未来分布的判断更为准确，则可以说 X 确实对 Y 有影响，因为它的运行轨迹改变了 Y 的轨迹。

但是这种表述太模糊，不可能用数学来处理，因此我们通过一个线性表述来简化设定。我们采用与 Granger（1969）原始论文第 5 节相同的符号。该测试包括两个回归：

$$X_t = \sum_{j=1}^{m} a_j X_{t-j} + \sum_{j=1}^{m} b_j Y_{t-j} + \epsilon_t$$

$$Y_t = \sum_{j=1}^{m} c_j X_{t-j} + \sum_{j=1}^{m} d_j Y_{t-j} + \nu_t$$

为便于理解，假定两个过程的均值都为 0。通常的假设是：高斯噪声 ϵ_t 和 ν_t 在所有情况下（相互之间和时序上）都是不相关的。检验方法如下：如果一个 b_j 非零，那么就说 Y 格兰杰导致（Granger-cause）了 X（也可以说 Y 是 X 的格兰杰原因）；如果一个 c_j 非零，那么就说 X 格兰杰导致了 Y（也可以说 X 是 Y 的格兰杰原因）。两者并不相互排斥，人们普遍认为相互反馈的因果回路经常出现。

在统计学上，零假设为 $b_1 = \cdots = b_m = 0$（相应地，$c_1 = \cdots = c_m = 0$），这可以用通常的费歇尔（Fischer）分布来检验。很明显，线性限制可以被排除，但测试就会复杂得多，这个方向的主要论文是 Hiemstra 和 Jones（1994）。

有许多 R 包嵌入了格兰杰因果关系的功能，使用最广泛的是 lmtest，我们在下面的案例中使用它。其语法非常简单，需要设定上述方程中的最大滞后期 m。我们测试过去 6 个月的平均市值是否会是某只股票（样本中的第一只）未来一个月收益的格兰杰原因。

```
library(lmtest)
x_granger <- training_sample %>%                        # X变量
    filter(stock_id ==1) %>%        # 第一只股票
    pull(Mkt_Cap_6M_Usd)            # 市值
y_granger <- training_sample %>%                        # Y变量
    filter(stock_id ==1) %>%        # 第一只股票
    pull(R1M_Usd)                   # 未来一个月的收益
fit_granger <- grangertest(x_granger,                   # X变量
                           y_granger,                   # Y变量
                           order = 6,                   # 最大滞后期
                           na.action = na.omit)         # 处理缺失值
fit_granger
## Granger causality test
##
## Model 1: y_granger ~ Lags(y_granger, 1:6) + Lags(x_granger, 1:6)
## Model 2: y_granger ~ Lags(y_granger, 1:6)
##   Res.Df Df     F      Pr(>F)
## 1    149
## 2    155 -6 4.111 0.0007554 ***
## ---
## Signif. codes:  0 '***' 0.001 '**' 0.01 '*' 0.05 '.' 0.1 ' ' 1
```

该测试具有方向性，只测试 X 是否导致了 Y。为了测试反向效应，需要反转函数中的参数。在上面的输出中，p 值非常低，因此相对于我们的样本，H_0 成立的概率可以忽略不计。这样看来，市值确实是未来一个月收益的格兰杰原因。但我们还是要强调，格兰杰因果关系比 14.1.2 小节中定义的因果关系要弱。一个过程格兰杰导致另一个过程只是包含有用的预测信息，并不是严格意义上的因果关系证明。此外，我们的测试仅限于线性模型，加入非线性因素可能会改变结论。最后，加入其他预测变量（可能是遗漏的变量）也可能改变结果（Chow 等，2002）。

14.1.2　因果加性模型

各种各样的模型均被用于因果关系分析［在 Hahn 等（2019）中，甚至 9.5 节中的 BART 也被用于分析因果关系］。有兴趣的读者可以看看 Pearl（2009）、Peters 等（2017）、Maathuis 等（2018）、Hünermund 和 Bareinboim（2019）以及其中的参考文献。因果模型的一个核心工具是 Pearl 开发的干预演算（do-calculus）。传统的概率函数 $P[Y|X]$ 将 Y 的概率与 X 取某个值 x 的条件联系在一起，而干预演算则强制 X 取值 x，这是一个看与做的二分法。一个经典的例子如下：气压计可以提供与天气有关的线索，

因为高压往往与晴天相关。

$P[$ 晴天 | 气压计说"高"$]>P[$ 晴天 | 气压计说"低"$]$

但如果你控制了气压计，即强迫它显示一些数值，则：

$P[$ 晴天 | 气压计被调成"高"$]=P[$ 晴天 | 气压计被调成"低"$]$

这是因为控制气压计不会对天气产生任何影响。简言之，当对气压计进行干预时，$P[$ 天气 |do(气压计)$]=P[$ 天气 $]$。这是一个与因果关系相关的有趣例子，首要的变量是气压。气压对天气和气压计都有影响，这种联合效应被称为混杂效应。然而，气压计对天气的影响可能不是真的。有兴趣的读者如果想更深入地了解这些概念，应该仔细看看 Judea Pearl 的研究。干预演算是一个非常强大的理论框架，但要把它应用于任意情况或数据集并不容易 [如 Aronow 和 Sävje（2019）]。

虽然我们没有对因果关系背后的理论进行详尽的考察，但我们希望展示它的一些实际应用，因为它很容易解释。很难特别挑出某一类型的模型，所以我们选择了一种可以用简单数学工具解释的模型。我们从最简单的结构性因果模型（SCM）的定义开始，这里我们遵循 Peters 等（2017）的第 3 章的方法。这些模型背后的想法是在模型中引入一些层次结构（即一些额外的结构）。从形式上看，给定：

$$X = \epsilon_X$$
$$Y = f(X, \epsilon_Y)$$

其中 ϵ_X 和 ϵ_Y 是独立的噪声变量。很明显，随机抽取的 X 通过函数 f 会对 Y 产生影响。如果观测变量的数量更多，这个方案可能会更复杂。如果有第三个变量，那么：

$$X = \epsilon_X$$
$$Y = f(X, \epsilon_Y)$$
$$Z = g(Y, \epsilon_Z)$$

在这种情况下，X 对 Y 有因果影响，Y 对 Z 有因果影响。因此可以定义如下关系表示法：

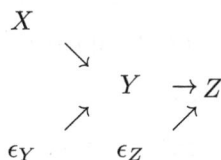

$$\begin{array}{ccc} X & & \\ & \searrow & \\ & Y & \to Z \\ & \nearrow & \nearrow \\ \epsilon_Y & & \epsilon_Z \end{array}$$

上述表示法被称为因果图。因果图有自己的命名法，我们简要总结一下：变量通常被称为顶点（或节点），箭头被称为边。由于边有方向，因此它们被称为有向边。当两个顶点通过一条边连接时，它们被称为相邻顶点。相邻顶点的序列被称为路径，如果路径涉及的所有的边都是有向边，它就是有向路径。在一条有向路径中，首先出现的顶点是父顶点，紧随其后的顶点是子顶点。

因果图可以用邻接矩阵来概括。一个邻接矩阵 $A = A_{ij}$ 是一个只有 0 和 1 的矩阵。只要有一条从顶点 i 到顶点 j 的边，则 $A_{ij}=1$。自循环（$X \to X$）通常是被禁止的，所以邻接矩阵对角线上的元素为 0。如果我们考虑上述图的简化版本，如 $X \to Y \to Z$，则相应的邻接矩阵为：

$$A = \begin{bmatrix} 0 & 1 & 0 \\ 0 & 0 & 1 \\ 0 & 0 & 0 \end{bmatrix}$$

其中字母 X、Y 和 Z 按字母顺序自然排列。只有两个箭头：从 X 到 Y（第 1 行，第 2 列）和从 Y 到 Z（第 2 行，第 3 列）。

循环是一种特殊类型的路径，即第一个顶点也是最后一个顶点。$X \to Y \to Z \to X$ 序列就是一个循环。从技术上讲，循环会带来问题。为了说明这一点，考虑简单的序列 $X \to Y \to X$，这意味着 X 的实现会导致 Y 的实现，而 Y 的实现又会导致 X 的实现。虽然格兰杰因果关系允许这种关系存在，但一般的因果模型通常会避免循环，并使用有向无环图（DAG）工作。正式的图操作（可能与 do-calculus 有关）可以通过 Tikka 和 Karvanen（2017）的 causaleffect 包计算。无环图也可以通过 dagitty（Textor 等，2016）和 ggdag 包来创建和操作。

有了这些工具，我们就可以明确一个非常普遍的模型形式：

$$X_j = f_j(\boldsymbol{X}_{\mathrm{pa}_D(j)}, \epsilon_j) \tag{14.1}$$

其中噪声变量是相互独立的。$\mathrm{pa}_D(j)$ 是指图结构 D 中顶点 j 的父顶点集合。因此，X_j 是所有父顶点和一些噪声项 ϵ_j 的函数。因果加性模型是对上述规范的简化：

$$X_j = \sum_{k \in \mathrm{pa}_D(j)} f_{j,k}(\boldsymbol{X}_k) + \epsilon_j \tag{14.2}$$

其中每个变量的非线性效应是累积的，因此称为"加性"。请注意，时间下标在上式中没有出现，也就是不存在自然排序，这与格兰杰因果检验是相反的。这样的模型非常复杂，难以估计。相关细节可以在 Bühlmann 等（2014）中找到。幸运的是，作者已经开发了一个 R 包，可以确定 DAG。

下面，我们建立一小部分预测变量加上未来一个月收益（在训练样本上）有关的邻接矩阵。本书的原始版本使用的是 CAM 包，它的语法非常简单。下面，我们测试最近开发的 InvariantCausalPrediction 包。

```
# library(CAM)                    # 加载包
data_caus <- training_sample %>% dplyr::select(c("R1M_Usd", features_short))
# fit_cam <- CAM(data_caus)       # 主函数
  fit_cam$Adj                     # 展示邻接矩阵
```

```
## 8 x 8 sparse Matrix of class "dgCMatrix"
##
## [1,] . 1 1 1 1 1 1 1
## [2,] . . . 1 . . 1 .
## [3,] . 1 . 1 . . 1 1
## [4,] . . . . . . . .
## [5,] . 1 1 1 . 1 1 1
## [6,] . 1 1 1 . . 1 1
## [7,] . . . 1 . . . .
## [8,] . 1 . 1 . . 1 .
```

　　矩阵不是太稀疏，这意味着模型发现了样本中变量间的许多关系。遗憾的是，对于我们所寻求的预测任务来说，没有发现我们希望看到的因果关系。事实上，第一个变量（R1M_Usd）是我们想要预测的变量，它的列是空的。然而，它对应的行均为 1，这表明了相反的因果关系：未来收益影响了预测变量，考虑到特征的性质，这看起来相当反直觉。

　　为了完整，我们还提供了 pcalg 包（Kalisch 等，2012）的实现代码。下面，通过所谓的 PC（以其作者 Peter Spirtes 和 Clark Glymour 的名字首字母命名）进行估计（见图 14-1）。该算法的细节超出了本书的范围，感兴趣的读者可以看看 Spirtes 等（2000）的 5.4 节，或 Kalisch 等（2012）的第 2 节，以了解更多相关信息。我们还使用了 Rgraphviz 软件包。

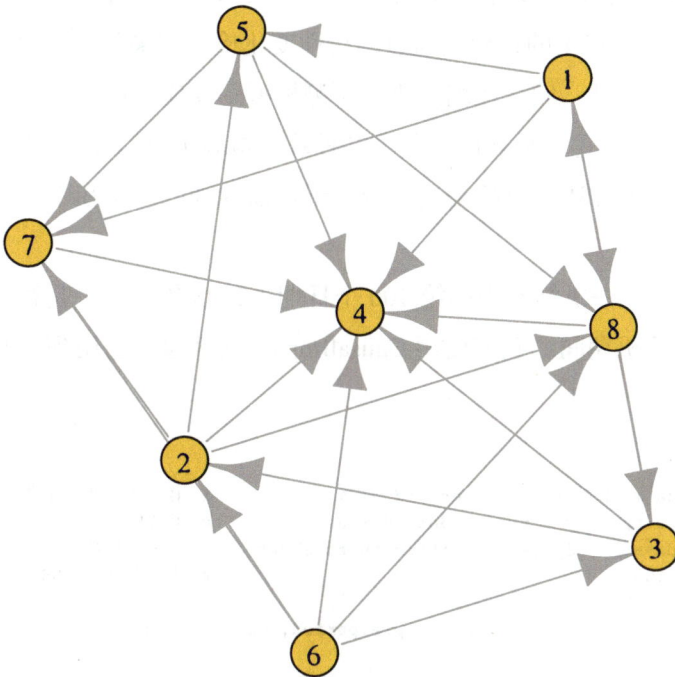

图 14-1　有向图

```
library(pcalg)                                          # 加载包
library(Rgraphviz)
est_caus <- list(C = cor(data_caus), n = nrow(data_caus)) # 计算相关性
pc.fit <- pc(est_caus, indepTest = gaussCItest,         # 模型估计
             p = ncol(data_caus),alpha = 0.01)
iplotPC(pc.fit)                                         # 画图
```

当模型无法确定边的方向时，它显示为一个双向箭头。虽然与第一个模型相比，邻接矩阵有所不同，但仍然没有发现哪个预测变量对因变量（第 1 号圆圈）有明显的因果影响。

14.1.3　结构时间序列模型

在因果关系这个话题的最后，我们要提到一种特殊类型的结构模型：结构性时间序列。由于它与因果关系相关，我们严格采用 Brodersen 等（2015）的符号，该模型由两个方程驱动：

$$y_t = Z_t' \alpha_t + \epsilon_t$$
$$\alpha_{t+1} = T_t \alpha_t + R_t \eta_t$$

因变量被表示为状态变量 α_t 加上一个误差项的线性函数，这些变量又是其过去值加上另一个误差项的线性函数，误差项可以有复杂的结构（它是矩阵 R_t 与高斯项 η_t 的乘积）。这种设定涵盖了很多特殊形式的模型，如 ARIMA 模型。

Brodersen 等（2015）的目标是通过结构性变化检测因果关系。他们在一个给定的训练期中估计上述模型，然后在测试集上预测模型的反应。如果实际值与预测值间的总体（总和 / 综合）误差是显著的（基于某种统计检验），那么就可以认为断点是确实存在的。简言之，该方法的目的是通过观察干预前的训练模型在干预后的表现来量化干预的效果。

下面，我们测试一下样本内的第 100 个日期（2008 年 4 月）是否是一个断点，这个日期处于次贷危机期间。我们使用 CausalImpact 软件包，它用到了 bsts 库（贝叶斯结构时间序列）。

```
library(CausalImpact)
stock1_data <- data_ml %>% filter(stock_id == 1)        # 第一只股票的数据
struct_data <- data.frame(y = stock1_data$R1M_Usd) %>%  # 组合标签……
    cbind(stock1_data %>% dplyr::select(features_short)) # ……和特征
pre.period <- c(1,100)                                  # 断点以前（2008 年以前）
post.period <- c(101,200)                               # 断点以后
impact <- CausalImpact(zoo(struct_data), pre.period, post.period)
summary(impact)
## Posterior inference {CausalImpact}
##
##                     Average            Cumulative
## Actual              0.016              1.638
```

```
## Prediction (s.d.)         0.03 (0.017)        3.05 (1.734)
## 95% CI                    [-0.0037, 0.065]    [-0.3720, 6.518]
##
## Absolute effect (s.d.)    -0.014 (0.017)      -1.410 (1.734)
## 95% CI                    [-0.049, 0.02]      [-4.880, 2.01]
##
## Relative effect (s.d.)    -46% (57%)          -46% (57%)
## 95% CI                    [-160%, 66%]        [-160%, 66%]
##
## Posterior tail-area probability p:    0.186
## Posterior prob. of a causal effect:   81%
##
## For more details, type: summary(impact, "report")
#summary(impact, "report")                                # 获得完整报告（见下文）
```

与该模型相关的时间序列显示在图 14-2 中。

```
plot(impact)
```

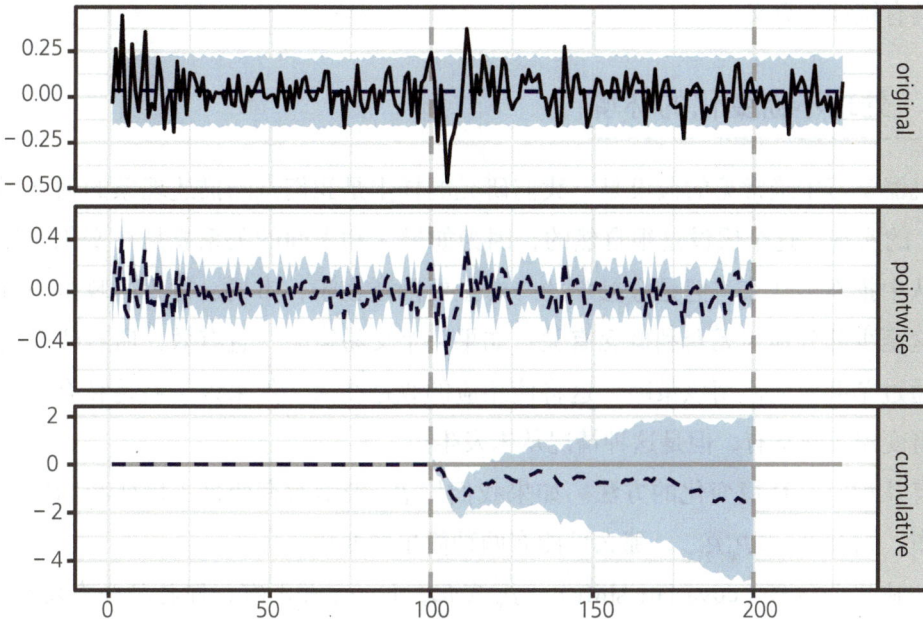

图 14-2　因果影响研究的输出

下面，我们复制并粘贴该函数生成的报告（通过上述代码中的注释行获得）。因为下一阶段的误差符号仍在不断变化，所以危机对模型产生明显影响的结论并不被支持。

在干预后期间，响应变量的平均值约为 0.016。在没有干预的情况下，我们预计平均值为 0.031。这个反事实预测的 95% 置信区间是 [-0.0059, 0.063]。从观察到的响应中减去这一预测，就可以得出干预措施对响应变量因果效应的估计。这个效应是 -0.015，95% 置信区间是 [-0.047, 0.022]。

将干预后期间的各个数据点相加（只在某些时候有意义），响应变量的总体值为 1.64。如果没有进行干预，我们预期总体值为 3.09。这个预测的 95% 置信区间是 [-0.59, 6.34]。上述结果是以绝对数字的形式给出的。相对而言，响应变量呈现了 -47% 的下降。这个百分比的 95% 置信区间是 [-152%, +72%]。

这意味着，尽管从整个干预期来看，干预措施似乎对响应变量产生了负面影响，但这种影响在统计学上并不显著，因此无法进行有意义的解释。这种明显的效果可能来自与干预措施无关的随机扰动。当干预期很长，包括效果已经消失的大部分时间时，往往会出现这种情况。当干预期太短，无法区分信号和噪声时，也可能出现这种情况。最后，如果没有足够的控制变量，或者这些变量在学习期间与响应变量之间没有很好的相关性，就会出现得不到显著效果的情况。

偶然获得这种效应的概率是 $p=0.199$，这意味着该效应可能是虚假的，一般不会被认为具有统计学意义。

14.2　处理不断变化的环境

机器学习中最常见的假设是，我们研究的样本是我们试图描述现象的独立同分布（IID）的实现。这个假设是很自然的，因为如果 X 和 Y 间的关系总是在变化，那么就很难从中推断出什么。但是金融学的一个主要问题在于，市场、行为、政策一直在变化。这至少部分地与无套利概念有关：如果一个交易策略一直有效，所有代理人最终都会通过羊群效应采用该策略，这将使相应的收益湮灭。如果该策略是私有的，其持有者将变得无限富有，但是这种情况从未发生过。

有几种定义环境变化的方法。如果我们用 P_{XY} 表示所有变量（特征和标签）的多元分布，则有 $P_{XY} = P_X P_{Y|X}$，那么可能有两种简单的变化。

- 协变量转移（covariate shift）：P_X 变化，但 $P_{Y|X}$ 并没有，即特征分布发生波动，但它与 Y 的关系保持不变。
- 概念漂移（concept drift）：$P_{Y|X}$ 变化，但 P_X 没有，即特征分布是稳定的，但它与 Y 的关系被改变了。

显然，我们省略了两个变化同时发生的情况，因为它太复杂，难以处理。在因子投资中，特征工程（见 4.4 节）绕过了协变量转移。标准化保证了特征的边际分布保持不变，但特征间的关联性会发生变化。当特征解释标签的方式随时间变化时，主要问题就是概念漂移。在 Cornuejols 等（2018）中，作者区分了 4 种类型的漂移，我们在图 14-3 中再现了这些漂移。在因子模型中，变化大概是所有 4 种类型的组合：它们在危机期间会发生剧变，但大多数时候它们是渐进的（或增量的）和永不停息的（不断重复出现）。

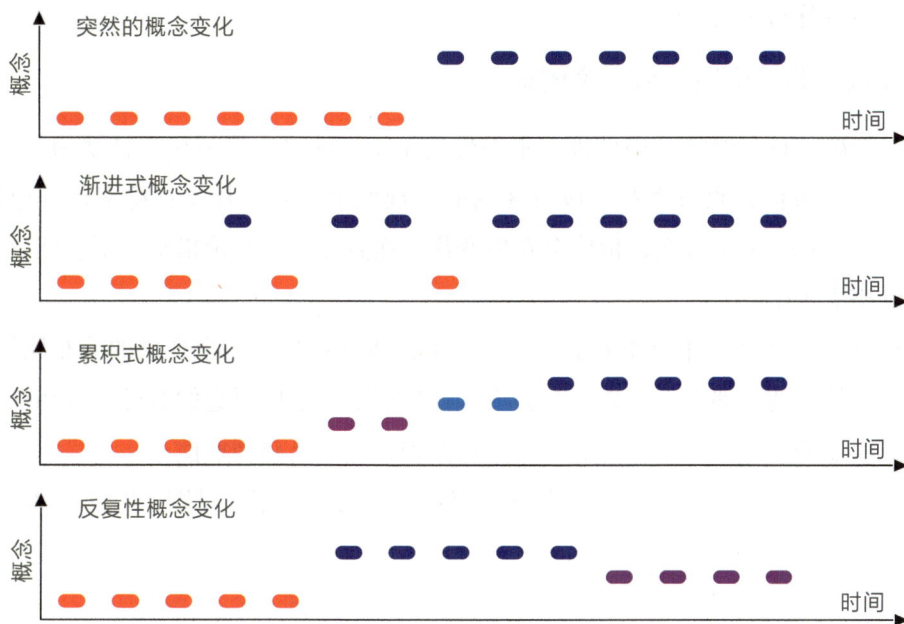

图 14-3　概念变化的不同类型

如果我们知道环境在变化，那么相应地调整模型，即使用动态调整模型就显得合乎逻辑。这就产生了所谓的稳定性和可塑性的两难问题。这个困境是模型反应性（新的观测值对更新有重要影响）与稳定性（这些观测值可能并不代表趋势的缓慢改变，因此它们可能使模型被引向次优方向）之间的权衡。

实际上，对于这个两难问题，有两种方法可以应对：改变训练样本的时间跨度（如增长回溯时间），或者在可能的情况下，将更多的权重分配给近期的观测值。我们在 12.1 节中讨论了第一种方法，第二种方法在 6.3 节中提到（Adaboost 的目的正是让算法处理权重）。在神经网络中，有可能在损失函数的计算中引入基于观测值的权重，尽管 Keras 中（还）没有这个选项（据我们所知，框架发展得很快）。对于简单回归，这个想法被称为加权最小二乘，其中误差在损失中被加权。

$$L = \sum_{i=1}^{I} w_i \left(y_i - x_i b \right)^2$$

按照矩阵形式可以表达为 $L = \left(y - Xb \right)' W \left(y - Xb \right)$，其中 W 是一个权重的对角矩阵。损失函数对 b 的梯度等于 $2X'WXb - 2X'Wy$，因此当 $b^* = \left(X'WX \right)^{-1} X'Wy$ 时，损失函数有最小值。为了微调模型对时变的响应速度，随着观测值距离当前时间越远，权重必须越小。

当然，对于不断变化的金融环境，没有完美的解决方案。下面，我们将介绍机器学习文献中采取的两条路线来解决数据生成过程中的非平稳性问题。但首先，我们必须明确，市场分布确实是时变的。

14.2.1 非平稳性：另一个例证

在（金融）计量经济学中处理非平稳性的基本做法之一是将价格转换为收益。原因很简单，一方面，收益率在一段时间内的表现似乎一致（月度收益率是有边界的，通常为 –1 ~ +1）。另一方面，价格会发生变化，而且往往有些价格永远不会回到过去，这使得价格更难研究。

平稳性是（金融）计量经济学中的一个关键概念：如果一个现象的分布属性在一段时间内保持不变，那么它的特征就会容易处理得多（这使得它们有可能被捕获）。遗憾的是，收益的分布并不是平稳的，其平均值和方差均具有周期性。

我们通过计算整个数据集中所有自然年的月平均收益率（见图 14-4）来说明这一事实。

```
data_ml %>%
    mutate(year = year(date)) %>%          # 建立年度变量
    group_by(year) %>%                      # 按年度分组
    summarize(avg_ret = mean(R1M_Usd)) %>% # 计算平均收益
    ggplot(aes(x = year, y = avg_ret)) + geom_col() + theme_grey()
```

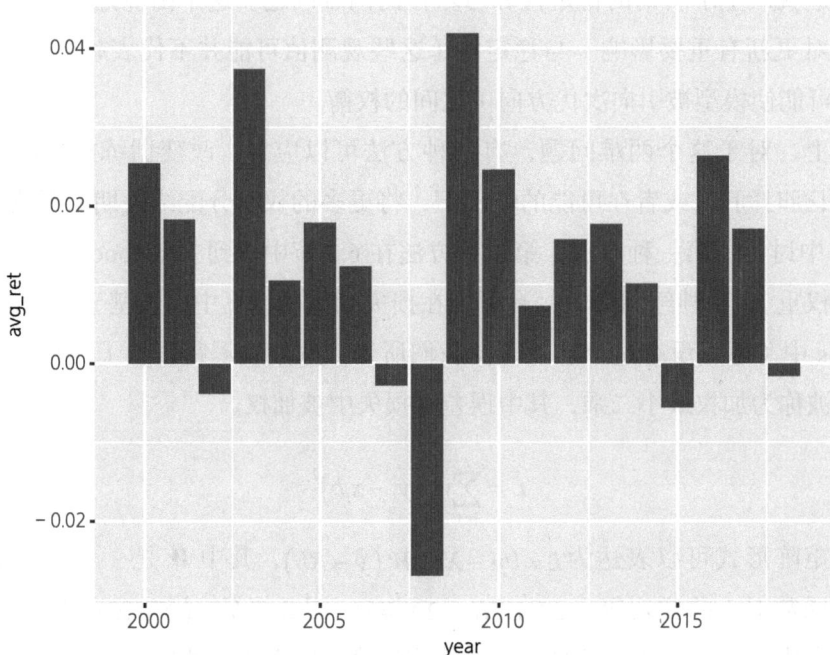

图 14-4　按年计算的月平均收益率

均值的变化也伴随着二阶矩（方差 / 波动率）的变化。这种效应被称为波动率集聚，自 Engle（1982）的理论突破以来（甚至更早），已经被广泛应用，可以参考 Cont（2007）关于这个话题的更多细节。关于 R 语言中已实现波动率的计算，我们强烈推荐阅读 Regenstein（2018）的第 4 章。

机器学习模型的情况与之相似。下面，我们用一个预测变量，即过去 6 个月的平均市值来做一个回归（见图 14-5）。标签是未来 6 个月的收益率，估计是在每个自然年进行的。

```
data_ml %>%
    mutate(year = year(date)) %>%                        # 创建年度变量
    group_by(year) %>%                                   # 按年度分组
    summarize(beta_cap = lm(R6M_Usd ~ Mkt_Cap_6M_Usd) %>% # 回归
              coef() %>%                                  # 提取系数
              t() %>%                                     # 转置
              data.frame() %>%                            # 转换为数据框
              pull(Mkt_Cap_6M_Usd)) %>%                   # 提取系数（去掉截距）
    ggplot(aes(x = year, y = beta_cap)) + geom_col() +   # 画图
    theme_grey()
```

图 14-5 中的条形强调了概念漂移，总体而言，市值和收益之间的关系是负的（即规模效应），数值有时很大，有时则很小。市值解释收益的能力是随时间变化的，模型必须做出相应调整。

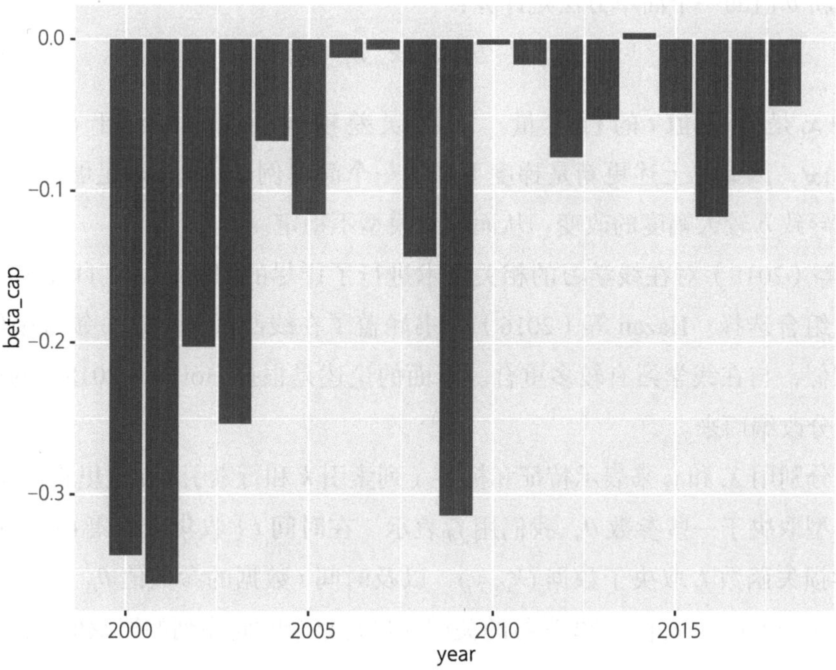

图 14-5　6 个月市值的变化

14.2.2　在线学习

在线（"在线"一词与互联网无关）学习是机器学习的一个子集。在在线学习中，新的信息会逐步到达，对信息流的整合是持续进行的。为了将最新的数据纳入考虑范围，必须更新模型。这显然符合金融领域的实际情况，这个话题与 12.1 节中关于滚动窗口的讨论密切相关。

问题是，如果一个 2019 年的模型是在 2010—2019 年的数据上训练的，那么 2020 年的（动态）模型就必须让整个数据集加上 2020 年的最新数据来重新训练。这可能会加大模型的负担，而在学习过程中如果只针对最新的信息加以训练，则会大大降低其计算成本。在神经网络中，权重的顺序批量更新可以允许模型逐步变化。尽管如此，这对于决策树来说通常是不可能的，因为样本分割只会进行一次。一个例外是 Basak（2004），但是在该文献中，树的构造与原始算法有很大的不同。

在线学习最简单的例子是 Widrow-Hoff 算法［最初来自 Widrow 和 Hoff（1960）］。最初，这个想法来自所谓的 ADALINE（ADAptive LInear NEuron）模型，它是一个具有线性激活函数隐藏层的神经网络（像感知机，但激活方式不同）。

假设该模型是线性的，即 $y=Xb+e$（可以在预测变量列表中加入一个常数），数据量很大，且更新频率高，所以在全样本上更新模型是被禁止的，因为这在技术上难以做到。更新 b 值的一个简单方法是计算：

$$b_{t+1} \longleftarrow b_t - \eta\,(x_{t+1}b_t - y_t)x_t'$$

其中 x_t 是观测值 t 的行向量。二次误差项 $(x_t b - y_t)^2$ 相对于 b 的梯度等于 $2(x_t b - y_t)x_t'$，因此，上述更新是梯度下降的一个简单例子。η 必须足够小，否则每个新点都会导致 b 较大幅度的改变，从而导致模型不稳定。

Hoi 等（2018）对在线学习的相关技术进行了详尽的综述，其 4.11 节甚至专门讨论了投资组合选择。Hazan 等（2016）一书涵盖了在线凸优化，这个领域中研究的内容非常相似，与在线学习有较多重合。下面的论述是根据 Hoi 等（2018）的第 2 部分和第 3 部分改编而来。

我们分别用 X_t 和 y_t 来表示特征和标签（列索引 k 和行索引 i 在这里将不使用）。机器学习模型取决于一些参数 θ，我们用 f_θ 表示。在时间 t［收集数据集 (X_t, y_t) 时］，训练模型的损失函数 L 取决于数据 (X_t, y_t)，以及时间 t 数据的参数值 θ_t。为了简化，我们记 $L_t(\theta_t) = L(X_t, y_t, \theta_t)$。在线学习的关键变量是整个时间序列的遗憾值（regret）：

$$R_T = \sum_{t=1}^{T} L_t(\theta_t) - \inf_{\theta^* \in \Theta} \sum_{t=1}^{T} L_t(\theta^*) \tag{14.3}$$

遗憾值指模型所产生的总损失 $\boldsymbol{\theta}_t$ 减去在完全了解序列的情况下可以得到的最小损失，因此它是事后计算的。在线学习的基本方法实际上与神经网络的批量训练很相似。参数的更新基于：

$$z_{t+1} = \theta_t - \eta_t \nabla L_t(\theta_t) \qquad (14.4)$$

其中 $\nabla L_t(\boldsymbol{\theta}_t)$ 表示当前损失 L_t 的梯度。可能出现的一个问题是当 z_{t+1} 落在 $\boldsymbol{\theta}_t$ 规定的边界之外。新参数的候选向量 z_{t+1} 会被投射到可行域中，我们称之为 S：

$$\theta_{t+1} = \Pi_S(z_{t+1}), \quad \text{其中} \quad \Pi_S(\boldsymbol{u}) = \underset{\boldsymbol{\theta} \in S}{\operatorname{argmin}} \|\boldsymbol{\theta} - \boldsymbol{u}\|_2 \qquad (14.5)$$

因此，θ_{t+1} 尽可能地接近于 z_{t+1}。Hazan 等（2007）表明，在合适的假设下（如 L_t 是严格凸的，其梯度有界 $\left\| \underset{\boldsymbol{\theta}}{\sup} \nabla L_t(\boldsymbol{\theta}) \right\| \leq G$），遗憾度 R_T 满足：

$$R_T \leq \frac{G^2}{2H}\big(1 + \log(T)\big)$$

其中 H 是学习率的比例系数（也叫步长）：$\eta_t = (Ht)^{-1}$。

更复杂的在线学习算法通过整合黑塞矩阵 $\nabla^2 L_t(\boldsymbol{\theta}) := [\nabla^2 L_t]_{i,j} = \frac{\partial}{\partial \theta_i \partial \theta_j} L_t(\boldsymbol{\theta})$ 和 / 或包括罚项来降低 $\boldsymbol{\theta}_t$ 的不稳定性。关于这些扩展的更多细节，可以参考 Hoi 等（2018）的第 2 节。

一个有趣的参数更新算法是 Crammer 等（2006）提出的被动攻击算法（PAA）。其所用基准案例为分类任务，但我们在下文中依然考虑回归问题［Crammer 等（2006）的第 5 节］。PAA 的一个很大的局限是，它依赖于损失为 0 或可忽略的参数集 $\Theta_\epsilon^* = \{\theta, L_t(\theta) < \epsilon\}$。对于一般的损失函数和线性学习器 f 来说，这个集合基本上是很难满足的。因此，Crammer 等（2006）的算法仅限于一种特殊情况，即线性学习器 f 以及对 ϵ 不敏感的损失函数：

$$L_\epsilon(\boldsymbol{\theta}) = \begin{cases} 0 & \text{如果 } |\boldsymbol{\theta}'\boldsymbol{x} - y| \leq \epsilon \quad \text{（预测足够接近）} \\ |\boldsymbol{\theta}'\boldsymbol{x} - y| - \epsilon & \text{如果 } |\boldsymbol{\theta}'\boldsymbol{x} - y| > \epsilon \quad \text{（预测相差太远）} \end{cases}$$

对于某些参数 $\epsilon > 0$，如果权重 $\boldsymbol{\theta}$ 能够使模型接近实际值，则损失为 0；如果不能，则损失等于误差的绝对值减去 ϵ。在 PAA 中，参数的更新公式为：

$$\theta_{t+1} = \underset{\boldsymbol{\theta}}{\operatorname{argmin}} \|\boldsymbol{\theta} - \boldsymbol{\theta}_t\|_2^2, \qquad \text{满足} \qquad \boldsymbol{L}_\epsilon(\boldsymbol{\theta}) = 0$$

新参数值的选择要满足两个条件：

- 损失为 0。根据损失的定义，这意味着模型已经足够接近实际值。

- 参数值尽可能地接近以前的数值。

模型如果足够好，参数值就不会变动（被动阶段）；如果不够好，它就会迅速转向以产生满意结果（进取阶段）。

我们以一个历史案例来结束本节。在线学习的一些想法源于金融文献中的概念，特别是源于最初由 Cover（1991）提出的通用投资组合的概念。其设定如下。假设函数 f 是线性的，即 $f(x_t) = \theta' x_t$，数据 x_t 由资产收益组成，因此，只要 $\theta' 1_N = 1$（预算约束），所得结果就是组合收益。损失函数 L_t 对应于凹形效用函数（例如，对数），遗憾值则相反：

$$R_T = \sup_{\theta^* \in \Theta} \sum_{t=1}^{T} L_t(r_t', \theta^*) - \sum_{t=1}^{T} L_t(r_t', \theta_t)$$

其中 r_t' 是收益率。因此，该模型被转化为最大化一个凹函数。有几篇文献（通常来自计算机科学或机器学习社区）已经提出了这类问题的解决方案，如 Blum 和 Kalai（1999）、Agarwal 等（2006）、Hazan 等（2007）。大多数研究只针对价格数据，只有 Cover 和 Ordentlich（1996）是个例外，他们提到了外部数据（侧面信息）。在后一篇文献中，作者证明了两个随机分布的不断再平衡投资组合，实现了几乎无法实现的最佳增长率。这两个分布分别服从均匀分布（再次等权）和恒定参数等于 1/2 的狄利克雷（Dirichlet）分布。在这种分布下，Cover 和 Ordentlich（1996）表明，获得的财富范围如下：

$$财富范围 \geq \frac{最佳策略的财富}{2(n+1)^{(m-1)/2}}$$

其中 m 是资产的数量，n 是训练轮次的数量。

Li 和 Hoi（2014）对在线投资组合配置的文献进行了回顾，并在 Li 和 Hoi（2018）中进行了更详细的概述。Wang 等（2020）将在线学习和神经网络中的早停法相结合，并将其应用于因子投资中。最后，在线学习与 Khedmati 和 Azin（2020）投资组合选择的聚类方法有关。

14.2.3　同构迁移学习

本小节主要介绍概念，但不会提供代码案例。迁移学习（transfer learning）背后的想法可能很有价值，因为它们可以促使新的想法产生，这就是我们在下面简要介绍它的原因。

迁移学习已经被研究过无数次了。一个经典的参考文献是 Pan 和 Yang（2009），更新的文献是 Weiss 等（2016），后者也更详尽。假设我们得到了两个数据集 D_S（源）和 D_T（目标）。每个数据集都有自己的特征 X^S 和 X^T，以及标签 y^S 和 y^T。在经典的监督学习中，目标集的模式只通过 X^T 和 y^T 学习。迁移学习提出通过函数 f^S［来自源数据上的 $y_i^S = f^S(x_i^S) + \varepsilon_i^S$］来改进函数 f^T［在目标数据上通过最小化拟合 $y_i^T = f^T(x_i^T) + \epsilon_i^T$ 获得］。与我们的设定相同，同构迁移学习指的是当特征空间不发生变化时的学习过程。在资产管理中，如果包括新的预测变量（如基于情感、卫星图像、信用卡记录等替代数据），情况可能并非如此。

在迁移学习中，根据源 S 和目标 T 之间的变化情况，可以分出很多子类别。特征空间是否改变、标签的分布是否改变，以及两者之间的映射关系是否改变，这些与本节中提到的问题都是共通的。最后一个问题在金融学中很有意义，它是指 $y=f(X)$ 中的模型 f 随着时间而变化，跟非平稳性的联系明显。在迁移学习的术语中，它被写成 $P[y^S|X^S] \neq P[y^T|X^T]$：当从源切换到目标时，当给定特征时，标签的条件分布是不一样的。通常，"领域适应"一词被用作迁移学习的同义词。因为数据的转变，我们必须调整模型以提高其准确性。这些主题在 Quionero-Candela 等（2009）文集的一系列章节中得到了论述。

Ben-David 等（2010）在二元分类的情况下验证了该理论。我们简要陈述如下：考虑 f 和 h 两个分类器，目标值为 $\{0,1\}$，两者在域 S 上的平均误差被定义如下。

$$\epsilon_s(f, h) = E_s[|f(\boldsymbol{x}) - \mathrm{h}(\boldsymbol{x})|]$$

于是有：

$$\epsilon_T(f_T, h) \leqslant \epsilon_s(f_s, h) + \underbrace{2\sup_B |P_S(B) - P_T(B)|}_{\text{域间差异}}$$

$$+ \underbrace{\min(E_S[|f_S(\boldsymbol{x}) - f_T(\boldsymbol{x})|], E_T[|f_S(\boldsymbol{x}) - f_T(\boldsymbol{x})|])}_{\text{学习任务间的差异}}$$

其中 P_S 和 P_T 表示两个领域的分布，上述不等式是对 h 泛化性能的一个约束。如果我们认为 f_S 是 S 的最佳分类器，f_T 是 T 的最佳分类器，那么 h 在 T 中产生的误差就小于以下 3 个部分的总和：

- S 空间中的误差；
- 两个领域之间的距离（数据空间移动的程度）；
- 两个最佳模型（生成器）之间的距离。

迁移学习中经常提到的一个解决方案是观测值加权。我们以一般设定来介绍它，在机器学习中，我们寻求最小化：

$$\epsilon_T(f) = E_T[L(y, f(X))]$$

其中 L 是损失函数，取决于任务（回归与分类）。可以改写为：

$$\epsilon_T\left(f\right)=E_T\left[\frac{P_T\left(y,X\right)}{P_S\left(y,X\right)}L\left(y,f(X)\right)\right]$$

$$=\sum_{y,X}P_T\left(y,X\right)\frac{P_T\left(y,X\right)}{P_S\left(y,X\right)}L\left(y,f(X)\right)$$

$$=E_S\left[\frac{P_T\left(y,X\right)}{P_S\left(y,X\right)}L\left(y,f(X)\right)\right]$$

关键参数是转移比率 $\frac{P_T\left(y,X\right)}{P_S\left(y,X\right)}$（某些假设下的 Radon-Nikodym 导数）。当然，这个比率在实践中难以获得，但有可能找到一个加权方案（在观测值上），产生对目标空间误差的改进。就像 Coqueret 和 Guida（2020）一样，加权方案可以是二元的，从而在计算误差时简单地排除一些观测值。简单地从训练样本中排除观测值可以产生有益的效果。

更一般地说，上述表达式可以被看作对指定观测值加权理论的支持（如 6.4.7 小节）。在资产配置中，这可以被看作引入了关于哪些观测值更有价值的观点，例如，如果用户认为价值型股票带有更多信息，可以允许它们在损失的计算中拥有更大的权重。当然，目标函数仍然是把损失降到最低。

在这个话题的最后，还值得一提的是 Koshiyama 等（2020）开发的迁移学习的实际应用。作者提出了一个神经网络架构，在不同市场的不同策略间共享学习过程，该方法旨在缓解回测中的过拟合问题。

第 15 章

无监督学习

第 5 章～第 9 章中介绍的所有算法都属于监督学习算法。监督来自这样一个事实，即要求数据试图解释标签变量 Z，其试图揭开预测变量 X 和标签 Z 之间的映射关系。机器学习的另一个重要部分是无监督学习，也就是说，当 Z 没有被指定时，算法试图自己理解 X，即确定 X 组成部分间的关系。无监督学习领域庞大，无法在一本书中概括，更不用说一章了。本章的目的是简单解释无监督学习可以用在哪些方面，特别是在数据预处理阶段。

15.1 预测变量的相关性问题

通常，将所有预测变量提供给机器学习算法进行预测的想法很诱人。但是当一些预测变量高度相关时，这可能不是一个好主意。为了说明这一点，最简单的例子是包含两个变量的回归模型，它们的均值为 0，协方差矩阵和精度矩阵（precisions matrices）分别如下：

$$\Sigma = X'X = \begin{bmatrix} \rho & \rho \\ \rho & \rho \end{bmatrix}, \quad \Sigma^{-1} = \frac{1}{1-\rho^2} \begin{bmatrix} 1 & -\rho \\ -\rho & 1 \end{bmatrix}$$

当相关系数 ρ 趋向于 1 时（两个变量是共线性的），Σ^{-1} 中的分母趋向于 0，公式 $\hat{\beta} = \Sigma^{-1}X'Z$ 意味着其中一个系数是非常大的正数，另一个则是非常小的负数（即负数的绝对值非常大）。回归在两个变量之间创造了一个虚假套利，这是非常低效的，会产生灾难性的样本外结果。

我们在下文中说明在回归中使用许多变量（见表 15-1）时会发生什么。其中自变量 Mkt_Cap_12M_Usd 和 Mkt_Cap_6M_Usd 在训练样本中的相关系数为 99.6%，两者的系数都非常显著，但它们的符号是矛盾的。此外，两者系数的量级非常接近（约 0.20 对 0.18），所以它们的净效应被抵消了，在回归中只使用其中一个变量会更为明智。

```
library(broom)                                    # 用于整理回归输出的软件包
training_sample %>%
    dplyr::select(c(features,  "R1M_Usd")) %>%    # 特征列表
    lm(R1M_Usd ~ . , data = .) %>%                # 模型：预测 R1M_Usd
    tidy() %>%                                     # 对输出进行整理
    filter(abs(statistic) > 3)  %>%               # 只保留显著的系数
    knitr::kable(booktabs = TRUE,
                 caption = "Significant predictors in the training sample.")
```

表 15-1　训练样本中重要的预测特征

term	estimate	std.error	statistic	p.value
(Intercept)	0.0405741	0.0053427	7.594323	0.0000000
Ebitda_Margin	0.0132374	0.0034927	3.789999	0.0001507
Ev_Ebitda	0.0068144	0.0022563	3.020213	0.0025263
Fa_Ci	0.0072308	0.0023465	3.081471	0.0020601
Fcf_Bv	0.0250538	0.0051314	4.882465	0.0000010
Fcf_Yld	−0.0158930	0.0037359	−4.254126	0.0000210
Mkt_Cap_12M_Usd	0.2047383	0.0274320	7.463476	0.0000000
Mkt_Cap_6M_Usd	−0.1797795	0.0459390	−3.913443	0.0000910
Mom_5M_Usd	−0.0186690	0.0044313	−4.212972	0.0000252
Mom_Sharp_11M_Usd	0.0178174	0.0046948	3.795131	0.0001476
Ni	0.0154609	0.0044966	3.438361	0.0005854
Ni_Avail_Margin	0.0118135	0.0038614	3.059359	0.0022184
Ocf_Bv	−0.0198113	0.0052939	−3.742277	0.0001824
Pb	−0.0178971	0.0031285	−5.720637	0.0000000
Pe	−0.0089908	0.0023539	−3.819565	0.0001337
Sales_Ps	−0.0157856	0.0046278	−3.411062	0.0006472
Vol1Y_Usd	0.0114250	0.0027923	4.091628	0.0000429
Vol3Y_Usd	0.0084587	0.0027952	3.026169	0.0024771

事实上，这里选出了好几个市值指标，也许一个就够了，但要判断哪一个是最佳选择并不容易。

为了进一步描述相关性问题，我们计算了预测特征的相关系数矩阵（在训练样本上）。由于维度较高，我们通过图来展示它。因为计算的是相关系数，所以我们未显示标签。

```
library(corrplot)          # 用于绘制相关系数矩阵图的软件包
C <- cor(training_sample %>% dplyr::select(features)) # 相关系数矩阵
corrplot(C, tl.pos='n')    # 画图
```

图 15-1 显示在对角线的临近区域有一些蓝色方块。例如，位于所有特征前 1/3 处的那个大方块所包含的特征都和基于自由现金流的会计比率有关。由于其计算过程中选用了同样的指标，这些特征是高度相关的。这些局部相关模式在数据集中多次出现，解释了为什么用这组特征进行简单回归不是一个好主意。

机器学习模型相对于纯统计推断来说，多重共线性（当预测变量相关时）问题可能要小得多。在统计学中，一个核心目标是研究 β 系数的特征，共线性会干扰这种分析。

在机器学习中，目标是最大化系统在样本外的准确性。如果增加预测变量可以改善预测效果，那么也不会产生很大的问题。一个简单的例子可以帮助我们了解这个问题。当建立一棵回归树时，许多预测变量会给分割提供多种选择。如果这些预测变量是有意义的，那么它们就可能是有用的。同样的推理也适用于随机森林和提升树。如果包含众多特征有助于提高模型的泛化能力，那么它们之间的共线性就没那么重要。

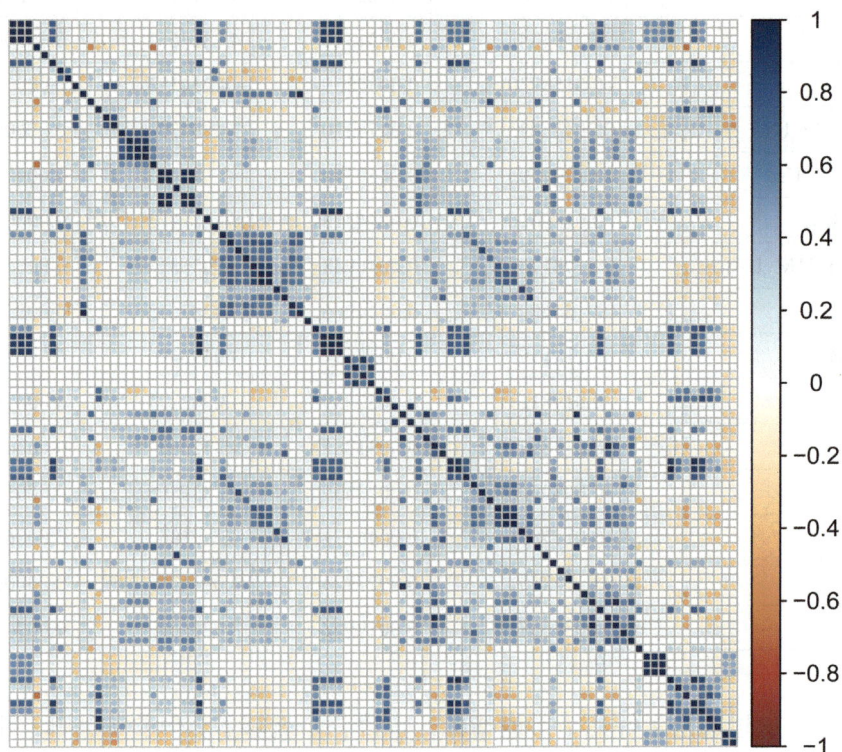

图 15-1　预测特征的相关系数矩阵

在本章，我们将介绍两种有助于减少预测变量数量的方法。

- 第一种方法旨在创建互不相关的新变量。从算法的角度来看，低相关性是有利的，但是新变量缺乏可解释性。
- 第二种方法是将预测特征聚集在同质的群组中，只需从这个群组中选择一个特征。这里的原理与第一种方法正好相反：可解释性比统计学特性更受青睐，尽管与原始特征相比相关性小了很多，所产生的特征集仍可能包括高相关性的变量。

15.2　主成分分析和自编码器

第一种方法是降维的基石，它试图确定较少的因子（$K'<K$），并且满足：

- 解释能力保持尽可能高的水平；

- 得到的因子是原始变量的线性组合；

- 得到的因子是正交的。

15.2.1　代数知识

在本小节中，我们将定义一些关键概念，这些概念对于充分理解主成分分析（PCA）的推导是必要的。我们用矩阵来进行阐释。如果 $I > K$ 且 $X'X = I_K$，则 $I \times K$ 矩阵 X 是正交的。当 $I = K$ 时，（正方形）矩阵被称为正交矩阵，$X'X = XX' = I_K$，也就是说，$X^{-1} = X'$。

矩阵理论的一个基础性结果是奇异值分解［SVD，见 Meyer（2000）的第 5 章］。SVD 的表述如下：任何 $I \times K$ 矩阵 X 可以被分解为：

$$X = U\Delta V' \tag{15.1}$$

其中 U（$I \times I$）和 V（$K \times K$）是正交的，Δ（维度为 $I \times K$）是对角阵，即对于 $i \neq k$，$\Delta_{i,k} = 0$。此外，$\Delta_{i,i} \geq 0$，即 Δ 的对角线元素为非负数。

方便起见，我们假设 $1_I' X = 0_K'$，即所有列的总和为 0（因此均值为 0）。这样协方差矩阵等于其样本估计 $\Sigma_X = \dfrac{1}{I-1} X'X$。

协方差矩阵的一个重要特征是其对称性。事实上，对于实值对称（正方形）矩阵，SVD 能发挥更大的作用。当 X 对称时，存在一个正交矩阵 Q 和一个对角矩阵 D，使得：

$$X = QDQ' \tag{15.2}$$

这个过程被称为对角化［见 Meyer（2000）第 7 章］，并适用于协方差矩阵。

15.2.2　主成分分析

主成分分析（PCA）的目标是建立一个列数较少的数据集 $\tilde{X}$，并在压缩原始数据集 X 时尽可能多地保留信息。关键概念是基变换，即通过下式把 X 线性转化为一个具有相同维度的矩阵 Z：

$$Z = XP \tag{15.3}$$

其中 P 是一个 $K \times K$ 矩阵。有多种方法可以将 X 转化为 Z，但两个基本约束限制了各种可能性：第一个约束是 Z 的各列是不相关的，拥有不相关的特征是必要的，因为它们表述了不同的信息，而且冗余度为 0；第二个约束是 Z 列的方差高度集中，这意味着少量因素（列）将捕获大部分变量的解释能力（信号），而大多数（其他）因素将主要由噪声组成。上述所有约束都被反映在 Z 的协方差矩阵中。

- 第一个条件要求协方差矩阵是对角矩阵。
- 第二个条件是，当对角线元素以递减的方式排列时，其值会严格单调递减（也可能会急剧衰减）。

Z 的协方差矩阵是：

$$\Sigma_z = \frac{1}{I-1}Z'Z = \frac{1}{I-1}P'X'XP = \frac{1}{I-1}P'\Sigma_X P \qquad (15.4)$$

我们插入 Σ_X 的分解：

$$\Sigma_z = \frac{1}{I-1}P'QDQ'P$$

令 $P=Q$，通过正交性，我们得到 $\Sigma_z = \frac{1}{I-1}D$，即 Z 的对角协方差矩阵。然后，Z 的列可以按照方差递减的顺序重新排列，这样 Σ_z 的对角线元素就会逐渐缩小，它有助于识别具有最多信号的因素（第一个因素）。在极限情况下，一个常数向量（方差为 0）不携带任何信号。

尽管信息的编码方式不同，但是由于矩阵 Z 是 X 的线性变换，预计它们将携带相同的信息。由于各列是根据其相对重要性排序的，所以可以省略后面一些列。新的特征集 $\tilde{X}$ 包括 Z 的前 K'（$K'<K$）列。

下面，我们将展示如何使用 factoextra 软件包执行 PCA 并将输出结果可视化。为了便于阅读，我们使用较小的预测变量样本。

```
pca <- training_sample %>%
    dplyr::select(features_short) %>%      # 较少的变量
    prcomp()                                # 实施 PCA
pca                                          # 展示结果
## Standard deviations (1,..., p=7):
## [1] 0.4536601 0.3344080 0.2994393 0.2452000 0.2352087 0.2010782 0.1140988
##
## Rotation (n x k) = (7 x 7):
##                        PC1          PC2          PC3          PC4          PC5          PC6
## Div_Yld         0.27159946 -0.57909866  0.04572501 -0.52895604 -0.22662581 -0.506566090
## Eps             0.42040708 -0.15008243 -0.02476659  0.33737265  0.77137719 -0.301883295
## Mkt_Cap_12M_Usd 0.52386846  0.34323935  0.17228893  0.06249528 -0.25278113 -0.002987057
## Mom_11M_Usd     0.04723846  0.05771359 -0.89715955  0.24101481 -0.25055884 -0.258476580
## Ocf             0.53294744  0.19588990  0.18503939  0.23437100 -0.35759553 -0.049015486
## Pb              0.15241340  0.58080620 -0.22104807 -0.68213576  0.30866476 -0.038674594
## Vol1Y_Usd      -0.40688963  0.38113933  0.28216181  0.15541056 -0.06157461 -0.762587677
##                        PC6          PC7
## Div_Yld         0.032011635 -0.506566090
## Eps             0.011965041 -0.301883295
## Mkt_Cap_12M_Usd 0.714319417 -0.002987057
## Mom_11M_Usd     0.043178747 -0.258476580
## Ocf            -0.676866120 -0.049015486
## Pb             -0.168799297 -0.038674594
## Vol1Y_Usd       0.008632062 -0.762587677
```

输出结果中的 Rotation 给出了 P 矩阵，它是实现基变换的基础。输出的第一行表示每个新因子（列）的标准差。每个主成分都表示一个因子。通常情况下，第一个主成分（输出中的第一列 PC1）对所有原始特征上的暴露都为正：所有预测变量的凸加权平均值预计会携带大量的信息。在上面的例子中，除了波动率在第一个主成分中的系数是负的，其他都为正。第二个主成分是在 Pb（多头）和股息率（空头）之间进行套利。第三个主成分与主流观点相左，因为它对动量有非常大的负暴露。并非所有的主成分都容易解释。

有时，将主成分的构建方式形象化会很有帮助。图 15-2 展示了一种流行的构建方式，它被用于两个（通常是前两个）因子。

```
library(factoextra)              # PCA 可视化的软件包
fviz_pca_var(pca,                # PCA 分解的来源
          col.var="contrib",
          gradient.cols = c("#00AFBB", "#E7B800", "#FC4E07"),
          repel = TRUE           # 避免文字重叠
)
```

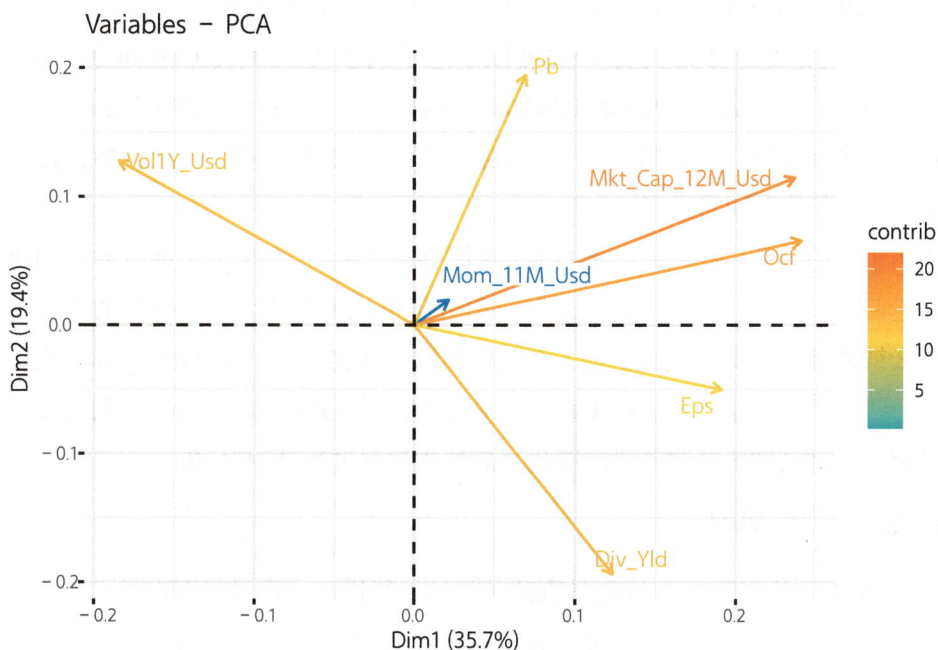

图 15-2　PCA 结果展示

图 15-2 中显示，没有哪个初始因子在两个主成分的系数皆为负值，第一个主成分中波动率系数为负，第二个主成分中每股收益率和股息率系数为负。沿着横纵坐标轴标出的数字是每个主成分的解释方差的比例。与输出的第一行中的数字相比，这些数字经过平方处理，然后除以总的平方和。

一旦采用了旋转，就有可能选择转换后的数据子样本。从原来的 7 个特征中，我们很容易只选择其中的 4 个。

```
training_sample %>%                                      # 从一个大样本开始
    dplyr::select(features_short) %>%                    # 只保留 7 个特征
    as.matrix() %>%                                      # 转换为矩阵
    multiply_by_matrix(pca$rotation[,1:4]) %>%           # 通过 PCA 进行旋转（P 的前 4 列）
    `colnames<-`(c("PC1", "PC2", "PC3", "PC4")) %>%      # 更改列名
    head()                                               # 展示前 6 行
##           PC1        PC2          PC3       PC4
## [1,] 0.3989674  0.7578132  -0.13915223  0.3132578
## [2,] 0.4284697  0.7587274  -0.40164338  0.3745255
## [3,] 0.5215295  0.5679119  -0.10533870  0.2574949
## [4,] 0.5445359  0.5335619  -0.08833864  0.2281793
## [5,] 0.5672644  0.5339749  -0.06092424  0.2320938
## [6,] 0.5871306  0.6420126  -0.44566482  0.3075399
```

这 4 个因子可以在所有机器学习模型中作为正交特征使用。这些特征是不相关的，这很有用，但是代价也很高，即特征不再是容易解释的。解除预测变量的相关性为算法又增加了一层"黑箱"。

PCA 也可以用来估计因子模型。在式（15.3）中，只要用收益率代替 Z，用因子值代替 X，用因子暴露代替 P 就可以了 [早期参考文献见 Connor 和 Korajczyk（1988）]。最近，Lettau 和 Pelger（2020a）、Lettau 和 Pelger（2020b）提出了对 PCA 估计技术的全面分析。他们特别指出，收益率的一阶矩很重要，应该包括在目标函数中，与二阶矩的优化同时进行。

在本小节的最后，我们做一个技术说明。通常情况下，PCA 是在收益率的协方差矩阵上进行的。有时，对相关系数矩阵进行分解可能更合适。如果变量的方差差异很大，那么结果可能出现很大的变化（在股票领域中其实并不是这样的）。如果投资领域包括几个资产类别，那么基于相关系数的 PCA 将降低波动率较大的资产的重要性。这种情况相当于对经过各自波动率标准化之后的收益率进行 PCA 分析。

15.2.3 自编码器

在 PCA 中，从 X 到 Z 的编码是直截了当的、线性的，而且是双向的：

$$Z = XP \quad 和 \quad X = ZP'$$

这样我们就能从 Z 中恢复 X。这可以用不同的方式来表达：

$$X \xrightarrow{\text{通过} P \text{编码}} Z \xrightarrow{\text{通过} P \text{解码}} X \tag{15.5}$$

如果我们采取截断版本并寻求更小（只有 K' 列）的输出，这就得到了：

$$X, (I \times K) \xrightarrow{\text{通过} P_k \text{编码}} \tilde{X}, (I \times K') \xrightarrow{\text{通过} P_k \text{解码}} \check{X}, (I \times K) \tag{15.6}$$

其中 $P_{K'}$ 是将 P 压缩到 K' 列，对应于具有最大方差的因子。矩阵的维度在括号内表示。在这种情况下，重新编码不能准确地恢复 X，而只能得到它的一个近似，记为 $\check{X}$。这个近似是用较少的信息进行编码的，因此新的数据 $\check{X}$ 是被压缩过的，它是原始样本 X 的一种简约表述。

自编码器将这个概念推广到非线性编码函数。简单的线性自编码器与隐性因子模型有关［关于单层自编码器见 Gu 等（2020a）的命题 1］，可以写为：

$$X, (I \times K) \xrightarrow{\text{通过 } N \text{ 编码}} \tilde{X}=N(X), (I \times K') \xrightarrow{\text{通过 } N' \text{ 解码}} \check{X}, N'(\tilde{X}), (I \times K) \qquad (15.7)$$

其中编码和解码函数 N 和 N' 通常被认为是神经网络。术语自编码器来自这样一个事实，即目标输出 Z 就是原始样本 X。因此，该算法寻求确定函数 N，使 X 和输出值 $\check{X}$ 之间的距离最小（待定义）。编码器生成 X 的替代表示，而解码器则试图将其重新编码为原始值。中间（编码）版本 $\tilde{X}$ 相比于 X，拥有较小的维度。

15.2.4　应用

利用 Keras 库可以很轻松地实现自编码器（关于 Keras 的更多细节，见第 7 章）。为了强调该框架的有用性，我们采用了另一种编码神经网络的方式，即所谓的函数 API。为了便于理解，我们使用少量（7 个）预测变量。网络结构由两个对称的网络组成，只有一个中间层包含 32 个单元。由于输入的取值在 0 和 1 之间，激活函数采用 sigmoid。

```
input_layer <- layer_input(shape = c(7))    # 仅含 7 个特征
encoder <- input_layer %>%          # 首先编码
    layer_dense(units = 32, activation = "sigmoid") %>%
    layer_dense(units = 4)          # 输出层包含 4 个维度（与 PCA 的例子相同）
decoder <- encoder %>%              # 然后解码
    layer_dense(units = 32, activation = "sigmoid") %>%
    layer_dense(units = 7)          # 原始样本有 7 个特征
```

在训练样本中，我们优化 MSE 并使用 Adam 更新权重（见 7.2.3 小节）。

```
ae_model <- keras_model(inputs = input_layer, outputs = decoder) # 建立模型
ae_model %>% compile(                    # 学习参数
    loss = 'mean_squared_error',
    optimizer = 'adam',
    metrics = c('mean_absolute_error')
    )
```

最后，我们用模型对数据本身进行训练。图 15-3 显示了训练和测试样本上损失的变化，下降的曲线验证了训练模型的有效性。

为了获得所有权重和偏置的细节，语法如下：

```
ae_weights <- ae_model %>% get_weights()
```

通过矩阵操作可以检索编码器并将数据处理成压缩格式。在实践中，可以通过加载编码器的权重来建立一个子模型（见本章练习）。

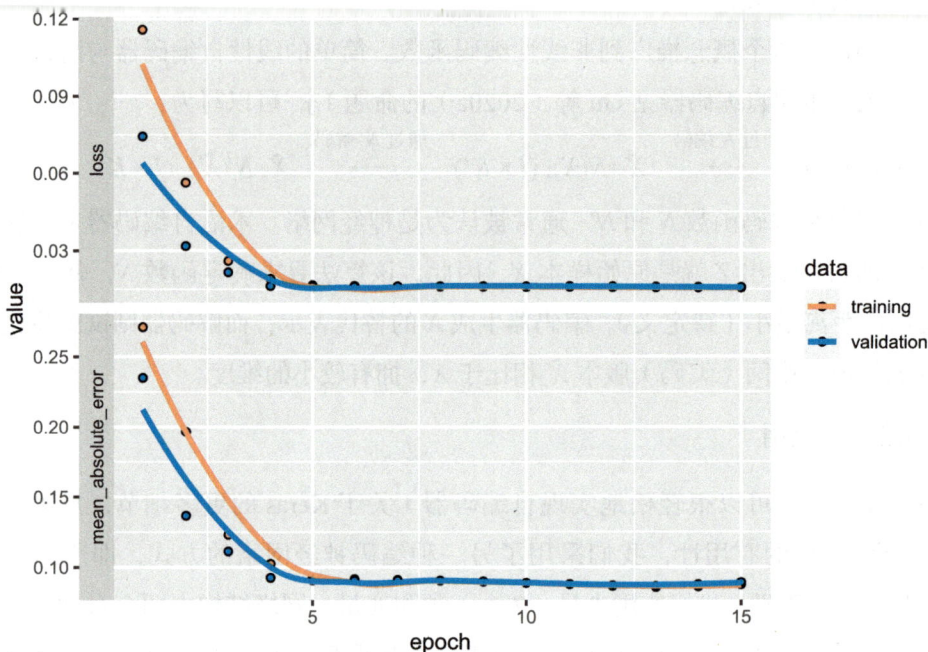

图 15-3　自编码器的训练输出

15.3　*k*-means 聚类

第二种无监督学习方法和聚类有关。特征被聚集为同质的群组，并有可能在群组中挑出一个特征（或创造一个所有特征的合成平均值）。从机制上讲，预测变量的数量减少了。

原理很简单，在一组变量 $x_{\{1 \leqslant j \leqslant J\}}$ 中（对于其他维度的观察，推理是一样的），找到 $k<J$ 组的集合，使下式最小化：

$$\sum_{i=1}^{k}\sum_{x \in S_i}\left\|x-m_i\right\|^2 \tag{15.8}$$

其中 $\|.\|$ 是某种距离计算公式，通常用欧氏 l^2 距离。S_i 是组，最小化在整个组的集合 S 上进行。m_i 是组的平均值（也称为中心点或边界中心）：$m_i = \left(\text{card}\left(S_i\right)\right)^{-1}\sum_{x \in S_i}x$。

为了确保获得最优解，必须测试所有可能的情况。当 k 和 J 较大时，测试时间会较长。因此，这个问题通常用贪婪算法来解决，寻求（并找到）即便非最优但也"足够好"的解。

在这方面，一个比较有启发性的方法如下。

1. 将数据（随机地）分成 k 个簇。

2. 对于每个簇，计算使式（15.8）最小化的最优均值 m_i^*。这是一个简单的二次规划问题。

3. 根据最优中心 m_i^*，重新分配点 x_i，使它们最接近最优中心。

4. 重复步骤 1 和 2，直到点在步骤 3 中不改变簇。

下面，我们用一个例子来说明这个过程。对于所有 93 个特征，我们建立了 10 个聚类。

```
set.seed(42)                               # 设置随机种子（优化是随机的）
k_means <- training_sample %>%             # 实施 k-means 聚类
    dplyr::select(features) %>%
    as.matrix() %>%
    t() %>%
    kmeans(10)clusters <- tibble(factor = names(k_means$cluster),    # 组织聚类数据
                cluster = k_means$cluster) %>%
    arrange(cluster)clusters %>% filter(cluster == 4)          # 显示一个特定的群组
## # A tibble: 4 × 2
##   factor                      cluster
##   <chr>                        <int>
## 1 Asset_Turnover                   4
## 2 Bb_Yld                           4
## 3 Recurring_Earning_Total_Assets   4
## 4 Sales_Ps                         4
```

我们单独挑出第四个簇，它主要由与公司盈利能力有关的会计比率组成。通过这 10 个簇，我们可以建立一个小得多的特征群，然后将其输入第 5 章～第 9 章所述的预测模型中。一个簇的代表可以是最接近中心的成员，或者是中心本身。然而，这个预处理步骤会在预测阶段引起问题。通常情况下，它是在训练数据集上进行聚类，但是对测试数据并不是直接有效的（聚类可能不一样）。

15.4　最近邻方法

据我们所知，最近邻方法（K-NN）并没有用于大规模的投资组合选择。原因很简单：计算成本过高。尽管如此，邻居的概念在无监督学习中是很普遍的，也可以作为可解释性工具的补充。k-NN 方法的理论结果与分类任务的错误率界限有关，可以在 Ripley（2007）的 6.2 节中找到。其原理如下：

1. 训练样本能够准确地刻画 (y, X) 的分布；

2. 测试样本遵循（或足够接近）与训练样本相同的分布。

如果同时满足以上两个条件，那么在训练样本上计算与某个观测值 x_i 具有相似特征的邻域将产生关于 y_i 的有用信息。

在下文中，我们试图找到特定观测值 $\boldsymbol{x}_i$（一个 K 维行向量）的邻域。请注意，本节与 15.4 节有一个重大区别：聚类是针对观测值（行）而不是针对预测特征（列）的。

给定一个具有相同（对应）列 $\boldsymbol{X}_{i,k}$ 的数据集，邻居是通过相似性度量（或距离）定义的：

$$D\left(\boldsymbol{x}_j, \boldsymbol{x}_i\right) = \sum_{k=1}^{K} c_k d_k\left(x_{j,k}, x_{i,k}\right) \tag{15.9}$$

其中距离函数 d_k 可以对各种数据类型（数值、分类等）的数据进行操作。对于数值，$d_k\left(x_{j,k}, x_{i,k}\right) = \left(x_{j,k} - x_{i,k}\right)^2$ 或 $d_k\left(x_{j,k}, x_{i,k}\right) = \left|x_{j,k} - x_{i,k}\right|$。对于分类值，可以参考 Boriah 等（2008），其列出了 14 种可行的测量方法。最后，式（15.9）中的 c_k 允许通过特征加权来实现一定的灵活性。这很有用，因为原始值（$x_{i,k}$ 与 $x_{i,k'}$）或测量输出（d_k 与 $d_{k'}$）都可以有不同的尺度。

一旦计算出整个样本的距离，就可以对它们进行排序 $l_1^i, \cdots, l_I^i$：

$$D\left(\boldsymbol{x}_{l_1^i}, \boldsymbol{x}_i\right) \leqslant D\left(\boldsymbol{x}_{l_2^i}, \boldsymbol{x}_i\right) \leqslant \cdots \leqslant D\left(\boldsymbol{x}_{l_I^i}, \boldsymbol{x}_i\right)$$

对于 $m=1, \cdots, k$，最近邻是指那些以 l_m^i 为索引的邻居。为了便于理解，我们不考虑 $D\left(\boldsymbol{x}_{l_m^i}, \boldsymbol{x}_i\right) = D\left(\boldsymbol{x}_{l_{m+1}^i}, \boldsymbol{x}_i\right)$ 的情况，因为只要有足够多的数值因子，它们在实践中很少发生。

一旦确定了邻居，便有可能为标签 y_i 建立一个预测。其原理很简单：如果 $\boldsymbol{x}_i$ 与其他观测值接近 $\boldsymbol{x}_j$，则标签 y_i 也应该接近 y_j（假设特征对标签 y 带有一些预测信息）。

最直观的预测是对 y_i 进行加权平均：

$$\hat{y}_i = \frac{\sum_{j \neq i} h\left(D\left(\boldsymbol{x}_j, \boldsymbol{x}_i\right)\right) y_j}{\sum_{j \neq i} h\left(D\left(\boldsymbol{x}_j, \boldsymbol{x}_i\right)\right)}$$

其中 h 是一个递减函数。因此，$\boldsymbol{x}_j$ 离 $\boldsymbol{x}_i$ 越远，在平均值中的权重就越小。h 的一个典型选择是 $h(z) = \mathrm{e}^{-az}$，参数 $a > 0$，它决定了对距离 $D\left(\boldsymbol{x}_j, \boldsymbol{x}_i\right)$ 的惩罚程度。当然，可以在 k 个邻居集合中取平均值，在这种情况下，超过一个特定的距离阈值时 h 等于 0：

$$\hat{y}_i = \frac{\sum_{j \neq i \text{ neighbor}} h\left(D\left(\boldsymbol{x}_j, \boldsymbol{x}_i\right)\right) y_j}{\sum_{j \neq i \text{ neighbor}} h\left(D\left(\boldsymbol{x}_j, \boldsymbol{x}_i\right)\right)}$$

一个不可知论规则是在邻居集合上取 $h := 1$，在这种情况下，所有邻居都有相同的权重［见 Bailey 和 Jain（1978）在分类情况下的讨论］。对于分类任务，该程序涉

及一个投票规则，即将目标观测值归类到得票最多的类别。有兴趣的读者可以看一下
Bhatia 等（2010）的调查。

对于最佳 k 的选择，存在几种复杂的技术和标准［如 Ghosh（2006）、Peter Hall 等
（2008）］。启发式的数值往往能取得不错的效果。一个经验法则是，$k=\sqrt{I}$（I 为观测
值总数）离最优值不会太远，除非 I 过大。

下面，我们举例来说明这个概念。首先，我们选择一个日期（2006 年 12 月 31
日），并挑选出一个资产（股票 ID 等于 13）。然后，我们试图找到在这个特定日期与
该资产最接近的 $k=30$ 只股票。我们求助于 FNN 软件包，该软件包提出了一种有效的
欧氏距离（及其排序）的计算方法。

```
library(FNN)        # 用于最近邻方法检测的软件包
knn_data <- filter(data_ml, date == "2006-12-31")      # k-NN 用到的数据集
knn_target <- filter(knn_data, stock_id == 13) %>%      # 目标观测值
        dplyr::select(features)
knn_sample <- filter(knn_data, stock_id != 13) %>%      # 所有其他观测值
        dplyr::select(features)
neighbors <- get.knnx(data = knn_sample, query = knn_target, k = 30)
neighbors$nn.index                                     # k 个最近的邻居的指数
##      [,1] [,2] [,3] [,4] [,5] [,6] [,7] [,8] [,9] [,10] [,11] [,12] [,13] [,14] [,15]
## [1,] 905  876  730  548 1036  501  335  117  789    54   618   130   342   360   673
##      [,16] [,17] [,18] [,19] [,20] [,21] [,22] [,23] [,24] [,25] [,26] [,27] [,28] [,29]
## [1,]  153   265   858   830   286  1150   166   946   192   340   162   951   376   785
##      [,30]
## [1,]    2
```

一旦知道了邻居和距离，我们就可以计算出对目标股票收益的预测了。我们使用
函数 $h(z)=e^{-az}$ 来对观测值进行加权（通过距离）。

```
knn_labels <- knn_data[as.vector(neighbors$nn.index),] %>%      # 最近邻居的 y 值
    dplyr::select(R1M_Usd)
sum(knn_labels * exp(-neighbors$nn.dist) /
sum(exp(-neighbors$nn.dist)))                                  # 加权函数 h(z)=e^{-az}
## [1] 0.003042282
filter(knn_data, stock_id == 13) %>%                          # 真实 y 值
        dplyr::select(R1M_Usd)
## # A tibble: 1 × 1
##   R1M_Usd
##     <dbl>
## 1   0.089
```

预测结果既不是很好，也不是很差（方向是正确的！）。然而，请注意，这个例子
不能用于预测，因为我们用 2006 年 12 月 31 日的数据来预测同一日期的收益。为了避
免前视偏差，k-NN 样本变量应该从之前的时间点选择。

上述计算是快速的（最多几秒钟），但是本例只对单个资产进行了分析。在 k-NN
建模中，每只股票都得到一个特定的预测，每次都必须重新评估邻居的集合。对于 N

个资产，必须评估 $N(N-1)/2$ 个距离，这在回测中成本特别高，特别是当需要测试多个 [邻居的数量 k，或加权函数 $h(z) = e^{-az}$ 中的 a] 参数时。当投资范围较小时（例如交易指数时），k-NN 方法在计算上变得很有吸引力 [如 Chen 和 Hao（2017）]。

15.5 代码练习

通过自编码器的编码器对数据（少量训练样本）进行压缩编码。

第 16 章

强化学习

鉴于强化学习（RL）在机器学习界越来越受欢迎，我们专门用一章来介绍强化学习。仅在 2019 年，就有超过 25 篇研究强化学习的论文被提交到（或在）arXiv 的 q:fin（量化金融）分类下。其中 Xiong 等（2018）、Théate 和 Ernst（2020）研究了强化学习在交易中的应用，Wei 等（2019）、Ferreira（2020）、Karpe 等（2020）研究了市场微观结构。

此外，Sato（2019）综述了强化学习在投资组合方面的研究，Zhang 等（2020）做了相似研究。Kolm 和 Ritter（2019b）、Meng 和 Khushi（2019）、Charpentier 等（2020）以及 Mosavi 等（2020）讨论了一般金融应用。这些研究表明，强化学习在量化金融界获得了广泛关注。

虽然强化学习是一个框架而不是一个特定算法，但正如我们将展示的，想将其成功应用于投资组合管理中也绝非易事。关于强化学习的泛化能力的讨论，可以参考 Packer 等（2018）和 Ghosh 等（2021）。

16.1　理论布局

16.1.1　总体框架

在本小节中，我们介绍强化学习的核心概念，并尽量采用了 Sutton 和 Barto（2018）的符号（和布局），该文献与 Bertsekas（2017）一起被认为是强化学习领域的重点参考资料。该领域的一个核心工具是马尔可夫决策过程［Markov Decision Process，MDP，见 Sutton 和 Barto（2018）的第 3 章］。

MDP 像所有的强化学习框架一样，涉及代理人（例如交易员或投资组合经理）和环境（例如金融市场）之间的互动。代理人执行可能改变环境状态的行动，并因为每个行动而获得奖励（可能是负面的，即惩罚）。如图 16-1 所示，MDP 可以重复任意次数。

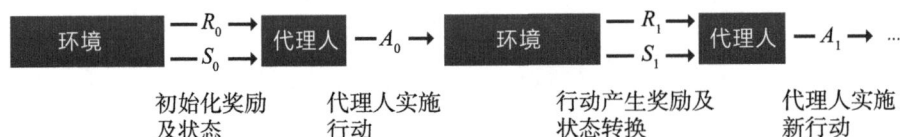

图 16-1　MDP（R、S 和 A 分别代表奖励、状态和行动）

在给定环境状态（S_0）和奖励（通常 $R_0=0$）的初始值的前提下，代理人实施一个行动 A_0（例如，投资一些资产），这就产生了一个奖励 R_1（例如，收益、利润、夏普比率）和环境的未来状态（S_1）。在此基础上，代理人实施一个新的行动 A_1，这个序列继续。当状态、行动和奖励的集合是有限的时，MDP 在逻辑上被称为有限的。在金融框架中，这有点不切实际，我们将在后面讨论这个问题。然而，可以对金融问题进行简化和离散化。例如，"奖励"可以分为两类：赢钱（正面）与输钱（负面）。在只有一种资产的情况下，行动也可以分为两类：投资与不投资。当资产的数量足够少时，有可能设定固定的比例构成合理数量的组合选择等。

我们用有限 MDP 进行阐述，它们在文献中最常见，其处理形式也比较简单。MDP 的相对简单性有助于我们掌握其他 RL 技术所共有的概念。与马尔可夫对象一样，关键概念是转移概率：

$$P(s',r|s,a) = P[S_t = s', R_t = r|S_{t-1} = s, A_{t-1} = a] \tag{16.1}$$

上式表示在时间 t 达到状态 s' 以及获得奖励 r 的概率，条件是在时间 $t-1$ 所处状态 s 及执行行动 a。状态和行动的有限集合将用 S 和 A 来表示。有时，这个概率会在奖励集合上平均，这就得到了以下分解：

$$\sum_r rP(s',r|s,a) = P_{SS}^a R_{SS}^a \tag{16.2}$$

其中，

$$P_{SS}^a = P[S_t = s', A_{t-1} = a]$$
$$R_{SS}^a = E[R_t|S_{t-1} = s, S_t = s', A_{t-1} = a]$$

代理人的目标是最大化奖励，其被定义为：

$$G_t = \sum_{k=0}^{T} \gamma^k R_{t+k+1}$$
$$= R_{t+1} + \gamma G_{t+1} \tag{16.3}$$

它是奖励的贴现版本，其中贴现系数为 $\gamma \in (0,1)$。T 可能是无限的，这就是引入 γ 的原因。假设奖励是有界的，那么在 $\gamma=1$ 的情况下，结果可能会发散。如果奖励不随时间减少（也没有理由让奖励减少），就会出现这种情况。当 $\gamma<1$ 且奖励有界时，就能保证结果收敛。当 T 是有限的时，该任务被称为分集式（episodic）的，否则，它被称为连续的。

在强化学习中，要优化或学习的重点未知目标是策略 π，它驱动着代理人的行动。更确切地说，$\pi(a,s) = P[A_t = a|S_t = s]$，即 π 等于环境状态为 s 时采取行动 a 的概率。

这意味着行动受随机性的影响，就像博弈论中的混合策略。由于投资者总是希望采取最优决策，因而这听上去令人失望，但它同时也提醒我们，面对随机的结果，随机化行动可能才是最好的应对方式。

最后，为了尝试确定最佳策略，一个关键指标是价值函数：

$$v_\pi(s) = E_\pi[G_t | S_t = s] \tag{16.4}$$

其中时间 t 不是很重要，在函数中可以省略。期望算子 $E[\cdot]$ 下的指数 π 只是表示当策略 π 被执行时取平均值。价值函数简单等于状态等于 s 时的平均收益。用金融术语来说，这相当于当市场环境为 s 时，如果代理人采取由 π 驱动的行动时的平均利润。更一般地说，也可以不单以状态为条件，同时加入采取行动的条件。因此，我们引入 q_π 行动-价值函数：

$$q_\pi(s,a) = E_\pi[G_t | S_t = s, \ A_t = a] \tag{16.5}$$

q_π 函数非常重要，因为它给出了状态和行动固定时的平均收益。因此，如果当前状态是已知的，应选择 $q_\pi(s, \cdot)$ 最大的行动。如果 q_π 的最优值是已知的，这就是最好的解决方案，但在实践中并不总是这样。通过 $q_\pi : v_\pi(s) = \sum_a \pi(a,s) q_\pi(s,a)$ 可以很容易获得价值函数。

最佳的 v_π 和 q_π 可以直接定义为：

$$v_*(s) = \max_\pi v_\pi(s), \ \forall s \in \mathcal{S} \quad \text{和} \quad q_*(s,a) = \max_\pi q_\pi(s,a), \ \forall(s,a) \in \mathcal{S} \times \mathcal{A}$$

如果只有 $v_*(s)$ 已知，那么代理人必须在行动集中搜索，找到那些在给定状态 s 下产生最大价值的行动。

寻找这些最优值是非常复杂的任务，许多文章都致力于解决这一难题。找到最佳 $q_\pi(s,a)$ 是困难的，它一方面取决于两个元素（ s 和 a ），另一方面取决于 π。通常，对于一个固定策略 π，给定行动、状态和奖励序列，估计 $q_\pi(s,a)$ 可能很耗时。一旦 $q_\pi(s,a)$ 被估计出来，就必须测试和评估一个新的策略 π'，以确定它是否比原来的策略更好，这种对好策略的迭代搜索可能需要很长时间。关于策略改进和价值函数更新的更多细节，推荐阅读 Sutton 和 Barto（2018）的第 4 章，该章专门讨论动态规则。

16.1.2 Q-learning

寻找 $v(s)$ 和 $q(s,a)$ 的一条捷径是消除对策略的依赖，这时就不需要迭代改进。做到这一点所需的核心前提是 $q_\pi(s,a)$ 满足贝尔曼方程。下面我们将详细介绍其推导过程。首先，我们回顾一下：

$$q_\pi(s,a) = E_\pi[G_t|S_t = s, A_t = a]$$
$$= E_\pi[R_{t+1} + \gamma G_{t+1}|S_t = s, A_t = a]$$

其中第二行的式子源于式（16.3）。$E_\pi[R_{t+1}|S_t = s, A_t = a]$ 可以进一步分解。由于期望值是对 π 而言的，我们需要在所有可能的行动 a' 和状态 s' 上求和，并用 $\pi(a',s')$ 来表示。此外，在 s' 和 r 参数下，概率 $p(s',r|s,a) = P[S_{t+1} = s', R_{t+1} = r|S_t = s, A_t = a]$ 的总和可以获得随机组合 (S_{t+1}, R_{t+1}) 的分布，所以有 $E_\pi[R_{t+1}|S_t = s, A_t = a] = \sum_{a',r,s'} \pi(a',s') p(s',r|s,a) r$。类似的推理适用于 q_π 的第二部分：

$$q_\pi(s,a) = \sum_{a',r,s'} \pi(a',s') p(s',r|s,a) \left[r + \gamma E_\pi[G_{t+1}|S_t = s', A_t = a'] \right]$$
$$= \sum_{a',r,s'} \pi(a',s') p(s',r|s,a) \left[r + \gamma q_\pi(s',a') \right] \qquad (16.6)$$

这个方程将状态和行动 (s,a) 下的 $q_\pi(s,a)$ 与未来 (s',a') 下的 $q_\pi(s',a')$ 联系起来。

值得注意的是，式（16.6）对于最佳行动 - 价值函数 $q_* = \max_\pi q_\pi(s,a)$ 也是成立的：

$$q_*(s,a) = \max_a \sum_{r,s'} p(s',r|s,a) \left[r + \gamma q_*(s',a') \right]$$
$$= E_{\pi_*}[r|s,a] + \gamma \sum_{r,s'} p(s',r|s,a) \left(\max_a q_*(s',a') \right) \qquad (16.7)$$

这是因为对于给定状态 s 和所有可能的行动 a 来说，最优策略是使 $q_\pi(s,a)$ 最大化的策略。这个表达式是 Q-learning 的基础算法［收敛性的证明见 Watkins 和 Dayan（1992）］。在 Q-learning 中，状态 - 行动函数不再取决于策略，用大写的 Q 来表示。

为所有的状态 s 和行动 a 初始化函数 $Q(s,a)$，对于每种情形：

(QL) $\begin{cases} 1.\text{初始化状态} S_0，\text{并在每次} i \text{迭代，直到结束；} \\ 2.\text{观察状态} s_i； \\ 3.\text{执行行动} a_i（\text{取决于} Q）； \\ 4.\text{获得奖励} r_{i+1}，\text{并观察状态} s_{i+1}； \\ 5.\text{根据下式更新} Q。 \end{cases}$

$$Q_{i+1}(s_i,a_i) \leftarrow Q_i(s_i,a_i) + \eta \left(\underbrace{r_{i+1} + \gamma \max_a Q_i(s_{i+1},a) - Q_i(s_i,a_i)}_{\text{响应贝尔曼方程}} \right) \qquad (16.8)$$

这个更新规则的基本原理可以与收缩映射的固定点定理联系起来。如果一个函数 f 满足 $|f(x)-f(y)| < \delta|x-y|$（利普希茨连续，Lipschitz continuity），那么一个满足 $f(z)=z$ 的固定点 z 可以通过 $z \leftarrow f(z)$ 迭代得到。这个更新规则会收敛到固定点。式（16.7）可以用类似的原理来解决，只是学习率 η 会减慢学习过程，但在技术假设下也能保证收

敛性。

更一般地说，式（16.8）在强化学习中有一个普遍存在的形式，它被总结为 Sutton 和 Barto（2018）的公式（2.4）：

$$新估计 \leftarrow 旧估计 + 步长（如学习率）\times（目标 - 旧估计） \tag{16.9}$$

其中最后一部分可以被看作误差项。从旧的估计值开始，新的估计值朝着"正确的"（或寻求的）方向发展，再加上一个折扣项，确保这个方向的变化幅度不会太大。式（16.8）中的更新规则通常被称为"时间差分"学习，因为它是由时间 $t+1$（目标）相对于时间 t 所产生的改进驱动的。

Q-learning 序列（QL）的一个重要步骤是挑选行动 a_i。在强化学习中，最好的算法结合了利用和探索两个特性。利用是指机器使用它所掌握的当前信息来选择下一个行动。在这种情况下，对于一个给定的状态 s_i，它选择的行动 a_i 能使预期奖励 $Q_i(s_i,a_i)$ 最大化。如果当前的函数 Q_i 离真实的 Q 相对较远，这种选择就不是最优的。重复执行局部最优策略可能使代理人偏向选择有限的行动，这将不利于改进 Q 函数的准确性。

为了从之前很少采用（但有可能产生更高的奖励）的行动中收集信息，需要进行探索，也就是随机选择一个行动 a_i。将利用和探索这两个特点结合起来的最常见方式被称为 ϵ - 贪婪探索，其行动 a_i 的决定依据为：

$$a_i = \begin{cases} \arg\max_a Q_i(s_i,a), & 概率为 1-\epsilon \\ 在 A 上随机选取, & 概率为 \epsilon \end{cases} \tag{16.10}$$

在概率为 ϵ 的情况下，算法会进行探索；在概率为 $1-\epsilon$ 的情况下，算法会通过当前的预期奖励选择出最佳行动。因为所有的行动都可能被选中，所以该策略被称为"软"策略。事实上，最佳行动被选择的概率等于 $1-\epsilon(1-\mathrm{card}(A)^{-1})$，而所有其他行动被选择的概率为 $\epsilon/\mathrm{card}(A)$。

16.1.3　SARSA

在 Q-learning 中，算法寻求找到最优策略的行动 - 价值函数。因此，挑选行动所遵循的策略（通过 Q）与学习的策略不同，这样的算法被称为非策略性学习。策略性学习根据策略 π 不断改善对行动 – 价值函数 q_π 的估计。策略性学习的一个典型例子是 SARSA 方法，它需要两个连续的状态和行动，即 SARSA。下面介绍 $(S_t, A_t, R_{t+1}, S_{t+1}, A_{t+1})$ 过程的处理方式。

Q-learning 和 SARSA 的主要区别在于更新规则。在 SARSA 中，它被设定为：

$$Q_{i+1}(s_i,a_i) \leftarrow Q_i(s_i,a_i) + \eta\big(r_{i+1} + \gamma Q_i(s_{i+1},a_{i+1}) - Q_i(s_i,a_i)\big) \tag{16.11}$$

改进只来自新状态和行动 (s_{i+1}, a_{i+1}) 产生的局部点 $Q_i(s_{i+1}, a_{i+1})$，而在 Q-learning 中，它来自所有可能的行动，其中只有最好的行动 [通过 $\max\limits_a Q_i(s_{i+1}, a)$ 得到] 被保留下来。

SARSA 的一个更稳健但需要更多算力的版本是预期 SARSA，其目标 Q 函数在所有的行动中是平均的：

$$Q_{i+1}(s_i, a_i) \leftarrow Q_i(s_i, a_i) + \eta\left(r_{i+1} + \gamma\sum_a \pi(a, s_{i+1})Q_i(s_{i+1}, a) - Q_i(s_i, a_i)\right) \tag{16.12}$$

预期 SARSA 的波动比 SARSA 的小，因为后者受 a_{i+1} 的随机选择影响很大。在预期 SARSA 中，均值使学习过程变得平滑。

16.2　维度灾难

强化学习是一个与特定算法无关的框架。事实上，不同的工具可以很好地共存于一个强化学习任务中 [AlphaGo 同时结合了树模型和神经网络，见 Silver 等（2016）]。尽管如此，任何 RL 都依赖于 3 个关键概念：状态、行动和奖励。在因子投资中，它们是相当容易识别的。行动显然是由投资组合构成定义的。状态可以被看作当前的经济状况：作为一阶近似，可以假设特征水平起到了这一作用（可能利用宏观经济数据作为条件或补充）。奖励就更直接了，收益或任何相关的业绩指标都可以用来表示奖励。

一个主要问题是状态和行动的维度。假设不能加杠杆（没有负权重），行动的取值为：

$$S_N = \left\{x \in R^N \,\middle|\, \sum_{n=1}^N x_n = 1, x_n \geqslant 0, \,\forall n = 1, \cdots, N\right\} \tag{16.13}$$

假设所有特征都已被归一化，于是它们的空间是 $[0,1]^{NK}$，两个空间的维度在数值上不切实际。

这个问题的一个简单解决方案是离散化：每个空间被划分为少量的类别。一些学者确实采取了这种方案。在 Yang 等（2018）中，状态空间根据波动性被离散成 3 个值，而行动也被分成 3 类。Bertoluzzo 和 Corazza（2012）、Xiong 等（2018）、Taghian 等（2020）也选择了 3 种可能的行动（买入、持有、卖出）。在 Almahdi 和 Yang（2019）中，学习器会产生买入或做空的二进制信号。García-Galicia 等（2019）考虑了一个更大的状态空间（8 个元素），但将行动集限制为 3 个选项。就状态空间而言，所有文章都假设经济状态是由价格（或收益）决定的。

这些方案的一个很大的局限是过于简单。当投资于多种资产时，离散化在数学上是难以实现的。事实上,将单位区间分割成 h 个点,会产生 h^{NK} 种可能的特征值。例如,10 只股票的 10 个特征的 10 种可能值就会产生 10^{100} 种排列组合。

上述问题当然不限于投资组合构建。学术界已经提出许多解决方案,以解决连续空间中的 MDP 问题。可以参考 Powell 和 Ma(2011)的第 4 节,了解早期方法的综述(不属于金融领域)。

这种"维度灾难"是训练数据存在的基本问题。训练数据包括市场数据和模拟数据两种。在一个给定的受控样本生成器下,算法很难击败给定效用函数最大化的解决方案。如果能,它应该向静态数据生成过程下的静态最优解收敛[例如,见 Chaouki 等(2020)的交易任务],这是一个非常强大的建模假设。

这使得市场数据成为首选的解决方案,但即使是大型数据集,也很难涵盖上述所有(行动、状态)组合。基于特征的数据集一般包含几十年的月度数据,这意味着最多有几百个时间戳,这对一个可靠的学习过程来说太有限了。可以通过算法产生模拟数据[如 Yu 等(2019)],但目前还不清楚这是否能改善算法的性能。

16.3 策略梯度

16.3.1 原则

除了行动和状态空间的离散化,参数化也是一个强大的技巧。当 a 和 s 可以采取离散值时,必须为所有的 (a,s) 计算行动值函数,这可能是非常麻烦的。规避这个问题的一个方法是假设策略是由相对数量不多的参数驱动的。学习过程集中于优化这组参数 θ。我们用 $\pi_\theta(a,s)$ 表示状态 s 下选择行动 a 的概率,定义 $\pi_\theta(a,s)$ 的一个直观方法是采用 softmax 形式:

$$\pi_\theta(a,s) = \frac{e^{\theta'h(a,s)}}{\sum_b e^{\theta'h(b,s)}} \tag{16.14}$$

其中函数 $h(a,s)$ 的输出维度与 θ 的相同,称其输出为 (a,s) 的特征向量。通常情况下,h 可以是一个简单的神经网络,有两个输入单元,输出维度等于 θ 的长度。

π_θ 的一个理想属性是对 θ 可微,这样 θ 就可以通过一些梯度方法来改进。在偶发任务(有限时间范围)情况下,策略梯度最简单和直观的结果是寻求最大平均增益 $E_\theta[G_t]$,其中增益的定义见式(16.3),该期望值是根据 θ 的特定策略计算的。一个核心结果可以称为策略梯度定理,即:

$$\nabla E_\theta [G_t] = E_\theta \left[G_t \frac{\nabla \pi_\theta}{\pi_\theta} \right] \qquad (16.15)$$

这个结果可以用于梯度上升：参数变化的方向是使该函数值增大最陡的方向。

$$\theta \leftarrow \theta + \eta \nabla E_\theta [G_t] \qquad (16.16)$$

这个简单的更新规则被称为 REINFORCE 算法。这个简单算法的改进之一在于增加了一个基准，关于这个话题可以参考 Sutton 和 Barto（2018）的 13.4 节的详细叙述。

16.3.2 扩展

REINFORCE 算法的一个流行的扩展是行为者 - 批评者（actor-critic，AC）算法，它将策略梯度与 Q-learning 或 V-learning 相结合。AC 算法可以被看作策略梯度和 SARSA 的某种混合。它的一个核心要求是，状态值函数 $v(\cdot)$ 是某个参数向量 w 的可微函数（通常被认为是一个神经网络）。更新规则是：

$$\theta \leftarrow \theta + \eta \left(R_{t+1} + \gamma v(S_{t+1}, w) - v(S_t, w) \right) \frac{\nabla \pi_\theta}{\pi_\theta} \qquad (16.17)$$

但问题是，向量 w 也必须被更新。行为者是策略方，是驱动决策的因素。批评者是价值函数，用于评估行为者的表现。随着学习的进行（每次更新两组参数），行为者和批评者都会得到改善。确切的算法表述有点长，可以参考 Sutton 和 Barto（2018）的 13.5 节，了解 AC 算法的精确步骤。

Aboussalah 和 Lee（2020）概述了参数化策略的一个应用。在他们的文章中，作者定义了一个基于递归神经网络的交易策略。在这种情况下，参数 θ 包含了网络中的所有权重和偏差。

参数化策略的一个优势是，它们与连续的行动集兼容。除了式（16.14）这种形式外，还有其他方法来塑造 π_θ。如果 $\mathcal{A}$ 是 R 的一个子集，f_Ω 是一个具有参数 Ω 的密度函数，那么 π_θ 的一个候选形式是：

$$\pi_\theta = f_{\Omega(s,\theta)}(a) \qquad (16.18)$$

其中，参数 Ω 是状态和（二阶）参数 θ 的函数。

虽然通常首选高斯分布［见 Sutton 和 Barto（2018）的 13.7 节］，但它们需要经过一些处理才能位于单位区间内。获得这些数值的一个简单方法是将正态累积概率分布函数应用于输出。Wang 和 Zhou（2019）从理论上探讨了多变量高斯策略，但它没有对权重约束进行假设。

当然也可以采用一些自然参数分布作为替代方案。如果只有一种资产被交易，那么伯努利分布可以被用来决定是否购买该资产。如果有一种无风险资产，β 分布提供了更多的灵活性，因为投资于风险资产的比例可以覆盖整个区间，其余的资金可以投资于安全资产。当许多资产被交易时，由于预算限制，事情变得更加复杂。一个理想的候选分布是狄利克雷分布，因为它是在单纯形（simplex）上定义的［见式（16.13）］：

$$f_\alpha(w_1, \cdots, w_n) = \frac{1}{B(\alpha)} \prod_{n=1}^{N} w_n^{\alpha_n - 1}$$

其中 $B(\alpha)$ 是多项式 β 函数：

$$B(\alpha) = \frac{\prod_{n=1}^{N} \Gamma(\alpha_n)}{\Gamma\left(\sum_{n=1}^{N} \alpha_n\right)}$$

如果我们设定 $\pi = \pi_\alpha = f_\alpha$，与因子或特征的联系可以通过 α 的线性形式进行编码：

$$(F1) \quad \alpha_{n,t} = \theta_{0,t} + \sum_{k=1}^{K} \theta_t^{(k)} x_{t,n}^{(k)}$$

这是高度可行的，但可能会违反当 $\theta_{k,t}$ 取某些值时 $\alpha_{n,t} > 0$ 的条件。事实上，在学习过程中，$\boldsymbol{\theta}$ 的更新可能会产生 α_t 可行集之外的值。在这种情况下，可以求助于在线学习中广泛使用的一个技巧［见 Hoi 等（2018）的 2.3.1 小节］。这个技巧很简单，就是找到最接近算法建议的可接受解决方案。如果我们把 $\boldsymbol{\theta}^*$ 称为来自给定算法更新规则的结果，那么最接近的可行向量是：

$$\boldsymbol{\theta} = \min_{z \in \Theta(x_t)} \left\| \boldsymbol{\theta}^* - z \right\|^2$$

其中 $\|\cdot\|$ 是欧氏范数，$\Theta(x_t)$ 是可行集，是使 $\alpha_{n,t} = \theta_{0,t} + \sum_{k=1}^{K} \theta_t^{(k)} x_{t,n}^{(k)}$ 非负的向量 $\boldsymbol{\theta}$ 的集合。

策略形式的第二种方案 $\pi_{\theta_t}^2$ 略微复杂一些，但仍然始终有效（即 $\alpha_{n,t}$ 值为正）：

$$(F2) \quad \alpha_{n,t} = \exp\left(\theta_{0,t} + \sum_{k=1}^{K} \theta_t^{(k)} x_{t,n}^{(k)} \right)$$

这只是第一个版本的指数，通过一些代数方法，有可能推导出策略梯度。策略 $\pi_{\theta_t}^j$ 由上述方程（Fj）定义。用 F 表示双伽马函数，用 $\boldsymbol{1}$ 表示所有值为 1 的 $\mathbf{R}^N$ 阶向量，我们有：

$$\frac{\nabla_{\theta_t} \pi_{\theta_t}^1}{\pi_{\theta_t}^1} = \sum_{n=1}^{N} \left(F(\boldsymbol{1}'\boldsymbol{X}_t\boldsymbol{\theta}_t) - F(\boldsymbol{x}_{t,n}\boldsymbol{\theta}_t) + \ln w_n \right) \boldsymbol{x}_{t,n}'$$

$$\frac{\nabla_{\theta_t} \pi_{\theta_t}^2}{\pi_{\theta_t}^2} = \sum_{n=1}^{N} \left(F(\boldsymbol{1}'\mathrm{e}^{X_t\theta_t}) - F(\mathrm{e}^{x_{t,n}\theta_t}) + \ln w_n \right) \mathrm{e}^{x_{t,n}\theta_t} \boldsymbol{x}_{t,n}'$$

其中，e^X 是矩阵 $\boldsymbol{X}$ 的 element-wise 指数。

可以通过直接抽样或者使用分布的平均值 $(\boldsymbol{1}'\alpha)^{-1}\alpha$ 来进行分配。最后需要说明的是，狄利克雷分布只能用于小的投资组合，因为对于大的 N 值（如 50 以上），密度中的缩放常数将在数值上变得难以解析。关于这个想法的更多细节，在 André 和 Coqueret（2020）中有所阐述。

16.4 简单案例

16.4.1 基于模拟数据的 Q-learning

为了说明上述问题，我们展示两种 Q-learning 的实现方式。为了便于理解，第一种方式是基于模拟数据的。这有助于在一个简化框架内理解学习过程。我们考虑两种资产：一种是有风险的；另一种是无风险的，其收益等于 0。风险资产的收益遵循一阶自回归模型（AR(1)）：$r_{t+1} = a + \rho r_t + \epsilon_{t+1}$，且 $|\rho|<1$，ϵ 为方差 σ^2 的标准白噪声。在实践中，单期（月度）收益率很少是自相关的，但调整自相关有助于我们了解算法是否正确学习（见下面的练习）。

环境只包括过去的收益率 r_t。由于我们要估计 Q 函数，因此我们需要离散化这个状态变量。最简单的选择是采用一个二进制变量：如果 $r_t<0$，等于 -1（负）；如果 $r_t \geq 0$，等于 +1（正）。行动是由投资于风险资产的权重来概括的，它可以有 5 个值：0（即全部投资于无风险资产）、0.25、0.5、0.75 和 1（完全投资于风险资产）。这与 Pendharkar 和 Cusatis（2018）的选择相同。

用于强化学习的 R 库非常稀少。我们使用 ReinforcementLearning 包，它有一个直观的函数用于实现 Q-learning，另一个选择是 reinforcelearn 包。它需要一个具有常规输入的数据集：状态、行动、奖励和后续状态。我们从模拟收益开始：它们驱动着状态和奖励（投资组合收益）。行动是随机的。该数据包要求状态和行动是字符类型的。通过以下代码块建立数据。

```
library(ReinforcementLearning)                              # RL 包
set.seed(42)                                                # 设置随机数种子
n_sample <- 10^5                                            # 生成的样本数
rho <- 0.8                                                  # 自回归参数 r
sd <- 0.4                                                   # 噪声的标准差
a <- 0.06 * rho                                             # 收益率归一化均值
data_RL <- tibble(returns = a/rho + arima.sim(n = n_sample, # 通过 AR(1) 模拟收益
                                list(ar = rho),
                                sd = sd),
            action = round(runif(n_sample)*4)/4) %>%        # 随机行动（组合）
    mutate(new_state = if_else(returns < 0, "neg" , "pos" ), # 状态编码
        reward = returns * action,                          # 收益率 = 组合收益
        state = lag(new_state),                             # 下一个状态
        action = as.character(action)) %>%
```

```
    na.omit()                                        # 移除缺失状态
data_RL %>% head()                                   # 展示前面几行

## # A tibble: 6 × 5
##   returns action new_state  reward state
##     <dbl> <chr>  <chr>       <dbl> <chr>
## 1 -0.474  0.5    neg       -0.237  neg
## 2 -0.185  0.25   neg       -0.0463 neg
## 3  0.146  0.25   pos        0.0364 neg
## 4  0.543  0.75   pos        0.407  pos
## 5  0.202  0.75   pos        0.152  pos
## 6  0.376  0.25   pos        0.0940 pos
```

在 Q-learning 算法的实现中，有 3 个参数：

- η 是更新式（16.8）的学习率，在强化学习中，它被编码为 α；

- γ 是奖励的折现率 [也在式（16.8）中显示]；

- ϵ 控制探索与开发的比率 [见式（16.10）]。

```
control <- list(alpha = 0.1,                        # 学习率
                gamma = 0.7,                         # 奖励的折现率
                epsilon = 0.1)                       # 探索与开发的比率

fit_RL <- ReinforcementLearning(data_RL,            # 主 RL 函数
                s = "state" ,
                a = "action" ,
                r = "reward" ,
                s_new = "new_state" ,
                control = control)
print(fit_RL)   # 输出结果

## State-Action function Q
##          0.25        0          1       0.75        0.5
## neg 0.2473169 0.4216894 0.1509653 0.1734538 0.229004
## pos 1.0721669 0.7561417 1.4739050 1.1214795 1.045047
##
## Policy
## neg pos
## "0" "1"
##
## Reward (last iteration)
## [1] 2588.659
```

输出展示了取决于状态和行动的 Q 函数。当状态为负数时，大的风险头寸（行动等于 0.75 或 1.00）对应小的平均收益，而小的风险头寸产生了较大的平均收益。当状态为正数时，风险头寸更大时平均收益更大。这两种情况下的收益几乎都是投资于风险资产比例的单调函数。因此，算法的建议（即策略）是在正的状态下充分投资，在负的状态下避免投资。鉴于内在过程的正自相关性，上述结果是最合理的。

总体而言，该算法已经简单地学习到，正的（或负的）收益更有可能跟随正的（或负的）收益。虽然得到了一定结论，但考虑到通过更简单的方法也能得出类似的结

论，因此它并不令人兴奋。

16.4.2　基于市场数据的 Q-learning

第二个应用是基于市场数据（金融数据集）的。为了降低问题的维度，我们假设如下。

- 只有一个特征（市净率）能捕捉到环境的状态。这个特征经过处理后，只有有限的几个可能值。
- 行动在一个由 3 个数值组成的离散集合中取值：+1（买入）、–1（卖出）和 0（不持有风险头寸）。
- 只有两种资产被交易，即 Stock_id 等于 3 和 4 的资产，它们都有 245 天的交易数据。

数据集的构建略显复杂，编码如下。

```
return_3 <- data_ml %>% filter(stock_id == 3) %>% pull(R1M_Usd)    # 资产 3 的收益
return_4 <- data_ml %>% filter(stock_id == 4) %>% pull(R1M_Usd)    # 资产 4 的收益
pb_3 <- data_ml %>% filter(stock_id == 3) %>% pull(Pb)            # 资产 3 的市净率
pb_4 <- data_ml %>% filter(stock_id == 4) %>% pull(Pb)            # 资产 4 的市净率
action_3 <- floor(runif(length(pb_3))*3) - 1                     # 资产 3 的行动（随机）
action_4 <- floor(runif(length(pb_4))*3) - 1                     # 资产 4 的行动（随机）

RL_data <- tibble(return_3, return_4,                             # 建立数据集
                  pb_3, pb_4,
                  action_3, action_4) %>%
    mutate(action = paste(action_3, action_4),                   # 合并行动
           pb_3 = round(5 * pb_3),                                # 简化状态 (P/B)
           pb_4 = round(5 * pb_4),                                # 简化状态 (P/B)
           state = paste(pb_3, pb_4),                             # 合并状态
           reward = action_3*return_3 + action_4*return_4,        # 计算奖励
           new_state = lead(state)) %>%                           # 推断新状态
    dplyr::select(-pb_3, -pb_4, -action_3,                        # 删除多余的变量
                  -action_4, -return_3, -return_4)
head(RL_data)                                                     # 展示结果

## # A tibble: 6 × 4
##   action state reward new_state
##   <chr>  <chr> <dbl>  <chr>
## 1 -1 -1  1 1   -0.061 1 1
## 2 0 1    1 1    0      1 1
## 3 -1 0   1 1   -0.018 1 1
## 4 0 -1   1 1    0.011 1 1
## 5 -1 1   1 1   -0.036 1 1
## 6 -1 -1  1 1   -0.056 1 1
```

行动和状态必须合并以产生所有可能的组合。为了简化状态，我们将 PB 乘 5 后取整。

我们保持与前一个例子中相同的超参数。各列代表行动，其中第一个数字表示第

一个资产的权重；第二个数字表示第二个资产的权重。各行对应的是状态，按 PB 用点隔开，例如，"X2.3"意味着第一个资产的 PB 为 2，第二个资产的 PB 是 3。

```
fit_RL2 <- ReinforcementLearning(RL_data,        # 主 RL 函数
                              s = "state",
                              a = "action",
                              r = "reward",
                              s_new = "new_state",
                              control = control)
fit_RL2$Q <- round(fit_RL2$Q, 3) # 对 Q 矩阵取整
print(fit_RL2)                   # 输出结果

## State-Action function Q
##          0 0     0 1    0 -1    -1 -1     -1 0    -1 1     1 -1     1 0      1 1
## X0. 2 0.000   0.000   0.000  -0.017   0.000   0.000   0.000   0.002   0.000
## X0. 3 0.000   0.000   0.003   0.000   0.000   0.000   0.030   0.000   0.000
## X3. 1 0.002   0.000   0.005   0.000  -0.002   0.000   0.000   0.000   0.000
## X2. 1 0.005   0.018   0.009  -0.028   0.010  -0.003   0.021   0.008  -0.004
## X2. 2 0.000   0.010   0.000   0.014   0.000   0.000  -0.013   0.006   0.000
## X2. 3 0.000   0.000   0.000   0.000   0.000   0.020   0.000  -0.034   0.000
## X1. 1 0.002  -0.005  -0.022  -0.011  -0.002  -0.009  -0.020  -0.014  -0.023
## X1. 2 0.006   0.016   0.006   0.028  -0.001   0.001   0.020   0.020  -0.001
## X1. 3 0.001   0.004   0.004  -0.011   0.000   0.003   0.005   0.003   0.010
##
## Policy
##    X0. 2     X0. 3     X3. 1     X2. 1     X2. 2     X2. 3     X1. 1     X1. 2     X1. 3
##    "1 0"    "1 -1"    "0 -1"    "1 -1"   "-1 -1"   "-1 1"     "0 0"   "-1 -1"    "1 1"
##
## Reward (last iteration)
## [1] -1.296
```

输出结果显示，Q 函数有许多 0，说明许多状态和行动的组合没有被探索过，这些组合可能并没有被数据所覆盖。有些状态似乎出现得更频繁（"X1.1""X1.2"和"X2.1"），有些则较少出现（"X3.1"和"X3.2"）。很难对这些建议做出解释。某些状态的情况与"X0.1"和"X1.1"类似，但相关结果却非常不同（"买入和做空"与"持有和购买"）。此外，就单个状态值而言，行动没有连贯性和单调性，状态的低取值可能与非常不同的行动有关。

数据规模过小是这些结论不值得信任的原因之一。由于只有 200 多个时间点和 99 个（11 乘 9）状态 - 行动对，平均只产生两个数据点来计算 Q 函数。可以通过测试更多的随机行动来改善模型表现，但最终会（迅速）达到样本量的极限，这留作练习（见本章末尾）。

16.5 结束语

强化学习被应用于金融领域已经有很长一段时间了。20 世纪 90 年代末的早期

研究包括 Neuneier（1996）、Moody 和 Wu（1997）、Moody 等（1998） 和 Neuneier
（1998）。从那时起，计算机科学领域的许多研究人员都试图将强化学习技术应用于投
资组合。海量数据集的出现和维度的增加使得强化学习工具很难很好地适应因子投资
中所遇到的复杂环境。

最近，一些方法试图使强化学习适应连续行动空间（Wang 和 Zhou，2019；
Aboussalah 和 Lee，2020），但不适应高维的状态空间。这些空间是因子投资所需要的，
因为所有公司都会产生数百个数据点来描述其经济状况。此外，与许多典型的 RL 应
用相比，强化学习在金融框架中的应用有其特殊性：在金融市场中，代理人的行动对
环境没有影响（除非代理人能够进行大规模的交易，这是罕见的、不明智的，因为把
价格推向了错误的方向）。这种缺乏影响的行动可能会降低传统强化学习方法的效率。

这些问题都需要被解决，以使强化学习能够与其他（监督）方法竞争。尽管如此，
强化学习的渐进式（类似于在线）工作方式更适用于非静止环境：随着新数据的到来，
算法慢慢地转变模式。在静止环境中，已经证明强化学习能够收敛到最优解（Kong
等，2019；Chaouki 等，2020）。因此，在非稳态市场中，强化学习可以成为建立动态
预测的一种手段，以适应不断变化的宏观经济环境。在这个领域需要对大维数据集进
行更多的研究。

在本章的最后，我们强调强化学习也被用来估计复杂的理论模型（Halperin 和
Feldshteyn，2018；García-Galicia 等，2019）。该领域的研究非常多样化，并且涵盖了
诸多方向。可以期待，在不久的将来，会出现一些令人振奋的研究成果。

16.6 练习

1. 测试一下如果产生收益的过程具有负的自相关会发生什么，对 Q 函数和策略的
   影响是什么？

2. 使用与 16.4.2 小节相同的 2 个资产，通过测试每个原始数据点上所有可能的行
   动组合，增大强化学习数据，重新运行 Q-learning 函数，看看会发生什么。

附录 1

变量说明

附表 1-1　变量清单（包括特征和标签）

变量名	简单说明
stock_id	股票 ID
date	数据日期
Advt_12M_Usd	12 个月日均成交量
Advt_3M_Usd	3 个月日均成交量
Advt_6M_Usd	6 个月日均成交量
Asset_Turnover	换手率
Bb_Yld	回购收益率
Bv	账面价值
Capex_Ps_Cf	销售价格现金流的资本支出
Capex_Sales	销售资本支出
Cash_Div_Cf	现金除以现金流
Cash_Per_Share	每股现金
Cf_Sales	每股现金流
Debtequity	债务权益比
Div_Yld	股息率
Dps	每股股息
Ebit_Bv	账面价值 EBIT
Ebit_Noa	非经营性资产 EBIT
Ebit_Oa	经营性资产 EBIT
Ebit_Ta	总资产 EBIT
Ebitda_Margin	EBITDA 利润率
Eps	每股收益
Eps_Basic	每股基本收益
Eps_Basic_Gr	每股盈利增长
Eps_Contin_Oper	持续经营每股收益
Eps_Dil	稀释后每股收益
Ev	企业价值
Ev_Ebitda	企业价值倍数
Fa_Ci	普通股本固定资产

（续表）

变量名	简单说明
Fcf	自由现金流
Fcf_Bv	账面价值自由现金流
Fcf_Ce	已用资产自由现金流
Fcf_Margin	自由现金流比率
Fcf_Noa	净经营资产自由现金流
Fcf_Oa	经营性资产自由现金流
Fcf_Ta	总资产自由现金流
Fcf_Tbv	有形账面价值自由现金流
Fcf_Toa	经营性总资产自由现金流
Fcf_Yld	自由现金流收益率
Free_Ps_Cf	价格销售自由现金流
Int_Rev	收入对应无形资产
Interest_Expense	利息支出覆盖率
Mkt_Cap_12M_Usd	12 个月内平均市值
Mkt_Cap_3M_Usd	3 个月内平均市值
Mkt_Cap_6M_Usd	6 个月内平均市值
Mom_11M_Usd	12 个月动量（跳过最近 1 个月）
Mom_5M_Usd	6 个月动量（跳过最近 1 个月）
Mom_Sharp_11M_Usd	12 个月动量 / 波动率（跳过最近 1 个月）
Mom_Sharp_5M_Usd	6 个月动量 / 波动率（跳过最近 1 个月）
Nd_Ebitda	EBITDA 净债务
Net_Debt	净债务
Net_Debt_Cf	现金流净债务
Net_Margin	净利润
Netdebtyield	净债务收益率
Ni	净收入
Ni_Avail_Margin	可用净利润
Ni_Oa	经营性资产净收益
Ni_Toa	经营性总资产净收益
Noa	经营性净资产
Oa	经营性资产
Ocf	经营性现金流
Ocf_Bv	账面价值的经营性现金流

（续表）

变量名	简单说明
Ocf_Ce	已用资产的经营性现金流
Ocf_Margin	经营现金流利润
Ocf_Noa	净经营性资产的经营现金流
Ocf_Oa	经营性资产的经营现金流
Ocf_Ta	总资产的经营现金流
Ocf_Tbv	有形账面价值的经营现金流
Ocf_Toa	总经营资产的经营现金流
Op_Margin	营业利润率
Op_Prt_Margin	净利润率 1 年增长率
Oper_Ps_Net_Cf	每股经营现金流
PB	市净率
PE	市盈率
Ptx_Mgn	税前利润率
Recurring_Earning_Total_Assets	总资产的持续收益
Return_On_Capital	资本收益率
Rev	收入
Roa	资产收益率
Roc	资本收益率
Roce	已用资本收益率
Roe	净资产收益率
Sales_Ps	市销率
Share_Turn_12M	12 个月平均换手率
Share_Turn_3M	3 个月平均换手率
Share_Turn_6M	6 个月平均换手率
Ta	总资产
Tev_Less_Mktcap	企业总价值减去市值
Tot_Debt_Rev	总收入债务
Total_Capital	总资本
Total_Debt	债务总额
Total_Debt_Capital	资本债务总额
Total_Liabilities_Total_Assets	总资产负债总额
Vol1Y_Usd	1 年内收益波动率
Vol3Y_Usd	3 年内收益波动率

（续表）

变量名	简单说明
R1M_Usd	未来 1 个月收益（标签）
R3M_Usd	未来 3 个月收益（标签）
R6M_Usd	未来 6 个月收益（标签）
R12M_Usd	未来 12 个月收益（标签）

练习答案

第 4 章

对于年度收益，见图附 2-1。

```
data_ml %>%
    group_by(date) %>%
    mutate(growth = Pb > median(Pb)) %>%        # 创建排序
    ungroup() %>%                               # 解组
    mutate(year = lubridate::year(date)) %>%    # 创建年度变量
    group_by(year, growth) %>%                  # 按年度排序进行分析
    summarize(ret = mean(R1M_Usd)) %>%          # 计算平均收益
    ggplot(aes(x = year, y = ret, fill = growth)) + geom_col(position = "dodge") + # 画图
    theme(legend.position = c(0.7, 0.8)) + theme_bw()
```

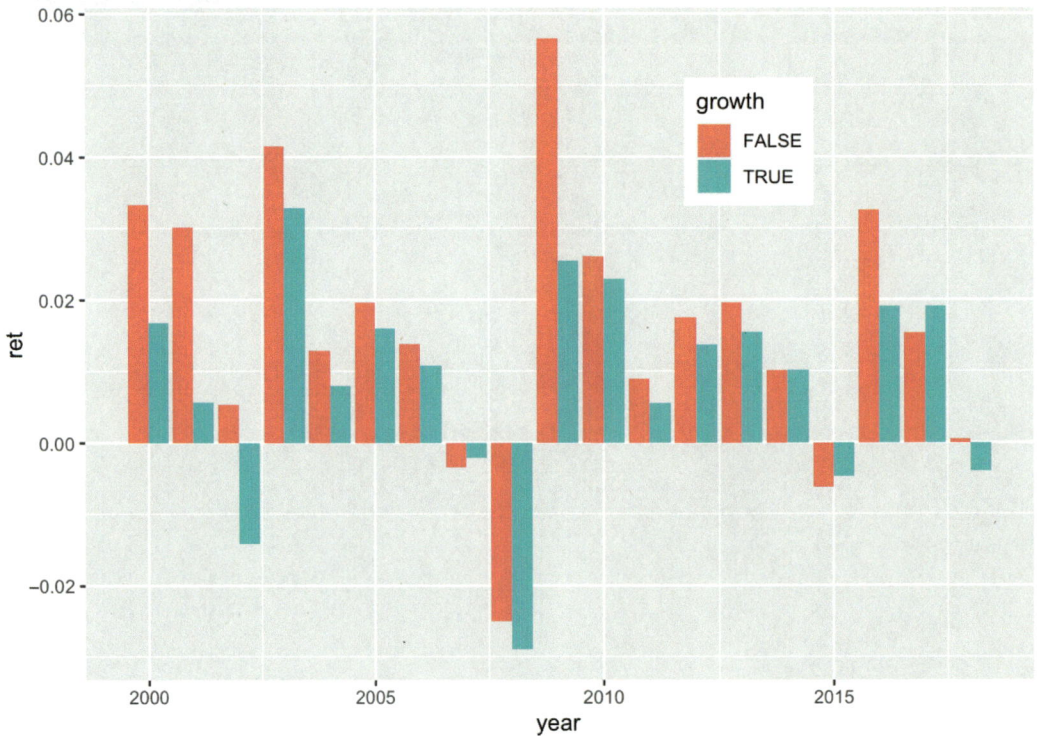

图附 2-1　价值因子：年度收益

月度收益见图附 2-2。

```
returns_m <- data_ml %>%
    group_by(date) %>%
    mutate(growth = Pb > median(Pb)) %>%                    # 创建排序
    group_by(date, growth) %>%                              # 按日期排序进行分析
    summarize(ret = mean(R1M_Usd)) %>%                      # 计算平均收益
    spread(key = growth, value = ret) %>%                   # 转为宽矩阵格式
    ungroup()colnames(returns_m)[2:3] <- c("value", "growth") # 改变列名
returns_m %>%
    mutate(value = cumprod(1 + value),                      # 将收益转为组合净值
           growth = cumprod(1 + growth)) %>%
    gather(key = portfolio, value = value, -date) %>%       # 以整齐的格式返回
    ggplot(aes(x = date, y = value, color = portfolio)) + geom_line() +  # 画图
    theme(legend.position = c(0.7, 0.8)) + theme_bw()
```

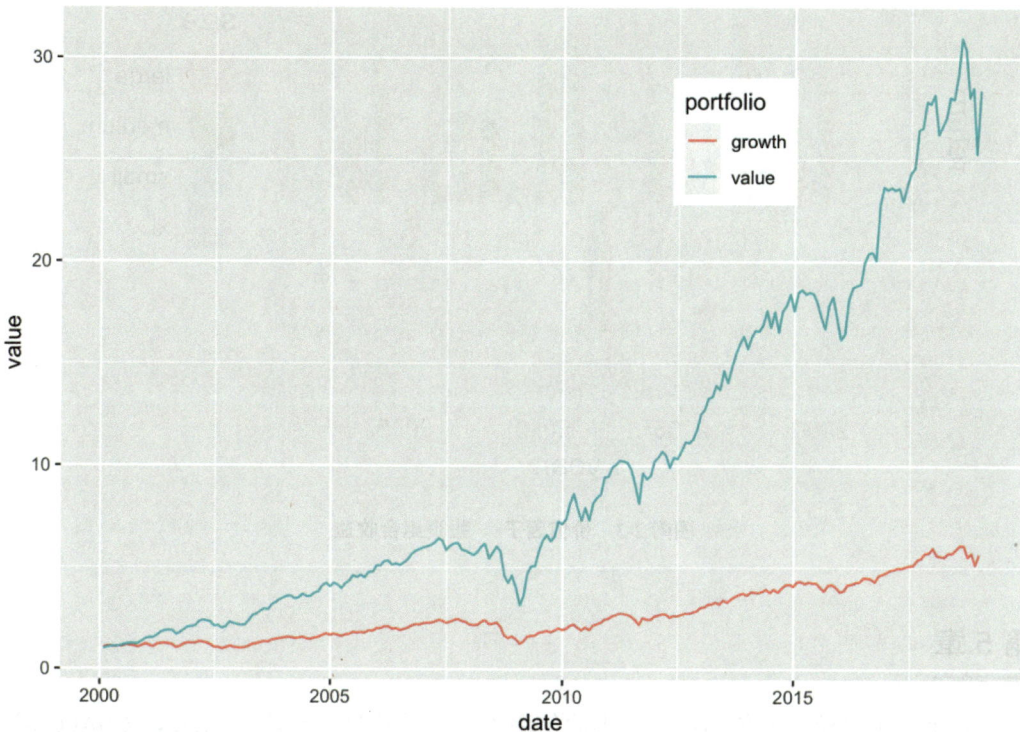

图附 2-2　价值因子：组合净值

基于四分位数投资组合，只使用 tidyverse。特征是均匀化的，也就是说，在每个给定的日期，它们的分布是均匀的。总体来说，小公司的表现显著优于大公司的表现（见图附 2-3）。

```
data_ml %>%
    mutate(small = Mkt_Cap_6M_Usd <= 0.25,                              # 小公司
           medium = Mkt_Cap_6M_Usd > 0.25 & Mkt_Cap_6M_Usd <= 0.5,
           large = Mkt_Cap_6M_Usd > 0.5 & Mkt_Cap_6M_Usd <= 0.75,
           xl = Mkt_Cap_6M_Usd > 0.75,                                  # 大公司
           year = year(date)) %>%
    group_by(year) %>%
```

```
summarize(small = mean(small * R1M_Usd),          # 计算平均收益
          medium = mean(medium * R1M_Usd),
          large = mean(large * R1M_Usd),
          xl = mean(xl * R1M_Usd)) %>%
gather(key = size, value = return, -year) %>%
ggplot(aes(x = year, y = return, fill = size)) +
geom_col(position = "dodge") + theme_bw()
```

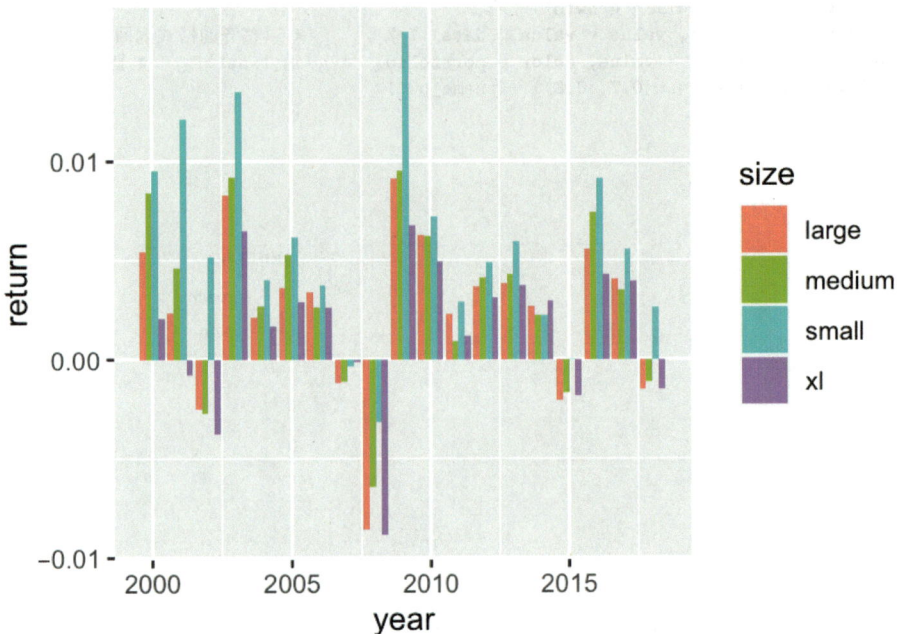

图附 2-3　价值因子：投资组合收益

第 5 章

下面，我们导入由美国银行提供的信用价差，其符号 / 标记为 "BAMLC0A0CM"。我们在少量预测变量上进行分析，以节省内存空间。一个重要步骤是在计算了式（4.3）之后进行归一化。我们希望新特征与旧特征具有相同的属性，如果跳过归一化，分布将被改变，正如在下面例子中所展示的那样。

我们开始进行数据提取和整合。尽量保持较高的数据频率（每天），以便用接近的数值替换缺失值，月度数据会产生不必要的滞后。

```
getSymbols.FRED("BAMLC0A0CM",                      # 提取数据
                env = ".GlobalEnv",
                return.class = "xts")
## [1] "BAMLC0A0CM"
cred_spread <- fortify(BAMLC0A0CM)                 # 转换为数据框格式
colnames(cred_spread) <- c("date", "spread")       # 改变列名
```

```
cred_spread <- cred_spread %>%                                      # 提取以及整合
    full_join(data_ml %>% dplyr::select(date), by = "date") %>%
    mutate(spread = na.locf(spread))                               # 用前期值替换空值
cred_spread <- cred_spread[!duplicated(cred_spread),]              # 移除重复值
```

创建增强的数据集需要进行一些操作。如图附 2-4 所示，特征不再是归一化的。

```
data_cond <- data_ml %>%                                           # 创建新数据集
dplyr::select(c("stock_id", "date", features_short))
names_cred_spread <- paste0(features_short, "_cred_spread")        # 新的列名
feat_cred_spread <- data_cond %>%                                  # 旧值
    dplyr::select(features_short)cred_spread <- data_ml %>%
    dplyr::select(date) %>%
    left_join(cred_spread, by = "date") feat_cred_spread <- feat_cred_spread *
# This product creates...
    matrix(cred_spread$spread,                                     # 新值
           length(cred_spread$spread),                             # 使用重复的
           length(features_short))                                 # 列
colnames(feat_cred_spread) <- names_cred_spread                    # 新列名
data_cond <- bind_cols(data_cond, feat_cred_spread)                # 整合旧值和新值
data_cond %>% ggplot(aes(x = Eps_cred_spread)) + geom_histogram()  # 画图
```

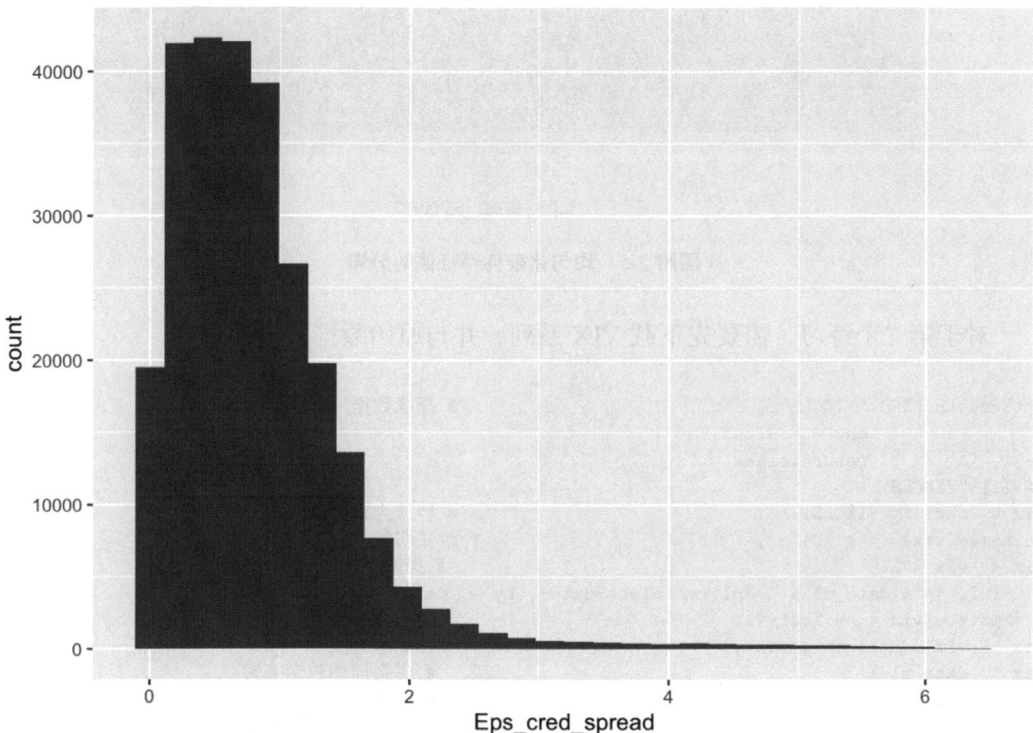

图附 2-4　调节后 Eps 的分布

为了规避这个问题，需要进行均匀化处理，并在图附 2-5 中进行了验证。

```
data_cond <- data_cond %>%                                         # 新的数据集
```

```
    group_by(date) %>%                           # 根据日期分组
    mutate_at(names_cred_spread, norm_unif)      # 均匀化新特征
data_cond %>% ggplot(aes(x = Eps_cred_spread)) + geom_histogram(bins = 100) # 验证
```

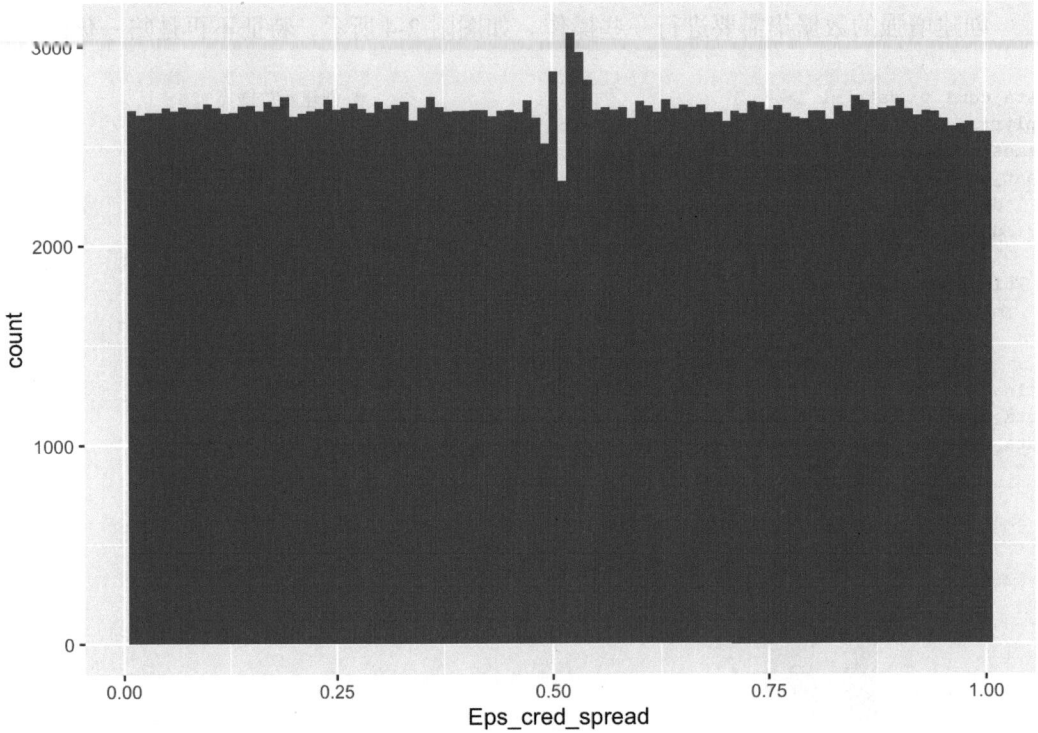

图附 2-5　均匀化条件特征值的分布

对于第二个练习，需要先下载 VIX 系列，并与原始数据连接。

```
getSymbols.FRED("VIXCLS",                         # 提取数据
                env = ".GlobalEnv",
                return.class = "xts")
## [1] "VIXCLS"
vix <- fortify(VIXCLS)                             # 转换为数据框格式
colnames(vix) <- c("date", "vix")                  # 改变列名
vix <- vix %>%                                      # 提取以及……
    full_join(data_ml %>% dplyr::select(date), by = "date") %>%   # 整合
    mutate(vix = na.locf(vix))                     # 用前值替换空值
vix <- vix[!duplicated(vix),]                      # 去除重复值
vix <- data_ml %>%                                  # 保持原始数据格式
    dplyr::select(date) %>%                         # ……
    left_join(vix, by = "date")                     # 通过 left_join 函数
```

然后我们就可以继续进行分类了。我们在一个新的（较小的）数据集中创建向量标签，但不附在大的 data_ml 变量上。同时，我们检查标签分布的均衡性和它在时间上的演变（见图附 2-6）。

```
delta <- 0.5                                    # vix 校正的幅度
vix_bar <- median(vix$vix)                      # vix 的中位数
data_vix <- data_ml %>%                         # 较小的数据集
    dplyr::select(stock_id, date, R1M_Usd) %>%
    mutate(r_minus = (-0.02) * exp(-delta*(vix$vix-vix_bar)),   # r_-
           r_plus = 0.02 * exp(delta*(vix$vix-vix_bar)))        # r_+
data_vix <- data_vix %>%
    mutate(R1M_Usd_Cvix = if_else(R1M_Usd < r_minus, -1,       # 新标签
                                  if_else(R1M_Usd > r_plus, 1,0)),
           R1M_Usd_Cvix = as.factor(R1M_Usd_Cvix))
data_vix %>%
    mutate(year = year(date)) %>%
    group_by(year, R1M_Usd_Cvix) %>%
    summarize(nb = n()) %>%
    ggplot(aes(x = year, y = nb, fill = R1M_Usd_Cvix)) +
    geom_col()
```

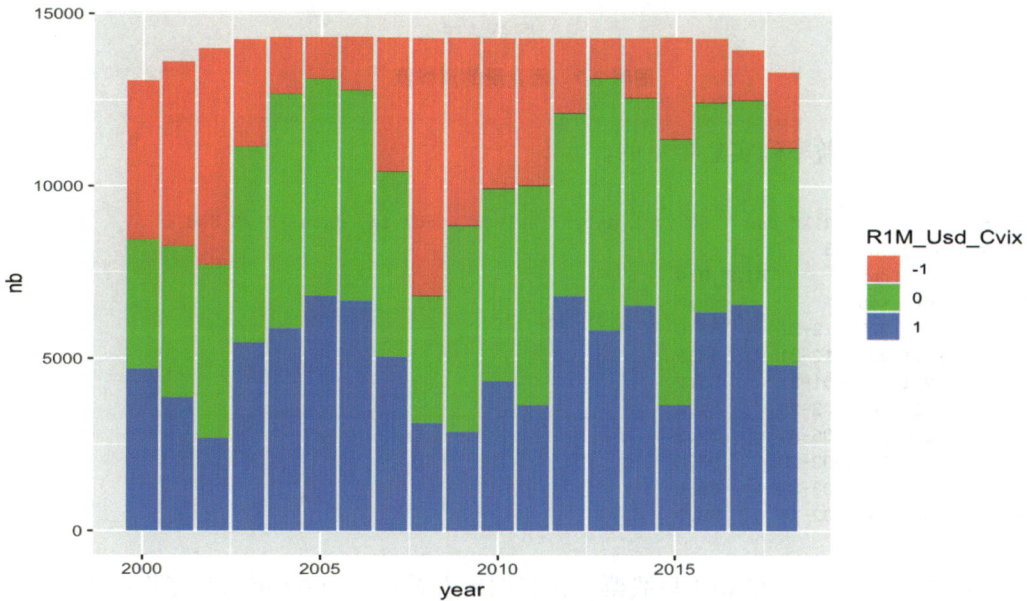

图附 2-6　分类随时间的演变

最后，我们切换到离群值（见图附 2-7）。

```
data_ml %>%
    ggplot(aes(x = R12M_Usd)) + geom_histogram() + theme_bw()
```

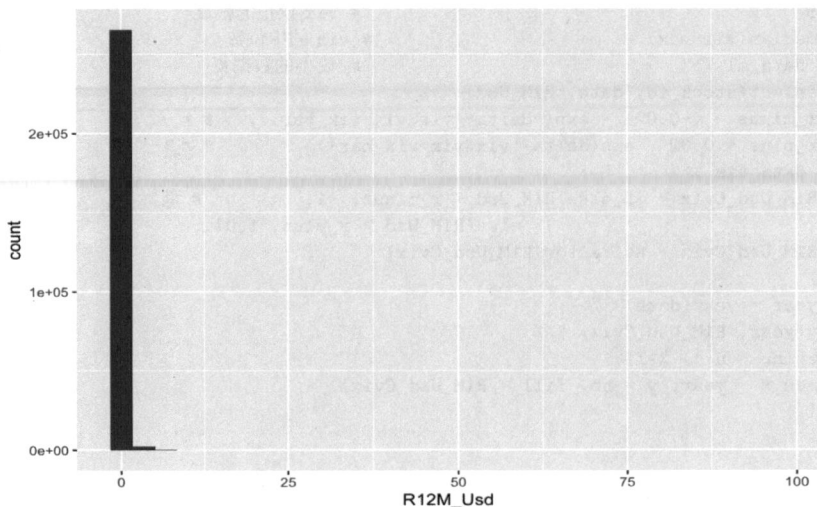

图附 2-7　因变量的离群值

高于 50 的收益率确实是罕见的。

```
data_ml %>% filter(R12M_Usd > 50) %>% dplyr::select(stock_id, date, R12M_Usd)
## # A tibble: 8 × 3
##   stock_id date       R12M_Usd
##      <int> <date>        <dbl>
## 1      212 2000-12-31     53.0
## 2      221 2008-12-31     53.5
## 3      221 2009-01-31     55.2
## 4      221 2009-02-28     54.8
## 5      296 2002-06-30     72.2
## 6      683 2009-02-28     96.0
## 7      683 2009-03-31     64.8
## 8      862 2009-02-28     58.0
```

最大的收益率来自第 683 只股票。让我们来看看它在 2009 年的月度收益率。

```
data_ml %>%
    filter(stock_id == 683, year(date) == 2009) %>%
    dplyr::select(date, R1M_Usd)
## # A tibble: 12 × 2
##    date       R1M_Usd
##    <date>        <dbl>
## 1  2009-01-31   -0.625
## 2  2009-02-28    0.472
## 3  2009-03-31    1.44
## 4  2009-04-30    0.139
## 5  2009-05-31    0.086
## 6  2009-06-30    0.185
## 7  2009-07-31    0.363
## 8  2009-08-31    0.103
## 9  2009-09-30    9.91
## 10 2009-10-31    0.101
## 11 2009-11-30    0.202
## 12 2009-12-31   -0.251
```

收益率都很高，年度收益是合理的。此外，快速浏览一下 Vol1Y 值就会发现，该股票的波动率是数据集中波动率最大的。

第 6 章

我们重新加载本章创建的训练和测试数据变量（编码部分值得注意）。此外，我们创建了一个专门的函数，并求助于 purrr 包的 map2 函数。

```
alpha_seq <- (0:10)/10                  # alpha 值序列
lambda_seq <- 0.1^(0:5)                 # lambda 值序列
pars <- expand.grid(alpha_seq, lambda_seq) # 探索所有的组合
alpha_seq <- pars[,1]
lambda_seq <- pars[,2]
lasso_sens <- function(alpha, lambda, x_train, y_train, x_test, y_test){ # 函数
    fit_temp <- glmnet(x_train, y_train,                    # 模型
                      alpha = alpha, lambda = lambda)
    return(sqrt(mean((predict(fit_temp, x_test) - y_test)^2)))      # 输出
}
rmse_elas <- map2(alpha_seq, lambda_seq, lasso_sens,              # 自动化
                x_train = x_penalized_train, y_train = y_penalized_train,
                x_test = x_penalized_test, y_test = testing_sample$R1M_Usd)
bind_cols(alpha = alpha_seq, lambda = as.factor(lambda_seq), rmse = unlist(rmse_elas)) %>%
    ggplot(aes(x = alpha, y = rmse, fill = lambda)) + geom_col() + facet_grid(lambda ~.) +
    coord_cartesian(ylim = c(0.19,0.193)) + theme_bw()
```

正如图附 2-8 所展示的，参数的影响非常小。也许这个模型并不适合这个任务。

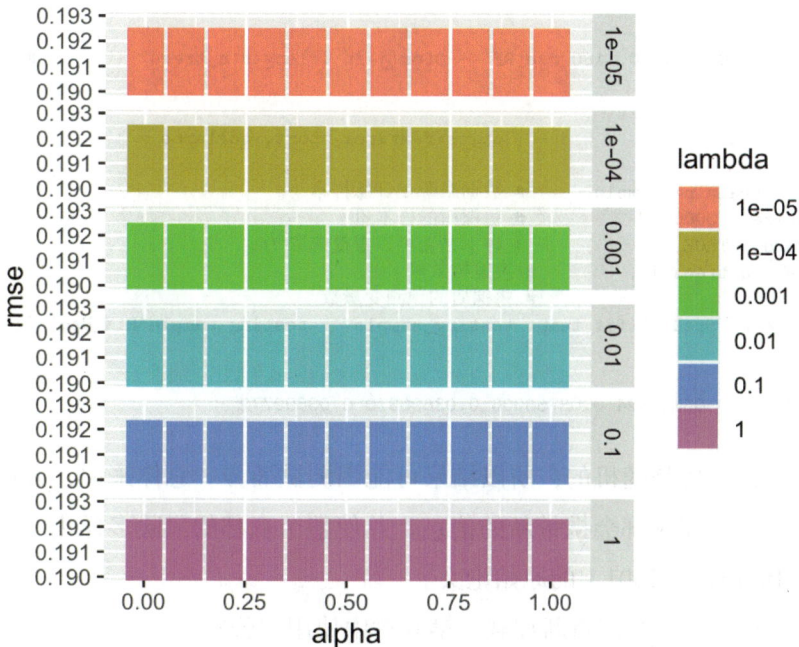

图附 2-8　不同参数值下弹性网络的性能

```
fit1 <- rpart(formula,
            data = training_sample,        # 数据来源：全样本
            cp = 0.001)                     # 准确度：越小表示叶节点越多
mean((predict(fit1, testing_sample) - testing_sample$R1M_Usd)^2)
## [1] 0.04018973
fit2 <- rpart(formula,
            data = training sample,         # 数据来源：全样本
            cp = 0.01)                      # 准确度：越小表示叶节点越多
mean((predict(fit2, testing_sample) - testing_sample$R1M_Usd)^2) # 测试
## [1] 0.03699696
rpart.plot(fit1)                            # 画第一个图
```

第一个模型（见图附2-9）过于精确：深入训练样本的细节并不能转化为样本外的良好表现。第二个模型更简单，但是产生了更好的结果。

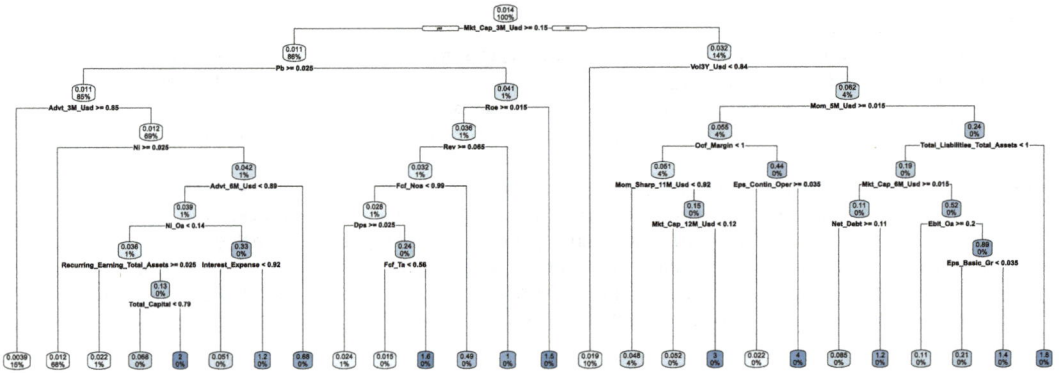

图附 2-9 样本 （复杂） 树

```
n_trees <- c(10, 20, 40, 80, 160)mse_RF <- 0for(j in 1:length(n_trees)){        # 这里不需要函
                                                                          数式编程
    fit_temp <- randomForest(
        as.formula(paste("R1M_Usd ~", paste(features_short, collapse = " + "))), # 新公式
New formula!
        data = training_sample,        # 数据来源：训练样本
        sampsize = 30000,              # 每棵树的样本量
        replace = TRUE,                # 样本是否可以重复选取？
        ntree = n_trees[j],            # 决策树数量
        mtry = 5)                      # 每棵树的预测变量数
mse_RF[j] <- mean((predict(fit_temp, testing_sample) - testing_sample$R1M_Usd)^2)
}
mse_RF
## [1] 0.03967754 0.03885924 0.03766900 0.03696370 0.03699772
```

从定义上讲，树是随机的，所以结果可能因测试而异。总体来说，大量的树是比较好的，因为每棵新树都会携带新的信息，并使整个森林的风险多样化。相关技术细节可以参考 Breiman（2001）的原始论文。

在最后的练习中，我们重新加载了第 6 章中使用的公式。

```
tree_2008 <- rpart(formula,
                data = data_ml %>% filter(year(date) == 2008), # 数据来源于 2008 年
                cp = 0.001,
                maxdepth = 2) rpart.plot(tree_2008)
```

　　图附 2-10 中的第一个分割标准是企业价值 Ev。Ev 是通过减去债务和增加现金来调整市值的指标，它是对公司真实价值的一种更准确的描述。在 2008 年，表现最差的公司是那些拥有最高 Ev 值的公司（即大型、稳健的公司）。

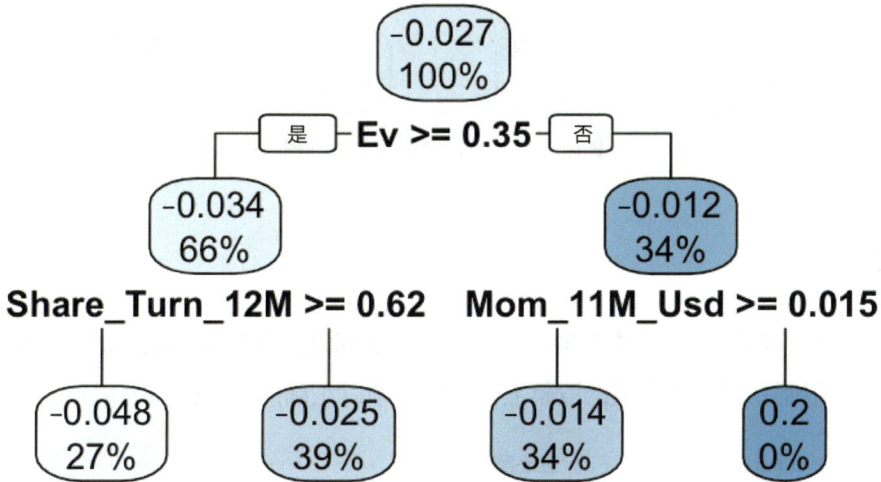

图附 2-10　2008 年数据生成的树

```
tree_2009 <- rpart(formula,
                data = data_ml %>% filter(year(date) == 2009), # 数据来源于 2009 年
                cp = 0.001,
                maxdepth = 2) rpart.plot(tree_2009)
```

　　在 2009 年（见图附 2-11），恢复最快的公司是那些在过去经历较高波动（很可能是向下的波动）的公司。动量也是非常重要的：过去收益率最低的公司是那些反弹最快的公司，这是 Barroso 和 Santa-Clara（2015）以及 Daniel 和 Moskowitz（2016）所研究的动量崩溃现象的典型例子。其原理如下：在市场低迷之后，最有增长潜力的股票是那些遭受最大损失的股票。因此，动量因子的空头端表现非常好，往往比多头端好。事实上，在 2009 年做多动量因子会产生负利润。

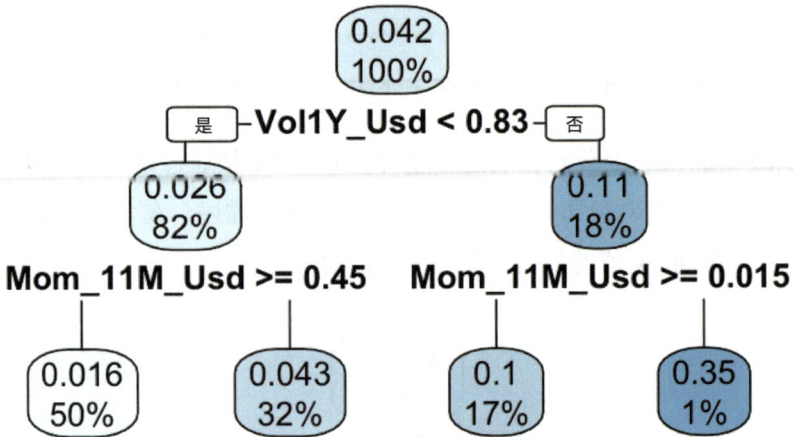

图附 2-11　2009 年数据生成的树

第 7 章

首先，必须保证输入格式正确。为了避免出现问题，我们使用完整的矩形数据，因此将投资集限制在没有缺失值的股票上。各维度须以正确的顺序排列。

```
data_short <- data_ml %>%          # 短数据集
    filter(stock_id %in% stock_ids_short) %>%
    dplyr::select(c("stock_id", "date",features_short, "R1M_Usd"))
dates <- unique(data_short$date)   # 日期向量
N <- length(stock_ids_short)       # 资产维度
Tt <- length(dates)                # 日期维度
K <- length(features_short)        # 特征维度
factor_data <- data_short %>%      # 因子端数据
    dplyr::select(date, stock_id, R1M_Usd) %>%
    spread(key = stock_id, value = R1M_Usd) %>%
    dplyr::select(-date) %>%
    as.matrix()
beta_data <- array(unlist(data_short %>%  # beta端数据
                    dplyr::select(-stock_id, -date, -R1M_Usd)),
                dim = c(N, Tt, K))
beta_data <- aperm(beta_data, c(2,1,3))   # 叠加
```

其次，我们转向网络的设定，使用功能性 API 形式。

```
main_input <- layer_input(shape = c(N), name = "main_input")  # 主要输入：收益率
factor_network <- main_input %>%                              # 设定因子端网络
    layer_dense(units = 8, activation = "relu", name = "layer_1_r") %>%
    layer_dense(units = 4, activation = "tanh", name = "layer_2_r")

aux_input <- layer_input(shape = c(N,K), name = "aux_input")   # 辅助输入：特性
beta_network <- aux_input %>%                                  # 设定 beta 端网络
    layer_dense(units = 8, activation = "relu", name = "layer_1_l") %>%
    layer_dense(units = 4, activation = "tanh", name = "layer_2_l") %>%
    layer_permute(dims = c(2,1), name = "layer_3_l")           # 叠加
```

```
main_output <- layer_dot(c(beta_network, factor_network),    # 2个网络叠加
                         axes = 1, name = "main_output")
model_ae <- keras_model(                                     # 设定 AE 模型
    inputs = c(main_input, aux_input),
    outputs = c(main_output)
)
```

最后，我们查看模型的结构，并训练它。

```
summary(model_ae)                       # See model details / architecture
## Model: "model_1"
## _____
## Layer (type)              Output Shape          Param #    Connected to
## =======================================================================
## aux_input (InputLayer)    [(None, 793, 7)]      0
##
## layer_1_l (Dense)         (None, 793, 8)        64         aux_input[0][0]
##
## main_input (InputLayer)   [(None, 793)]         0
##
## layer_2_l (Dense)         (None, 793, 4)        36         layer_1_l[0][0]
##
## layer_1_r (Dense)         (None, 8)             6352       main_input[0][0]
##
## layer_3_l (Permute)       (None, 4, 793)        0          layer_2_l[0][0]
##
## layer_2_r (Dense)         (None, 4)             36         layer_1_r[0][0]
##
## main_output (Dot)         (None, 793)           0          layer_3_l[0][0]
##                                                            layer_2_r[0][0]
## =======================================================================
## Total params: 6,488
## Trainable params: 6,488
## Non-trainable params: 0
## _____
model_ae %>% keras::compile(             # 学习参数
    optimizer = "rmsprop",
    loss = "mean_squared_error")
model_ae %>% fit(                        # 学习函数
    x = list(main_input = factor_data, aux_input = beta_data),
    y = list(main_output = factor_data),
    epochs = 20,                         # 迭代次数
batch_size = 49                          # 每次迭代观测值
)
```

对于第 2 个练习，我们使用一个简单的架构。激活函数、迭代次数和批次大小可能很重要。

```
model_ua <- keras_model_sequential()
model_ua %>%   # 定义网络结构
    layer_dense(units = 16, activation = 'sigmoid', input_shape = 1) %>%
    layer_dense(units = 1)
model_ua %>% keras::compile(                      # 模型设定
    loss = 'mean_squared_error',                  # 损失函数
    optimizer = optimizer_rmsprop(),              # 优化方法（权重更新）
metrics = c('mean_absolute_error')                # 输出指标
```

```
)
summary(model_ua)                                       # 查看模型
## Model: "sequential_7"
##
## _____
## Layer (type)                    Output Shape                Param #
## ====================================================================
## dense_22 (Dense)                (None, 16)                     32
## _____
## dense_21 (Dense)                (None, 1)                      17
## ====================================================================
## Total params: 49
## Trainable params: 49
## Non-trainable params: 0
##
## _____
fit_ua <- model_ua %>%
    fit(seq(0, 6, by = 0.001) %>% matrix(ncol = 1),       # 训练数据为 x
        sin(seq(0, 6, by = 0.001)) %>% matrix(ncol = 1),  # 训练标签为 y
        epochs = 30, batch_size = 64                      # 训练参数
)
```

为了提高拟合度，我们也增加了样本量。我们在图附 2-12 中显示了改进的情况。

```
library(patchwork)
model_ua2 <- keras_model_sequential()
model_ua2 %>%    # 定义网络结构
    layer_dense(units = 128, activation = 'sigmoid', input_shape = 1) %>%
    layer_dense(units = 1)
model_ua2 %>% keras::compile(                            # 模型设定
    loss = 'mean_squared_error',                        # 损失函数
    optimizer = optimizer_rmsprop(),                    # 优化方法（权重更新）
metrics = c('mean_absolute_error')                      # 输出指标
)
summary(model_ua2)                                      # 查看模型
## Model: "sequential_8"
##
## _____
## Layer (type)                    Output Shape                Param #
## ====================================================================
## dense_24 (Dense)                (None, 128)                   256
## _____
## dense_23 (Dense)                (None, 1)                     129
## ====================================================================
## Total params: 385
## Trainable params: 385
## Non-trainable params: 0
##
## _____
fit_ua2 <- model_ua2 %>%
    fit(seq(0, 6, by = 0.0002) %>% matrix(ncol = 1),      # 训练数据为 x
        sin(seq(0, 6, by = 0.0002)) %>% matrix(ncol = 1), # 训练标签为 y
        epochs = 60, batch_size = 64                      # 训练参数
)
tibble(x = seq(0, 6, by = 0.001)) %>%
  ggplot() +
  geom_line(aes(x = x, y = predict(model_ua, x), color = "Small model")) +
  geom_line(aes(x = x, y = predict(model_ua2, x), color = "Large model")) +
  stat_function(fun = sin, aes(color = "sin(x) function")) +
  scale_color_manual(values = c("#EEAA33", "#3366CC", "#000000")) + theme_bw()
```

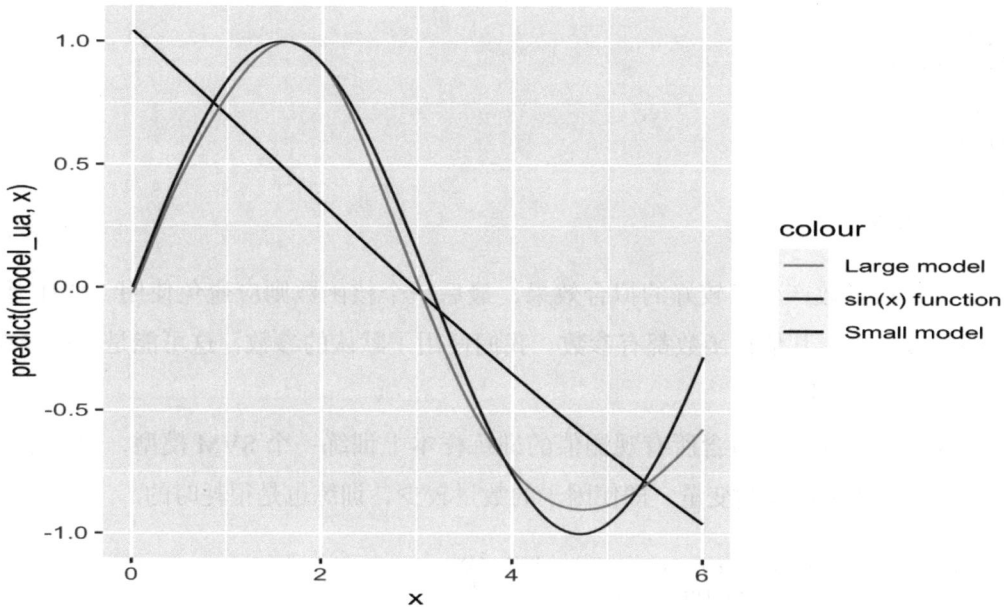

图附 2-12　有 128 个节点的情况 （浅蓝色代表正弦函数， 黑色代表近似值）

第 8 章

由于要多次重复相似分析，我们有 3 个可以简化任务的建议。第一，通过使用默认参数值，这些参数值将作为普通参数传递给 svm 函数。第二，创建一个计算 MSE 的自定义函数。第三，通过 purrr 包中的 map 函数来计算。下面，我们重新加载第 6 章中创建的数据集。

```
mse <- function(fit, features, label){          # MSE 函数
    return(mean((predict(fit, features)-label)^2))
}
par_list <- list(y = train_label_xgb[1:10000],   # 来自第 6 章
                 x = train_features_xgb[1:10000,],
                 type = "eps-regression",
                 epsilon = 0.1,                    # 误差条的宽度
                 gamma = 0.5,                      # 径向核函数的常数项
                 cost = 0.1)
svm_par <- function(kernel, par_list){            # SVM 自动拟合的函数
    require(e1071)
    return(do.call(svm, c(kernel = kernel, par_list)))
}
kernels <- c("linear", "radial", "polynomial", "sigmoid") # 核函数
fit_svm_par <- map(kernels, svm_par, par_list = par_list)   # SVM 模型
map(fit_svm_par, mse,                             # MSE
    features = test_feat_short,
    label = testing_sample$R1M_Usd)
## [[1]]
## [1] 0.03849786
```

```
##
## [[2]]
## [1] 0.03924576
##
## [[3]]
## [1] 0.03951328
##
## [[4]]
## [1] 334.8173
```

前两个核函数产生了较好的拟合效果，最后一个核函数则应避免使用。请注意，除了线性核之外，其他核函数都有参数。我们使用了默认的参数，这可能是一些非线性核表现糟糕的原因。

下面，我们在一个包含所有观测值的训练样本上训练一个 SVM 模型，但这个模型只限于 7 个主要的预测变量。即使因子的数量较少，训练也是很耗时的。

```
svm_full <- svm(y = train_label_xgb,       # 训练标签
                x = train_features_xgb,    # 训练特征
                type = "eps-regression",   # SVM 任务类型
                kernel = "linear",          # SVM 核函数
                epsilon = 0.1,              # 误差条的宽度
                cost = 0.1)                 # 松弛变量
test_feat_short <- dplyr::select(testing_sample,features_short)     # 测试集
mean(predict(svm_full, test_feat_short) * testing_sample$R1M_Usd > 0) # 命中率
## [1] 0.490343
```

0.490343 这个数字是非常低的。下面，我们测试了一种非常简单的提升树，以进行比较。

```
xgb_full <- xgb.train(data = train_matrix_xgb,           # 数据来源
                      eta = 0.3,                          # 学习率
                      objective = "reg:linear",           # 目标函数
                      max_depth = 4,                      # 树的最大深度
                      nrounds = 60                        # 决策树数量
)
mean(predict(xgb_full, xgb_test) * testing_sample$R1M_Usd > 0) # 命中率
## [1] 0.5017377
```

预测结果稍好，但计算时间更短。模型表现不佳有两个原因：

1. 没有足够的预测变量；

2. 模型是静态的，它们不能根据宏观条件动态调整。

第 11 章

首先，我们创建 3 个特征集：第 1 个特征集是 3 ~ 93 的所有 3 的倍数；第 2 个特征集为第 1 个特征集的所有指数减 1；第 3 个特征集为第 1 个特征集的所有指数减 2。

```
feat_train_1 <- training_sample %>% dplyr::select(features[3*(1:31)]) %>%    # 第 1 个特征集
    as.matrix()
feat_train_2 <- training_sample %>% dplyr::select(features[3*(1:31)-1]) %>%  # 第 2 个特征集
    as.matrix()
feat_train_3 <- training_sample %>% dplyr::select(features[3*(1:31)-2]) %>%  # 第 3 个特征集
    as.matrix()
feat_test_1 <- testing_sample %>% dplyr::select(features[3*(1:31)]) %>%      # 测试特征集 1
    as.matrix()
feat_test_2 <- testing_sample %>% dplyr::select(features[3*(1:31)-1]) %>%    # 测试特征集 2
    as.matrix()
feat_test_3 <- testing_sample %>% dplyr::select(features[3*(1:31)-2]) %>%    # 测试特征集 3
    as.matrix()
```

其次，我们指定网络结构。首先是 3 个独立的网络，然后是集成模型。

```
first_input <- layer_input(shape = c(31), name = "first_input")    # 第 1 个输入
first_network <- first_input %>%                                   # 第 1 个网络设定
    layer_dense(units = 8, activation = "relu", name = "layer_1") %>%
    layer_dense(units = 2, activation = 'softmax')                 # 分类输出用 softmax
second_input <- layer_input(shape = c(31), name = "second_input") # 第 2 个输入
second_network <- second_input %>%                                 # 第 2 个网络设定
    layer_dense(units = 8, activation = "relu", name = "layer_2") %>%
    layer_dense(units = 2, activation = 'softmax')                 # 分类输出用 softmax
third_input <- layer_input(shape = c(31), name = "third_input")   # 第 3 个输入
third_network <- third_input %>%                                   # 第 3 个网络设定
    layer_dense(units = 8, activation = "relu", name = "layer_3") %>%
    layer_dense(units = 2, activation = 'softmax')                 # 分类输出用 softmax

main_output <- layer_concatenate(c(first_network,
                                   second_network,
                                   third_network)) %>%             # 组合
    layer_dense(units = 2, activation = 'softmax', name = 'main_output')

model_ens <- keras_model(                                          # 集成模型设定
    inputs = c(first_input, second_input, third_input),
    outputs = c(main_output)
)
```

最后，我们可以进行训练和评估（见图附 2-13）。

```
summary(model_ens)                          # 查看模型细节 / 结构
## Model: "model_2"
##
## _____
## Layer (type)              Output Shape          Param #      Connected to
## ================================================================================
## first_input (InputLayer)  [(None, 31)]          0
## _____
## second_input (InputLayer) [(None, 31)]          0
## _____
## third_input (InputLayer)  [(None, 31)]          0
## _____
## layer_1 (Dense)           (None, 8)             256          first_input[0][0]
## _____
## layer_2 (Dense)           (None, 8)             256          second_input[0][0]
## _____
```

```
## layer_3 (Dense)              (None, 8)         256      third_input[0][0]
## ----------------------------------------------------------------------------
## dense_25 (Dense)             (None, 2)          18      layer_1[0][0]
## ----------------------------------------------------------------------------
## dense_26 (Dense)             (None, 2)          18      layer_2[0][0]
## ----------------------------------------------------------------------------
## dense_27 (Dense)             (None, 2)          18      layer_3[0][0]
## ----------------------------------------------------------------------------
## concatenate (Concatenate)    (None, 6)           0      dense_25[0][0]
##                                                         dense_26[0][0]
##                                                         dense_27[0][0]
## ----------------------------------------------------------------------------
## main_output (Dense)          (None, 2)          14      concatenate[0][0]
## ============================================================================
## Total params: 836
## Trainable params: 836
## Non-trainable params: 0
## ----------------------------------------------------------------------------
model_ens %>% keras::compile(               # 学习参数
    optimizer = optimizer_adam(),
    loss = "binary_crossentropy",
    metrics = "categorical_accuracy"
)

fit_NN_ens <- model_ens %>% fit(            # 学习函数
    x = list(first_input = feat_train_1,
             second_input = feat_train_2,
             third_input = feat_train_3),
    y = list(main_output = NN_train_labels_C), # 加载自第 7 章 "神经网络"
    epochs = 12,                            # 迭代次数
    batch_size = 512,                       # 每次迭代的观测值
    validation_data = list(list(feat_test_1, feat_test_2, feat_test_3),
                      NN_test_labels_C)
)
plot(fit_NN_ens)
```

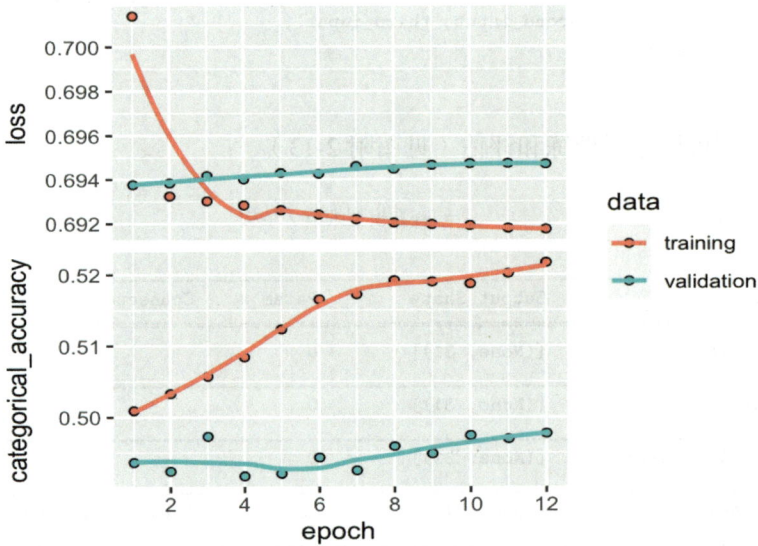

图附 2-13　学习一个集成模型

第 12 章

12.1 使用 tidyverse 函数的等权组合

这非常容易。它更简单、更紧凑，但在本质上与生成图 3.1 的代码接近。图附 2-14 展示了收益率时间序列。

```
data_ml %>%
    group_by(date) %>%                          # 根据日期分组
    summarize(return = mean(R1M_Usd)) %>%        # 计算收益率
    ggplot(aes(x = date, y = return)) + geom_point() + geom_line() # 画图
```

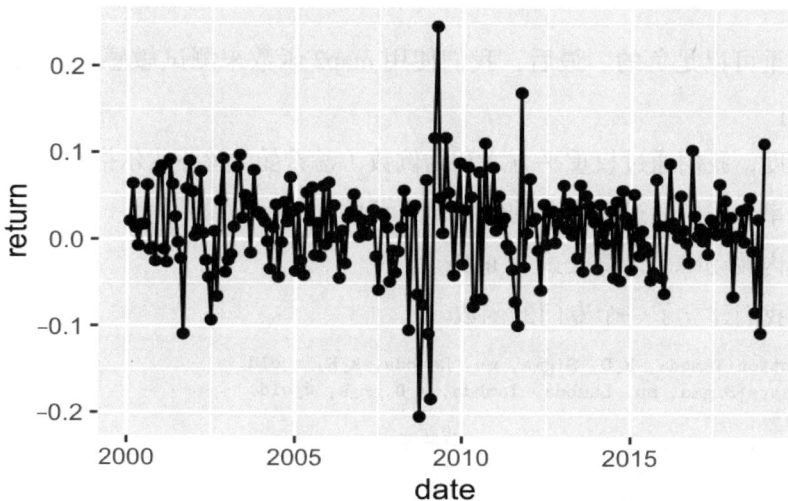

图附 2-14   收益率时间序列

12.2 高级加权函数

首先，我们用所有的输入对函数进行编码。

```
weights <- function(Sigma, mu, Lambda, lambda, k_D, k_R, w_old){
    N <- nrow(Sigma)
    M <- solve(lambda*Sigma + 2*k_R*Lambda + 2*k_D*diag(N)) # 矩阵转置
    num <- 1-sum(M %*% (mu + 2*k_R*Lambda %*% w_old))       # eta 分子
    den <- sum(M %*% rep(1,N))                              # eta 分母
    eta <- num / den                                        # eta
    vec <- mu + eta * rep(1,N) + 2*k_R*Lambda %*% w_old     # 权重向量
    return(M %*% vec)
}
```

其次，我们在一些随机数据集上测试它。我们使用第 1 章末尾选择的收益率，并将其用于 5.1.2 小节中的 LASSO 回归配置。对于 μ，我们使用样本均值，这在实践中

一般不是一个好主意，它只是用作说明。

```
Sigma <- returns %>% dplyr::select(-date) %>% as.matrix() %>% cov()   # 协方差矩阵
mu <- returns %>% dplyr::select(-date) %>% apply(2,mean)              # 预期收益向量
Lambda <- diag(nrow(Sigma))                                          # 成本矩阵
lambda <- 1                                                          # 风险规避系数
k_D <- 1
k_R <- 1
w_old <- rep(1, nrow(Sigma)) / nrow(Sigma)                          # 等权重
weights(Sigma, mu, Lambda, lambda, k_D, k_R, w_old) %>% head()       # 新权重
##              [,1]
## 1    0.0031339308
## 3   -0.0003243527
## 4    0.0011944677
## 7    0.0014194215
## 9    0.0015086240
## 11  -0.0005015207
```

有些权重可以是负的。最后，我们使用 map2 函数来测试敏感性。我们检查了 3 个关键指标：

- 分散度，我们通过权重平方之和的倒数（赫希曼 - 赫芬达尔指数倒数）来衡量；

- 杠杆率，我们通过负权重的绝对值来评估；

- 样本内波动率，计算公式为 $w'\Sigma x$。

为此，我们建立了一个专门的函数。

```
sensi <- function(lambda, k_D, Sigma, mu, Lambda, k_R, w_old){
    w <- weights(Sigma, mu, Lambda, lambda, k_D, k_R, w_old)
    out <- c()
    out$div <- 1/sum(w^2)              # 分散度
    out$lev <- sum(abs(w[w<0]))        # 杠杆率
    out$vol <- t(w) %*% Sigma %*% w    # 样本内波动率
    return(out)
}
```

我们不使用基线 map2 函数，而是依靠它的一个版本，将结果直接串联到一个数据框中。

```
lambda <- 10^(-3:2)          # 参数取值
k_D <- 2*10^(-3:2)           # 参数取值
pars <- expand_grid(lambda, k_D)   # 参数遍历
lambda <- pars$lambda
k_D <- pars$k_D

res <- map2_dfr(lambda, k_D, sensi,
            Sigma = Sigma, mu = mu, Lambda = Lambda, k_R = k_R, w_old = w_old)

bind_cols(lambda = as.factor(lambda), k_D = as.factor(k_D), res) %>%
    gather(key = indicator, value = value, -lambda, -k_D) %>%
    ggplot(aes(x = lambda, y = value, fill = k_D)) + geom_col(position = "dodge") +
    facet_grid(indicator ~. , scales = "free")
```

在图附 2-15 中，每个面板显示一个指标。在第一个面板中，我们看到分散度随着 k_D 增加而增加：事实上，随着这个数字的增加，投资组合趋于等权。参数 λ 的影响很小。第二个面板显示了对杠杆（即总负仓位，空头）的反作用：随着分散度与 k_D 的增加，杠杆减少了。第三个面板显示，样本内波动率很大程度上是由风险厌恶系数驱动的。随着 λ 的增加，波动率会下降。对于小的 λ 值来说，k_D 与波动率是负相关的，但是对于大的 λ 值来说，这种模式是相反的。这是因为等权投资组合比杠杆率很高的均值方差组合风险小，但是比最小方差投资组合风险大。

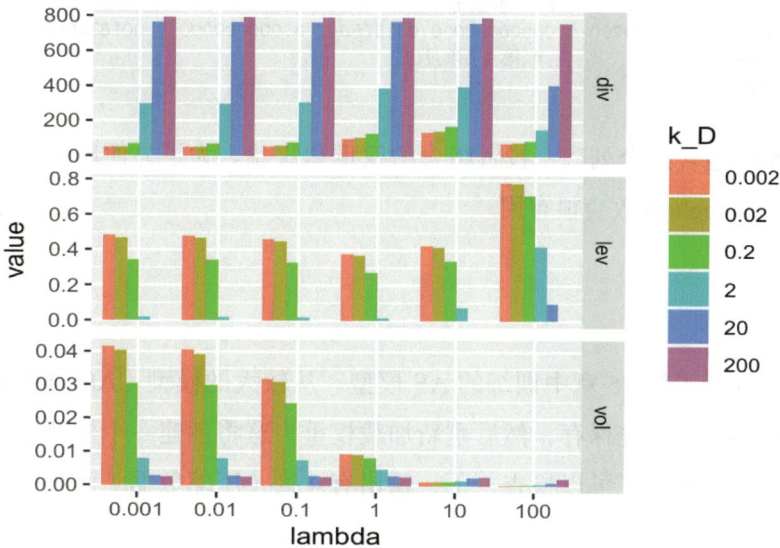

图附 2-15　与投资组合权重相关的指标

12.3　回测中的函数式编程

通常情况下，程序员会避免出现循环。为了避免回测中的循环，我们需要对一个给定日期进行编码。这被封装在以下函数中。为了便于理解，我们只为一个策略编码。此外，该函数将假定数据结构是已知的，列（特征和标签）也可以作为参数传递。我们重新加载了第 12 章中的函数 weights_xgb。

```
portf_map <- function(t, data_ml, ticks, t_oos, m_offset, train_size, weight_func){
    train_data <- data_ml %>% filter(date < t_oos[t] - m_offset * 30,# 滚动窗口
                                     date > t_oos[t] - m_offset * 30 - 365 * train_size)
    test_data <- data_ml %>% filter(date == t_oos[t])            # 测试集
    realized_returns <- test_data %>%                            # 计算收益率
        dplyr::select(R1M_Usd)                                   # 1 个月持有期
    temp_weights <- weight_func(train_data, test_data, features)
    ind <- match(temp_weights$names, ticks) %>% na.omit()        # 测试资产的索引
    x <- c()
    x$weights <- rep(0, length(ticks))                           # 空权重
```

```
    x$weights[ind] <- temp_weights$weights                    # 正确定位权重
    x$returns <- sum(temp_weights$weights * realized_returns) # 计算收益率
    return(x)
}
```

接下来，我们将这个函数与 map 相结合。我们只测试前 6 个日期，这样可以减少计算时间。

```
back_test <- 1:3 %>%
    map(portf_map, data_ml = data_ml, ticks = ticks, t_oos = t_oos,
        m_offset = 1, train_size = 5, weight_func = weights_xgb)
head(back_test[[1]]$weights)        # 样本权重
## [1] 0.001675042 0.000000000 0.000000000 0.001675042 0.000000000 0.001675042
back_test[[1]]$returns              # 第 1 期的收益
## [1] 0.0189129
```

每个回测都包含两个列表：投资组合的权重和收益。为了方便地访问数据，软件包 reshape2 中的 melt 函数会很有用。

第 15 章

我们重新加载了第 15 章中训练的 AE 模型。从较大的模型（AE 模型）建立的较小模型（编码器）需要先保存，然后重新加载权重。这将创建一个外部文件，我们将其命名为 "ae_weights"。可以检查一下，输出有 4 列（压缩数据）而不是 7 列（原始数据）。

```
save_model_weights_hdf5(object = ae_model,filepath ="ae_weights.hdf5", overwrite = TRUE)
encoder_model <- keras_model(inputs = input_layer, outputs = encoder)
encoder_model %>%
    load_model_weights_hdf5(filepath = "ae_weights.hdf5",skip_mismatch = TRUE,by_name = TRUE)
encoder_model %>% keras::compile(
    loss = 'mean_squared_error',
    optimizer = 'adam',
    metrics = c('mean_absolute_error')
)
encoder_model %>%
  keras::predict_on_batch(x = training_sample %>%
                          dplyr::select(features_short) %>%
                          as.matrix()) %>%
    head(5)
##            [,1]       [,2]       [,3]       [,4]
## [1,] 0.6790795 0.2659355 -0.1122203 -1.217317
## [2,] 0.7173761 0.2665033 -0.1226677 -1.198467
## [3,] 0.6761458 0.2580954 -0.1292358 -1.228019
## [4,] 0.6663372 0.2561628 -0.1343219 -1.233885
## [5,] 0.6427090 0.2598515 -0.1446657 -1.240109
```

第 16 章

我们所要做的就是改变第 16 章代码中的 rho 系数。

```
set.seed(42)                                              # 固定随机数种子
n_sample <- 10^5                                          # 需要产生的样本数
rho <- (-0.8)                                             # 自回归参数
sd <- 0.4                                                 # 噪声的标准差
a <- 0.06 * rho                                           # 收益的调整均值
data_RL3 <- tibble(returns = a/rho + arima.sim(n = n_sample, # 通过 AR(1) 模拟收益
                                     list(ar = rho),
                                     sd = sd),
             action = round(runif(n_sample)*4)/4) %>%     # 随机行动（投资组合）
   mutate(new_state = if_else(returns < 0, "neg", "pos"), # 状态编码
        reward = returns * action,                        # 奖励 = 组合收益
        state = lag(new_state),                           # 新状态
        action = as.character(action)) %>%
   na.omit()                                              # 移除缺失值
```

然后就可以进行学习了。

```
control <- list(alpha = 0.1,                          # 学习率
             gamma = 0.7,                             # 奖励的折现因子
             epsilon = 0.1)                           # 探索率
fit_RL3 <- ReinforcementLearning(data_RL3,           # 主强化学习函数
                    s = "state",
                    a = "action",
                    r = "reward",
                    s_new = "new_state",
                    control = control)
print(fit_RL3)    # 输出结果
## State-Action function Q
##           0.25        0         1       0.75        0.5
## neg 0.7107268 0.5971710 1.4662416 0.9535698 0.8069591
## pos 0.7730842 0.7869229 0.4734467 0.4258593 0.6257039
##
## Policy
## neg pos
## "1" "0"
##
## Reward (last iteration)
## [1] 3013.162
```

在这种情况下，收益的不断变动改变了结果。当投资组合全额投资时，负面状态与大额利润有关；而当代理人不投资时，正面状态有最高的平均收益。

对于第二个练习，诀窍是定义所有可能的行动，也就是所有日期下两种资产的所有组合 (+1,0，−1)。我们重新加载并使用第 16 章的数据。

```
pos_3 <- c(-1,0,1)                                   # 可能分配给资产 1 的权重
pos_4 <- c(-1,0,1)                                   # 可能分配给资产 3 的权重
pos <- expand_grid(pos_3, pos_4)                     # 所有组合
pos <- bind_cols(pos, id = 1:nrow(pos))              # 增加组合 ID
```

```
ret_pb_RL <- bind_cols(r3 = return_3, r4 = return_4,    # 收益率和P/B 数据框
                       pb3 = pb_3, pb4 = pb_4)
data_RL4 <- sapply(ret_pb_RL,                            # 组合收益和仓位
                   rep.int,
                   times = nrow(pos)) %>%
    data.frame() %>%
    bind_cols(id = rep(1:nrow(pos), 1, each = length(return_3))) %>%
    left_join(pos) %>% dplyr::select(-id) %>%
    mutate(action = paste(pos_3, pos_4),                 # 组合行动
           pb3 = round(5 * pb3),                         # 简化状态
           pb4 = round(5 * pb4),                         # 简化状态
           state = paste(pb3, pb4),                      # 组合状态
           reward = pos_3*r3 + pos_4*r4,                 # 计算奖励
           new_state = lead(state)) %>%                  # 产生新状态
    dplyr::select(-pb3, -pb4, -pos_3,                    # 删除多余的变量
                  -pos_4, -r3, -r4)
```

我们可以将这些数据插入强化学习函数中。

```
fit_RL4 <- ReinforcementLearning(data_RL4,              # 主强化学习函数
                                 s = "state",
                                 a = "action",
                                 r = "reward",
                                 s_new = "new_state",
                                 control = control)
fit_RL4$Q <- round(fit_RL4$Q, 3) # Q 矩阵保留小数点后3 位
print(fit_RL4)                   # 输出结果
## State-Action function Q
##         0 0     0 1  0 -1   -1 -1    -1 0    -1 1   1 -1    1 0    1 1
## x 0. 2 0.000  0.000 0.002 -0.017 -0.018 -0.020  0.023  0.025  0.024
## x 0. 3 0.001 -0.005 0.007 -0.013 -0.019 -0.026  0.031  0.027  0.021
## x 3. 1 0.003  0.003 0.003  0.002  0.002  0.003  0.002  0.002  0.003
## x 2. 1 0.027  0.038 0.020  0.004  0.015  0.039  0.013  0.021  0.041
## x 2. 2 0.021  0.014 0.027  0.038  0.047  0.045 -0.004 -0.011 -0.016
## x 2. 3 0.007  0.006 0.008  0.054  0.057  0.056 -0.041 -0.041 -0.041
## x 1. 1 0.027  0.054 0.005 -0.031 -0.005  0.041  0.025  0.046  0.072
## x 1. 2 0.019  0.020 0.020  0.015  0.023  0.029  0.012  0.014  0.023
## x 1. 3 0.008  0.019 0.000 -0.036 -0.027 -0.016  0.042  0.053  0.060
##
## Policy
##   x 0. 2   x 0. 3   x 3. 1   x 2. 1   x 2. 2   x 2. 3   x 1. 1   x 1. 2   x 1. 3
##   "1 0"   "1 -1"   "0 -1"    "1 1"   "-1 0"   "-1 0"    "1 1"   "-1 1"    "1 1"
##
## Reward (last iteration)
## [1] 0
```

与第16 章的其他矩阵相比，该矩阵没有那么稀疏，它涵盖了更多的内容！与较小的样本相比，一些策略、建议没有变化，但有些策略、建议却有变化！变化发生在那些在第一次试验中只有几个数据点的状态。有了更多的数据，就可以改变策略、建议了。

附录 3　Python 代码

为方便读者使用和查看，请扫描下方二维码下载本书的 Python 代码 PDF 文件。

参考文献

为方便读者使用和查看，本书编辑制作了电子版参考文献，请扫描下方二维码下载。